Generation als Argument

Campus Forschung
Band 942

Christina May arbeitet am DFG-Graduiertenkolleg »Zivilgesellschaftliche Verständigungsprozesse vom 19. Jahrhundert bis zur Gegenwart – Deutschland und die Niederlande im Vergleich« an der Westfälischen Wilhelms-Universität Münster.

Christina May

Generation als Argument

Konflikte um die Rentenversicherung in Deutschland, Großbritannien und den Niederlanden

Campus Verlag
Frankfurt/New York

Gefördert von der Geschwister Boehringer Ingelheim Stiftung für Geisteswissenschaften und der Johanna und Fritz Buch Gedächtnis-Stiftung

Editorische Notiz:
Den Anhang mit weiteren 34 ausführlichen Tabellen finden Sie im Internet unter http://www.campus.de/May_Generation

Bibliografische Information der Deutschen Nationalbibliothek
Die Deutsche Nationalbibliothek verzeichnet diese Publikation in der Deutschen Nationalbibliografie; detaillierte bibliografische Daten sind im Internet unter http://dnb.d-nb.de abrufbar.
ISBN 978-3-593-39180-9

Gedruckt auf Papier aus zertifizierten Rohstoffen (FSC/PEFC).
Printed in Germany

Besuchen Sie uns im Internet: www.campus.de

Inhalt

Dank

Diese Arbeit hat in maßgeblicher Weise von verschiedenen Menschen profitiert. Den mit Abstand wichtigsten Beitrag zum Gelingen haben meine Betreuer, Wolfgang Knöbl und Ilona Ostner, geleistet. Sie haben das Projekt zu jeder Zeit unterstützt, wichtige Gedankenanstöße geliefert, mich an ihrem Wissen und ihrer Erfahrung teilhaben lassen und immer wieder Wege aus Sackgassen gewiesen. Das Projekt ist im Kontext des DFG-Graduiertenkollegs »Generationengeschichte. Generationelle Dynamik und historischer Wandel im 19. und 20. Jahrhundert« an der Georg-August-Universität Göttingen entstanden, der Deutschen Forschungsgemeinschaft sei deshalb für die Bereitstellung der finanziellen und institutionellen Grundlagen für das Verfassen der Arbeit herzlich gedankt. Bernd Weisbrod hat als Sprecher des Kollegs, als Leiter der Kolloquien und schließlich als Drittprüfer dieser Dissertation wichtige Hinweise für die Arbeit mit dem Generationenkonzept geliefert und außerdem sicher gestellt, dass die historische Perspektive hinreichende Beachtung fand. Die Arbeit im Graduiertenkolleg hat sich insgesamt als äußerst hilfreich erwiesen; die Diskussion und der Zusammenhalt unter den Stipendiaten haben exzellente Arbeitsbedingungen geschaffen. Mein besonderer Dank gilt hier Lars Klein, Till Manning und Eva-Maria Silies. Sie haben als Kollegen und bald als wichtige und enge Freunde die Entstehung dieser Arbeit begleitet, die dazugehörigen Krisen mit mir durchgestanden und sich als kritische und konstruktive Leser in die schriftliche Abfassung eingebracht.

Am Institut für Soziologie der Georg-August-Universität Göttingen habe ich wichtige Gedankenanstöße durch Gespräche mit Esther Ochoa Fernandez, Sigrid Leitner und Carina Marten erhalten. Andrea Kummerer hat sich mit großer Geduld meiner methodischen Vorhaben angenommen und mich an ihrem Wissen zur multivariaten Regressionsanalyse und zur Ökonometrie teil haben lassen. Das Projekt hat in besonderer Weise von zwei jeweils zweimonatigen Auslandsaufenthalten profitiert. Am Departement Algemene Sociale Wetenschappen der Universiteit Utrecht haben Trudie Knijn, Robert Meier, Patricia Frericks und Peter Selten für eine fruchtbare Arbeitsatmosphäre gesorgt, und mir wertvolles Grundlagenwissen über die niederländische Gesellschaft und das niederländische Rentensystem vermittelt. Pat Thane hat mir einen Arbeitsplatz am Institute for Historical Research in London zur Verfügung gestellt und mir in mehreren Gesprächen wichtige Hinweise für die Erforschung des historischen Hintergrundes des britischen Rentensystems sowie der Lebensphase Alter gegeben. John Hills (London School of Economics) hat mich an seinen Erkenntnissen zu Wohlfahrtsgenerationen in Großbritannien teil haben lassen und mir hilfreiche Tipps für das Zurechtfinden im Dschungel des britischen Rentensystems zur Verfügung gestellt.

Jürgen Gerhards und Mike Schäfer haben mir bereits als studentische Hilfskraft an der Universität Leipzig die Möglichkeit gegeben, mich in die Methoden der Diskursanalyse einzuarbeiten. Auf diesem Wissen basieren nicht unerhebliche Teile der Untersuchung im fünften Kapitel. Bei den Codierungen für die Diskursanalyse hatte ich wertvolle Unterstützung von Jessica Haase. Durch ihr Engagement und die Finanzierung einer studentischen Hilfskraftstelle durch das Graduiertenkolleg Generationengeschichte konnte die für die vorliegende Arbeit so wichtige Intercodierer-Reliabilität gewährleistet werden. Last – not least! – geht mein Dank an Lisa May, für die unermessliche lebenslange Unterstützungsarbeit, die mich überhaupt erst zur Promotion gebracht hat.

Münster, im Dezember 2009 Christina May

1. Einleitung

Die Idee einer Generationenprägung durch Sozialleistungssysteme wird in europäischen Wohlfahrtsstaaten seit den 1980er Jahren diskutiert (vgl. Walker 1996, Leisering 2000a, 2000b, Conrad 2003). Durch die abnehmende Fertilität haben sich diesen Überlegungen zufolge verschieden große Geburtskohorten gebildet. Aufgrund dieser Tatsache wird vermutet, dass sich die jüngeren und kleineren Kohorten, die seit den 1960er Jahren geboren wurden, in einer nachteiligen Position befinden; immer weniger Beitragszahler müssen immer mehr Beitragsempfänger aus den vergleichsweise geburtenstarken älteren Kohorten unterstützen. Es wird konstatiert, dass diese jüngeren Kohorten darüber hinaus viel stärker unter den negativen ökonomischen Entwicklungen seit den Ölkrisen der 1970er Jahre leiden. Diejenigen, die vor 1960 geboren wurden, konnten demgegenüber vom Wirtschaftsaufschwung der Nachkriegszeit profitieren. Diese Vorstellung erfuhr besondere Berücksichtigung durch den neuseeländischen Historiker David Thomson; er identifiziert in allen modernen Wohlfahrtsstaaten Generationen von Gewinnern und Verlierern:

»The twentieth century welfare state has operated on an unspoken assumption of massive subsidization of the earlier by the later-born, and we are now living with this. The exchanges we have come to know can only continue, even in reduced form, if the later-born can be made to ignore this fact, go on paying far more than they will collect, and accept net-returns through life that will commonly be a third or less of those of similar persons born a decade or two before them. This presents us with awful dilemmas for the years ahead« (Thomson 1996: 187).

Laut Thomson (1989, 1996) führt die oben beschriebene Entwicklung dazu, dass sich früher oder später kriegsähnliche Zustände zwischen den Gewinner- und den Verlierergenerationen herausbilden. Diese Idee eines Kampfes verschiedener Geburtskohorten um knappe Ressourcen ist zu einem bedeutenden Argument in der Diskussion um wohlfahrtsstaatliche *retrenchment policies* seit den 1990er Jahren geworden. Die Legitimation von sozialstaatlichen Leistungskürzungen besteht häufig in der Behauptung, dass allein durch Einsparungen Sozialsysteme auch für künftige Generationen stabil und leistungsfähig gehalten werden können; dies wiederum wirke möglichen gesellschaftlichen Konfliktpotentialen entgegen.

Die Vorstellung einer sozialen Ungleichheit zwischen Generationen wird durch verschiedene Forschungsrichtungen unterstrichen. So haben wirtschaftswissenschaftliche Studien generationelle Bilanzen von Einnahmen und Ausgaben des Wohlfahrtsstaates für verschiedene Kohorten berechnet, solche Analysen werden unter dem Oberbegriff *generational accounting* zusammengefasst (vgl. Fenge/Werding 2003). Erhalten Kohorten mehr Sozialbeiträge als sie Leistungen an den Wohlfahrtsstaat entrichten, sind sie Gewinnergenerationen, im umgekehrten Fall werden sie zu den Verlierern gerechnet. Generell wird davon ausgegangen, dass aufeinanderfolgende Generationen immer geringere Nettoerträge vom Wohlfahrtsstaat erhalten; jüngere Kohorten sind demzufolge also generell benachteiligte Verlierer. Problematisch ist hier einerseits, dass das Ergebnis hochgradig von den aufgenommenen wohlfahrtsstaatlichen Leistungsindikatoren abhängt, dies konnten beispielsweise Bommier u.a. (2004) für den amerikanischen Fall zeigen. Es ist außerdem kritisch anzumerken, das in den *generational accounts* alle nicht staatlich organisierten und vor allem nichtmateriellen Transfers wie Erbschaften, Pflege oder Betreuung nicht berücksichtigt werden. Man erhält zudem keine Rückschlüsse darauf, wie sich die Besser- oder Schlechterstellung der einzelnen Generationen in ihrer Erfahrungsstruktur niederschlagen. Die gemeinsame Erfahrung ist aber, wie Ulrike Jureit (2006: 78) betont, für die Beschreibung von Generationen eine grundlegende Voraussetzung. Einige soziologische Arbeiten zur Prägung von Wohlfahrtsgenerationen (Bude 2003, 2005, Leisering 2000a, 2000b) haben Thesen über eine unterschiedliche generationelle Erfahrungsstruktur von Gewinner- und Verlierergenerationen aufgestellt, aber keine empirischen Belege für diese Annahmen erbracht. Ob tatsächlich davon auszugehen ist, dass der Wohlfahrtsstaat die Erfahrungsrealität ganzer Generationen prägt, wurde von Seiten der wirtschafts- und sozialwissenschaftlichen Forschung bislang nicht letztgültig geklärt.

Sicherlich würde niemand bestreiten, dass unterschiedliche Geburtskohorten unterschiedliche Erlebnisse mit dem Sozialstaat verbinden. Der Wohlfahrtsstaat ist von historischem Wandel betroffen; Gesetze und Regelungen der Sozialleistungssysteme sowie sozialhistorische und ökonomische Rahmenbedingungen haben sich seit der Formation moderner Wohlfahrtsstaaten nach dem Zweiten Weltkrieg immer wieder verändert. Die Frage ist allerdings, ob diese Erfahrungen ausreichen, um tatsächlich von »Wohlfahrtsgenerationen« als fest abgrenzbaren Kollektiven zu sprechen. Schließlich gibt es auch andere soziale Faktoren, die einen wichtigen, unter Umständen gar prägenderen Einfluss auf die Erfahrungsstruktur haben können. Hier wären von Interesse das Einkommen, der Bildungsstand, die Wohnregion, das aus diesen Faktoren resultierende Risiko arbeitslos zu werden, das Geschlecht, der Gesundheitszustand sowie der Familienstand und die Kinderanzahl. Diese intragenerationellen Differenzen könnten ein wichtiger Grund dafür sein, dass sich bis jetzt noch keine Geburtskohorten identifizieren lassen, die sich tatsächlich als wohlfahrtsstaatlich geprägte Kollektive verstehen. Ebenso vermisst man Anhaltspunkte für den vermeintlichen Generationenkonflikt, der aus einem reflektierten generationellen Zugehörigkeitsgefühl erwachsen soll. So weist der Berliner Alterssurvey im Gegenteil für den deutschen Fall eine hohe Solidarität zwischen Generationen im alltäglichen familiären Zusammenleben nach (vgl. Kohli u.a. 2000a, 2000b). Wenn ein gesellschaftlicher Generationenkonflikt bestünde, müsste sich dieser aber auch in den Familienbeziehungen widerspiegeln. Gegen ein konfligierendes Verhältnis verschiedener Generationen im Wohlfahrtsstaat sprechen aber auch noch andere empirische Befunde: Im Kontext von Zustimmung oder Ablehnung von Sozialsystemen belegen internationale Umfragen wie das Eurobarometer nach wie vor eine hohe Zustimmung auch jüngerer Kohorten zum Sozialstaat (vgl. Europäische Kommission 2004b, Kohli 2006). Es ist schwierig, aus den Ergebnissen dieser Studien auf einen Generationenkonflikt zu schließen, da man weder ein Konfliktpotential noch die für den Konflikt relevanten Akteure identifizieren kann.

Die Vorstellung einer ungleichen Behandlung von – nicht näher definierten – Wohlfahrtsgenerationen hat trotzdem in verschiedensten öffentlichen Diskursen Hochkonjunktur. Man findet sie in den Politik- und Wirtschaftsteilen von Tageszeitungen, in denen Reformen der Sozialleistungssysteme häufig unter Rückbezug auf das Konzept »Generationengerechtigkeit« diskutiert werden. Sachbücher, die sich des Themas annehmen – etwa Reimer Gronemeyers »Kampf der Generationen« (2004) oder Frank Schirrmachers »Methusalemkomplott« (2004) erreichen Bestsellerstatus. Forschungen zur Frage, warum sich das Generationenkonzept gerade im wohlfahrtsstaatlichen Kontext zur Zeit sowohl in wissenschaftlichen Debatten als auch in medialen Diskursen so großer Beliebtheit erfreut, fehlen bislang. Vermutlich können Diskurse über Gewinner- und Verlierergenerationen mit Frank Nullmeier und Friedbert W. Rüb (1993: 59) als Prozesse der Deutungsinnovation verstanden werden, die darauf abzielen, politische Mehrheiten für Reformen der Rentenversicherung zu mobilisieren und institutionelle Änderungen zu legitimieren.

Die vorliegende Untersuchung nähert sich dem Phänomen »Wohlfahrtsgenerationen« von zwei Seiten. Einerseits geht es um eine Beschreibung der Einflüsse des Wohlfahrtsstaates auf das Empfinden der individuellen Situation der Betroffenen. Es gilt herauszufinden, inwiefern die Entwicklung des Sozialstaats und der Demographie einzelne Kohorten so stark beeinflusst haben, dass sie voneinander signifikant unterscheidbare Erfahrungsstrukturen aufweisen, die sie als sozialhistorische Generationen mit je eigenen Einstellungen zum Wohlfahrtsstaat auszeichnen. Dieser individuellen Erfahrungsebene wird – andererseits – die Analyse medialer Debatten über Wohlfahrtsgenerationen gegenübergestellt, wobei die Zusammenhänge für die momentane Attraktivität des Konzeptes nachgezeichnet werden. So ist zum Beispiel von Interesse, ob Generationen und Generationengerechtigkeit besonders stark im Zuge von Reformen und Leistungskürzungen thematisiert werden. Unter Rückbezug auf die Ergebnisse zur Erfahrungsprägung generationeller Kollektive durch den Wohlfahrtsstaat kann die Relevanz der medialen Debatten eingeschätzt werden. Handelt es sich hier – wie häufig behauptet – um mediale Konstrukte bzw. Stellvertreterdebatten, oder spiegeln die öffentlichen Diskurse die Erfahrungsstruktur und das Empfinden der von den Sozialleistungssystemen Betroffenen wider?

Aus soziologischer und sozialhistorischer Perspektive ist die Erfahrungsstruktur von Generationen das zentrale Element ihrer Konstitution und muss deshalb auch identifiziert und beschrieben werden können. Da Konzepte wie »Erfahrung« und »Empfinden« schwer einzugrenzen und zu operationalisieren sind, beschäftigt sich das vorliegende Projekt nur mit einer bestimmten Form dieses Empfindens, nämlich dem Erleben von sozialer Sicherheit. Soziale Sicherheit bzw. die Verringerung der durch verschiedene Risiken hervorgerufenen Unsicherheit ist laut Carsten G. Ullrich (2005: 63) vermutlich das wichtigste Ziel des Wohlfahrtsstaates. Es stellt sich also die Frage, inwiefern verschiedene Kohorten eine unterschiedliche Erfahrung von sozialer Sicherheit aufweisen, die so einprägsam ist, dass diese Kohorten als unabhängige generationelle Kollektive verstanden werden können. Da der Sozialstaat ein weites Netz an Leistungen umfasst, die unmöglich alle in der vorliegenden Arbeit untersucht werden können, beschränkt sich das Projekt auf die Rentenversicherung. Dies geschieht, weil die Rente in finanzieller Hinsicht den größten Einzelposten der Sozialversicherung in Deutschland, aber auch in allen anderen Wohlfahrtsstaaten ausmacht. Zudem wurde die Rente in den meisten europäischen Wohlfahrtsstaaten im Gegensatz zu anderen sozialen Sicherungssystemen wie der Arbeitslosenversicherung vergleichsweise früh eingeführt. Das Alter und der damit einhergehende Produktivitätsverlust ist in der lohnarbeitsabhängigen Gesellschaft des 19. Jahrhunderts zur klassenübergreifenden, alle Menschen betreffenden *risk category* (Baldwin 1990) geworden. Die gesetzliche Rentenversicherung ist heute deshalb von allen Sozialversicherungen diejenige, die den Wert der »Sicherheit« am Besten verkörpert; sie ist sowohl in finanzieller Hinsicht als auch im Hinblick auf die Anzahl der durch sie versicherten Personen von herausragender Bedeutung (vgl. Nullmeier/Rüb 1993: 16).

Rentenversicherungssysteme haben in verschiedenen Staaten unterschiedliche Ausprägungen angenommen; sie unterscheiden sich sowohl hinsichtlich ihrer Sicherheitslogiken als auch in Bezug auf ihre Finanzierungsprinzipien und ihren Adressatenkreis. Es ist davon auszugehen, dass die unterschiedlichen Systeme, ihre Entwicklung und ihr Wandel die Kohorten in den jeweiligen Ländern je spezifisch beeinflusst haben. Diese unterschiedlichen Einflüsse sind ein weiteres zentrales Untersuchungsfeld der vorliegenden Arbeit. Es lassen sich zwar in europäischen Wohlfahrtsstaaten des 20. Jahrhunderts generelle Entwicklungslinien ausmachen, die grob in die vier Phasen Formation, Expansion, Krise und Transformation eingeteilt werden können (vgl. Lessenich/Ostner 1998: 9) – die verschiedenen Sozialstaaten mit ihren unterschiedlichen Sicherungslogiken sind damit aber unterschiedlich umgegangen. Dies hat vermutlich große Auswirkungen auf die durch sie vermittelten Sicherheitskonzeptionen. Aus diesem Grunde wurden für die vorliegende Betrachtung drei unterschiedliche Rentenversicherungssysteme ausgewählt, um auf der Basis eines historischen Vergleichs die jeweiligen Auswirkungen auf die generationelle Prägung von Kohorten zu untersuchen.

Die Alterssicherungssysteme Deutschlands,[1] Großbritanniens und der Niederlande unterscheiden sich für die vorliegende Fragestellung hinreichend und werden deshalb exemplarisch im Hinblick auf die Auswirkun-

1 Wenn in der Arbeit von »Deutschland« die Rede ist, ist damit in der Regel die Bundesrepublik gemeint.

gen verschiedener Sicherheitslogiken analysiert. Das deutsche Rentenversicherungssystem zielt durch seine Beitrags- und Leistungsgerechtigkeit auf eine Sicherheit des Lebensstandards der Versicherten. Aus diesem Grunde war die betriebliche und sogar die private Form der Zusatzversicherung in Deutschland lange Zeit von vergleichsweise geringer Wichtigkeit. Dies ist allerdings seit den Reformen von 2001 im Prozess des Wandels begriffen. Universelle Systeme zahlen den Versicherten lediglich eine von den Beiträgen unabhängige Mindestrente aus, die Sicherung des Lebensstandards muss über betriebliche und bzw. oder private Zusatzversicherungen realisiert werden. Ein Paradebeispiel für eine solche universelle Mindestsicherung stellen die Niederlande dar; das *Algemene Ouderdomswet* (AOW) wird allen Über-65-Jährigen ausbezahlt, die ihren Wohnsitz in den Niederlanden haben. Der Nettorentenbetrag des AOW ist seit den 1970er Jahren an den Nettomindestlohn gekoppelt, das bedeutet, dass die AOW-Rente allein zur Sicherung des Lebensunterhaltes ausreichen würde. Trotzdem haben nahezu alle Anspruchsberechtigten eine zusätzliche betriebliche oder private Rentenversicherung aufgebaut. Auch Großbritannien hat ein Alterssicherungssystem, die *Basic State Pension*, das eine Basisrente an alle Versicherten auszahlt. Hier sind allerdings lediglich die Erwerbstätigen versichert, nicht jedoch die gesamte Bevölkerung. Außerdem reicht der gezahlte Basisbetrag nicht zum Bestreiten des Lebensunterhaltes aus. Zusätzlich weist das staatlich organisierte Rentensystem noch verschiedene Möglichkeiten einer gesetzlichen Zusatzsicherung auf, die sich allerdings für verschiedene Kohorten jeweils anders darstellen. Darüber hinaus gibt es auch in Großbritannien eine Fülle betrieblicher und privater Zusatzsysteme. Die Unterschiede in der Stellung des wohlfahrtsstaatlich organisierten »Generationenvertrags« und seine unterschiedliche Umsetzung zur Erreichung von sozialer Sicherheit wirken sich in den verschiedenen Ländern unterschiedlich aus. Fraglich ist, ob diese Unterschiede zu verschiedenen nationalen Generationenlagerungen führen und ob diese Lagerungen unterschiedlich stark ausgeprägt sind.

In der vorliegenden Arbeit wird davon ausgegangen, dass sich mediale Debatten im Kontext der Rentenversicherung synchron zwischen den Vergleichsländern, aber auch diachron über die Periode von fünfzig Jahren hinweg unterscheiden. Bei der Analyse der medialen Debatten ist dabei zu untersuchen, wie in den unterschiedlichen Sicherungssystemen zu verschiedenen Zeitpunkten über soziale Sicherheit diskutiert wird und ob öffentliche Debatten im Zuge dessen Wohlfahrtsgenerationen zum Thema machen. Dabei ist von besonderem Interesse, ob unterschiedliche Sicherheitslogiken und die sich wandelnde Thematisierung von sozialer Sicherheit und sozialer Unsicherheit zu einer unterschiedlich starken Stellung des Generationenkonzeptes im diskursiven Kontext der Rentenversicherung führen. Einerseits ist zu vermuten, dass Generationen und Generationengerechtigkeit besonders in solchen Systemen verhandelt werden, die traditionell eine starke Stellung des als »Generationenvertrag« bezeichneten gesetzlichen Rentenversicherungssystems aufweisen. Wenn andererseits betriebliche oder private Systeme und damit die individuelle Eigenverantwortung für die soziale Sicherheit im Alter überwiegen, sollten Argumente zur Ungleichbehandlung von Generationen bzw. zur Verletzung der Grundlagen des »Generationenvertrages« weniger stark vertreten sein.

Die vorliegende Arbeit umfasst ein theoretisches und drei empirische Kapitel. Das auf diese Einleitung folgende Kapitel beschäftigt sich mit einer Klärung der für die Untersuchung grundlegenden Begriffe. Zunächst geht es dabei um eine theoretische Fundierung des Generationenkonzeptes, das für die vorliegende Arbeit begrifflich geschärft und von verwandten, häufig synonym verwendeten Begriffen wie Kohorte und Altersgruppe abgegrenzt wird. Im Zuge dessen werden zentrale Faktoren identifiziert, die für die Beschreibung und Analyse von Generationen auf der gesellschaftlichen Ebene wesentlich sind. Dann werden Wohlfahrtsgenerationen als Sonderform der Gesellschaftsgenerationen in den Blick genommen. Dabei geht es zunächst um die Darstellung des Forschungsstandes zum Konzept, im weiteren Verlauf aber auch um den Widerspruch, den die Ergebnisse der bereits geleisteten Forschung innerhalb der Sozialwissenschaften hervorgerufen haben. Auf dieser Basis wird eine erste Konzeptkritik vorgenommen. Des Weiteren wird der Begriff der Sicherheit, besonders der sozialen Sicherheit, erläutert. Dieses Konzept ist in der vorliegenden Arbeit insofern zentral, als dass die Erfahrungsstruktur der untersuchten Generationen in Hinblick auf ihre Erfahrung der Sicherheit der Rente untersucht wird. Theoretische Überlegungen zum Alterssicherungssystem bilden den letzten grundlagentheoretischen Teilbereich für die Untersuchung. Hier werden für die Rente spezielle Sicherungsprinzipien und -logiken vorgestellt, die vor allen Dingen für den Vergleich verschiedener nationaler Alterssicherungssysteme von Bedeutung sind. Zum Abschluss des Grundlagenkapitels werden zehn Hypothesen über den Zusammenhang zwischen Generationen, sozialer Sicherheit und Rentenversicherung formuliert, die die Analyse der drei folgenden empirischen Kapitel anleiten.

Im dritten Kapitel werden die für die Untersuchung relevanten drei Vergleichsländer vorgestellt. Es wird zunächst die historische Entwicklung der Rentenversicherung in der Bundesrepublik Deutschland seit der Rentenreform von 1957 rekonstruiert, die traditionell vor allem auf die Sicherheit des Lebensstandards für spezifische soziale Gruppen abzielte. Dies wird mit der Evolution der Alterssicherungssysteme in den Niederlanden und in Großbritannien kontrastiert, die davon unterscheidbare Konzeptionen sozialer Sicherheit beinhalten, nämlich Universalsicherung bzw. – im britischen Fall – Mindestsicherung. Dabei werden einerseits generelle supranationale Einflüsse wie Kriege oder wirtschaftliche Krisen nachgezeichnet, andererseits aber besonders die jeweiligen nationalen Spezifika identifiziert. Auf dieser Grundlage sollen die Ereignisse dargestellt werden, die sich im Kontext der Rentenversicherung auf die durch sie betroffenen Individuen generationenprägend auswirken können. Dabei wird ein besonderes Augenmerk auf solche Entwicklungen der Alterssicherungssysteme gelegt, die sich in einem verstärkten Gefühl der sozialen Sicherheit oder in der Erosion eines solchen äußern. Dies lässt erste Rückschlüsse auf die unterschiedlichen erfahrungsstrukturellen Grundlagen für die Generationenprägung in den einzelnen nationalstaatlichen Kontexten zu.

Das vierte Kapitel beschäftigt sich zunächst mit den Effekten der historischen Entwicklungen der Wohlfahrtsstaaten und der verschiedenen Reformen auf die Erfahrungsrealität einzelner Kohorten. Es werden anhand demographischer Entwicklungen und Daten etwa zur Ab- und Zunahme des Bruttosozialprodukts, zur Entwicklung wohlfahrtsstaatlicher Ausgaben und besonders der Rentenversicherung die Auswirkungen der im vorherigen Kapitel beschriebenen historischen Entwicklungen dargestellt. Auf der Ebene der jeweiligen Kohorten sollen finanzielle Verschiebungen, wie sie Berechnungen zum Modellrentner und die *generational accounts* nahelegen, genauso Berücksichtigung finden wie weitere Indikatoren, die direkt oder indirekt mit dem Rentensystem im jeweiligen Land zusammenhängen. Hierzu zählen die Entwicklung der fernen Lebenserwartung, also die Verweildauer in der Rentenbezugsphase, Daten zur Erwerbsarbeit wie die Entwicklung der Arbeitsdauer und das Arbeitslosigkeitsrisiko sowie die Entwicklung der Rentenleistungen gemessen am Einkommen der Durchschnittsbevölkerung. Die vorgestellten Entwicklungen werden aber mit den rentenspezifischen Erfahrungen spezieller intragenerationeller Kategorien kontrastiert. So wird untersucht, inwiefern unterschiedliche soziale Ungleichheitsdimensionen wie Einkommen, Bildung oder Geschlecht einen Einfluss auf das Erleben sozialer Sicherheit im Alter haben können, der sich unter Umständen stärker auswirken kann als die Kohortenzugehörigkeit. Auf dieser Grundlage kann die Prägekraft der Generationenlagerung im Vergleich zu anderen sozialen Kategorien eingeschätzt werden.

Bis zu diesem Analyseschritt sind allerdings nur externe Charakteristika verschiedener nationaler Geburtskohorten und mögliche Einflüsse auf ihr Empfinden sozialer Sicherheit untersucht worden. Im zweiten Teil des vierten Kapitels geht es um die Frage, inwiefern sich generationenspezifische Effekte bei der individuellen Einschätzung der sozialen Sicherheit in der Rentenbezugsphase zeigen. Dies soll anhand transnationaler Umfragedaten des Eurobarometers aus den Jahren 1977, 1992 und 2001 unternommen werden. Es werden solche Items ausgewählt, die sich mit der Einstellung zur Rentenversicherung beschäftigen, sowohl was die individuelle Sicherungssituation als auch was die gesamtgesellschaftliche Lage betrifft. Mithilfe logistischer Regressionsanalysen wird geprüft, inwiefern soziale Kategorien wie Alter, Einkommen, Bildung und Geschlecht die Meinung zum Rentenversicherungssystem und das Empfinden einer sozial gesicherten Rentenbezugsphase beeinflussen. Des Weiteren gilt es zu prüfen, ob sich der Einfluss dieser Kategorien gewandelt hat – glaubt man den Darstellungen der Theorien zu Wohlfahrtsgenerationen müssten sich jüngere Kohorten im Laufe der Zeit immer negativer äußern, da die Kohorten sukzessive mehr Verluste mit dem Wohlfahrtsstaat machen. Aufbauend auf den Ergebnissen lässt sich abschätzen, ob es gerechtfertigt ist, tatsächlich von Rentnergenerationen als abgrenzbaren kollektiven Entitäten zu sprechen, die sich als prägender erweisen als andere Gruppenzugehörigkeiten.

Das fünfte Kapitel untersucht Wohlfahrtsgenerationen als Medienphänomen, um die Fremdbeschreibung wohlfahrtsstaatlicher Kollektive im öffentlichen Diskurs darzustellen und zu analysieren. Es soll herausgefunden werden, ob im Kontext des historischen Wandels der Rentenversicherung eine »Karriere« des Generationenkonzeptes festzustellen ist und wie sich solche Entwicklungen länderspezifisch unterscheiden. Nun ist es unmöglich, den gesamten Verlauf der Rentendebatte in allen drei Vergleichsländern darzustellen, erst recht, wenn dieser nur einen Teilbereich einer zu beantwortenden Fragestellung umfasst. Deshalb sollen in jedem Land nur vier wichtige Ereignisse ausgewählt werden, bei denen zu vermuten ist, dass die Bedeutung der Rente und ihr Einfluss auf die soziale Sicherheit schwerpunktmäßig verhandelt werden. Solche wichtigen Ereignisse können zum Beispiel Rentenreformen darstellen, aber auch Aussagen über Renten in Wahlprogrammen, die besondere öffentliche Aufmerksamkeit erregt haben. Es wird untersucht, inwiefern die Artikel sich auf das Generationenkonzept beziehen und wie stark sie in welchen Kontexten das Erleben von sozialer Sicherheit thematisieren. Dabei ist von besonderem Interesse, welche Akteure mit welchen Bedeutungsinhalten zu Wort kommen und ob es etwa spezielle Akteursgruppen gibt, die Wohlfahrtsgenerationen im Kontext der Rentenversicherung besonders häufig thematisieren.

Im Fazit der Arbeit werden die in den vorangegangenen Kapiteln dargelegten Entwicklungsstränge zusammengefügt und darauf aufbauend eine Bewertung des Wohlfahrtsgenerationenkonzeptes vorgenommen. Dabei ist von besonderem Interesse, wie stark die historische Generationenlagerung wohlfahrtsstaatliche Erfahrungen im Vergleich zu anderen sozialstrukturellen Kategorien prägt und ob im Kontext des Wohlfahrtsstaates »Generation« eine valide sozialstrukturanalytische Kategorie darstellen kann, die etwa im Kontext von Forschungen zu sozialer Ungleichheit beachtet werden muss. Gleichzeitig muss erläutert werden, inwiefern das Konzept »Wohlfahrtsgeneration« ein diskursives Konstrukt ist, das verschiedenen Akteursgruppen zur Legitimation von in der Bevölkerung unerwünschter sozialpolitischer Entscheidungen dient. Hier werden die empirischen Teile der Arbeit wieder zusammengefügt, um im Anschluss eine Einschätzung des Generationenkonzeptes und seinem Nutzen für die künftige sozialwissenschaftliche Forschung vorzunehmen.

2. Grundlagen der Untersuchung

Im folgenden Kapitel werden die Konzepte, die die Arbeit anleiten, definiert, problematisiert und begrifflich geschärft. Hierzu bedarf es zunächst einer Darstellung und Hinterfragung des Generationenkonzeptes. Dieses wird häufig synonym mit anderen Konzepten wie Kohorte und Altersgruppe gebraucht. Dadurch entsteht allerdings eine begriffliche Unschärfe, die sich auf die Diskussion überträgt. Das Wissen um diese Unschärfe ist besonders im Zuge der Beschäftigung mit dem speziellen Konzept »Wohlfahrtsgeneration« relevant, welches im zweiten Teil dieses Kapitels behandelt wird.

Dabei ist »Generation« aber nur einer der Schlüsselbegriffe, der für die vorliegende Arbeit von Bedeutung ist. Für die Frage nach der Prägung und Einstellung von Generationen ist die Beschäftigung mit dem Begriff der Sicherheit im Allgemeinen und der sozialen Sicherheit im Besonderen unerlässlich. Obwohl der Begriff ein in verschiedenen Bereichen verwendetes, alltägliches Kommunikationsmittel darstellt, birgt er diverse definitorische Schwierigkeiten. Diese übertragen sich auf die Frage nach der Erfahrung von sozialer Sicherheit durch bestimmte Kohorten und müssen deshalb im Vorfeld problematisiert werden. Schließlich wird das Programm sozialer Sicherheit dargelegt, an der die Generationenprägung exemplifiziert werden soll. Dies geschieht im vierten Teilkapitel, in dem einige grundlegende Überlegungen zur Rententheorie angestellt werden. Auf Basis der für die vorliegende Untersuchung eingegrenzten, theoretisch problematisierten und definierten Schlüsselbegriffe werden abschließend Hypothesen formuliert, die die weitere Forschung anleiten.

2.1 Die Begriffe »Kohorte«, »Generation« und »Altersgruppe«

Eine der wenigen Beobachtungen, die in der Generationenforschung gleichzeitig von Befürwortern und von Kritikern des Konzeptes gemacht werden, ist die Wahrnehmung des Konzeptes »Generation« als Modebegriff. Sowohl in wissenschaftlichen als auch in öffentlichen Debatten haben verschiedene Generationsetiketten Hochkonjunktur (vgl. etwa Jureit 2006: 19, Struck 2004: 49, Szydlik 2004: 8). Das, was als »Generation« bezeichnet wird, ist aber häufig vage und vielschichtig, weshalb der Generationenbegriff hier zunächst eindeutig definiert und von anderen Begriffen abgegrenzt werden muss. Es ist hilfreich, zunächst die Konzepte »Familiengeneration« und »Gesellschaftsgeneration« zu unterscheiden. Während erstere auf einer genealogischen Abfolge und starken emotionalen Beziehungen basieren (typischerweise Großeltern-, Eltern- und Kindergeneration), meint »Generation« auf gesellschaftlicher Ebene die Einteilung in verschiedene Gruppen, die sich dadurch definieren, dass sie zu unterschiedlichen Zeitpunkten jeweils gleich alt sind. In welcher Beziehung diese Gruppen zueinander stehen, ist dabei zunächst nebensächlich. Für das vorliegende Projekt ist besonders das letzte Konzept, also das der Gesellschaftsgenerationen, von Interesse. In diesem Zusammenhang hat es sich etabliert, eine weitere Unterscheidung von mindestens drei Konzepten vorzunehmen, nämlich Kohorte, Generation und Altersgruppe (vgl. Kaufmann 2005: 202–203, Sackmann 2004: 30, Szydlik 2004: 8, Zinnecker 2003: 42).

Das einfachste Konzept ist das der Kohorte, das eine Gruppe von Menschen bezeichnet, die im selben Jahr oder in wenigen aufeinander folgenden Jahren geboren wurden. Eine Generation basiert auf dem Kohortenbegriff und geht über ihn hinaus, indem sie ebenso das Erleben derselben historischen Ereignisse voraussetzt, das ein kollektives Bewusstsein der jeweiligen Gruppe zur Folge haben kann. Während man in eine Kohorte oder Generation hineingeboren wird und ein Leben lang in ihr verbleibt, ist das Konzept der Altersgruppe darauf ausgelegt, dass die jeweils zu ihr gehörigen Individuen im Laufe der Zeit wechseln. Jeder gehört einmal zu den »Jungen« und später höchstwahrscheinlich auch zu den »Alten« – und zu jeder weiteren Gruppe, die dazwischen hinzudefiniert wird. Im Folgenden sollen die drei gesellschaftlichen Konzepte vorgestellt werden, da sie – jedes für sich genommen – im Rahmen der vorgestellten Analyse eine Facette der Problematik abdecken.

Generationen und Kohorten in der sozialwissenschaftlichen Theorie

Als Klassiker der soziologischen Generationstheorie gilt Karl Mannheim – oder genauer sein Aufsatz »Das Problem der Generationen« (1964, zuerst 1928). Obwohl Mannheim in der heutigen Generationenforschung häufig als der Ausgangspunkt der wissenschaftlichen Beschäftigung mit der Thematik gilt, markiert er eigentlich eher einen wichtigen Teilabschnitt. Schließlich war zum Zeitpunkt der Entstehung des »Problems der Generationen« die Debatte um dieses Thema in der Weimarer Republik auf einem Höhepunkt (vgl. Zinnecker 2003: 34–35). Im »Problem der Generationen« fasst Mannheim zunächst die zum Erscheinungszeitpunkt bereits relativ umfängliche Forschungsliteratur zusammen. Dabei unterscheidet er eine positivistische Orientierung in Frankreich, die die biologische Rhythmik der Generationenabfolge als Grundlage von sozialem Wandel ansieht, von einer romantisch-deutschen Forschung, die auf qualitative Weise vorgeht und nach den Bewusstseinsformen und Bedingungen von Generationen fragt. Mannheim will beide Richtungen verbinden, er geht davon aus, dass der soziale Wandel in modernen Gesellschaften historische Generationen hervorbringt, die sich in ihren Bewusstseinsformen unterscheiden. Er identifiziert Generationenlagerungen (vgl. Mannheim 1964: 529), die durch gemeinsames Leben zur gleichen Zeit entstehen, sich in der Jugendphase einprägen und fortan Erleben und Denken beeinflussen. Die Konzentration auf die Prägung in der Jugendphase hat in der Forschung berechtigterweise Kritik hervorgerufen, lässt sich aber dadurch erklären, dass zum Zeitpunkt des Verfassens der Texte Generationenforschung hauptsächlich Jugendgenerationenforschung war. Außerdem entsprach diese Auffassung den gängigen zeitgenössischen Annahmen der Entwicklungspsychologie und Jugendforschung (vgl. Zinnecker 2003: 43). Tatsächlich lässt sich Mannheims Konzept der Prägung aber relativ problemlos auf weitere Lebensabschnitte ausweiten – im 21. Jahrhundert, das von Psychoanalyse, Lebenslauf- und Biographieforschung sowie Theorien der Individualisierung geprägt ist, ist es wichtig, auch die Prägekraft von frühkindlichen Einflüssen oder von Ereignissen im späteren Lebensverlauf zu bedenken.

Die eben beschriebenen Generationenlagerungen können sich über den Zwischenschritt des Generationszusammenhangs zu Generationseinheiten zusammenfinden, die durch koordiniertes Handeln einen sozialen Wandel hervorrufen. Diesen Prozess erklärt Mannheim mit einer Analogie zum Klassenbegriff: Die allein durch die Stellung im Produktionsprozess definierte »Klasse an sich« wird durch Bewusstwerdung dieser Lage zur politisch aktiven »Klasse für sich«. Generationenlage und Klassenlage ist gemeinsam, dass sie einen bestimmten Raum an Möglichkeiten und eine Erfahrungsstruktur vorgeben. Hieraus entsteht ein Zusammenhang, der zwar eine Gemeinsamkeit ausdrückt, aber noch keine Gruppe ausmacht. Dies geschieht erst mit dem Schritt zur Generationseinheit, die sich – in Analogie zur »Klasse für sich« – durch ein gemeinsames Ziel (bei Mannheim als »Entelechie« oder »Kollektivwollung« bezeichnet) charakterisieren lässt. Innerhalb einer Generationslagerung kann es mehrere Generationseinheiten geben, die sich unter Umständen durch konflikthafte Beziehungen auszeichnen. Gesellschaftlicher Wandel wird für Mannheim durch ein stetes Einsetzen neuer generationell geprägter Kulturträger gewährleistet, welches sich in einem Spannungsverhältnis zu Tradierungsprozessen zwischen Generationen verhält: »Das Generationsphänomen ist eines der grundlegenden Faktoren beim Zustandekommen der historischen Dynamik. Die Erforschung des Zusammenspiels der zusammenwirkenden Kräfte ist ein Aufgabenkreis für sich, ohne dessen Klärung die Geschichte in ihrem Werden nicht endgültig erfasst werden kann« (Mannheim 1964: 565).

Die Schwierigkeit der Mannheimschen Theorie besteht darin, die erwähnten Generationen als solche zu erfassen. Wer gehört zu einer Generationenlagerung, wer nicht, wie genau lassen sich die Übergänge zum Generationszusammenhang und schließlich zur -einheit festlegen? Wie lassen sich die Beziehungen zwischen Generationen beschreiben, wie Tradierungs- und Abgrenzungsprozesse fassen? Des Weiteren ist Mannheim oft vorgeworfen worden, er beschränke sich auf Elitenphänome, indem er nur der selbstbewussten, wandel- und fortschrittsgläubigen intellektuellen Avantgarde die Fähigkeit zur Bildung von Generationseinheiten zubilligte (vgl. Zinnecker 2003: 46). Diese waren in Mannheims Vorstellung ganz überwiegend männlich geprägt, was die Frage nach weiblichen, möglicherweise »stilleren« Formen der Generationenprägungen unbeantwortet lässt. Ob dies nicht weniger ein Problem Mannheims, sondern eher das des gesamten zeitgenössischen wissenschaftlichen Paradigmas und einiger aus heutiger Sicht unglücklich gewählten Illustrationsbeispiele war, muss an anderer Stelle diskutiert werden. Festzuhalten bleibt: Wenn man versucht,

Generation als quantitativ fassbare Kategorie der gesamtgesellschaftlichen Sozialstrukturanalyse zu verstehen, stößt man mit der Mannheimschen Generationentheorie schnell auf Schwierigkeiten; zu vage und wenig greifbar sind die hier beschriebenen Kollektive. Obwohl diese Probleme offensichtlich sind und häufig diskutiert werden, hat sich die Generationenforschung kaum bemüht, den Ansatz Mannheims kritisch weiterzuentwickeln (vgl. Zinnecker 2003: 33).

Eine Ausnahme bildet der US-amerikanische Demograph Norman B. Ryder, dem berufsbedingt wenig an qualitativer Erfahrungsschichtung sondern mehr an der Beschreibung gesamtgesellschaftlicher Strukturkonzepte lag. Ryders Kohortentheorie (1997, zuerst 1964) will ebenfalls sozialen Wandel durch das Auftreten einer neuen und jüngeren Gruppe von Menschen mit anderen Erfahrungen als die der Vorgänger erklären. Dass Ryder von Kohorten anstatt von Generationen spricht, hängt damit zusammen, dass er mit Generationen lediglich familiale Generationen verbindet, außerdem ist der Kohortenbegriff für Ryder als Demographen nahe liegender und eingängiger. Es ist aber durchaus sinnvoll, Ryders Konzept als Generationentheorie im hier definierten Sinne zu behandeln, vor allem, wenn er Kohorte wie folgt definiert: »A cohort may be defined as the aggregate of individuals (within some population definition) who experienced the *same event within the same time interval*« (Ryder 1997: 68, Hervorhebung CM). Ryder ergänzt Mannheim dahingehend, dass er in seine Theorie neben den Bewusstseinsformen auch die Gelegenheitsstruktur unterschiedlicher Kohorten mit einbezieht, die besonders von Kohortenstärke und berufsstrukturellem Wandel beeinflusst wird (Ryder 1997: 69). Im Gegensatz zu Mannheim, der zwar verschiedene Einheiten in den jeweiligen Generationslagerungen ausmachen kann, sich aber um weitere intragenerationelle Differenzen nicht bemüht, sind für Ryder auch gerade die sozialen Unterschiede innerhalb von Kohorten von Bedeutung. Dem Individuum wird schon bei der Geburt ein Status zugeschrieben, der seinen weiteren Lebensweg bestimmt. Dies führt dazu, dass es sich bei der Kohorte um ein Segment der Gesellschaft handelt, das nach Einkommen, Berufen, Bildung, Geschlecht etc. differenziert ist. Während Mannheim zur Erklärung seiner Generationentheorie die Klassenanalogie zu Hilfe nimmt, wählt Ryder das Beispiel der ethnischen Gruppe, denn auch in dieser wird die Zugehörigkeit durch die Geburt bestimmt, es muss sich allerdings nicht notwendigerweise um ein organisiertes Kollektiv handeln.

Trotzdem ist die jeweilige Prägung, die eine Kohorte von der anderen unterscheidet, auch für Norman Ryder ein wichtiges Kriterium. Er geht wie Mannheim davon aus, dass eine kohortenprägende Erfahrung in jungen Jahren geschieht. Dennoch ist die weitere Sozialisation im Lebenslauf eines Individuums oder einer Kohorte ebenso wichtig zu ihrer Erforschung und Beschreibung, denn das Individuum bleibt sein ganzes Leben Subjekt von Sozialisation durch Gruppen, denen es angehört. In der Moderne, die durch technischen Wandel und Schnelllebigkeit gekennzeichnet ist, kann das Individuum nicht mehr allein durch die Familie sozialisiert werden. Schule und Gleichaltrige haben einen viel größeren Einfluss – das macht die spezielle Prägekraft der jeweiligen Kohorte für die Erfahrungswelt des Einzelnen aus. Die jeweilige *peer group* wird deshalb folgerichtig als »subset of one's cohort« (Ryder 1997: 82) beschrieben. Ryder stellt sich gegen die Vorstellung, dass eine neue Kohorte zwingend einen sozialen Fortschritt hervorrufen müsse: »The entry of fresh cohorts into the political stream represents a *potentiality* for change, but without specification of its content or direction« (Ryder 1997: 75, Hervorhebung CM). Mit Ryders Kohortentheorie hat man damit ein Instrument zur Hand, das sich deutlich besser zur quantitativen sozialstrukturellen Analyse eignet als Mannheims eher qualitativ orientiertes Konzept. Einige Charakteristika des Mannheimschen Generationenkonzeptes werden zwar übernommen, zum Beispiel das gleichzeitige Erleben bestimmter Ereignisse zum selben Zeitpunkt im Lebenslauf sowie die starke Stellung des Erfahrungskonzeptes. Die schwierigen Abgrenzungen zwischen Generationslagerung, -zusammenhang und -einheit entfallen aber. Die einzelnen Kohorten lassen sich über spezielle Ereignisse wie das Geburtsjahr oder den Berufeinstieg abgrenzen, intern beschreiben und sozialstrukturell differenzieren, sie haben darüber hinaus auch dann noch Bestand, wenn sie keine politisch aktiv handelnden Einheiten darstellen.

Generation als kollektiv erlebter sozialhistorischer Zusammenhang

Ulrike Jureit (2006: 9) schlägt vor, zwischen Generation als Selbstthematisierung und Generation als analytischer Kategorie zu unterscheiden. Während letztere häufig ex post von der Wissenschaft zur Beschreibung kollektiver Phänomene konstruiert werden, ist für die Selbstthematisierung ein Erfahrungszusammenhang bzw. eine gefühlte Gemeinschaft notwendig. Die Idee der Selbstthematisierung ist vor allem bei Mannheims Generationenbegriff wichtig: Eine Generationseinheit unterscheidet sich von einer bloßen Generationslagerung genau durch die gefühlte gemeinsame Identität, also die Entelechie oder Kollektivwollung. Zur analytischen Beschreibung gesellschaftlicher Prozesse eignet sich Norman Ryders Kohortentheorie besser, die jeweiligen Gruppen lassen sich eindeutiger abgrenzen und beruhen nicht notwendigerweise auf dem Gefühl eines gemeinsamen Ziels oder einer gemeinsamen Verständigung. Aber auch für Ryder sind gemeinsame Sozialisationsprozesse essenziell, was generell auf einer starken Stellung des Erfahrungsbegriffs beruht. So betont auch Ulrike Jureit: »Etwas ähnlich oder sogar zusammen erfahren zu haben, dies vielleicht auch nur als Gemeinsamkeit zu imaginieren oder aber einer Gruppe als potenzielle Verbundenheit zu unterstellen, ist für generationelle Selbst- und Fremdzuschreibungen in jedem Falle grundlegend« (Jureit 2006: 78). Erfahrung meint hier eine zunächst individuelle, dann aber auch kollektive Verarbeitung von Erlebnissen. Erlebnisse müssen über die reine Wahrnehmung hinaus sinnhaft gedeutet und in die jeweiligen Lebensläufe eingeschrieben werden. Durch Akkumulation solcher Erfahrungen, die in Gruppenbildungsprozessen geschehen, können sie sich verfestigen und als kollektives Wissen für die jeweiligen Gruppen zur Verfügung stehen.

Solche Kollektivierungsprozesse geschehen natürlich am Einfachsten in kleinen Gruppen, in denen sich die Individuen persönlich begegnen. Bei Generationen auf der gesellschaftlichen Ebene ist dies aber häufig nicht der Fall, diese Gruppen sind zu groß, um persönliche face-to-face Beziehungen zu unterhalten. Identitätsbilder und Kollektivierungsprozesse von Erfahrungen müssen deswegen über Medien kommuniziert werden. Massenmedien wie Zeitungen, Fernsehen und – seit den 1990er Jahren – das Internet besitzen eine Schlüsselfunktion bei der intragenerationellen Kommunikation. Einerseits erleichtert dies den Forschungsprozess ungemein, denn durch die Wiedergabe in Medien wird die Kommunikation über eine gemeinsame Identität und gemeinsame Erfahrungen abgebildet und gespeichert. Andererseits wird die Generationenkommunikation dadurch aber auch vielschichtiger und tendenziell uneingeschränkter. Zudem wird es immer schwieriger festzustellen, welche der in den Medien zitierten Generationsakteure tatsächlich den Rückhalt ganzer generationeller Kollektive haben, Selbst- und Fremdzuschreibungen lassen sich häufig nicht mehr klar trennen.

Hier klingt bereits an, dass auch das Rydersche Kohortenkonzept kein Patent für die Erforschung gesamtgesellschaftlicher Prozesse darstellt.

Gerade im Zusammenhang mit analytischen Generationenkonzepten, die also versuchen, Generationen als Strukturmerkmal moderner Gesellschaften zu erfassen, gibt es zwar einige vage Überlegungen, aber wenig überzeugende Konzepte oder Forschungsanleitungen. Die meines Wissens bislang konkretesten Vorschläge zur näheren Beschreibung von Gesellschaftsgenerationen liefert Reinhold Sackmann (2004: 34) in einem Aufsatz, der sich der Frage widmet, ob Generation eine Form »neuer sozialer Ungleichheit« darstellen kann. Er identifiziert in diesem Kontext drei Bestimmungsmerkmale, die zur näheren Beschreibung einzelner Gesellschaftsgenerationen herangezogen werden können:

- demographisch vorgegebene Größenverhältnisse;
- Sozialisationseffekte, die zu Unterschieden in Wissensbeständen, Wertausrichtungen und Habitusformen führen;
- Institutionelle Regelungen, die Ressourcen- und Rechtsstellungen von Kohorten und/oder Altersgruppen mitbestimmen können.

Die Wichtigkeit der Demographie wird schon bei Ryder (1997: 69) betont. Auch die Sozialisationseffekte die durch die *peer groups* ausgelöst werden, sind in Ryders Theorie wichtig. Neu ist bei Sackmann allerdings die starke Betonung von Institutionen, die besonders bei der Beschreibung von Kohorten auf nationalstaatlicher Ebene von Bedeutung ist. Kohorten werden eben nicht nur durch interne Prozesse geprägt, sondern ebenso extern von Gesetzen und Regeln beeinflusst. Dies ist besonders im Kontext von Wohlfahrtsgenerationen von Interesse und wird deshalb ausführlich in Kapitel 2.2 behandelt.

Die von Sackmann genannten Merkmale bieten als Handlungsanleitung einen wichtigen Ansatz zur Erforschung von Generationen und Generationsverhältnissen auf der Makroebene. Aber auch hier bleiben zentrale Fragen unbeantwortet. Die Unterscheidung zwischen Selbst- und Fremdzuschreibung fehlt zum Beispiel vollkommen; nach Sackmanns Konzept wird nicht klar, ob die betreffenden Generationen die beschriebenen Unterschiede auch als solche wahrnehmen. Damit wird die Ebene der Erlebnisse bzw. der kollektiv geteilten Erfahrungen komplett ausgeblendet. Dies kann aber weder nach dem Ryderschen noch erst recht nach dem Mannheimschen Theorieentwurf überzeugen. Die unterschiedliche Sozialisation von Kohorten lässt zwar darauf schließen, dass die Mitglieder von Kohorten in irgendeiner Form im Austausch stehen – wie dieser Austausch oder eine Kommunikation vonstatten geht, wird nicht weiter verfolgt. Darüber hinaus bleibt fraglich, wie viele Jahrgänge die zu erforschenden Kohorten einschließen. Man könnte sich vorstellen, immer fünf oder zehn Jahrgänge zusammenzufassen – oder aber Abgrenzungen nach ganz anderen Merkmalen, wie historischen Ereignissen (Kriege) oder Gesetzen und ihrem Wandel vorzunehmen. Dann würde man aber wahrscheinlich zu unterschiedlich langen Geburtszeiträumen kommen, was die Frage nach der Generationsgröße wieder nachhaltig beeinflussen würde. Außerdem bleibt offen, wie mit den von Ryder beschriebenen intragenerationellen Differenzen umzugehen ist – wie verhält sich also das Konzept »Generation« zu anderen Sozialstrukturkategorien wie Einkommen, Bildung oder Geschlecht?

Dass die Generation eigentlich das Problem ist, als dessen Lösung sie sich ausgibt (vgl. Weisbrod 2005: 3), ist in der Generationenforschung inzwischen fast schon zur Binsenweisheit geworden. Dennoch haben die vorangegangenen Überlegungen einige wichtige Schlüsselbegriffe erwähnt, die zur Erforschung von Gesellschaftsgenerationen in postindustriellen Gesellschaften unerlässlich sind. Zu ihnen gehören: Erfahrung, Sozialisation, Kollektivierung, Kommunikation, Größe, Ressourcen und interne Differenzierungen. Diese Begriffe werden bei den Überlegungen zu Wohlfahrtsgenerationen in Kapitel 2.2 von Bedeutung sein und selbstverständlich die Hypothesenentwicklung zur Prägung von Generationen durch die Rentenversicherung in Kapitel 2.5 maßgeblich anleiten.

Lebenslauf und Altersgruppen

Im öffentlichen Diskurs hört man häufig Ausdrücke wie »die junge Generation« oder »die Generation der Rentner«. Diese Konzepte orientieren sich nicht – oder zumindest nicht primär – an Geburtsjahrgängen, sondern an verschiedenen Phasen im Lebenslauf. Das Konzept der Altersgruppen schließt damit an das Konzept der familialen Generation an. Auch hier geht es um eine Gruppenzugehörigkeit, die im Laufe des Lebens gewechselt werden kann. Während man einer Kohorte oder Generation ein Leben lang angehört, gehört man im Lebensverlauf verschiedenen Altersgruppen an, genauso wie man in einer Familie von der »Kindergeneration« über die »Elterngeneration« zur »Großelterngeneration« gelangen kann.[2]

2 Tatsächlich finden sich Forschungen, die die generationelle Rhythmik auf die genealogische Abfolge herunter brechen und einen Zeitgeistwechsel von 25 oder 30 Jahren daraus ableiten. Darauf aufbauend haben sich Überlegungen zur rascheren Fortschrittsent-

Unterschiedliche Altersphasen können im jeweiligen Lebenslauf Kohorten unterschiedlich prägen. Die Einteilung des menschlichen Lebens in verschiedene Abschnitte oder Stufen kennen wir bereits seit dem Mittelalter (vgl. Kohli 1978: 10). In vier oder sieben verschiedenen Phasen wurde die Entwicklung vom Säugling zum Greis oder zur Greisin dargestellt (vgl. Thane 2005a), solche Vorstellungen wirkten bis weit ins 19. Jahrhundert hinein als prägend,[3] auch wenn die individuelle Erfahrung der Menschen durchaus davon abweichen konnte (vgl. Conrad 1994: 13). Seit Ende des Zweiten Weltkrieges hat sich der Sozialstaat als strukturierende Instanz für die verschiedenen Altersgruppen etabliert. Sozialstaatliche Gesetze regeln die Phasen des Lebenslaufes zum Beispiel durch zeitliche Begrenzungen, etwa beim Kindergeld oder durch das Regelrentenalter (vgl. Backes 1998, Hareven 1997). Im Mannheimschen Generationenkonzept wurde – wie bereits erwähnt – die Jugend als wichtigste Lebensphase für die Einprägung generationeller Effekte bestimmt. Da dies nach dem heutigen Forschungsstand nicht mehr tragfähig ist, da durchaus auch alle anderen Altersphasen prägende Erlebnisse beinhalten können, wird der gesamte Lebenslauf für die Generationenforschung interessant.

Die Lebenslaufforschung beobachtet, wie sich individuelle Entwicklungsprozesse zur historischen Zeit verhalten (vgl. Hareven 1997: 44). Dabei kann Alter als Sozialstrukturmerkmal verstanden werden oder aber als Rollenzuschreibung – der Alterungsprozess erscheint dann als Wechsel von einer Altersrolle zur nächsten (vgl. Kohli 1978). Generell ist es unzureichend, von einem biologischen Alter auszugehen. Erst wenn der Alterungsprozess als sozial und individuell konstruiertes Lebensphasenmodell gedeutet wird, können seine Implikationen hinreichend verstanden werden. Der Unterschied zwischen Altersgruppen und Generationen wird dann besonders evident, wenn sie im Zusammenhang betrachtet werden. Altersgruppeneffekte können sich nämlich kohortenspezifisch unterschiedlich auswirken. Als Effekt der Bildungsexpansion der 1960er Jahre ist das gemittelte Berufseinstiegsalter bei um 1930 Geborenen um einiges niedriger

wicklung in der Moderne durch schnellere Reifung der jeweiligen Kohorten entwickelt (etwa Berger 1960). Diese Ansätze zur »Zeitgeiststrukturierung« konnten allerdings nicht bestehen, weil sie den Rhythmus der gesellschaftlichen Entwicklung nicht genügend erklären konnten, was bereits Mannheim (1965) kritisch anmerkt.

3 Häufig zitiert wird etwa die Illustration in William Shakespeares Komödie As you like it, (2. Akt, 7. Szene): »All the world's a stage, and all the men and women merely players: They have their exits and their entrances; and one man in his time plays many parts, his acts being seven ages« (verfasst 1600, Hervorhebung CM).

als bei um 1970 Geborenen. Die Zeit, die sie in der Altersgruppe der »Jungen« verbleiben, ist bei der älteren Kohorte dadurch verkürzt. Auch hier ist der Sozialstaat einflussreich: Durch unterschiedliche sozialstaatliche Maßnahmen, etwa bei der Bildung oder der Rente, können sich Grenzen und Inhalte der Lebenslaufphasen oder Altersgruppierungswechsel verschiedener Kohorten voneinander unterscheiden. Auch demographische Entwicklungen können die Lebensphasen unterschiedlicher Kohorten je anders ausgestalten. Die Trennung von Kohorten- und Altersgruppeneffekten sollte in der Generationenforschung deshalb sehr ernst genommen werden – sie ist auch beim nun folgenden Forschungsstand zu Wohlfahrtsgenerationen von zentraler Bedeutung.

2.2 Wohlfahrtsgenerationen: Forschungsstand und Forschungslücken

Christoph Conrad (2003: 59) identifiziert fünf zentrale Semantiken des Wohlfahrtsstaates.[4] Staat und Bürger, Kapital und Arbeit, Hiesige und Fremde, Frauen und Männer sowie Junge und Alte. Die letzte Semantik, die Conrad auch als Sprache von Generationen bezeichnet, ist eindeutig die jüngste. Das Motiv eines Verteilungskonfliktes zwischen Jungen und Alten oder gar zwischen verschiedenen Generationen ist seit den 1980er Jahren in den Medien stark präsent (vgl. Bude 2003: 288, 2005: 42, Conrad 2003: 55, Leisering 2000b: 609). Die öffentliche Debatte wurde dabei von einigen Buchveröffentlichungen angeregt, die in den letzten Jahren erschienen sind. Reimer Gronemeyer (2004) stellt sich zum Beispiel in seinem Buch »Kampf der Generationen« die Frage, wie viele alte, vor allem hochaltrige Menschen heutige Gesellschaften versorgen können. Dabei ist die zentrale Problemstellung für Gronemeyer, dass sich neben einer Verlängerung der Lebenserwartung ein grundsätzlicher Wertewandel in der

4 In der Literatur wird zwischen Wohlfahrts- und Sozialstaat unterschieden. Wohlfahrtsstaat meint dabei eine gesellschaftliche Norm zur Steigerung des Wohlergehens aller Bürger, Sozialstaat bezeichnet konkrete juristische und politische Regelungen wie das Sozialstaatsprinzip, das im Art. 20 des Grundgesetzes verankert ist (vgl. Motel-Klingebiel 2000: 18–19, Pilz 2004: 15). Für die vorliegende Untersuchung ist aber lediglich relevant, dass bestimmte soziale Versicherung (Rente, Krankenversicherung, Arbeitslosenversicherung etc.) institutionell verankert und staatlich organisiert sind. Die Begriffe »Sozialstaat« und »Wohlfahrtsstaat« werden deshalb synonym verwendet.

Gesellschaft abspielt, der dazu führt, dass die Sorge um alte Menschen nachlässt und sie als gesellschaftliche Last empfunden werden. Der Autor prognostiziert einen Feldzug jüngerer Kohorten gegen die übergroße Gruppe von kranken und damit teuren Alten. Dies wird seiner Meinung nach getragen von einem Verfall christlicher Werte wie Nächstenliebe und Solidarität sowie von einer Erosion des Empfindens sozialer Sicherheit und familiärer Werte bei jüngeren Kohorten. Frank Schirrmacher kommt in seinem Buch »Das Methusalemkomplott« (2004) zu ganz ähnlichen Ergebnissen. Er geht allerdings über die Darstellung Gronemeyers hinaus, indem er konkret von alten Menschen fordert, sich gegen Jüngere zu verbünden und gemeinsam für die Rechte der Alten in der Gesellschaft zu kämpfen: »Es ist vorbei mit der unbestrittenen Herrschaft der Jugend über das Alter. [...] Die Ausbeutung der schöpferischen Kraft des Alters und die Bewahrung, die Hege und Pflege von Lebenszeit [...] verlangt viel von uns. Keine andere Generation stand in ihrer zweiten Lebenshälfte vor einer vergleichbaren Aufgabe« (Schirrmacher 2004: 200–201).

In beiden Büchern werden Kohorten- und Altersgruppenperspektive konstant vermischt, darüber hinaus ist vollkommen unklar, wie bald die jeweils prognostizierten Konflikte zu erwarten sind. Aber unabhängig davon, was man aus wissenschaftlicher Perspektive von diesen Prognosen halten mag, ist nicht von der Hand zu weisen, dass beide Bücher hohe Auflagenzahlen erreicht haben, sie standen über Wochen auf der SPIEGEL-Bestsellerliste. Die beschriebenen Spannungen scheinen also einen Nerv in der Gesellschaft getroffen zu haben bzw. Probleme anzusprechen, die in der Bevölkerung präsent sind. Ob dies auf ein tatsächlich vorhandenes Konfliktpotenzial in der Bevölkerung oder eher auf eine geschickt medial geschürte Furcht vor einem solchen zurückzuführen ist, sei für den Moment erst einmal dahin gestellt. Für die vorliegende Untersuchung ist vor allen Dingen von Interesse, dass die Problematik nicht nur in massenmedialen Debatten, sondern auch in den Sozialwissenschaften diskutiert, tatsächlich vermutlich von diesen erst »entdeckt« wurde. Die nun folgenden Ausführungen legen die sozialwissenschaftliche Beschäftigung mit dem Phänomen »Wohlfahrtsgeneration« dar, zusätzlich wird auf verwandte Komplexe wie Demographie und Gerechtigkeitsforschung verwiesen. Die Darstellung beinhaltet auch einige Überlegungen zu Problemen, die mit dem Konzept verknüpft sind und schließt mit einer generellen Kritik.

Wohlfahrtsgenerationen

Die Entwicklung des Wohlfahrtsstaates seit Ende des Zweiten Weltkrieges bietet eine hinreichend lange historische Epoche, in der unterschiedliche Kohorten je andere Erfahrungen mit dieser Institution machen konnten. Ausbau und Umbau betreffen dabei verschiedene Geburtsjahrgänge unterschiedlich (vgl. Jureit 2006: 104). Fraglich ist, inwieweit es aufgrund dieser Entwicklungen zu Ungleichheiten zwischen Kohorten kommt, die tatsächlich zu generationell unterscheidbaren Sozialisations-, Erfahrungs- und Identitätsmustern führen. Am 27. März 1990 stellte die britische Zeitung *The Guardian* in einem Leitartikel die provokante Frage: »Will the Third World War be a war between generations rather than states?«. Hintergrund des Artikels war der kurz zuvor erschienene Sammelband, »Workers vs. Pensioners« (1989). Die Sozialhistoriker Paul Johnson, David Thomson und Christoph Conrad versammelten in diesem Band Beiträge zur Performanz westlicher Wohlfahrtsstaaten, die mehr oder weniger alle zum selben Ergebnis kamen: Sinkende Fertilität, verlängerte Lebenserwartung und Frühverrentung stellten in einem ohnehin wirtschaftlich kriselnden Wohlfahrtsstaat die Fundamente der Sozialversicherung in Frage; immer größere Gruppen alter Unproduktiver müssten durch immer kleinere Gruppen junger Aktiver unterstützt werden. Diese Konstellation führt laut den Herausgebern zu Interessengegensätzen zwischen Altersgruppen bzw. Kohorten, die wahrscheinlich früher oder später in einen offenen Generationenkonflikt münden würden:

»Seen from a cohort perspective, not only the ups and downs of fertility in the twentieth century but also the workings of social security have created considerable inequities between different generations. If perceived as such, this injustice between the generations could foster discontent with future social policies and, finally, undermine the ›implicit contract‹ between generations on which the welfare state is based« (Johnson u.a.1989: 1).

Der ›implizite Generationenvertrag‹, auf dem der Wohlfahrtsstaat laut Johnson, Conrad und Thomson basiert, ist allerdings eine missverständliche Metapher. Schließlich haben niemals zwei oder mehr Kohorten bzw. Altersgruppen einen Vertrag im juristischen Sinne geschlossen, die Vertragsparteien sind im Gegenteil niemals gefragt worden, ob sie an diesem teilnehmen wollen. Insofern ist der »Generationenvertrag« kein juristisch bindendes Dokument, auf dessen Grundlage Rechte und Pflichten eingefordert werden können. Statt von einem »Vertrag« zu sprechen, sollte eher von einer Norm der Kettenreziprozität ausgegangen werden, in die aber noch weitere Akteure als die betreffenden Beitragszahler und Leistungsempfänger involviert sind. Hierzu gehören der Staat, mitunter die Arbeitgeber und die staatlichen Organisationen, die die Umverteilung der Alterssicherungsleistungen und -beiträge übernehmen (vgl. May 2007b). Trotzdem darf nicht vergessen werden, dass die Metapher vom »Generationenvertrag« im Diskurs moderner Wohlfahrtsstaaten ein großes Gewicht hat, häufig wird auf dieser Grundlage Generationengerechtigkeit gefordert. Deshalb wird an dem Bild – unter Vorbehalt – hier zunächst weiter festgehalten.

Die Idee von einem Generationenvertrag wird bereits von Wilfrid Schreiber in seiner wegweisenden Schrift »Existenzsicherheit in der industriellen Gesellschaft« (1957, zuerst 1955) erwähnt, die die Grundlage für die deutsche Rentenreform von 1957 darstellte: »Unser Vorschlag kann als *Solidar-Vertrag zwischen jeweils zwei Generationen* bezeichnet werden. Die jeweils Arbeitstätigen sorgen dafür, dass die jeweils Alten ihr Renteneinkommen haben, und erwerben damit das Anrecht, in ihrem eigenen Alter von den dann Arbeitstätigen mitversorgt zu werden« (Schreiber 1957: 97, Hervorhebung im Original). Dies wird auch als Umlageverfahren bezeichnet und ist im System der Rentenversicherung als Finanzierungsprinzip verankert. In einer Gesellschaft mit stabiler Bevölkerungsentwicklung und stabilen sozialen Institutionen bezahlen alle Kohorten über ihr gesamtes Leben hinweg gesehen die gleichen Beiträge und erhalten die gleichen Leistungen (vgl. Ermisch 1989: 19, May 2007b: 152). Diese hypothetische Welt ist aber nicht die Realität der meisten europäischen Sozialstaaten im 20. Jahrhundert: Hier haben sich die wirtschaftlichen, demographischen und institutionellen Bedingungen ganz massiv geändert. Auf dieser Grundlage hat eine Verschiebung des Diskurses stattgefunden – statt über die Leistungsverteilung zwischen Altersgruppen geht es jetzt um die Verteilung zwischen Geburtsjahrgängen (vgl. Szydlik 2004: 10–11).

Die Frage nach Gerechtigkeit zwischen verschiedenen Kohorten wird dann virulent, wenn sich Faktoren wie die Demographie und die wirtschaftliche Entwicklung langfristig so massiv ändern, dass man von »Gewinner«- und »Verlierer«-kohorten im Wohlfahrtsstaat sprechen kann (vgl. Laslett/Fishkin 1992: 1). Der Historiker David Thomson, einer der Mitherausgeber von »Workers vs. Pensioners«, gilt gemeinhin als erster Wissenschaftler, der sich mit Wohlfahrtsgenerationen als Kohortenphänomen beschäftigt hat. Seinen Beitrag in besagtem Sammelband (1989) arbeitete er zu einem Buch über die Generationenprägung im neuseeländischen Wohlfahrtsstaat (1996) aus. Generell unterscheidet er zwei Geburtskohorten, die der »Gewinner«-Jahrgänge um 1935 und die »Verlierer«, die um 1955 geboren wurden. Der erste Jahrgang konnte im Lebenslauf immer gerade dann von wohlfahrtsstaatlichen Leistungen profitieren, wenn er sie gerade benötigte. In der Kindheit der Mitglieder wurde das Bildungssystem ausgebaut; in der Familiengründungsphase wurde von Seiten des neuseeländischen Staates eine großzügige Familienunterstützung gewährt; als die betreffende Kohorte anfing, die Karriereleiter hinaufzusteigen gab es günstige Besteuerungen und noch später, am Ende des Arbeitslebens, eine großzügige Rente. Thomson stellt aber fest, dass die Leistungen wieder gekürzt wurden, sobald die Kohorte die betreffende Lebenslaufphase verließ, so dass die Generation der um 1955 Geborenen nicht mehr von ihnen profitieren konnte. Insgesamt wandelte sich der Wohlfahrtsstaat zusammen mit der um 1935 geborenen Gewinnergeneration vom Jugend- zum Altenstaat (vgl. Thomson 1996: 52). Thomson macht die Gewinnergeneration selbst für die Situation verantwortlich; sie hätten über ihre Verhältnisse hinaus konsumiert und zudem nicht für eine ausreichende Nachwuchsgeneration gesorgt. Die Verlierergeneration – zahlenmäßig viel kleiner als ihre Eltern – erhielten weniger Leistungen als diese, müssten sie durch Rentenzahlungen unterstützen und zusätzlich ihre Schulden begleichen. Sie bezahlen laut Thomson doppelt so viele Steuern wie ihre Eltern (vgl. Thomson 1996: 175). Der Autor stellt fest, dass der ökonomische Stress bei den Jüngeren zu höheren Kriminalitäts- und Suizidraten führt, während ihre Eltern aufgrund üppiger Renten teure Ferienreisen antreten. Obwohl Thomson nicht auf entsprechende Daten verweisen kann, behauptet er, dass die von ihm beschriebene Entwicklung auf alle modernen Wohlfahrtsstaaten zutreffe.

Zum deutschen Sozialstaat gibt es ähnliche Überlegungen – wenn ihnen auch die verschwörungstheoretische Komponente fehlt. Lutz Leisering (2000b: 612) identifiziert eine in den 1960ern, 1970ern und 1980ern geprägte »sozialstaatliche« Generation, die vom Wohlfahrtsstaat profitiert habe und angeblich eine besonders hohe »Generationeneinheit« aufweise. Es ist nicht ganz klar, was der Autor damit meint, wahrscheinlich spielt er auf Karl Mannheims Generationseinheit (vgl. Mannheim 1970: 558–559) an, die dann vorliegt, wenn eine Generation sich selbst subjektiv als solche darstellt und zielorientiert handelt. Das wird von Leisering (2000b: 612) behauptet, allerdings nicht empirisch belegt. Ebenfalls bleibt ungeklärt, wie lang die Generation ist, also wie viele und vor allen Dingen welche Geburtsjahrgänge dieser Einheit angehören, welchen Grad von Organisiertheit sie aufweist und wie sie kommuniziert. Dass diese Einheit nicht in Mannheims Sinne eine Generationseinheit darstellt, wird offensichtlich, wenn dem Autor zufolge (Leisering 2000a: 66, 2000b: 613) innerhalb dieser sozialstaatlichen Generation vier Schichten zu differenzieren sind, die unterschiedliche, teils kumulierende Generationserfahrungen repräsentieren:

1960er Jahre: Selbstverständlichkeit wirtschaftlich generierten und sozialstaatlich verbreiteten Wohlstands = klassische Wohlstands- und Wirtschaftswundergeneration;

1970er Jahre: wachsende Ansprüche an die Steigerung von Lebensqualität und an aktive Lebensgestaltung durch den Staat = klassische sozialstaatliche Generation;

1980er, hineinreichend in 1990er Jahre: Haltung der Verteidigung sozialstaatlicher Besitzstände gegen ökonomische Besitzinteressen, manifest in Sozialprotest und sozialpolitischem Strukturkonservatismus = defensive Sozialstaatsgeneration;

1990er: negativer oder indifferenter Bezug auf den Sozialstaat = Verlierergeneration, postsozialstaatliche Generation.

Wie diese teils sehr unterschiedlichen Erfahrungen die einheitliche sozialstaatliche Generation prägen sollen ist dabei unverständlich bzw. widersprüchlich.[5] Die Prägung der vermeintlich »postsozialstaatlichen« Generation der 1990er beruht zudem auf einer empirisch widerlegten Annahme, da in Umfragen kohortenübergreifend immer noch eine hohe Zustimmung zum Wohlfahrtsstaat festgestellt wird (vgl. Europäische Kommission 2004b, Kohli 2006, Opielka 2004). Darüber hinaus ist es fraglich, wie die jeweiligen »Schichten« Generationen prägen sollen. Prägen sie alle Menschen, die zur jeweiligen Zeit leben, prägen sie nur junge Menschen, die diese Schicht als erste erfahren, und werden alle Menschen gleich auf diese Haltungen (nämlich durch Übernahme der Einstellung) reagieren? Außerdem vermisst man eine hinreichende Darstellung der Gründe für die von Leisering dargestellten Generationeneinstellungen. Werden sie zum Beispiel hervorgerufen durch Sozialgesetzgebung, durch externe Faktoren wie

5 Zusätzlich erschwert wird das Verständnis dadurch, dass Leisering nach der Aufzählung seiner verschiedenen Generationen darauf hinweist, dass diese möglicherweise lediglich ein Diskurskonstrukt darstellen (vgl. Leisering 2000a: 69). Man erhält vom Autor keine weiteren Hinweise darauf, inwieweit er seinen eigenen konzeptuellen Vorschlag ernst nimmt.

zum Beispiel dem demographischen Wandel oder einem Mix aus beiden? Zudem ist es auffällig, dass sich die generationenprägenden Perspektiven relativ bequem in die jeweiligen Jahrzehnte einpassen lassen.

Auch Heinz Bude (2003: 289) ist überzeugt, dass der Wohlfahrtsstaat selbst »zu einer Funktion von Generationen [wird], die Erwartungssicherheiten suchen und Kollektivbetroffenheit erfahren«. Der Generationsbegriff erlaubt laut Bude eine Periodisierung der wohlfahrtsstaatlichen Entwicklung seit Bismarcks Einführung der Sozialversicherung. Seitdem seien das diachrone genealogische Prinzip der familialen Abstammung in den Hintergrund und der synchrone Aspekt der jahrgangsspezifischen Generationenprägungen in den Vordergrund getreten. Bude (2003: 298–299) identifiziert eine Mitte der 1950er geborene Generation der »Babyboomer«, die sich in den 1980ern als erste enttäuschte Sozialstaatsgeneration bemerkbar machte, ihre Mitglieder seien die ersten Betroffenen der von Ulrich Beck beschriebenen Risikogesellschaft. Konturen einer wirklich postsozialstaatlichen Generation zeigen sich seiner Meinung nach aber erst bei den Mitte der 1970er Jahre geborenen »Konsumkindern«: Sie hätten den Versprechungen des wohlfahrtsstaatlichen Institutionensystems von Anfang an nicht geglaubt. Die Konsumkinder zeichneten sich dadurch aus, dass sie sich vom Wohlfahrtsstaat eigentlich abgewendet hätten, im Einzelfall aber noch nähmen, was sie bekommen könnten. Auch hier wird die widerlegte These von der Ablehnung des Wohlfahrtsstaates angeführt. Wie bei Leisering vermisst man auch bei Bude sowohl hinreichende Begründungen als auch empirische Überprüfungen der behaupteten Wohlfahrtsgenerationen. Außerdem ist fraglich, wieso Bude nur zwei Wohlfahrtsgenerationen identifizieren kann, wo ihre Abfolge doch angeblich die Geschichte seit Bismarcks Sozialgesetzgebung prägt. In einem anderen Aufsatz (Bude 2005) spricht Bude gar von der »Generation der verschiedenen Rentenreformen der 90er Jahre« (Bude 2005: 42), was wohl alle Menschen unter 65 Jahren einschließen dürfte, die in Deutschland in den 1990er Jahren gelebt haben. Eine generationelle Betrachtungsweise müsste aber weiter spezifizieren, wie unterschiedliche Kohorten durch diese Reformen betroffen waren.

Leisering und Bude liefern eine deskriptive Darstellung möglicher Generationenprägungen, die diskursiv oder einstellungsbegründet erklärt wird, inwiefern sich aber tatsächliche ökonomische oder erfahrungsbasierte Unterschiede finden lassen, bleibt weitgehend ungeklärt. Im wirtschaftswissenschaftlichen Bereich gibt es empirische Studien, die sich mit der finanziellen Prägung von Wohlfahrtsgenerationen auseinandersetzen, sie werden im Allgemeinen unter dem Namen *generational accounting* zusammengefasst, auch wenn sich die diesbezüglichen Untersuchungen in der Methodik teilweise unterscheiden (vgl. Fenge/Werding 2003). Ein Teil dieser Ansätze listet sämtliche Wohlfahrtsleistungen, Steuervorteile und andere staatlich organisierte Zahlungen und Vergünstigungen (wie z. B. Kindergeld und Eigenheimzulage) auf. Die Abgaben, die eine spezielle Kohorte in diesem Zusammenhang an den Staat entrichtet, werden mit den Zahlungen verrechnet, die diese Kohorte vom Staat wieder zurückbekommt. Die Differenzen werden verglichen und daraus spezielle Gewinner- und Verliererkohorten abgeleitet. Problematisch ist hier allerdings, dass sich mit verschiedenen Indikatoren auch die Generationenzughörigkeiten ändern; je nachdem, welche sozialstaatlichen Leistungssysteme in die Berechnungen mit einbezogen werden, verschieben sich die Abgrenzungen zwischen den Generationen. So können Bommier u.a. (2004) für den amerikanischen Fall zeigen, dass allein das Einbeziehen von Ausgaben für Bildung in die *generational accounts* ganz andere Kohortenzuordnungen schafft als die Berechnungen, die sich lediglich auf *Social Security* und *Medicare* stützen. Demnach sind alle diejenigen, die zwischen 1947 und 2052 geboren wurden und werden, Nettogewinner des Wohlfahrtsstaates, dies betrifft besonders die Geburtskohorten 1977 bis 2002. Dies widerspricht sämtlichen anderen Studien, die – ohne Einbezug der Bildungsausgaben – gerade in diesen Kohorten die großen Verlierer des amerikanischen Wohlfahrtsstaates sehen (vgl. Bommier u.a. 2004: 7–8). Aber auch wenn explizit nur die Gewinne und Verluste eines einzelnen Leistungssystems berechnet werden sollen, ergeben sich methodische Probleme. So werden etwaige historische Veränderungen ausgeblendet, außerdem werden alle nicht staatlich organisierten Transfers, besonders auch solche von nichtmonetären Ressourcen (Betreuung, Pflege) zwischen Generationen nicht in den Blick genommen.

Das Konzept der Wohlfahrtsgeneration berührt eine andere Kategorie, die schon seit längerer Zeit im Bereich der Sozialpolitikforschung Beachtung gefunden hat. M. Rainer Lepsius (1979) erweitert das Klassenkonzept Webers, das traditionell in Besitz- und Erwerbsklassen unterscheidet, um die Versorgungsklasse. Damit wird die Klassenlage bezeichnet, »die durch Versorgungsansprüche gegenüber dem Sozialversicherungssystem und durch Versorgungschancen über öffentliche Güter bestimmt wird« (Lepsius 1979: 169). Versorgungsklassen ergeben sich dann, wenn der Zugang zum Sozialversicherungssystem unterschiedlich ist, bzw. bestimmte Gruppen im Zugang diskriminiert werden. Auch Rentner sind eine Versorgungsklasse, die den Erwerbstätigen gegenüber steht, da sich durch wirtschaftliche und demographische Entwicklungen Disparitäten in der Beitragszahlung und im Leistungsbezug der Rentenversicherung ergeben können (vgl. Lepsius 1979: 180). Das Konzept der Versorgungsklassen ist also in diesem speziellen Fall an das der Wohlfahrtsgenerationen anschlussfähig, ist aber auf noch geringere Weise differenziert und empirisch handhabbar gemacht worden als die bereits vorgestellten Konzepte von Wohlfahrtsgenerationen. Lepsius geht es auch vermutlich weniger um eine durch Kohorten beschreibbare Geschichte des Wohlfahrtsstaates als vielmehr um die Beschreibung von Ressourcenverteilungen und Interessenkonflikten[6] zwischen verschiedenen sozialen Gruppen zu einem bestimmten Zeitpunkt. Es ist daher für die vorliegende Untersuchung nicht von primärer Relevanz.

Der Einfluss des demographischen Wandels auf Kohorten im Wohlfahrtsstaat

Bis jetzt sind hauptsächlich ökonomische Verschiebungen bei speziellen Kohorten dargelegt worden, es ist jedoch schon mehrfach der Hinweis erfolgt, dass auch die Größe der Kohorten sich auf ihr Schicksal auswirken kann. Die demographische Entwicklung ist bereits von Norman Ryder als wichtiges Charakteristikum einzelner Kohorten beschrieben worden; er geht gar davon aus, dass extreme Veränderungen der Größe einen Einfluss auf die Gesamtgesellschaft haben können: »A cohort's size relative to the sizes of its neighbors is a persistent and compelling feature of its lifetime environment. As the new cohort reaches each major juncture in the life cycle, the society has the problem of assimilating it. Any extraordinary size deviation is likely to leave an imprint on the cohort as well as on the society« (Ryder 1997: 69). Offen bleibt allerdings, ob diese Größenveränderung, je nachdem ob sie sich in Wachsen oder Schrumpfen äußert, positive

6 Die von Lepsius vorhergesehene Möglichkeit von Verteilungskonflikten zwischen Versorgungsklassen ist allerdings von Alber (1984) zurückgewiesen worden. Er kann überzeugend darstellen, dass die Kategorie der Sozialleistungsempfänger und damit die »Versorgungsklassen« viel zu heterogen sind, als dass sie gemeinsame Interessen ausbilden könnten. Speziell im Bereich der gesetzlichen Rentenversicherung konstatiert Alber, dass durch die Anwartschaftszeiten der Bezug der Rente auch von den Erwerbstätigen als »verdient« angesehen werde, was möglichen Verteilungskonflikten die Grundlage entziehe (vgl. Alber 1984: 246).

oder negative Auswirkungen für die Gesellschaft bzw. die einzelnen Kohorten haben. Andere Überlegungen hierzu liefern mitunter widersprüchliche Einschätzungen.

Richard Easterlin (1980) kommt in seinem Werk »Birth and Fortune« zu aus heutiger Sicht überraschenden Ergebnissen. Ihm zufolge kommt es in der Geschichte der USA zu einem stetigen Wechsel von großen und kleinen Kohorten, wobei die kleinen Kohorten eindeutig im Vorteil sind. Sie haben weniger Geschwister, müssen deshalb weniger um die Aufmerksamkeit ihrer Eltern und später ihrer Lehrer kämpfen, finden günstige Bedingungen beim Eintritt in den Arbeitsmarkt vor und müssen generell wenig um Ressourcen konkurrieren. Weil sie gesellschaftlich gesichert und glücklich sind, heiraten sie früh und bekommen viele Kinder. Diese müssen allerdings härter kämpfen, da sie aufgrund ihrer großen Zahl in der Schule und am Arbeitsmarkt und generell bei der Ressourcenverteilung in großer Konkurrenz zueinander stehen. Dies führt laut Easterlin (1980: 97) dazu, dass in größeren Kohorten die Kriminalität, die Suizidrate und die politische Entfremdung ansteigt, generell sind Mitglieder größerer Kohorten gesundheitlich schlechter gestellt als die kleinerer Kohorten. Größere Kohorten bekommen aus diesem Grund – und generell wegen ihrer unsicheren Situation – weniger Kinder als ihre Eltern, was dazu führt, dass sich der Kreislauf wiederholt. Easterlin (1980: 156) prognostiziert zwar, dass sich wandelnde Geschlechterrollen, Veränderungen des Arbeitsmarktes und einige andere Faktoren vorübergehend einen dämpfenden Einfluss auf die Fertilität haben können, im Großen und Ganzen bleibe der beschriebene Kreislauf aber stabil.

Easterlins Ergebnisse sind deshalb interessant, weil die demographische Entwicklung in Bezug auf Kohorten generell genau gegenteilig und viel negativer gesehen wird. Besonders in europäischen Wohlfahrtsstaaten fürchtet man sich vor einer Entwicklung, in der sukzessiv schrumpfende Kohorten, die zudem eine immer längere Lebenserwartung aufweisen, die Umverteilungssysteme der Sozialversicherungen – besonders der Rente – mittel- oder langfristig überstrapazieren (vgl. etwa Kaufmann 1997, 2005, Schmid u.a. 2000: 61). Hier sind es zudem die kleineren Kohorten, die ihren zahlenmäßig überlegenen Vorgängen ohnehin knappe Ressourcen zur Verfügung stellen müssen, während sie selbst aufgrund der geringen Anzahl ihrer Nachfolger nicht mehr auf eine ausreichende Unterstützung hoffen können. Franz-Xaver Kaufmann (2005) fordert deshalb vom – in diesem Falle deutschen – Staat der durch sinkende Fertilität bedingten

Bevölkerungsschrumpfung durch gesetzgeberische Maßnahmen entgegenzuwirken, denn:

»Die deutsche Bevölkerung hat seit drei Jahrzehnten einen zu großen Teil ihres Volkseinkommens konsumiert und Investitionen in das Humanvermögen der nachwachsenden Generationen in Billionenhöhe unterlassen. Sie hat damit das Prinzip der demographischen Nachhaltigkeit und der intergenerationellen Gerechtigkeit verletzt, weil die deutsche Politik die sozialen Einrichtungen einseitig zugunsten der älteren Generation ausgebaut und dabei insbesondere die Kinderlosen im Verteilungsprozess begünstigt hat« (vgl. Kaufmann 2005: 16–17).

Kaufmann sieht anstelle eines Generationenkonfliktes eher die Gefahr eines Konfliktes zwischen Eltern und Kinderlosen und fordert von letzteren finanzielle Ausgleiche (2005: 228). Seiner Meinung nach kann nur eine langfristig stabile Bevölkerungsentwicklung das Fortbestehen der deutschen Gesellschaft und des deutschen Wohlfahrtsstaates sichern.

Generell wird davon ausgegangen, dass drei Determinanten die demographische Entwicklung beeinflussen: Geburten, Sterberaten und Wanderungen (vgl. Kaufmann 2005: 45). Das Zusammenspiel der drei Faktoren führt in den seltensten Fällen zu rapider Ab- oder Zunahme der Bevölkerung, es handelt sich eher um Prozesse, die sich über Jahrzehnte einstellen. So ist die sinkende Fertilität eine Entwicklung, die in Europa bereits seit der Industrialisierung zu beobachten ist (vgl. etwa Birg 1996). Besonders im 20. Jahrhundert hat sich durch medizinische Fortschritte sowie Verbesserungen der Ernährung und Hygiene die Lebenserwartung in den westlichen Industrieländern deutlich erhöht (vgl. Cutler/Meara 2001). Die Abnahme der Geburtenrate und die Verlängerung der Lebenserwartung führen dazu, dass sich das durchschnittliche Alter in einer Gesellschaft erhöht. Die Massivität der demographischen Entwicklung ist dabei im europäischen Ländervergleich unterschiedlich, in einigen Ländern, wie in Deutschland oder Italien, gestaltet sich dieser Prozess besonders rapide, in anderen, wie zum Beispiel Frankreich oder den Niederlanden, ist er weniger gravierend (vgl. Kaufmann 2005: 48). Die Alterung und Schrumpfung der Bevölkerung kann durch Zuwanderung abgemildert werden, aufgehalten wird sie jedoch nicht. Um die Schrumpfung der deutschen Gesellschaft zu stoppen, müssten jedes Jahr netto (Zuzug minus Wegzug) 344.000 Menschen einwandern, zur Zeit (im ersten Jahrzehnt des neuen Jahrtausends) sind es aber – abzüglich der Wegzuraten – nur zirka 200.000. Um die Altersstruktur Deutschlands bis ins Jahr 2050 konstant zu halten, müssten gar jedes Jahr 3,62 Millionen Menschen einwandern (vgl. Dickmann 2004). Diese Entwicklungen haben umfangreiche Auswirkungen auf die westlichen Sozialstaaten und speziell auf die Alterssicherung: Die Umlagefinanzierung des gesetzlichen Rentensystems wird als extrem sensibel für die Veränderung im Verhältnis der aktiven Erwerbstätigen zu den Rentnern angesehen, gleichzeitig ist es aber auch aufgrund des Versicherungscharakters nicht für schnelle und tiefgreifende Änderungen geeignet (vgl. Bonoli/Shinkawa 2005: 9, Daniels 1989: 68).

Generationengerechtigkeit

Heinz Bude (2005: 43) geht davon aus, dass es im Wohlfahrtsstaat durch die ständig erlebte Inkonsistenz und Diskontinuität von sozialen Gesetzgebungen zwangsläufig zur Hervorbringung von »glücklichen« und »geprellten« Generationen kommt; er spricht im Zusammenhang mit dem deutschen Sozialstaat gar von der »Gnade der frühen Geburt« (Bude 2005: 43). Dieser Ausdruck meint diejenigen Kohorten, die vom Ausbau des Sozialstaates in den 1960er Jahren profitiert haben. Im Gegensatz zu dieser Perspektive, die Ungleichheit zwischen Generationen als quasinatürliche Größe betrachtet, gibt es aber auch diverse Sichtweisen, die davon ausgehen, dass Ungleichheit zwischen Generationen entweder von diesen selbst oder von sozialpolitischer Seite verantwortet wird. In diesem Kontext werden oft Forderungen nach Generationengerechtigkeit bzw. deren Wiederherstellung laut. Dabei werden häufig zwei Perspektiven vermischt: Die eine ist die der Gerechtigkeit zwischen Altersgruppen und die andere die der Gerechtigkeit zwischen Kohorten (vgl. Daniels 1989: 57).

Die Perspektive auf Gerechtigkeit zwischen Altersgruppen ist die mit Abstand ältere. So finden sich in den USA bereits im Kontext des *Social Security Act* von 1936 Überlegungen, ob man die Mittel, die das Gesetz für die Alterssicherung vorsah, nicht besser in Bildung und Ausbildung, also in die Jungen, investieren solle. Die Debatte wird bis heute geführt; auf der einen Seite steht die *American Association for Retired People* (AARP), die mehr Sozialleistungen für Rentner fordert (vgl. Phillipson 1996: 210). Dies wird von der Organisation *Americans for Generational Equity* (AGE) aber aufs heftigste kritisiert: sie plädiert im Gegenteil für höhere finanzielle Leistungen für jüngere Altersgruppen (vgl. Walker 1996: 22). Die Diskussion ist in europäischen Wohlfahrtsstaaten nie in vergleichbarem Ausmaß geführt worden, einzelne Elemente finden sich aber auch hier. In Großbritannien äußerte die *Royal Commission on Population* 1949 die Befürchtung, dass es aufgrund wohlfahrtsstaatlicher Leistungen zu Konflikten zwischen Arbeitgebern und Rentnern kommen könnte (vgl. Phillipson 1996: 206). In Deutschland ist diese Debatte um Gerechtigkeit zwischen den Altersgruppen weniger stark präsent, obwohl schon Wilfrid Schreiber in seinem Rentenplan außer der Alters- auch eine Kinder- und Jugendrente fordert: »Was not tut, ist *Familieneinkommen*, das sowohl die Aufzucht von Kindern wie die Erhaltung von Alten ermöglicht« (Schreiber 1957: 81, Hervorhebung im Original). Die Notwendigkeit eines solchen Familieneinkommens wurde aber von politischer Seite nicht geteilt; 1957 wurden lediglich Schreibers Vorschläge zur Alterssicherung umgesetzt. Insgesamt geht es in dieser Debatte um die Verteilung wohlfahrtsstaatlicher Leistungen über den Lebenslauf einer Kohorte hinweg. Die zentrale Frage ist, ob den Jungen ein finanziell gesicherter Lebensstart finanziert werden soll, oder ob man besser alte Menschen unterstützt, die dies nicht oder nur ungenügend selbst können.

Die Debatte um eine gerechte Verteilung wohlfahrtsstaatlicher Leistungen zwischen verschiedenen Geburtsjahrgängen bildet den Kern der Debatte um Generationengerechtigkeit in den westlichen Wohlfahrtsstaaten seit den 1980er Jahren. Hier geht es nicht um die Benachteiligung in verschiedenen Lebensabschnitten, sondern, wie von Thomson, Leisering und Bude beschrieben, um ungleiche Behandlung von Kohorten über ihren gesamten Lebenslauf hinweg. Zentral sind dabei die Größenverhältnisse – jüngere und kleinere Kohorten müssen die größeren älteren Kohorten unterstützen – und die wirtschaftlichen Krisen seit den 1970er Jahren, die finanzielle Ressourcen der Sozialversicherung generell knapper werden lassen. Dies ist eine Entwicklung, die für die meisten europäischen Wohlfahrtsstaaten zutrifft (vgl. Ermisch 1989: 23, Walker 1996: 14). John Hills (1996) verweist in diesem Zusammenhang aber auf die Tatsache, dass nicht nur Finanzströme und die demographische Stärke von Kohorten mitbedacht werden müssen, sondern auch die Lebenserwartung. Selbst wenn eine Kohorte also weniger sozialstaatliche Leistungen erhält – bezieht sie diese Leistungen über einen im Vergleich zu ihren Vorgängerkohorten längeren Zeitraum, muss sie nicht unbedingt eine »Verlierergeneration« sein: »[T]he average member may survive long enough to be in a better lifetime position than the average member of an earlier cohort« (Hills 1996: 68).

Das Konzept der Generationengerechtigkeit ist schwierig zu fassen, da die Begriffe »Generation« und »Gerechtigkeit« beide nicht klar definiert, mitunter sogar heftig umstritten sind. Da es verschiedene Gerechtigkeitskonzepte[7] gibt, könnten sich bei einem Konzept ganz andere Ungleichheiten ergeben als bei einer anderen Perspektive (vgl. Motel-Klingebiel 2000: 58). Es gibt bisher kaum Maßstäbe zur Bewertung der kollektiven Lage von Geburtsjahrgängen, was die Formulierung von Entscheidungskriterien für einen politischen Interessenausgleich erschwert. Dabei bleibt in der öffentlichen Diskussion aber vollkommen offen, wie Gerechtigkeit zwischen Generationen überhaupt zu erreichen ist. Generell wird die Frage nach der Aufrechterhaltung von Gerechtigkeit über lange Zeiträume hinweg erst seit den 1960ern diskutiert (vgl. Laslett/Fishkin 1992:14). Auch hier hat die Metapher vom Generationenvertrag eine starke Stellung. Gerechtigkeit zwischen Generationen oder für zukünftige Generationen wird häufig auf der Basis dieses Vertrages gefordert, es bleibt aber unklar, wie noch nicht existente Generationen überhaupt einen Vertrag eingehen bzw. Rechte einfordern können (vgl. Laslett 1992: 29).

Norman Daniels (1989) geht davon aus, dass jede Kohorte ein Interesse an Institutionen hat, die das Problem der Verteilung zwischen Altersgruppen effektiv lösen. Wenn sich die demographischen und wirtschaftlichen Rahmenbedingungen verschlechtern, werden aber auch die sozialstaatlichen Leistungen für Lebensabschnitte bestimmter Kohorten sinken. Da jede Kohorte ein Interesse an stabilen Institutionen und Leistungsbedingungen hat, müssen Kohorten kooperieren, um diese Stabilität zu erreichen – dies muss laut Daniels (1989: 71) das erklärte Ziel jeder sozialstaatlichen Politik sein. Dies scheint zwar zunächst einleuchtend, wirft aber eine Reihe von Schwierigkeiten auf. Fraglich ist erstens, wie sehr das Beitrags-Leistungsverhältnis schwanken darf, um noch als »stabil« zu gelten. Zweitens bleibt unklar, wie verschiedene Kohorten Risiken wie demographische oder wirtschaftliche Schwankungen gemeinsam tragen können, also kooperieren sollen. Drittens geht Norman Daniels nicht auf die Frage ein, welche Kohorten durch die Kooperation betroffen sind. Schließlich kann man nicht wissen, wie viele Kohorten am gesetzlichen Transfersystem insgesamt beteiligt sein werden. Beschränkt man die Kooperation aber nur auf die gerade zur Zeit lebenden Kohorten, könnte es durchaus passieren, dass

7 Das Konzept »Gerechtigkeit« als solches ist schon mit gewissen Schwierigkeiten behaftet, da sich in der Theorie noch keine eindeutige Definition gefunden hat, vielmehr stehen sich mehrere konkurrierende Deutungsangebote gegenüber, die wichtigsten sind wohl der utilitaristische Ansatz sowie die widerstreitenden Theorien von John Rawls (1973) und Robert Nozick (1974).

diese gegenüber verstorbenen oder in Zukunft lebenden Kohorten bevor- oder benachteiligt werden (vgl. Laslett/Fishkin 1992: 6–7).

Schließlich setzt die gesamte Debatte um Generationengerechtigkeit aber voraus, dass diese irgendwo als zentrales Ziel des Wohlfahrtsstaates festgelegt worden ist. Das ist aber nicht der Fall. Gerhard Mackenroth stellte im Gegenteil bereits bei seinen Überlegungen zum Umlageverfahren von 1952 fest, dass »aller Sozialaufwand immer aus dem Volkseinkommen der laufenden Periode gedeckt werden muß« (Mackenroth 1957: 45). Diese inzwischen schon fast zur sozialpolitischen Trivialität verkommene Maxime schließt eindeutig aus, dass für zukünftige Generationen gespart wird, bzw. dass Einkommensteile von einer Periode zu einer anderen übertragen werden – die Vorsorge für künftige Kohorten ist also gar nicht möglich. Andreas Motel-Klingebiel (2000: 285) zweifelt deshalb zu Recht daran, dass das Verteilungsziel einer »Gleichheit« zwischen Kohorten überhaupt Ziel einer sozialstaatlichen Intervention sein kann. Im Gegenteil ist in dieser Perspektive eine Ungleichheit zwischen Kohorten schon implementiert, denn wenn die Versorgung aus dem Volkseinkommen erfolgen soll, ist die Versorgung per definitionem vom Volkseinkommen abhängig. Da dieses selbst wirtschaftlichen Zyklen und demographischen Einflüssen unterliegt, kann eine gleiche Verteilung zwischen Kohorten nicht erreicht werden. Sicherlich ist es möglich, auf Grundlage der Mackenrothschen Maxime von politischen Institutionen zu fordern, die Staatsverschuldung nicht so stark ansteigen zu lassen, dass künftige Generationen ein vergleichsweise höheres Steueraufkommen haben, um die Schulden auszugleichen (vgl. Hills 2005: 132). Darauf ist aber richtig eingewendet worden, dass viele Staatsschulden auch deshalb entstehen, weil die Finanzen für Projekte eingesetzt werden, die auch zukünftigen Kohorten nutzen, beispielsweise für den Ausbau der Infrastruktur oder für Forschung und Entwicklung.

Generationenkonflikt

Die beschriebenen Entwicklungen sind alle relativ abstrakt, die Vorstellungen zu Generationenungleichheit und -gerechtigkeit vielschichtig und vage. Sie beziehen sich darüber hinaus auf makrosoziale Zusammenhänge, inwieweit aber ein individuelles Ungerechtigkeitsempfinden aufgrund wirtschaftlicher und demographischer Entwicklungen vorherrscht, ist weitgehend ungeklärt, wird in wissenschaftlichen und öffentlichen Debatten aber gerne behauptet. Ohad Parnes, Ulrike Vedder und Stefan Willer (2008) stellen fest, dass die Wahrnehmung einer Generationenkluft generell einer der bemerkenswertesten Aspekte des Generationendiskurses im 20. Jahrhundert ist. Die Vorstellung einer sich immer schneller wandelnden Gesellschaft, die zu unterschiedlichen Generationskulturen führt und einen Konflikt zwischen Alt und Jung auslöst, findet sich besonders im Kontext der Werteforschung (vgl. Parnes et. al. 2008: 260–261). Im Zusammenhang mit Wohlfahrtsgenerationen ist ein *generation gap* aber nicht auf die schnelle Modernisierung, sondern auf eine wirtschaftliche und demographische Entwicklung zurückzuführen, die sich in einem generationenprägenden Institutionenwandel niederschlägt.

Eine Untersuchung über einen konflikthaften generationellen Erfahrungszusammenhang im Wohlfahrtsstaat muss sich mit den kollektiven Wahrnehmungen von Kohorten beschäftigen, um herauszufinden, ob Generationendifferenzen auf dieser Grundlage überhaupt begründet dargestellt werden können. Meinungs- und Umfrageforschungen kommen hier zu gegensätzlichen Ergebnissen. Allgemein herrscht in Deutschland, wie auch in anderen europäischen Staaten, große Zustimmung zum Wohlfahrtsstaat und seinen Leistungen, und zwar unabhängig von Alter und Generationenzugehörigkeit (Europäische Kommission 2004b, Kohli 2006, Opielka 2004). Dies wurde oft auch als Einverständnis mit dem Generationenvertrag gewertet. Ursula Dallinger und Stefan Liebig (2004) kritisieren allerdings, dass hier die Zustimmung zum Wohlfahrtsstaat als Proxyvariable für die Zustimmung zur Rentenversicherung herhalte. Sie führten mit Daten des International Social Justice Project 2000 eine Sekundäranalyse zu Meinungen zum deutschen Rentenversicherungssystem durch. In allen Alterskohorten gibt es Gruppen, die das Rentenversicherungssystem als ungerecht beurteilen, unter den jüngeren Kohorten sind diese Gruppen aber größer. (vgl. Dallinger/Liebig 2004: 118, mit Daten des Eurobarometers Dallinger 2005: 24). Fraglich ist, inwiefern diese Altersgruppenbefragung als Erforschung von Generationen taugt: Selbstverständlich haben ältere Menschen mehr Vertrauen in die Rentenversicherung als jüngere, die noch viele Jahre bis zur Verrentung vor sich haben, in denen unter Umständen eine große Anzahl sozialer Reformen durchgeführt werden können und in denen demographische Entwicklungen nicht sicher abzusehen sind. Es ist also unklar, ob Dallinger und Liebig tatsächlich generationelle Einstellungsunterschiede oder lediglich Altersgruppeneffekte abbilden.

Anhaltspunkte für einen offenen Generationenkonflikt in der Bevölkerung sucht man aber auch in diesen Studien vergeblich.

Kann also in Bezug auf Wohlfahrtsgenerationen überhaupt von einem Konflikt die Rede sein? Nach Ralf Dahrendorf (1972) kann man drei Phasen eines sozialen Konfliktes unterscheiden. In der ersten Phase werden eventuell vorhandene latente Konfliktpotentiale aufgedeckt, wobei zunächst irrelevant ist, ob sich die Mitglieder der gegensätzlichen Parteien dieses latenten Potentials bewusst sind. Die eindeutige Herauskristallisierung und Wahrnehmung des Streitpotentials erfolgt in der zweiten Phase des Konfliktes, bevor dieser in der dritten Phase endgültig ausbricht; nun stehen sich antagonistische Parteien mit eindeutigen kollektiven Interessen als Konfliktteilnehmer gegenüber. Jürgen Wolf und Martin Kohli (1998) halten fest, dass in Deutschland insgesamt Interessenvertretungen von Altersgruppen oder gar Generationen weder sonderlich zahlreich noch sonderlich präsent sind.[8] Wie gezeigt, bringen auch die Umfragedaten zur Wahrnehmung eines Generationenkonflikts keine eindeutigen Ergebnisse. Es ist also wenn überhaupt davon auszugehen, dass ein Konfliktpotential in der Bevölkerung – falls es überhaupt existiert – höchstens latent vorhanden ist, man sich also in der ersten Phase von Dahrendorfs Konfliktmodell befindet.

Kritik am Konzept

Was macht das Konzept »Generation« im öffentlichen Diskurs aber gerade jetzt so attraktiv? Conrad (2003: 68) geht davon aus, dass die Generationensemantik ihre Attraktivität gerade nicht aus ihrer Präzision, sondern im Gegenteil aus ihrer Verwischung zieht. Gängige Kategorien der Sozialstrukturanalyse (vor allen Dingen die Unterscheidungen zwischen arm und reich, Frauen und Männern etc.) werden ausgeblendet. Außerdem werden durch die Übertragungen der Familiensemantik, der Solidarität bzw. des Konfliktes zwischen familiären Generationen Bilder geschaffen, die der

8 Es gibt in Deutschland zwar die Grauen Panther, die als Seniorenpartei die Alten in der Gesellschaft vertreten wollen – aber erstens vertreten sie keine Geburtsjahrgänge, sondern eine Altersgruppe und zweitens lässt der Wahlerfolg der Partei Zweifel daran aufkommen, inwiefern überhaupt eine ernstzunehmende Gruppe der Senioren ihre Interessen durch diese Partei repräsentiert sieht. Auch bei der »Stiftung für die Rechte zukünftiger Generationen« – die als Interessenpendant der jüngeren Kohorten in Frage käme – ist unklar, welche Generationen hier vertreten werden und wer sich überhaupt durch die Stiftung vertreten fühlt.

Komplexitätsreduktion dienen (vgl. Conrad 2003: 68). Diskurse über Gewinner- und Verlierergenerationen können mit Frank Nullmeier und Friedbert W. Rüb (1993: 59) als Prozesse der Deutungsinnovation verstanden werden, die darauf abzielen, politische Mehrheiten für Reformen der Rentenversicherung zu mobilisieren und institutionelle Änderungen zu legitimieren. In der vorliegenden Arbeit wird es aber nicht vornehmlich um Leistungsfähigkeit und Performanz des Rentensystems gehen, sondern um die Frage, ob sich generationelle Kollektive finden lassen, die durch diesen Kontext geprägt werden. Wenn man sich aber weniger für die Nachhaltigkeit sozialer Leistungssysteme interessiert als dafür, wie diese Leistungssysteme im historischen Verlauf Menschen und ihre Wahrnehmung geprägt haben, kommt man mit Berechungen wie den *generational accounts* nicht weit. Für die sozialhistorische Prägung von Generationen ist weniger relevant, wie sich Leistungen und Beiträge der Sozialleistungen auf verschiedene Geburtskohorten verteilen. Es ergeben sich etwa in der Berechnung der *generational accounts* erhebliche Schwierigkeiten, die sich schon von den beteiligten Wissenschaftlern und Experten schwer fassen lassen. Man kann davon ausgehen, dass solche Rechnungen sich den Bürgern, die sich nicht täglich intensiv mit der Struktur des Sozialstaats beschäftigen, erst recht weitgehend entziehen. Dies trifft wahrscheinlich ebenso auf die Funktionsweise sowie die Reformen verschiedener Sozialleistungssysteme zu.

Was an allen hier vorgestellten Untersuchungen auffällt, ist die Abwesenheit eindeutig abgrenzbarer Generationslagerungen. Es wird zwar vermutet, dass jüngere Kohorten generell mehr vom Wohlfahrtsstaat benachteiligt werden als ältere, wo aber zwischen den einzelnen Kohortengruppen eine klare Grenze gezogen werden kann, ist weitgehend unklar. Vermutlich liegt dies auch daran, dass mit einer Veränderung der Indikatoren sich auch Kohortengrenzen verschieben. Wenn laut Bommier u.a. (2004) allein das Einbeziehen von Bildungsausgaben sämtliche Berechnung zu Generationenbilanzen im Wohlfahrtsstaat verwerfen, wie stark muss dann erst der Einfluss von Variablen sein, die sich beispielsweise mit individuellen Erfahrungen und Einstellungen befassen?[9] Gerade solche Indikatoren müssen aber in einer sozialhistorischen Generationenstudie von

9 Dies dürfte die Berechnungen ähnlich stark verkomplizieren wie dies im Falle der Sozialstrukturanalyse durch die Berücksichtigung subjektiver Einstellungsunterschiede und »neuer sozialer Ungleichheiten« im Zuge der Milieu- und Lebensstilforschung geschehen ist.

Bedeutung sein; ein Generationenkonzept, das sich auf geteilten Erfahrungen von Individuen und ein gemeinsames subjektives Empfinden stützt, muss solche Gruppierungen identifizieren können. Problematisch ist hier, dass Studien, die Fragen über Einstellungen zu und Erfahrungen mit dem Wohlfahrtsstaat stellen, erst seit den 1970er Jahren existieren. Für eine generationelle Studie des Wohlfahrtsstaates bräuchte man aber Datenmaterial, das weiter in die Vergangenheit zurückreicht (vgl. zu Datenproblemen auch Hardy/Waite 1997, Hills 1996, May 2007a). Zudem besteht weiterhin das schon erwähnte Operationalisierungsproblem: Man läuft Gefahr, mit der Auswahl unterschiedlicher Indikatoren zu sich verschiebenden Grenzen zwischen Generationen zu gelangen.

Außerdem fällt bei den beschriebenen Untersuchungen auf, dass die zu untersuchenden Kohorten als relativ einheitliche Gruppierungen wahrgenommen werden. Was dabei sowohl Thomson als auch Leisering und Bude vollkommen außer Betracht lassen, sind Differenzierungen innerhalb von Generationen. So ist anzunehmen, dass Frauen und Männer, Geringverdiener und Besserverdiener jeweils unterschiedlich von sozialstaatlichen Maßnahmen betroffen werden, auch wenn sie derselben Kohorte angehören. Es wäre hier zu fragen, ob sich trotzdem verschiedene Wohlfahrtsgenerationen abgrenzen lassen, vielleicht können sogar verschiedene soziale Gruppen unterschiedlich generationell geprägt werden. Man müsste dann vielleicht spezielle Frauengenerationen, Arbeitergenerationen, usw. innerhalb verschiedener Wohlfahrtsgenerationen identifizieren können.

Darüber hinaus sind bestimmte Risiken nicht gleich über eine Kohorte verteilt. Von Arbeitslosigkeit und Armut sind beispielsweise vor allem niedrig gebildete Gruppen betroffen, die ohnehin ein geringes Einkommen beziehen (vgl. Reinberg/Hummel 2005). Beachtenswert ist weiter, dass etwa in Deutschland zwischen den neuen und den alten Bundesländern differenziert werden muss, da die Alterssicherung in der DDR und die Erfahrung des Einbezugs in das westdeutsche Sozialsystem gänzlich andere Prägungen mit sich brachte. Unerforscht ist auch die mögliche sozialpolitische Prägung von Migranten, die für eine Weile im Gastland gelebt und Abgaben bezahlt haben, aber nicht nur von der dortigen Sozialpolitik, sondern auch von Verhältnissen des Heimatlandes geprägt sind. Michael Klundt (2008) weist in diesem Kontext deshalb zu Recht auf die Gefahr hin, dass durch die Forderung nach Generationengerechtigkeit die Gerechtigkeit zwischen verschiedenen sozialen Gruppen innerhalb einer Kohorte ausgeblendet wird. Durch den Rückbau sozialstaatlicher Leistungen und einer Verschiebung der sozialen Sicherung in den Bereich privater Vorsorgesysteme profitieren vor allen Dingen finanziell gut gestellte Schichten, die solidarische Umverteilung an Geringverdiener wird geschwächt (vgl Klundt 2008: 265). Das ursprüngliche Ziel des Wohlfahrtsstaates, die Umverteilung zwischen verschiedenen Einkommens- und Besitzgruppen innerhalb von Generationen, gerät vollkommen aus dem Blick (so auch Attias-Donfut/Arber 2000).

Eine weitere zentrale Kritik am Konzept der Wohlfahrtsgenerationen auf der gesellschaftlichen Ebene kommt von einer anderen Generationenforschungsrichtung, nämlich der, die sich mit Familien beschäftigt. Diese kritisiert zu Recht, dass die Betrachtung von Generationenbeziehungen auf staatlicher Ebene die Beziehungen zwischen Generationen auf der familialen Ebene, die materielle und nicht-materielle Transfers umfasst, ausblendet (vgl. etwa Blome u.a. 2008). Hier zeigt sich für verschiedene europäische Staaten, dass besonders finanzielle Transfers von den Großeltern- und Elterngenerationen an ihre Kinder und Enkel fließen. Dies kann als Ausdruck intergenerationeller Solidarität gewertet werden, wobei finanzielle Leistungen vor allem an solche Familienmitglieder gehen, die ihrer besonders bedürfen (vgl. etwa Attias-Donfut/Arber 2000, Kohli 1999, 2002, 2007, Kohli/Künemund 2000, Motel-Klingebiel 2000). Die Konzentration auf rein staatlich organisierte Transfers ist unzureichend; auch vermeintliche Verlierergenerationen haben ein Interesse daran, dass ihre Eltern und Großeltern Rente beziehen, da sie durch innerfamiliale Transfers ebenfalls profitieren können (vgl. May 2007b). Generationen begegnen sich nie auf der abstrakten Makroebene, auf der sie beschrieben werden, im Gegenteil spielen sich solche Zusammenkünfte in mikrosozialen Zusammenhängen ab, vor allen Dingen in der Familie. Aufgrund starker solidarischer und reziproker Strukturen in der Familie ist ein wohlfahrtsstaatlicher Verteilungskonflikt auf dieser individuellen Ebene eher nicht zu vermuten

Zurzeit gibt es weder Hinweise auf klar abgrenzbare Wohlfahrtsgenerationen noch auf einen drohenden Konflikt zwischen ihnen. Es ist bei differenzierter Betrachtung der Generationenbeziehungen und der Generationenverhältnisse nicht einmal ein latentes Konfliktpotential nachzuweisen. Für eine Veränderung dieser Situation wäre nicht nur eine stärkere subjektive Selbstwahrnehmung, -thematisierung und Politisierung von Generationsinteressen vonnöten, zusätzlich müsste die innerfamiliale Solidarität sowie die familiären Transfersysteme stark erodieren. Dies erscheint aus heutiger Perspektive unwahrscheinlich. Insgesamt bleibt festzuhalten, dass die Generationsverhältnisse im Wohlfahrtsstaat viel komplexer sind als durch die Theorien zu Wohlfahrtsgenerationen generell angenommen wird. Trotzdem ist der Sozialstaat eine sich wandelnde Institution, die in ihrer wechselvollen Geschichte verschiedene Kohorten unterschiedlich betroffen hat. Wirtschaftliche Zyklen, demographischer Wandel sowie Ausbau und Rückbau sozialstaatlicher Leistungen haben zu unterschiedlichen Erlebnissen einzelner Kohorten geführt. Auch wenn das Ziel, Geburtskohorten in generationelle Schubladen einzusortieren, wohl aufgegeben werden muss, ist weiterhin danach zu fragen, wie sich Erfahrungsmuster im sozialhistorischen Verlauf geändert haben und damit Einstellungsstrukturen unterschiedlicher Kohorten beeinflussen konnten. Da »Erfahrung mit dem Wohlfahrtsstaat« eine schwierig zu messende Variable darstellt, soll sich das vorliegende Projekt auf das Erleben von sozialer Sicherheit beschränken. Im nun folgenden Kapitel werden dazu grundlegende theoretische Überlegungen angestellt.

2.3 Zum Konzept sozialer Sicherheit

»Sicherheit« ist ein abstraktes Konzept, das – meist normativ gebraucht – erst mit der Entstehung der Fürstenstaaten der Neuzeit eine konkrete Bedeutung erhält. Die Sicherheit des Bürgers, sowohl im rechtlichen als auch im sozialen Sinne, erscheint hier nämlich als naturrechtliche Legitimation der Unterwerfung unter den Fürsten. Im modernen Staat wird so ein reziprokes Austauschverhältnis zwischen Souverän und Volk etabliert, welches bis weit ins 18. Jahrhundert als Grundmodell der Staatslehre diente (vgl. Conze 1984: 831–846). Das Konzept der Sicherheit konkretisierte sich im 18. und 19. Jahrhundert vor allem in der Entstehung der Assekuranzen, die dem größer werdenden Sicherungsbedürfnis Rechnung trugen. Mit der zunehmenden Industrialisierung und der daraus folgenden Abhängigkeit vom Arbeitsmarkt wurde die Sicherung des Lebensunterhaltes für weite Bevölkerungsteile von Unsicherheit geprägt. Dem versuchte man mit verschiedenen Formen der Versicherung zu begegnen, zunächst in Form von Selbsthilfe, später auf betrieblicher und schließlich auf staatlicher Ebene (vgl. Conze 1984: 848–856).

Es gibt unterschiedliche Verwendungen des Wortes Sicherheit. Als gemeinsamen Nenner kann Franz-Xaver Kaufmann in seiner wegweisenden

Studie zur Sicherheit (1973) die Sinnelemente »Zukunft« und »Wert« identifizieren: »Sicherheit bedeutet allgemein das Gegebensein von Werten in der Zukunft« (Kaufmann 1973: 340). Versicherungen sind Leistungsversprechungen, die für den ungewissen Fall eines Eintretens negativer Ereignisse erfolgen. Die Kontingenz zukünftiger Ereignisse und Handlungen soll dadurch aufgefangen werden. Dabei wird ein gemeinsamer Werthorizont des Versichernden und des Versicherten etabliert, »das Motiv, Sicherheit zu suchen und Sicherheit zu geben, wird beiderseits als wertvoll angesehen« (Kaufmann 2003a: 89). Für die vorliegende Untersuchung ist besonders eine Form von Sicherheit von Interesse: Die soziale Sicherheit. Soziale Sicherheit bzw. die Verringerung der durch verschiedene Risiken hervorgerufenen Unsicherheit ist laut Carsten G. Ullrich (2005: 63) vermutlich das wichtigste Ziel des Wohlfahrtsstaates. Mit durch Lohnabhängigkeit eingetretenen Gefährdungen lässt sich Franz Xaver Kaufmann (2003a: 102) zufolge auf drei Arten umgehen: durch Prävention, die die Eintrittswahrscheinlichkeit bestimmter Gefahren reduziert, oder im Falle eines Schadenseintritts korrigierend durch Schadensbegrenzung oder kompensierend durch Schadensersatz.

Die Begriffskombination »Soziale Sicherheit« erschien zuallererst im Zusammenhang des durch den amerikanischen Präsidenten Franklin D. Roosevelt etablierten *New Deal*. Die am 14. August 1935 verabschiedete gesetzliche Grundlage der Sozialreformen des *New Deal* trägt den Titel *»Social Security Act«*. Sie bezog sich vor allem auf die Einführung einer Arbeitslosenversicherung und einer staatlich organisierten Altersrente. Zum normativen Zielbegriff wurde *social security* durch seine Festsetzung im Art. 22 der UN-Menschenrechtserklärung von 1948 (vgl. Conze 1984: 857–862, Kaufmann 1973: 12). In der Entwicklung der modernen Wohlfahrtsstaaten nach dem Zweiten Weltkrieg wurde verbreitet versucht, dem Rechnung zu tragen, was in den ökonomischen Boomjahren der Nachkriegsdekaden auch in immer stärkerem Maße gelang. So fand der Begriff »Social Security« zum Beispiel bereits im Beveridge-Plan von 1942 Erwähnung, der als Grundlage des britischen Sozialstaats gilt (vgl. Kapitel 3.4). Hier ging es vor allem um die Sicherheit eines Existenzminimums, das etwa durch den Bezug einer Mindestrente gewährleistet werden sollte (vgl. Kaufmann 1973: 100). In Deutschland wurde der Begriff der »sozialen Sicherheit« nicht vergleichbar dezidiert erwähnt, hier ging es eher um Sozialreformen. Im Bereich der Alterssicherung wurde nicht die Sicherheit des Existenzminimums, sondern der des Lebensstandards durchgesetzt.

Insgesamt lässt sich aber vermuten, dass durch die Anhebung der Leistungen ein stärkeres Sicherheitsgefühl vermittelt wurde (vgl. dazu die Ausführungen in Kapitel 3.2).

Der Begriff »soziale Sicherheit« beschreibt in erster Linie die Bereitstellung bestimmter Leistungen durch Organisationen des öffentlichen Rechts (Sozialleistungsträger) an bestimmte Personengruppen im Falle eines Risikoeintritts. Die Leistungen können in finanzieller Form (Renten, Arbeitslosengeld), als Dienstleistungen (Gesundheitsdienst) oder sogar in Naturalien (etwa Arzneimittel) erfolgen (vgl. Kaufmann 1973: 91). Mit den wirtschaftlichen Krisen der 1970er Jahre wurden verbreitet die Grenzen der staatlichen Garantie sozialer Sicherheit sichtbar: Gerade in den Zeiten, wo ein verstärkter Bedarf an Absicherung gegen die alltäglichen Risiken, zuallererst der Arbeitslosigkeit, gegeben war, konnten die modernen Wohlfahrtsstaaten dem immer weniger Rechnung tragen – die Idee einer Garantie von Sicherheit war damit ins Wanken geraten. Diese Erfahrung führte vor allem in den 1980er und 1990er Jahren zu Leistungskürzungen, die Versprechen der Absicherung der Nachkriegsdekaden wurden vergleichsweise eingeschränkt.

Sicherheit als Antonym von Risiko und Gefahr

In allen gängigen Ausführungen zur Sicherheit findet sich eine starke Zurückhaltung, was die genaue Definition und Spezifizierung des Begriffes angeht. Zu diffus, zu wenig konkretisiert und zu weit gefasst erscheint das Konzept. Niklas Luhmann (2005: 128) geht gar davon aus, dass der Sicherheitsbegriff eine »soziale Fiktion« bzw. ein »Leerbegriff« ist, denn schließlich bestehe keine Garantie für das Nichteintreten künftiger Nachteile. Der Sicherheitsbegriff sei deshalb besser durch seine Antonyme wie Risiko (das man selbst eingeht) oder Gefahr (die von anderen ausgeht) präzisierbar. Risiken entstehen aus der Fülle möglicher Handlungsentscheidungen und dem generell kontingenten Ausgang der Wahl einer Handlungsmöglichkeit. Allein schon die Möglichkeit, in Zukunft einen Schaden zu erleiden, wirkt sich in der Luhmannschen Sicht als schädlich aus, denn schließlich ist das Individuum besorgt und nimmt Kosten in Kauf, die sich womöglich als unnötig erweisen: »Dass man dies [den Schadenseintritt, CM] in der gegenwärtigen Gegenwart nicht sicher wissen und für [die] gegenwärtige Zukunft als unsicher in Rechnung stellen muss, ist in vielen Hinsichten ein bereits gegenwärtiger Schaden« (Luhmann 2005: 148).

Wenn Sicherheit laut Luhmann eine soziale Fiktion ist, ist es relativ unsinnig, nach den Sachbedingungen für Sicherheit zu forschen. Luhmann (2005: 128) schlägt deshalb folgerichtig vor, stattdessen danach zu fragen, was in der sozialen Kommunikation als sicher behandelt wird. Kollektive Thematisierungen von Sicherheit resultieren aber wiederum aus der Kommunikation von Unsicherheit (vgl. Kaufmann 2003a: 97). Daraus folgt, dass zunächst einmal ein Risiko benannt werden muss, dem man dann mit Konzepten zur Wiederherstellung der Sicherheit begegnen kann. Im Bereich der sozialen Sicherheit ist dies zuallererst der mögliche Wegfall des Arbeitslohnes, der entweder durch Arbeitslosigkeit, Krankheit und Invalidität oder Alter eintreten kann. Dies wurde besonders im 19. Jahrhundert als Problem virulent, wo vorindustrielle Unterstützungspotentiale, wie sie etwa durch Familien oder Kommunen geleistet wurden, wegbrachen.

Es wurde als nötig angesehen, die Existenzgrundlage der betroffenen Individuen durch Zuschüsse aufzubessern. Besonders in den frühen betrieblichen und gesetzlichen Rentensystemen lassen sich dabei wieder Elemente einer reziproken Beziehung entdecken: Das Risiko des Lohnverlustes, dass der Arbeiter durch seine Abhängigkeit vom Arbeitsmarkt eingeht, kann nicht allein durch die Lohnzahlung abgegolten werden. Schließlich stellt der Arbeiter nicht nur seinen Arbeitskraft, sondern seine gesamte Existenz und besonders seine körperliche Gesundheit in den Dienst des Arbeitgebers. Der Betrieb bzw. der Staat hat als Gegenleistung für die Nutzung der Arbeitskraft eine Absicherung der Existenz zu gewährleisten. Dieser Verpflichtung wird bis heute durch Arbeitgeberbeiträge und staatliche Zuschüsse zur Sozialversicherung Rechnung getragen (vgl. Mauss 1990: 160, May 2007b: 158–162). Es muss allerdings in diesem Zusammenhang betont werden, dass eine kausale Verknüpfung zwischen der Einführung eines sozialen Sicherungssystems und der Verbesserung der individuell gefühlten Sicherheitslage nicht zwingend angenommen werden kann. Es ist zwar zu vermuten, dass eine solche Verbindung besteht, die Effekte auf die individuelle Erfahrungsstruktur müssen aber immer gesondert untersucht und überprüft werden.

Die Erfahrung von sozialer Sicherheit durch die Rentenversicherung

Zum Schluss soll diejenige Sozialversicherung näher beleuchtet werden, die für die vorliegende Untersuchung von besonderer Bedeutung ist: die Rentenversicherung. Das Alter und der damit einhergehende Produktivitätsverlust war in der lohnarbeitsabhängigen Gesellschaft des 19. Jahrhunderts zu einer klassenübergreifenden, alle Menschen betreffenden *risk category* (Baldwin 1990) geworden. Dabei ist wichtig, dass nicht das Alter selbst zum Risiko wird, sondern die Altersarmut. Das Alter als solches ist kein Risiko, da es nicht durch eine Handlungsentscheidung selbstverschuldet herbeigeführt wird. Vielmehr kann die Tatsache, dass Menschen älter werden als relativ sicher angesehen werden, das Erleben des Alters ist – soweit man nicht bereits in jungen Jahren stirbt – eine der am wenigsten kontingenten Tatsachen des Lebens. Was die Altersphase unsicher macht, sind sekundäre Erscheinungen wie Krankheit, Erwerbsunfähigkeit und/oder Armut. Diese Risiken sind zwar durch Faktoren wie den Lebenswandel oder Sparen beeinflussbar, vollkommen ausräumen lassen sie sich aber nicht.

Aufgrund der Tatsache, dass im Zuge der Industrialisierung viele Menschen im Alter nicht mehr ausreichend für ihren eigenen Lebensunterhalt sorgen konnten und lokale und familiäre Unterstützungspotentiale ausfielen, waren bestimmte Werte (die Existenzsicherung) in der Zukunft (im Alter) nicht mehr notwendig gegeben. Die gesetzliche Rentenversicherung gilt heute auch deshalb von allen Sozialversicherungen als diejenige, die den Wert der »Sicherheit« am besten verkörpert, denn sie ist sowohl in finanzieller Hinsicht als auch im Hinblick auf die Anzahl der durch sie versicherten Personen von herausragender Bedeutung (vgl. Nullmeier/Rüb 1993: 16). Allerdings findet sich in fast allen modernen Wohlfahrtsstaaten seit den wirtschaftlichen Krisen der 1970er Jahre eine Trendwende im Bereich der Versicherung gegen soziale Risiken. Dies ist auf die wirtschaftlichen Krisen in Folge des Ölpreisschocks und die darauf folgenden Wandlungsprozesse des Arbeitsmarktes zurückzuführen (vgl. Castel 2005: 57).[10] Im Bereich der Rentenversicherung weichen die solidarischen,

10 Ulrich Beck (1986) redet in diesem Zusammenhang – auch im Hinblick auf durch Wissenschaft und Technologie hervorgerufene neue Risiken – von einer »Risikogesellschaft«. Ob dies sich allerdings in der Wahrnehmung von Individuen tatsächlich so niederschlägt, wäre erst noch zu prüfen. Zudem ist fraglich, ob sich in historischer Perspektive andere Perioden (etwa Kriegszeiten) viel risikoreicher darstellen und es in diesen Zusammenhängen viel angemessener wäre, von »Risikogesellschaften« zu sprechen.

gesetzlich organisierten Umlagesysteme langfristig zugunsten privater kapitalgedeckter Vorsorgepläne von Banken und Versicherungen zurück. Hier ist ein Paradigmenwechsel in der gesellschaftlichen Kommunikation über Sicherheit zu entdecken. Die Umlagefinanzierung der gesetzlichen Rente galt bei deren Einführung in den Dekaden nach dem Zweiten Weltkrieg als Sicherheit gewährleistende Neuerung. Inflation und kriegsbedingte Geldentwertung hatten die Rücklagen der kapitalgedeckten Alterssicherungssysteme, die teilweise noch Konzeptionen vom Ende des 19. Jahrhunderts entsprachen, aufgebraucht. Diese Form der Versicherung hatte sich also als unbeständig gegen Risiken wie Krieg und Inflation gezeigt. Das Umlageverfahren, das nicht auf einem individuellen Ansparen, sondern auf der Finanzierung der Rentner aus den gerade eingezahlten Beiträgen der Aktiven basierte, schien diese Schwierigkeiten zu umgehen: Die Einnahmen wurden sofort wieder ausbezahlt, konnten also auch mit einer etwaigen Inflation Schritt halten, eine Entwertung angesparten Vermögens fand nicht statt. In einer volkswirtschaftlichen Lage, die durch Vollbeschäftigung gekennzeichnet war, schien diese Form der Rentenfinanzierung sicherer als das alte kapitalgedeckte System.

Mit der zunehmenden Arbeitslosigkeit seit den 1970er Jahren sanken allerdings die Renteneinnahmen. Die Situation verschärfte sich durch die immer stärkere Wahrnehmung eines demographischen Wandels, der das Verhältnis von Aktiven zu Rentnern veränderte. In dieser Situation erschien das Umlageverfahren nicht mehr ausreichend zur Absicherung der Altersphase; die Gruppe der Sozialbeitragszahler schien zu klein geworden, um die immer größer werdende Gruppe von Leistungsempfängern zu unterstützen. Diesem Risiko wurde nun wieder die kapitalgedeckte Rentenfinanzierung als sicherstes Konzept gegenübergestellt; wenn jeder individuell für den eigenen Schadensfall ansparte, so meinte man, könne soziale Sicherheit für alle eher gewährleistet werden als durch die Umlagefinanzierung. In letzter Zeit zeichnen sich aber auch hier neue Unwägbarkeiten und Risiken ab: Besonders die schnelle Ablösung des Börsenbooms durch die Weltmarkt- und Finanzkrisen seit dem Jahrtausendwechsel lässt die Sicherheitsgarantie durch kapitalgedeckte Systeme zweifelhaft erscheinen. In diesem Zusammenhang weist Robert Castel (2005: 72) darauf hin, dass das erodierende Sicherheitsgefühl sich nicht unbedingt auf ein zur Existenzsicherung ungenügendes Leistungsniveau beziehen muss. Allein die Tatsache, dass die Leistungsnorm sich früher großzügiger gestaltete, kann negative Effekte auf die Perzeption der eigenen Sicherheitslage haben. Dies ist auch im Zusammenhang mit einer generationellen Betrachtungsweise von Bedeutung: Wenn Individuen ihre eigene, als unsicher empfundene Lage mit der von älteren Kohorten vergleichen, kann daraus ein generationell kollektives Unsicherheitsgefühl erwachsen. Diese Annahme wäre allerdings – etwa durch die Analyse von Einstellungsdaten – erst noch zu prüfen.

Bezüglich der Sicherheitserfahrung lässt sich ein allgemeines Paradoxon erkennen: Menschen streben umso mehr nach Sicherheit, je gesicherter die Bedingungen ihrer Existenz sind. Forschungen zeigen ländervergleichend eine eindeutige Korrelation zwischen Sozialleistungsquote und Volkseinkommen pro Kopf (vgl. Kaufmann 2003a: 93). Dies ist allerdings die makroperspektivische Sicht der Wissenschaft, individuell gesehen nimmt die Intransparenz der Risiken im Zuge der Modernisierung zu. Die Systeme der Absicherung selbst werden von den Betroffenen als komplexe und anfällige Konstruktionen wahrgenommen (vgl. Castel 2005: 9). Unter Rekurs auf Jürgen Habermas nimmt Franz-Xaver Kaufmann (1994) an, dass neue Unsicherheiten wohl eher ein Problem neuer Unübersichtlichkeiten sind. Es haben nicht die Gefährdungen der Menschen zugenommen, sondern die Risiken, das heißt die Zurechenbarkeit möglicher Folgen auf Entscheidungen. Im Zuge von finanziellen Engpässen und der demographischen Entwicklungen ist politischer Entscheidungsdruck entstanden, der sich häufig in der Form von Leistungskürzungen ausdrückt. Hier werden die Sicherheitserwartungen der Betroffenen eingeschränkt und zwar umso stärker, je weiter die Einlösung der Sicherheitsversprechen in der Zukunft liegt. Dies lässt darauf schließen, dass ein Empfinden von Unsicherheit besonders für den Bezug der Rentenversicherung gegeben ist (vgl. Kaufmann 2003a: 102).

Einerseits sind also die politischen Entscheidungen bezüglich sozialer Sicherheit und Rentenversicherung kontingenter geworden. Dies hatte zur Folge, dass private Vorsorgesysteme eine stärkere Bedeutung erhielten. Dies führt zu weiterer Kontingenz. Erstens lassen die Markt- und Börsenschwankungen sichere Annahmen über einen Rentenbezug kaum zu, vor allem, je weiter die Bezugsphase in der Zukunft liegt. Zweitens besteht ein kaum zu überblickendes Angebot von Rentenversicherungsplänen, was bei vielen Betroffenen nicht zur aktiven Beschäftigung mit der eigenen Rentenbezugsphase sondern eher zu Lethargie führt. Die Funktionsweise der Rentenversicherung und die Komplexität der Rentenformelberechnung entzieht sich den meisten Betroffenen, eine nähere Beschäftigung mit der

Thematik findet in vielen Fällen deshalb nicht oder zu spät statt (vgl. Hinrichs 2004: 43).

Insgesamt kann nicht in einer einfachen Kausalkette von der Kommunikation über Sicherheit und Unsicherheit der Sozialsysteme auf Erfahrungen und damit Prägungen von Menschen geschlossen werden. In seiner Studie von 1973 weist Franz Xaver Kaufmann bereits darauf hin, dass die Einstellungen zu Sozialleistungen und das Erleben sozialer Sicherheit bei den jeweiligen Individuen in hohem Maße von der generellen Einstellung zum Sozialstaat abhängig sind. Ein weiterer bedeutender Faktor ist zudem ein Maß an »Selbstsicherheit«, also die Fähigkeit, Erwartungen durchzuhalten. Wer sein eigenes Handlungspotential als gering einschätzt, hat im Regelfall auch ein geringeres Vertrauen in Organisationen und deren Sicherheitsversprechen (vgl. Kaufmann 1973: 340–347).

Die hier vorgestellten Überlegungen zur Sicherheit und zur sozialen Sicherheit sind bisher recht allgemein gehalten. Es wurde bereits angedeutet, dass soziale Sicherheit in verschiedenen Wohlfahrtsstaaten ganz unterschiedliche Stellenwerte einnehmen kann. Auch können verschiedene Rentensysteme ganz unterschiedliche Sicherheitskonzeptionen aufweisen. Diese unterschiedlichen Sicherheitskonzeptionen sind für die vorliegende Arbeit von besonderem Interesse – schließlich sollen gerade die Unterschiede im Erleben sozialer Sicherheit ländervergleichend untersucht werden. Mit näheren Ausführungen zur Sicherheitsgewährleistung durch Rentenversicherungssysteme beschäftigt sich das folgende Kapitel.

2.4 Rentenversicherung als Programm sozialer Sicherheit

In diesem Teilkapitel werden Theorien und Konzepte zum Rentensystem vorgestellt. Dabei wird zunächst der Entstehungshintergrund von Rentenversicherungssystemen im Europa im 19. und am Beginn des 20. Jahrhunderts beleuchtet. Dies beinhaltet eine nähere Betrachtung der Kategorie »Alter«, da diese Lebenslaufphase durch die Einführung von flächendeckenden staatlich organisierten Rentensystemen tiefgreifend verändert wurde. Anschließend werden Charakteristika unterschiedlicher Alterssicherungssysteme in Europa dargestellt, die sich in unterschiedlichen Sicherungsformen niederschlagen. Dies wird verknüpft mit der Darstellung von Problemen, denen sich Rentensysteme transnational besonders seit den letzten Jahrzehnten ausgesetzt sehen. Demographische Alterung, sinkende Fertilität und ökonomische Krisen haben in vielen Ländern einen großen Reformdruck ausgelöst, der aber von verschiedenen Systemen unterschiedlich erfahren und in Reformen umgesetzt wird. Zum Schluss wird sich der Frage nach der Möglichkeit der Kategorisierung unterschiedlicher Rentensysteme gewidmet.

Das Konzept »Alter« im Wandel

Der Fokus des vorliegenden Projektes auf die Rentenversicherung erfordert einige Vorüberlegungen zum Alter als Lebenslaufphase. Der Bezug von Leistungen aus der Alterssicherung geschieht schließlich – wie der Name impliziert – erst im Alter, und die Diskussionen um Rente und ihre Reformen schließen Definitionen und Bewertungen der Altersphase mit ein. Eine wandelnde Perspektive auf das Alter bzw. eine andere Wahrnehmung des Alters als Lebenslaufphase kann sich unter Umständen generationenprägend auswirken.

Zunächst einmal ist hervorzuheben, dass »Alter« zu allen Zeiten ambivalent gesehen wurde. Zwar wird gerne als Kontrastierung zur angeblich »altenfeindlichen« heutigen Zeit darauf verwiesen, dass in früheren Jahrhunderten die Alten, eingebunden in die Dorfgemeinschaft sowie den Kreis der Großfamilie, ihren Lebensabend als respektierte und geschätzte Mitglieder der Gesellschaft verbringen durften. Neuere historische Forschungen haben dieses Bild aber revidiert (so zum Beispiel Conrad 1994, Cole/Edwards 2005, Hareven 1997, Thane 2005a, 2005b). Zunächst ist festzuhalten, dass das Konzept der Großfamilie nie die exklusive historische Realität dargestellt hat. Dass die alten Eltern durch die arbeitenden Kinder ernährt werden, war oftmals ein Idealzustand, der, abhängig von regionalen und historischen Unterschieden, eher eine Tendenz als die Regel dargestellt hat (vgl. Döring 2002: 11). Aufgrund der hohen Sterblichkeit in der Kindheit, aber auch in allen anderen Lebensphasen, hatte etwa im 18. Jahrhundert nur ein Drittel der Europäer, die das 60. Lebensjahr erreichten, überhaupt überlebende Nachkommen. Dass diese sie tatsächlich unterstützen würden, war aufgrund von Arbeitsmigration und Auswanderung keineswegs sicher. Hinzu kommt, dass sowohl Ältere als auch ihre Kinder durch alle Jahrhunderte hindurch ihre Unabhängigkeit voneinander bevorzugten und ein Zusammenleben der verschiedenen familiären Altersgruppen häufig durch ökonomische Zwangslagen bestimmt war (vgl. Thane 2005a: 10–12).

Die Industrialisierung im 19. Jahrhundert förderte die Arbeitsmarktabhängigkeit der Individuen. Wenn Menschen alterungsbedingt nicht mehr zur Ausübung ihres Berufes fähig waren, wechselten sie zu leichteren Tätigkeiten über, nur wenige konnten es sich vor der Einführung flächendeckender Alterssicherungssysteme leisten, ihren Lebenslauf mit einer Ruhestandsphase zu beenden. Arbeitsunfähigkeit bedeutete oft ein Abrutschen in Armut, besonders für alte Frauen und Witwen, für die in den langsam entstehenden Vorsorgesystemen der männlichen Arbeiterschaft (beispielsweise die Knappschaft für Bergarbeiter in Deutschland oder betriebliche Rentenversicherungen in ganz Europa) keine Sorge getragen wurde. Schließlich waren auch diese eher als Unterstützung, keineswegs aber als existenzsichernde Finanzierung konzipiert. Teilweise übernahmen Kommunen durch Steuergelder oder auch karitative Einrichtungen die Armenfürsorge, ihre finanziellen Spielräume variierten aber je nach Region enorm (vgl. Cole/Edwards 2005: 215). Seinen Höhepunkt fand das Alter als Schreckensvision wohl in der Institutionalisierung der britischen *work houses*, in die arbeitslose und arbeitsunfähige Menschen eingewiesen und nahezu jeglicher Selbstbestimmungsrechte enthoben wurden. Durch die beginnende Verbesserung der medizinischen Versorgung gab es vereinzelt auch schon das Phänomen des Ruheständlers, es ist aber im 19. Jahrhundert eher noch in den vergleichsweise wohlhabenderen Mittel- und Oberschichten zu suchen (vgl. Cole/Edwards 2005: 219).

Der Philanthrop Charles Booth beschreibt in seiner minutiösen statistischen Studie »The Aged Poor in England and Wales« (1894) das Alter als einen zentralen Auslöser von Armut. Seinen Berechnungen nach lebten im England der 1890er Jahre 30 Prozent der Über-65-Jährigen (in London waren es gar 38 Prozent) in Armut. Nach Booth war die Situation der armen Alten besonders ein Problem der urbanen Bevölkerung:

> »In the country, old men keep their vigour longer, and even when feeble or ailing can still obtain and do some agricultural work. Whereas in towns they not only break down at an earlier age, but are accounted ›incapable‹ sooner still. They may not actually be dismissed, but if any mishap breaks the thread of their employment it is difficult for a man of fifty to make a fresh start, and even at forty-five it is, in some trades, not easy to do so. In one way or another, effective working life is ten years longer in the country than in the town, or, speaking generally, is as seventy to sixty« (Booth 1894: 321).

Alte Frauen konnten laut Booth ihren Kindern manchmal noch im Haushalt nützlich sein, allerdings weist er darauf hin, dass »[t]he combined home is not always a successful arrangement. Temper sometimes interferes, and in other cases the old feel themselves to be a burden« (vgl. Booth 1894: 326). Pat Thane (2006a: 35) gibt zudem zu bedenken, dass die Mehrzahl der alten Menschen sich im 19. Jahrhundert nicht auf die Hilfe durch ihre Kinder verlassen konnte, weil diese entweder bereits gestorben waren, aufgrund der durch die Industrialisierung initiierte Mobilität zu weit weg wohnten oder selbst zu arm waren, um ihre Eltern zu unterstützen.

So entstand das Alter als eine klassen- und schichten-, aber auch als geschlechterübergreifende *risk category* (Baldwin 1991). In nahezu allen europäischen Staaten begann man mit Überlegungen für die Einführung flächendeckender gesetzlicher Rentensysteme. Dies geschah am frühesten im Deutschen Reich, wo unter Reichskanzler Otto von Bismarck das »Gesetz zur Alters- und Invaliditätsversicherung« 1889 als letztes in einer Reihe von Gesetzen zur sozialen Sicherung der deutschen Arbeiterschaft verabschiedet wurde. Andere europäische Staaten folgten. Diese Systeme waren allerdings alle nicht ausreichend, um dem durchschnittlichen Arbeiter einen finanziell sorglosen Ruhestand zu ermöglichen. Es handelte sich lediglich um Zuschüsse, um einen altersbedingt verminderten Lohn auszugleichen, bzw. um die Unterstützung durch Verwandte aufzustocken. Dies dürfte in weiten Teilen der Arbeiterschaft ein Stück weit Erwartungssicherheit geschaffen haben. Eine wirkliche Existenzsicherung wurde in den meisten Systemen – wenn überhaupt – erst nach dem Zweiten Weltkrieg erreicht.

Christoph Conrad (1994: 398) weist für Deutschland darauf hin, dass sich seit dem Ende des 19. Jahrhunderts eine Perspektive durchzusetzen beginnt, die als »modernes Alter« bezeichnet werden kann. Dieses zeichnet sich durch drei Tendenzen aus: Erstens dadurch, dass das Alter zunehmend als gesellschaftliches Problem gesehen wird, dass zweitens durch das Zusammenwirken von Arbeitsmarkt und Sozialpolitik die Ruhestandsphase als Hauptinhalt des Alters geschaffen wird, und dass drittens immer mehr Menschen tatsächlich so alt werden, dass sie diese Phase erleben können. Hieraus entstand schließlich die institutionalisierte Definition von Alter, wie wir sie heute relativ unbedacht verwenden. Aber auch die negativen Seiten des Alterns, die uns aus heutigen Diskursen vertraut sind, wurden langsam sichtbar. Die durch sinkende Fertilität und steigende Lebenserwartung drohende Bevölkerungsschrumpfung und Überalterung wurden evident, am frühesten im Frankreich des 19. Jahrhunderts (vgl. Kaufmann

2003b: 222), aber auch in vielen anderen europäischen Ländern in den 1920er und 1930er Jahren (vgl. Thane 2005b: 263). Mit der Einführung der flächendeckenden Rente wurden alte Menschen häufiger als abhängig von Sozialversicherungsleistungen dargestellt, durch die seit den 1970er Jahren arbeitsmarktverschuldet hervorgerufenen Frühverrentungen verstärkte sich das Bild des unnützen und unproduktiven Alters, des Alters als Last. Gleichzeitig wurde aber spätestens seit den 1980er Jahren betont, dass alte Menschen durchaus auch produktive Aufgaben, etwa in der Familie, wahrnehmen und dass sich durch den wachsenden wahlpolitischen Einfluss der Älteren in Zukunft neue politische Machtkonstellationen ergeben könnten. Um der Einteilung des Ruhestandes in eine gesunde, aktive und produktive sowie eine abhängige, durch Verfall und Krankheit geprägte Phase Rechnung zu tragen, ist häufig vom Dritten und vom Vierten Lebensalter die Rede.

Gerd Göckenjan (2000) gibt zu bedenken, dass alle Diskurse über das Alter sich an Zuschreibungen orientieren, die erst im Hinblick auf die Abgrenzung des Alters als Lebensphase konstruiert werden. Dabei werden soziale Unterschiede ausgeblendet, Einkommens-, Geschlechter- oder Milieuunterschiede sind für die Debatte unwichtig: »Der Altersdiskurs ist ein Moraldiskurs. Formuliert werden Codes der Alterserwartungen, in denen explizit oder beiläufig Alter immer wieder konstruiert, Verpflichtungen erinnert, Erwartungen modifiziert, kontinuierlich Zeitdeutungen produziert werden« (Göckenjan 2000: 25). Es muss vermieden werden, diesen »Moraldiskurs« dann als subjektive Erfahrungen für verschiedene Kohorten zu verallgemeinern. Schließlich ist seit längerer Zeit bekannt, dass etwa die Lebenserwartung sowohl geschlechtsspezifisch als auch in verschiedenen Einkommensklassen zum Teil erheblich variiert. Christoph Conrad (1994: 405) geht zudem davon aus, dass die Einflüsse, die durch den Sozialstaat hervorgerufen werden, Frauen erheblich weniger geprägt haben als Männer. Der weibliche Weg in das moderne Alter ist Conrad zufolge viel eher beeinflusst durch familienzyklische Verschiebungen; die sozialpolitischen Systeme haben ihn lediglich notdürftig begleitet. Dem ist allerdings entgegenzuhalten, dass viele Frauen vermittelt durch ihre Ehemänner an sozialstaatlichen Leistungen teilhatten und -haben und dadurch ebenfalls beeinflusst wurden, wenn auch vielleicht nicht so unvermittelt wie diese und auf andere Art und Weise.

Wie aus dem kurzen historischen Abriss zu erkennen ist, war Alter und – hier synonym zu verstehen – die Phase des Rentenbezugs niemals eine eindeutig positiv oder negativ konnotierte Phase. Vielmehr ist durch die Jahrhunderte hindurch, teilweise sogar über verschiedene soziale Gruppen hinweg, zu konstatieren, dass der Alterungsprozess durch viele Faktoren, individuelle und gesellschaftliche, beeinflusst und geprägt wurde und dabei häufig ein ambivalentes Bild des Alterns geschaffen hat. Trotzdem ist festzuhalten, dass die Einführung der gesetzlichen Rentenversicherung, besonders seit dem Zweiten Weltkrieg, eine neue Qualität des Alters als Lebensphase mit sich gebracht hat, die sich vor allem durch den Ruhestand, aber auch durch die durch das Renteneintrittsalter klar definierte Phase des »Alters« äußert. Dass diese sich wiederum in unterschiedlichen sozialen Gruppen auf verschiedene Weise niederschlagen, ist dabei im Blick zu behalten.

Charakteristika von Rentenversicherungssystemen

Seit dem zwanzigsten Jahrhundert wird der Lebensabschnitt »Alter« zunehmend durch den Rentenbezug definiert; das Verrentungsalter von 60 oder häufiger 65 Jahren ist in vielen Ländern als Schwelle zum »Altsein« implementiert. Gleichzeitig prägen Rentensysteme durch ihre spezifischen Strukturen die Lebenszyklusphase »Alter« und die Vorkehrungen und Pläne, die Individuen in ihrer beruflich aktiven Phase für die Pensionierung treffen. Diese Faktoren, also die Strukturen des Rentensystems und die Handlung von Individuen, hängen unumgänglich mit der Perzeption sozialer Sicherheit zusammen. Sowohl gesetzgeberische Maßnahmen als auch die eigene Vorsorge für das Alter können die Erfahrung sozialer Sicherheit auf ganz unterschiedliche Weise prägen. Im Folgenden soll deshalb erläutert werden, nach welchen Maßstäben verschiedene Rentensysteme eingeteilt und mit welchen Schlüsselbegriffen sie beschrieben werden können.

Soziale Sicherheit im Alter wird in keinem Land nur durch ein einzelnes Sicherungssystem verwirklicht. Überall findet sich eine Vielzahl von verschiedenen Altersvorsorgemöglichkeiten, die – entweder freiwillig oder obligatorisch – in ihrem Zusammenspiel das Rentensystem eines jeweiligen Landes charakterisieren (vgl. Mager 1991: 553). Im Folgenden werden spezifische Charakteristika von Rentenversicherungssystemen zunächst am Beispiel der gesetzlichen Alterssicherung erläutert, später wird zu zeigen sein, dass sich diese teilweise auch auf die Logiken von betrieblichen oder privaten Rentensystemen übertragen lassen.

Zunächst lassen sich laut Hans F. Zacher (1991: 46–57) drei unterschiedliche Gerechtigkeitslogiken identifizieren, die Rentensystemen zugrunde liegen können und die großen Einfluss auf die Art der Finanzierung nehmen: Bedarfsgerechtigkeit, Leistungsgerechtigkeit und Besitzstandsgerechtigkeit. Eine Gerechtigkeit des Bedarfs orientiert sich nicht an vorher geleisteten Zahlungen, sondern an den Bedürfnissen der Betroffenen. Problematisch ist dabei allerdings die Definition der Bedarfe, sollte man diese einheitlich politisch festlegen, oder muss unterschiedlichen individuellen Bedürfnissen Rechnung getragen werden? Insgesamt kann eine bedarfsgerechte Altersvorsorge am einfachsten durch eine Steuerfinanzierung erreicht werden. Demgegenüber orientiert sich die Leistungsgerechtigkeit strikt an vorher gezahlten Beiträgen. Dadurch, dass diese Beiträge in der Regel einkommensabhängig sind, sind auch die Leistungen, die das System ausbezahlt, individuell verschieden; dies bewirkt eine Fortsetzung des gesellschaftlichen Status in die Altersphase hinein. Zusätzlich zu finanziellen Beiträgen können aber auch andere Lebensleistungen angerechnet werden, häufig ist dies zum Beispiel für Kindererziehungszeiten oder den Militärdienst der Fall. Solche Leistungen können auch durch Steuerzahlungen finanziert werden. Leistungsgerechte Rentensysteme zeichnen sich deshalb häufig durch Mischformen der Steuer- und Beitragsfinanzierung aus. Besitzstandsgerechtigkeit schließlich zielt auf die Sicherheit des Eigentums und den Schutz des Lebensstandards. Häufig wird sogar auf den Schutz des höchsten Lebensstandards im Lebenslauf gezielt, was bedeutet, dass besitzstandsorientierte Rentenzahlungen sich am Einkommen der letzten fünf bis zwanzig Jahren des Berufslebens ausrichten. Die Besitzstandsgerechtigkeit wird am einfachsten durch eine strikte Beitragsfinanzierung erreicht.

Die meisten Rentensysteme werden heute durch Beitragszahlung finanziert und unter Umständen aus Steuermitteln unterstützt. Wenn Rentensysteme durch Beiträge finanziert werden, gibt es generell zwei Möglichkeiten, eine kapitalgedeckte Finanzierung und eine Umlagefinanzierung. Das Kapitaldeckungsverfahren ist die ältere der beiden Formen und gleicht dem Sparen bei der Bank: Der Versicherte zahlt Beiträge, die angelegt und am Ende wieder an ihn ausgezahlt werden. Diese Form der Finanzierung stellte sich besonders in den ökonomischen Krisenzeiten der Weltkriege und der Zwischenkriegszeit als wenig verlässlich heraus, denn durch Inflation und Geldentwertung verloren die Rentenzahlungen massiv an Wert und konnten demzufolge den Versicherten keine genügende Sicherheit mehr bieten. Die nach dem Zweiten Weltkrieg in vielen Wohlfahrtsstaaten eingeführten Umlageverfahren hingegen kennen – zumindest in ihrer Reinform – kein angelegtes Kapital. Die Beiträge der Versicherten werden sofort wieder an die jeweiligen Rentner ausbezahlt, so entstand die Idee eines »Generationenvertrages«, in dem die jeweils Versicherten die jeweiligen Ruheständler unterstützen und dabei das Recht erwerben, selbst im Ruhestand Rente zu beziehen.[11] Allerdings gibt es auch im Umlageverfahren die Möglichkeit, Rücklagen zu bilden, die als Schwankungsreserve genutzt werden können. Da dieses Kapital aber unter Umständen rasch zur Verfügung stehen muss, ist seine feste Anlage in Fonds eher unpraktikabel. Aufgrund der demographischen Entwicklung, die zu einer zunehmenden Alterung der Bevölkerung führt, ist diese Finanzierungsform in den letzten Dekaden zunehmend kritisiert worden. Es besteht die Befürchtung, dass immer weniger Beitragszahler immer mehr Beitragsempfänger unterstützen müssen, was zu einem Zusammenbruch des Systems führen könnte.

In Bezug auf den in das Rentensystem einbezogenen Versichertenkreis gibt es zwei Alternativen. Eine universale Sicherungslogik bezieht die gesamte Bevölkerung eines Landes in das staatliche Rentensystem mit ein. Unterschiede gibt es dann lediglich noch im Detail; in einigen Ländern werden alle Einwohner einbezogen, die die Nationalität eines Landes besitzen, in anderen Ländern reicht es bereits, seinen festen Wohnsitz im betreffenden Staatsgebiet zu haben. Auf der anderen Seite gibt es selektive bzw. kategoriale Systeme, die nur bestimmte Gruppen aufnehmen bzw. verschiedene Alterssicherungssysteme für verschiedene Bevölkerungsgruppen haben. Dies hat zur Folge, dass beispielsweise Bauern, Angestellte und Beamte in jeweils ganz unterschiedlichen Vorsorgesystemen versichert sind und insofern auch durch unterschiedliche Sicherungslogiken geprägt werden.

Grundsätzlich gibt es drei Formen von Sicherungszielen, die in einem System verwirklicht werden können; Grundsicherung, Regelsicherung und Aufbausicherung. Die nähere Definition dieser Ziele ist allerdings selbst wieder Gegenstand politischer Aushandlungen und gesellschaftlicher Konsensprozesse. Die Grundsicherung definiert, was Menschen allgemein

11 Wie in Kapitel 2.2 beschrieben wurde, ist das Bild des Generationenvertrages dabei eher als Solidarität stiftender Mythos zu verstehen. Schließlich hat nie ein als Generation zu bezeichnendes Kollektiv einen Vertrag mit einem anderen solchermaßen gearteten Kollektiv geschlossen. Vielmehr werden durch den »Generationenvertrag« Reziprozitätsbeziehungen zwischen einzelnen Kohorten und dem Staat etabliert (vgl. May 2007b).

mindestens zukommen soll. Häufig orientiert sich diese Leistung an politisch festgelegten Bedarfen von Menschen, wie zum Beispiel einer relativen Armutsgrenze oder dem nationalen Mindestlohn. Die Regelsicherung ist eine Leistung, die Menschen im Regelfall zukommen soll, sie ist häufig kategorial, also auf maßgebliche Gruppen (etwa Arbeiter und Angestellte) beschränkt. Meistens orientiert sich die Regelsicherung an vorher geleisteten Beiträgen und hat eine Lebensstandardsicherung im Alter zum Ziel. Die Aufbausicherung ist ein Betrag, der den Betreffenden über die Regelsicherung hinaus zukommen soll, sie kann sich an Faktoren wie Lebensleistung oder Ähnlichem festmachen lassen (vgl. Zacher 1991: 98).

Abbildung 2.1: Charakteristika von Rentenversicherungssystemen

Gerechtigkeitsnorm	Bedarfsgerechtigkeit Leistungsgerechtigkeit Besitzstandsgerechtigkeit
Finanzierungsart	Steuerfinanzierung Beitragsfinanzierung Umlageverfahren Kapitaldeckungsverfahren
Versichertenkreis	Universalsicherung Selektive/Kategoriale Sicherung
Ziele	Grundsicherung Regelsicherung Aufbausicherung

Zacher (1991) stellt heraus, dass eine der Hauptschwierigkeiten des Vergleichs von Rentensystemen darin besteht, dass diese unterschiedlichen Funktionen der Alterssicherung national von extrem unterschiedlicher Kombination sein können. Die Grundsicherung kann universal sein, also an die gesamte Bevölkerung ausbezahlt werden, oder aber selektiv nur bestimmte Gruppen betreffen. Die Grundsicherung muss nicht zwingend zum Lebensunterhalt ausreichen, in diesem Falle ist eine komplementäre Sicherung durch andere Vorsorgesysteme oder die Sozialhilfe erforderlich. Die Regelsicherung kann auf staatlicher Ebene am einfachsten dort erreicht werden, wo ein geschlossener Personenkreis umfassend für die Einkommenssicherung im Alter abgesichert wird, also in kategorialen Grundsicherungssystemen. Beim universalen Ansatz ist das Sockelsystem eine Einwohner- oder Volksversicherung, die für das Erreichen einer Regelsicherung durch nicht staatlich organisierte Rentensysteme ergänzt werden muss.

Das Drei-Pfeiler-Modell: Staatliche, betriebliche und private Altersvorsorge

Im Allgemeinen wird davon ausgegangen, dass sich das System der Altersvorsorge in jedem Land aus drei Komponenten oder Pfeilern zusammensetzt, die in je unterschiedlichem Mischungsverhältnis stehen: staatliche, betriebliche und private Renten. Die staatliche Altersvorsorge ist dabei vom Staat organisiert, kontrolliert und gesetzlich geregelt. Sie wird auf nationaler Ebene durchgeführt und richtet sich entweder an die gesamte Bevölkerung oder an spezielle Bevölkerungsgruppen (Arbeiter, Angestellte, Landwirte, Beamte, etc.). Häufig wird in staatlichen Systemen versucht, eine Solidarität zwischen den Versicherten herzustellen und durch eine Umverteilung der Finanzen eine Bedarfsgerechtigkeit sowie die Eindämmung sozialer Ungleichheit zu erreichen. Grundsätzlich kann davon ausgegangen werden, dass ein starkes, lebensstandardsicherndes staatliches Rentensystem die Entwicklung von betrieblichen und privaten Systemen hemmt, während umgekehrt ein historisch stark entwickeltes betriebliches und privates Alterssicherungsumfeld häufig eine staatliche Alterssicherung über die Grundsicherung hinaus verhindert hat.

Die betriebliche Altersvorsorge ist eine freiwillige soziale Leistung, die durch den Arbeitgeber bereitgestellt wird. Betriebliche Altersvorsorgesysteme lassen sich bis ins 19. Jahrhundert zurückverfolgen, einen besonderen Boom erfuhren sie in allen europäischen Wohlfahrtsstaaten in der goldenen Ära der Vollbeschäftigung nach dem Zweiten Weltkrieg: Hier wurden betriebliche Rentensysteme ausgebaut, um qualifizierte und durch verschiedene Unternehmen umworbene Arbeitskräfte dauerhaft an das jeweilige Unternehmen zu binden (vgl. Schmähl/Böhm 1994). Ob ein bestimmter Betrieb ein Altersvorsorgesystem hat, ist dabei von Firma zu Firma verschieden, betriebliche Rentensysteme werden tendenziell eher in großen Betrieben realisiert. Auch können Rentensysteme national und branchenspezifisch verschieden geartet sein, sowohl was den Einbezug der unterschiedlichen Gruppen der Arbeitnehmerschaft als auch die Finanzierungsart als auch die Leistungsgewährung angeht. Da an dieser Stelle keine ausführliche Beschreibung betrieblicher Rentensysteme angestrebt wird, müssen einige Hinweise genügen. Grundsätzlich sind betriebliche Rentensysteme nach dem Kapitaldeckungsverfahren organisiert; die Versicherten zahlen Beiträge, die in Fonds investiert werden. Man kann zwischen *Defined-Benefit* (DB) und *Defined-Contribution*-Systemen (DC) unterscheiden. In einem DB-System ist die Leistung festgelegt, die der Arbeitnehmer am Ende erhält, die Beiträge richten sich danach aus. In einem DC-System hingegen sind die Beiträge festgelegt, die Leistung richtet sich nach den gezahlten Beiträgen, nach der Marktsituation und der Situation des jeweiligen Rentenfonds. Generell wird davon ausgegangen, dass DB-Systeme finanziell vorteilhafter für Versicherte sind, da sie keine Rücksicht auf Marktschwankungen nehmen müssen. Andererseits sind sie auf die modernen Karriereverläufe nur unzureichend ausgerichtet, da solche Systeme bei einem Arbeitsplatzwechsel nur äußerst schwer transferiert werden können (vgl. Munnell 2006). Die Leistungen betrieblicher Rentensysteme orientieren sich häufig am Besitzstandserhalt, in dem für den Bezug die besten bzw. die letzten 15 oder 20 Jahre des Berufslebens zugrunde gelegt werden. Es gibt auch die Möglichkeit einer Einmalzahlung eines bestimmten Betrages. Betriebliche Rentensysteme sind in hohem Maße staatlich reglementiert, um die Ansprüche der Versicherten auch im Falle des Endes des Arbeitsverhältnisses vor dem Verrentungsalter oder der Insolvenz des Arbeitnehmers zu schützen.

Die wirtschaftlichen Krisen der 1970er Jahre hatten einen starken Einfluss auf die Performanz der betrieblichen Rentensysteme in Europa. Außerdem kam es zur Veränderung von Arbeitsbiographien, die bisher geltende Norm vom gesicherten Arbeitsplatz, der bei einem einzigen Arbeitgeber bis zum Regelrentenalter gehalten wurde, ist zunehmend erodiert. Dies hat auch Auswirkungen auf die betriebliche Rente – schließlich werden die Möglichkeiten, Renten bei einem einzigen Arbeitnehmer anzusparen, zunehmend geringer, Zeiten der Arbeitslosigkeit fallen als Beitragszeiten komplett aus. Die betriebliche Rente war ursprünglich auch zu dem Zweck geschaffen worden, qualifizierte Arbeiter an die Firma zu binden, diese Zielvorstellung kann aber immer seltener verwirklicht werden. Insofern hat die Arbeitnehmerseite immer geringeres Interesse an der Aufrechterhaltung betrieblicher Systeme – vor allem auch im Kontext von steigender Lebenserwartung und sich verlängernder Rentenbezugsphase (vgl. Sass 2006: 93–94).

Wenn staatliche Rentensysteme auf der Makroebene und betriebliche Rentensysteme auf der Mesoebene organisiert sind, dann stellt die Durchführung privater Rentenversicherungsformen die Mikroebene dar. Die Entscheidung für eine bestimmte private Anlageform – und in den meisten Ländern die Entscheidung überhaupt eine private Vorsorge aufzubauen – liegt beim Individuum. Private Rentenversicherungen etablieren keine Solidaritätsbeziehungen zwischen den von ihnen versicherten Individuen, wie dies in staatlichen und ansatzweise auch in betrieblichen Systemen der Fall ist. Sie sind strikt leistungsgerecht und funktionieren nach den Logiken des Marktes. Im Zuge der Globalisierung sind Rentenfonds zunehmend zu einer wichtigen Kapitalform geworden, die international vermarktet und angelegt wird (vgl. Minns 2001: 27). Private Rentenversicherungssysteme werden deshalb wichtiger, da Staaten versuchen, die Kosten für die Rentenversicherung zu begrenzen und die Altersvorsorgeverantwortung zumindest ein Stück weit an das Individuum zurückzugeben. Im Gegenzug werden private Rentenversicherungen in hohem Maße steuerlich begünstigt. Weiterhin muss festgehalten werden, dass die private Altersvorsorge nicht nur in individuellen Rentenfonds geschehen muss. Auch andere Arten des Sparens (zum Beispiel durch Lebensversicherungen und ähnlichen Kapitalanlageformen) oder Immobilienbesitz können Formen der privaten Altersvorsorge darstellen. Generell dienen alle Ausgestaltungen der privaten Vorsorge der Besitzstandsgerechtigkeit, was soziale Ungleichheiten in die Rentenbezugsphase hinein transportiert und unter Umständen, etwa durch Steuerbegünstigungen, sogar noch verstärkt.

Besonders in den letzten Dekaden haben Rentensysteme eine Reihe von Krisen erfahren, die die Überlebensfähigkeit dieser Systeme zunehmend in Frage stellten und stellen. Diese Krisen haben in nahezu allen Wohlfahrtsstaaten in den 1980er und 1990er Jahren Reformprozesse zur Folge gehabt, die vielfach noch nicht abgeschlossen sind. Grundsätzlich lässt sich in allen modernen Wohlfahrtsstaaten ein Ausbau der Rentenversicherungssysteme – sowohl was finanzielle Leistungen als auch was den Kreis der Versicherten angeht – bis etwa in die Mitte der 1970er Jahre hinein identifizieren. Dann kam durch die Krise der Weltwirtschaft, die durch verschiedene Auslöser wie den Zusammenbruch des Währungspaktes von Bretton Woods und die Ölkrisen hervorgerufen wurde, die Periode der nachkriegszeitlichen positiven wirtschaftlichen Entwicklung an ein vorläufiges Ende. Durch steigende Arbeitslosigkeit sanken Steuern und

Sozialabgaben, wodurch sich die großzügigen finanziellen Leistungen europäischer Rentensysteme nicht weiter aufrechterhalten ließen.

Als schwerwiegendstes Problem der Rentenversicherung identifizieren Giuliano Bonoli und Toshimitsu Shinkawa (2005: 8) jedoch das Problem der demographischen Alterung. Aufgrund sinkender Fertilität und steigender Lebenserwartung seien europäische Bevölkerungen in zunehmenden Maße gealtert und geschrumpft, was die *old-age-dependency ratio* verschiebe: Immer mehr abhängige und unproduktive Alte müssten von immer weniger produktiven Erwerbstätigen unterstützt werden, was in umlagefinanzierten gesetzlichen Alterssicherungssystemen steigende Beiträge und sinkende Leistungen zur Folge habe. Dies sei besonders problematisch für Alterssicherungssysteme, die schwerpunktmäßig auf einer staatlich organisierten Rente beruhen. In Systemen, die die Alterssicherung traditionell in einem Mehrpfeilersystem realisieren, sei das Problem zwar auch vorhanden, aber nicht gleichermaßen relevant. Hier werde die Rente auch durch betriebliche und private Systeme getragen, die aufgrund ihrer Kapitaldeckung weniger anfällig für demographische Schwankungen seien (vgl. Bonoli/Shinkawa 2005: 9).

Rententheorie und Rententypen: Bismarck, Beveridge and beyond

In der sozialpolitischen Theorie hat es eine Vielzahl von Versuchen gegeben, Wohlfahrtsstaaten im Allgemeinen und Rentensysteme im Besonderen anhand spezieller Merkmale zu typologisieren. Oben genannte Kriterien haben dabei eine Rolle gespielt, darüber hinaus wurden aber eine Reihe weiterer Faktoren mit einbezogen, wie zum Beispiel die Höhe der staatlichen Ausgaben für die sozialen Sicherungssysteme, die Verteilung wohlfahrtsstaatlicher Leistungen auf bestimmte Bevölkerungsgruppen, die Arbeitsmarktabhängigkeit der Versicherten etc. Die bekannteste Typologisierung von Wohlfahrtsstaaten ist Gøsta Esping-Andersens »Three Worlds of Welfare Capitalism« (1990). Laut Esping-Andersen lassen sich moderne Wohlfahrtsstaaten in drei *regimes* einsortieren: marktorientierte liberale Wohlfahrtsstaaten, die vor allem in anglo-amerikanischen Ländern zu finden sind, staatszentrierte sozialdemokratische Systeme in den skandinavischen Ländern und die mitteleuropäischen konservative Wohlfahrtsstaaten mit einem starken Bezug zur Familie. Sie zeichnen sich jeweils durch einen unterschiedlichen Grad der Dekommodifizierung, also der Unabhängigkeit der Betroffenen vom Arbeitsmarkt, aus. Den höchsten Grad der Dekommodifizierung erreichen die sozialdemokratischen Systeme durch ihre universale Sicherungslogik. Diese Typologisierung ist in unterschiedlich starker Form kritisiert worden – so zum Beispiel in Bezug auf ihre Vernachlässigung der süd- und osteuropäischen Wohlfahrtsstaaten sowie die Ausblendung der Geschlechterdimension (vgl. Lessenich/Ostner 1998, Opielka 2004: 34–37), hat aber nachhaltigen Einfluss auf die Wohlfahrtsstaatsforschung seit Beginn der 1990er genommen.

Im Bezug auf Rentensysteme ist die einfachste und gängigste Einteilung die in die Bismarck- und die Beveridgegruppe. Rentensysteme vom Bismarck-Typ zeichnen sich durch eine kategoriale Lebensstandardsicherung aus, während Beveridgesysteme primär auf die Vermeidung von Armut zielen. Giuliano Bonoli (2000: 12) weist allerdings darauf hin, dass diese Einteilung nicht überbewertet werden darf. Während die meisten Länder sich nämlich zu Beginn einen bestimmten Typus auswählten ging der Trend in den folgenden Jahren, besonders aber seit dem Zweiten Weltkrieg, in Richtung Konvergenz zwischen den beiden Systemen. Bismarcktypische Systeme weiteten ihre Adressatenkreise mehr und mehr aus, während die Länder des Beveridgetyps ihre Leistungen zunehmend großzügiger gestalteten und entweder eine universale Grundrente oder eine durch staatliche Zusatzsysteme organisierte Lebensstandardsicherung aufbauten. Trotzdem sind die ursprünglichen Entscheidungen für ein Bismarck- oder ein Beveridgesystem nach wie vor erkennbar und beeinflussen bis heute die Systemlogiken der Rentenversicherungen in den jeweiligen Ländern.

Esping-Andersens Einteilung von Rentensystemen deckt sich nahezu mit seinen *welfare regimes* (vgl. Esping-Andersen 1990: 85–87). Er identifiziert zunächst korporative staatlich dominierte Versicherungssysteme, die sich durch eine marginale Stellung privater, marktabhängiger Versicherungssysteme und einer massiven Diversifizierung sozialer Sicherheitssysteme auszeichnen. Hierzu gehören Länder wie Österreich, Belgien, Frankreich, Dänemark, Italien, und Japan. Weiter gibt es die Gruppe der residualen Systeme, die sich durch eine starke Stellung des privaten Versicherungsmarktes auszeichnet, hierzu zählen Australien, Kanada, die Schweiz sowie die USA. Auch Großbritannien zeichnet sich durch eine residuale staatliche Sicherung aus, gehört aber laut Esping-Andersen nicht selbstverständlich in das Cluster, weil sich hier der Versicherungsmarkt nicht so eindeutig etabliert hat wie in den anderen Staaten der Gruppe. Schließlich gibt es die Abteilung der universalen staatlich-dominierten Systeme, in denen eine Volksversicherung sowohl Statusprivilegien als auch private

Versicherungen marginalisiert. Hierzu gehören die skandinavischen Staaten, Neuseeland und die Niederlande. Sie zeichnen sich durch eine starke Dekommodifizierung, also eine Unabhängigkeit vom Arbeitsmarkt aus (vgl. Esping-Andersen 1990: 85–87).

Julia Lynch (2006) zufolge können Wohlfahrtsstaaten nach den Beträgen typologisiert werden, die sie für bestimmte Altersgruppen aufwenden. Sie kritisiert Esping-Andersens *welfare regime*-Einteilung mit dem Argument, dass es nicht nur wichtig sei, wie stark dekommodifiziert werde, sondern welche Gruppen im Staat arbeitsmarktunabhängig versichert würden. Auf der Basis von Steuer- und Sozialausgaben sowie der Wohnungspolitik kann sie nachweisen, dass Staaten sich danach unterscheiden, ob sie ihre wohlfahrtsstaatlichen Ausgaben eher in die Jugend oder in die ältere Bevölkerung investieren. Sie identifiziert besonders jugendlich-orientierte Wohlfahrtsstaaten in Skandinavien, den Niederlanden und im britischen Commonwealth, während die eher altersorientierte Ländergruppe aus Teilen von Kontinentaleuropa, den USA und Japan besteht (vgl. Lynch 2006: 39). Insgesamt liegen diese Ergebnisse quer zu Esping-Andersens Einteilungen. Es erscheint aber durchaus einleuchtend, dass sich eine umfassende Untersuchung der Erfahrung sozialer Sicherheit zumindest ansatzweise mit einer unterschiedlichen Allokation finanzieller Ressourcen in unterschiedlichen Phasen des Lebenslaufes auseinandersetzen sollte.

Richard Minns (2001) wiederum meint, dass in allen Rententypologisierungen bis jetzt die Rolle der Finanzmärkte unterbewertet wurden. Minns zufolge lassen sich zwei Systeme von Alterssicherungen identifizieren. Der anglo-amerikanische Stil setzt bei Renten stark auf den privaten Versicherungsmarkt, betrachtet die staatlich organisierte Rente lediglich als Sicherheitsnetz und legt die Verantwortung für die Altersvorsorge in den Bereich des Individuums. In dieses Schema lassen sich außer den englischsprachigen Nationen auch die Schweiz und die Niederlande einordnen. Die europäische Methode setzt auf starke, gesetzliche und umlagefinanzierte Rentenversicherungssysteme, die betrieblichen oder privaten Systemen eine eher marginale Rolle zuteilen.[12] Laut Minns setzt sich nun der marktzentrierte, anglo-amerikanische Typ in einem »Cold War of Welfare« (so der Titel seines Buches) immer weiter durch, so dass auch die europäischen Rentensysteme zunehmend von seiner Logik durchdrungen werden. Ren-

12 Zusätzlich identifiziert Minns (2001) auch noch einen asiatischen und einen kommunistischen Typ, der aber weder für die vorliegende Arbeit noch für Minns' weitere Argumentation von Belang ist.

tenfonds werden laut Minns zum Spielball globaler Finanzstrategen, der *welfare state* wird zum *welfare market* (vgl. Minns 2001: 176).

Insgesamt sind diese Typologisierungen für die je von ihnen verfolgte Fragestellung (Arbeitsmarktunabhängigkeit, Verteilung von Finanzen an verschiedene Altersgruppen, Macht von Finanzmärkten) höchst aufschlussreich; sie können aber kein befriedigendes Gesamtbild schaffen. Je nachdem, welche Faktoren in einem Rentensystem als wichtig und ausschlaggebend angesehen werden, ergeben sich neue Typologisierungen und Kategorisierungen. Im vorliegenden Projekt geht es nicht primär um Rentensysteme als solche, sondern um die Frage nach der Erfahrung sozialer Sicherheit durch Rentensysteme. Deshalb werden im Folgenden kurz jene Faktoren vorgestellt, die für die Erforschung von Rentensystemen als Programm sozialer Sicherheit ausschlaggebend sind.

Rentensysteme als generationenprägende Programme sozialer Sicherheit

Jeder Wohlfahrtsstaat und jedes wohlfahrtsstaatliche Leistungsprogramm hat die Gewährleistung sozialer Sicherheit zum Ziel. Bei der Erforschung der Frage, ob dies Kohorten generationell prägen kann, muss zunächst gefragt werden, inwiefern sich dieses Ziel in den Gesamtkontext des jeweiligen Wohlfahrtsstaates einsortieren lässt und wie sich diese Einordnung möglicherweise im Verlauf der Zeit gewandelt hat. Wichtig ist also in jedem Falle eine historischer Perspektive auf das Phänomen, die eine Entwicklung der Werte, Normen und Ziele der jeweiligen Wohlfahrtsstaaten in den Blick nimmt und nachzeichnen kann, welche Stellung das Problem der Sicherheit des Alters im Gesamtkontext der Wohlfahrtsleistungen einnimmt. In diesem Kontext interessiert auch die Frage, welche Rolle die Rente im Gegensatz zu anderen Wohlfahrtsleistungen spielt – ob also das Alter bei der Gewährleistung sozialer Sicherheit als beachtenswerte Lebenslaufphase angesehen wird.

Dann gilt es, sich dem System der Alterssicherung als solchem zuzuwenden. Dabei ist zunächst eine Konzentration auf die staatlich organisierte Rente von Interesse. Hier kann eine grobe Einteilung danach erfolgen, ob die soziale Sicherheit durch Grund-, Regel- oder Aufbausicherung erfolgen soll und welche Gruppen überhaupt durch diese Sicherung abgedeckt werden. Dies ist besonders im Hinblick auf mögliche intragenerationelle Differenzen von großer Bedeutung. Eine universelle Grundsicherung, wie sie beim klassischen Beveridge-Typ angestrebt wird, betrifft vermutlich ganze Kohorten einheitlich, während die Bismarck-Variante der kategorialen Lebensstandardsicherung nur spezielle Gruppen einschließt und bestehende Unterschiede in die Altersbezugsphase hineintransportiert. Dabei ist zu vermuten, dass Unterschiede zwischen Kohorten sehr viel stärker ausgeprägt sind als in Rentensystemen, die durch eine Grundrente die Armutsvermeidung anstreben. Dies ist aber lediglich für die gesetzliche Rente zu konstatieren. Das Bild wird komplexer, wenn die Sicherung durch betriebliche und private Rente hinzugefügt wird. Auch diese beiden haben einen eindeutigen Einfluss auf die Sicherheit der Lebensphase Alter und müssen deshalb ebenso beachtet werden. Hier interessiert besonders, in welchen Gewichtungen die drei Pfeiler der Altersvorsorge in einem speziellen System vorherrschen; da jeder Pfeiler anderen Risiken ausgesetzt ist, wird soziale Sicherheit vermutlich am ehesten durch Mischformen verwirklicht. Hier werden aber auch in Systemen, die eine staatliche universale Grundsicherung aufweisen, intragenerationelle Unterschiede offensichtlich, in betrieblichen Systemen gibt es aufgrund der unterschiedlichen Arbeitsmarktpartizipation der Geschlechter häufig Ungerechtigkeiten zwischen Frauen und Männern, private Rentensysteme begünstigen vor allem gut verdienende Schichten.

Die bisher beschriebenen Kategorien beschränken sich vor allem auf institutionelle Unterschiede bei der Rentenversicherung. Fraglich ist aber auch, inwiefern sich diese Unterschiede in der Zielsetzung der Gewährleistung sozialer Sicherheit wiederum auf die Erfahrungsstrukturen einzelner Kohorten auswirken. Wie in Kapitel 2.3 beschrieben, geht Niklas Luhmann (2005: 128) davon aus, dass Sicherheit ein Leerbegriff ist, dem man sich lediglich dadurch annähern kann, dass man die Kommunikation darüber, was unsicher ist, erforscht. Die Entwicklung der einzelnen Alterssicherungsinstitutionen muss also mit einer Darstellung des historischen Wandels der sozial wahrgenommenen Unsicherheiten des Alters verknüpft werden. Des Weiteren wäre danach zu fragen, inwiefern die jeweiligen Alterssicherungssysteme tatsächlich soziale Sicherheit gewährleisten, was durch die Darstellung von Altersarmutsquoten dargestellt werden kann. Dies muss sich dann allerdings nicht zwangsläufig in einer Kohortenprägung niederschlagen, da die Erfahrung von sozialer Sicherheit auch durch individuelle Faktoren wie die Selbstsicherheit beeinflusst wird (vgl. dazu Kapitel 2.3). Franz-Xaver Kaufmann (2003a: 93) bemerkt außerdem, dass Menschen paradox reagieren: sie streben umso mehr nach Sicherheit, je gesicherter ihre Existenz ist. In jedem Falle muss also untersucht werden, ob sich die externen Faktoren in individuellen Erfahrungen niederschlagen und ob diese sich dann kohortenspezifisch unterscheiden. Nur auf dieser Basis kann untersucht werden, ob unterschiedliche Gesetzgebungen lediglich Kohorten tangieren, oder ob man tatsächlich von einem erfahrungsbasierten Wohlfahrtsgenerationenkonzept ausgehen kann.

2.5 Die generationelle Prägung von Rentnerkohorten

Die Ausführungen dieses Grundlagenkapitels haben die zentralen Konzepte der Arbeit – Generation, soziale Sicherheit und Rentenversicherung – näher erläutert. Da keines der Konzepte einfach zu definieren und darzustellen war, wurde die bisherige Forschung zu den jeweiligen Forschungskomplexen abgebildet und eigene Arbeitsdefinitionen entwickelt. Das Konzept »Generation« wurde mit den ihm verwandten Begriffen »Kohorte« und »Altersgruppe« kontrastiert. Altersgruppen beziehen sich auf bestimmte, vom jeweiligen Individuum zu durchlaufende Lebenslaufphasen, während die Kohorte den gemeinsamen Geburtsjahrgang als Voraussetzung hat. Die Generation baut auf das Kohortenkonzept auf, sie setzt außer dem gemeinsamen Erleben historischer Ereignisse zum selben Zeitpunkt des Lebenslaufes auch einen geteilten Erfahrungshorizont voraus. Folgende Schlüsselbegriffe wurden für das Generationenkonzept als wichtig erachtet:

- Größe/Demographie: Die Größe von Kohorten beeinflusst ihre Stellung in der Gesellschaft. Dies wird besonders wichtig im Kontext von Erfahrung mit dem Wohlfahrtsstaat oder dem Arbeitsmarktzugang.
- Ressourcen: Jede Kohorte verfügt über spezielle Kapitalformen und Ressourcen – Wissen, Fähigkeiten, aber auch finanzielle Einkommen und sozialstaatliche Leistungen. Diese beeinflussen die Chancenstrukturen der Kohorte im gesamtgesellschaftlichen Gefüge.

Die beiden erstgenannten Punkte beziehen sich dabei auf abstrakte Kategorien, wie sie etwa in *generational accounting*-Ansätzen verwendet werden. Aus sozialhistorischer Perspektive erscheinen weitere Schlüsselbegriffe als unerlässlich:

- Erfahrung: Gemeinsam erlebte Ereignisse werden von Individuen in die jeweilige Biographie eingeschrieben. Diese können gegenüber anderen Individuen mit ähnlichen Erfahrungen kommuniziert werden, was sich unter Umständen vergemeinschaftend auswirkt.

- Sozialisation: Der Umgang mit Gleichaltrigen, die gemeinsame Bildung in Schulen sowie die gemeinsame Betroffenheit von staatlichen Organisationen können Ursache eines Gemeinschaftsgefühls in bestimmten Kohorten sein.
- Vergemeinschaftung: Gemeinsame Erlebnisse und Erfahrungen können die Grundlage für ein generationell geprägtes Gruppennarrativ bieten. Die Bedingung hierfür ist die Anschlussfähigkeit der Erfahrung.
- Kommunikation: Besonders in makrosozialen Kohortenlagerungen wird die Aufrechterhaltung von *face-to-face*-Beziehungen schwierig. Eine Generation muss entweder ihre eigenen Kommunikationsmodi entwickeln (Selbstthematisierung) oder es muss in öffentlichen Diskursen intensiv über sie kommuniziert werden (Fremdbeschreibung). Kommunikationsmedien sind von großer Bedeutung.
- Interne Differenzierungen: Kohorten werden durch soziale Schichtungen differenziert, die vermutlich zur Bildung unterschiedlicher Erfahrungsstrukturen innerhalb der Mitglieder eines Geburtsjahrgangs führen. Dies kann unterschiedliche generationelle Kollektive innerhalb eines Geburtsjahrgangs zur Folge haben.

Generell müssen diese Schlüsselbegriffe auch für die Beschreibung von Generationen im wohlfahrtsstaatlichen Kontext beachtet werden. Die Erfahrung sowie die gemeinsame Sozialisation und eine darauf aufbauende Vergemeinschaftung werden in der vorliegenden Untersuchung durch die Beschreibung der wohlfahrtsstaatlichen Entwicklung in den verschiedenen nationalen Kontexten geleistet. Soweit zu erkennen ist, findet eine interne Kommunikation innerhalb von Wohlfahrtsgenerationen nicht statt, deshalb beschäftigt sich das vorliegende Projekt mit der Fremdkommunikation über Wohlfahrtsgenerationen in Zeitungen; dies ist Gegenstand der Medienanalyse im fünften Kapitel. Die demographischen Bedingungen und die Ressourcenstellung der einzelnen Generationen werden bereits im vierten Kapitel beschrieben, wobei in einem Teil zu Einstellungen des Rentenversicherungssystems direkt untersucht wird, wie sich diese Entwicklungen in der Erfahrungsstruktur der einzelnen Kohorten widerspiegeln. Dabei werden auf allen Ebenen die internen Differenzierungen immer mitgedacht: In allen empirischen Kapiteln werden die beschriebenen Entwicklungen nicht nur auf ihre Eignung zur Generationenprägung geprüft, sondern auch darauf, wie sie unterschiedliche intragenerationelle Gruppierungen beeinflussen.

Die bisherigen Forschungsergebnisse zu Wohlfahrtsgenerationen konnten nicht überzeugen, da finanzielle und demographische Aspekte eine zentrale Position einnehmen, Aspekte wie die gemeinsame Erfahrungsschichtung und die Kommunikation, aber vor allem die Einflüsse anderer sozialer Kategorien, weitgehend ausgeblendet werden. Die zentrale Frage der Arbeit ist, ob man trotzdem – wie von den gängigen Konzepten zu Wohlfahrtsgenerationen behauptet – auf gesellschaftlicher Ebene Generationen finden kann, die sich aufgrund ihrer Erfahrungen mit wohlfahrtsstaatlichen Leistungen als Kollektive identifizieren lassen. Dies wird im vorliegenden Projekt am Beispiel der Rentenversicherung untersucht. Die erste zu prüfende Hypothese lautet deshalb:

1. Europäische Rentenversicherungssysteme haben in den Dekaden ihres Bestehens unterschiedliche Kohorten unterschiedlich betroffen. Auf dieser Grundlage kann man von generationellen Erfahrungen mit sozialer Sicherheit sprechen, die verschiedene Kohorten auf je andere Weise prägen.

Es ist jedoch nicht nur der Wandel der Rentenversicherungssysteme, der spezielle Kohorten in Bezug auf ihre Alterssicherung unterschiedlich betrifft. Norman Ryder (1997: 69) weist auf die Bedeutung der Demographie, also die Größe einzelner Kohorten, hin. In Theorien zu Wohlfahrtsgenerationen wird, wie in Kapitel 2.2 beschrieben, häufig davon ausgegangen, dass schrumpfende Kohorten von Beitragszahlern mit der Bereitstellung von Alterssicherungsleistungen für ihre zahlenmäßig überlegenen Vorgänger, die zudem durch eine längere Lebenserwartung vergleichsweise lange in der Rentenbezugsphase verbleiben. Bezogen auf das Alterssicherungssystem ergibt sich dadurch folgende Hypothese:

2. Je stärker eine Kohorte in ihrer Größe von benachbarten Kohorten abweicht, desto schwieriger wird ihre Assimilation in die Gesamtgesellschaft. Sukzessiv schrumpfende Kohorten sind mit den Beiträgen zur Aufrechterhaltung der Alterssicherungsleistungen überfordert, dies resultiert bei jüngeren Kohorten in einer wachsenden Wahrnehmung sozialer Unsicherheit und einem Ungerechtigkeitsempfinden in Bezug auf die Rentenversicherung.

Ebenso wichtig wie die demographische ist die wirtschaftliche Entwicklung, da sie unterschiedliche Kohorten mit unterschiedlichen Chancen, beispielsweise in Bezug auf den Arbeitsmarkt, und mit unterschiedlichen finanziellen Ressourcen ausstattet. Hierdurch ergeben sich laut Bude, Leisering, Thomson und den *generational accounting*-Theorien Ungleichheiten zwischen Kohorten. Für die vorliegende Untersuchung umformuliert lautet die zu prüfende Hypothese:

3. Je drastischer sich wirtschaftliche Entwicklungen auf die Ressourcenstellung einzelner Kohorten auswirken, desto stärker werden sich Unterschiede im Erleben sozialer Sicherheit durch die Rentenversicherung ergeben.

Dabei könnte es sinnvoll erscheinen, sich Wohlfahrtsgenerationen als transnationale Phänomene anzusehen. Schließlich wurde beschrieben, dass einige zentrale Entwicklungen – Einführung und Ausbau der Rentenversicherung, wirtschaftliche Zyklen, demographische Entwicklungen und Sozialreformen – in allen Ländern in etwa zu ähnlichen Zeiten geschehen. Auch David Thomson (1996) glaubt, dass seine Theorie der Gewinner- und Verlierergenerationen für alle modernen Wohlfahrtsstaaten gilt. Andererseits ist davon auszugehen, dass in unterschiedlichen Wohlfahrtsstaaten unterschiedliche Generationszusammenhänge entstehen. Bereits Mannheim (1964: 526–527) spricht von der Notwendigkeit einer »verwandten Lagerung der einer Generation zurechenbaren Individuen im sozialen Raume«. Der soziale Raum ist jedoch vermutlich aus sprachlichen und institutionellen Gründen nach wie vor durch Landesgrenzen definiert. Wenn man von einer prägenden Kraft des Wohlfahrtsstaates im Allgemeinen und des Rentenversicherungssystems im Besonderen ausgeht, bedeutet das zwangsläufig, dass verschiedene nationalstaatliche Kontexte Kohorten unterschiedlich prägen. Deshalb lautet die vierte Hypothese:

4. Werte und Ziele des jeweiligen Wohlfahrtsstaates führen zu Differenzen zwischen nationalen Rentenversicherungssystemen und ihrer historischen Entwicklungen. Dies prägt Kohorten in Bezug auf ihr Erleben von sozialer Sicherheit in verschiedenen Staaten unterschiedlich.

Es wurde schon mehrfach darauf hingewiesen, dass auch Kohorten innerhalb einzelner Staaten nicht als komplett einheitliche Gruppen zu behandeln sind. Schließlich hat die Sozialstrukturanalyse bereits ein ganzes Set von sozialen Ungleichheiten entwickelt, die Gesellschaften stratifizieren können. Hierzu gehören Einkommensgruppen, Geschlecht, Bildung und ebenso Kategorien »neuer« sozialer Ungleichheit, die sich auf Konsumstile, Freizeitverhalten und räumliche Umwelt beziehen. Vermutlich werden Erfahrungen mit sozialer Sicherheit und der Rentenversicherung auch von diesen Gruppenzugehörigkeiten beeinflusst. Die in diesem Zusammenhang zu überprüfende Hypothese steht tendenziell im Widerspruch zu den

Hypothesen 1–3, die sich im Wesentlichen auf bereits vorhandene Überlegungen zu Wohlfahrtsgenerationen stützen:

5. In Bezug auf das Erleben von sozialer Sicherheit durch die Rentenversicherung gibt es Differenzen innerhalb der einzelnen Kohorten, die sich unter Umständen als intersubjektiv prägender auswirken können als die Zugehörigkeit zu einem bestimmten Geburtsjahrgang.

Die bisher vorgestellten Hypothesen orientieren sich alle an dem Konzept »Generation« als Selbstthematisierung. Jedoch ist schon häufiger auf die zentrale Stellung von Diskursen verwiesen worden, in denen Generationen konstruiert werden können. In diesem Kontext geht es um die Frage, wie wohlfahrtsstaatliche Normen und Werte in öffentlichen Diskursen dargestellt werden. Der für die vorliegende Arbeit zentralste Wert ist der der sozialen Sicherheit, also das »Gegebensein von Werten in der Zukunft« (Kaufmann 1973: 340). Wenn Niklas Luhmann (2005: 128) zufolge aber Sicherheit ein Leerbegriff ist, den man nur mit seinen Antonymen Risiko und Gefahr füllen kann, wird der Wert der sozialen Sicherheit wahrscheinlich besonders in unsicheren Zeiten thematisiert:

6. Der Leerbegriff »Sicherheit« wird dann verwendet, wenn Unsicherheiten oder Risiken offensichtlich werden. Im Bezug auf die Rentenversicherung ist dies der Fall, wenn externe Einflüsse wie wirtschaftlichen Krisen und gesellschaftlicher Alterung sowie interne Veränderungen im Beitrags-/Leistungsniveau als Bedrohung der sozialen Sicherheit von Individuen oder Kollektiven thematisiert werden.

Bei der Kommunikation über die gesetzliche Rentenversicherung ist häufig von der Metapher eines »Generationenvertrages« die Rede. Hierbei handelt es sich um eine wohlfahrtsstaatliche Transferleistung, die nach Normen wie Gerechtigkeit und Solidarität beurteilt wird. Wenn die Altersvorsorge wie in den universellen basissichernden Systemen hauptsächlich privat oder betrieblich organisiert wird, verschiebt sich die Pflicht zur Alterssicherung auf das Individuum. Der Anteil des Staates (und damit die Umverteilung zwischen Generationen) schrumpft in seiner Bedeutung. Normen der Wohlfahrtsstaatlichkeit (Gerechtigkeit, Umverteilung, Solidarität, Reziprozität) sind gesamtgesellschaftlich von vergleichsweise geringerer Bedeutung, sie betreffen höchstens noch die Einkommensgruppen, die keine private oder betriebliche Alterssicherung aufbauen können. Für die Kommunikation über den »Generationenvertrag« lassen sich folgende Hypothesen formulieren:

7. Je stärker Renten auf Zahlungen aus umlagefinanzierten staatlich organisierten Sozialversicherungssystemen beruhen, desto stärker ist die Symbolkraft eines »Generationenvertrages« und die Annahme einer Reziprozität zwischen fiktiven generationellen Entitäten im staatlichen Kontext.

8. Je größer der Anteil von kapitalgedeckten Systemen (individuelle private oder betriebliche Vorsorge) an Rentenzahlungen ist, desto weniger wird im öffentlichen Diskurs von Generationenvertrag, Generationenbeziehungen oder Reziprozitätsbeziehungen auf gesellschaftlicher Ebene die Rede sein.

Das Bild vom »Generationenvertrag« wird vor allem für beitragsfinanzierte Umlagesysteme verwandt. Wenn dieses durch die demographische und wirtschaftliche Entwicklung als nicht mehr haltbar dargestellt wird, gewinnen Argumente für individuelle Versicherungslösungen an Bedeutung. Wenn man mit Nullmeier und Rüb (1993: 59) davon ausgeht, dass Generationengerechtigkeit und -konflikt als Deutungsinnovationen zur Legitimation von Rentenreformen benutzt werden, dann müssten sich diese Themenkomplexe vor allen Dingen in solchen Nationalstaaten finden lassen, die sich generell durch eine starke Stellung des gesetzlichen Umlageverfahrens im Altersicherungssystem auszeichnen. In Bezug auf die Stellung von Generationen in Reformdiskursen bedeutet das:

9. Je stärker die Idee eines »Generationenvertrages« einen öffentlichen Diskurs über die Rente dominiert, desto eher werden Akteure in der Lage sein, Krisenargumente mittels der Idee eines »Generationenkonflikts« zu positionieren.

10. Je stärker die Idee eines zukünftigen Generationenkonfliktes den Diskurs dominiert, desto eher werden Akteure in der Lage sein, Argumente, die teilweise oder ausschließlich individuelle (also kapitalgedeckte) Rentenlösungen favorisieren, im öffentlichen Diskurs zu positionieren und sich mit ihnen Gehör zu verschaffen.

Die hier vorgestellten Hypothesen beziehen sich auf zwei Aspekte: Erstens geht es um die Frage der Ungleichheit zwischen Kohorten bezüglich ihrer sozialstaatlichen Ressourcen, ihrer Selbstwahrnehmung und ihrer Selbstthematisierung. Diese lassen sich einerseits durch Entwicklungen wie Leistungen und Beiträge des Rentensystems, durch Arbeitsmarktentwicklung und durch wirtschaftliche Rahmendaten beschreiben. Inwiefern sich diese Entwicklungen prägend auf die jeweiligen Kohorten auswirken, kann durch Sekundäranalysen von Umfragedaten herausgefunden werden. Diesen Darstellungen widmet sich das vierte Kapitel der Untersuchung. Zweitens geht es um Wohlfahrtsgenerationen als analytische Kategorie, also um die Frage, wie Konstrukte generationeller Kollektive im öffentlichen Diskurs dargestellt werden. Dieser Frage nähert man sich am Besten durch eine Medienanalyse an, was im fünften Kapitel geschehen soll. Dabei wird dann auch verstärkt zu fragen sein, welche Akteure Generationen, Reformforderungen und soziale Sicherheit in den öffentlichen Diskurs einbringen.

Zunächst bedarf es aber einer näheren Eingrenzung des Forschungsfeldes. Bis jetzt ist eher vage von »Entwicklungen in modernen Wohlfahrtsstaaten« die Rede gewesen. Gerade für die Hypothesen in Bezug auf die Unterschiede zwischen einzelnen nationalen Formen des Sozialstaates ist es aber sinnvoll, sich auf einige Fallbeispiele zu konzentrieren. Diese sollten sich im Hinblick auf die Systemlogiken ihrer Alterssicherungssysteme hinreichend unterscheiden, damit ein Einfluss spezieller Rentenversicherungssysteme überprüft werden kann. Die Auswahl der Fallbeispiele sowie die historische Rekonstruktion der Evolution ihrer Alterssicherungssysteme ist Gegenstand des folgenden Kapitels.

3. Drei Rentenversicherungssysteme und ihre Entwicklung 1945–2005

3.1 Die Auswahl der drei Vergleichsländer

Im vorangegangenen Kapitel sind die theoretischen Grundlagen für die Möglichkeit der generationellen Prägung von Rentnergenerationen erläutert worden, aber auch die Probleme, die eine solche Untersuchung mit sich bringt (vgl. dazu auch May 2007b). Bevor es an die empirische Überprüfung der in Kapitel 2.5 formulierten Hypothesen gehen kann, bedarf es zunächst einer Eingrenzung des Forschungsfeldes – das heißt eine zeitliche und regionale Beschränkung für die Analyse des zu untersuchenden Phänomens. Generationen – wenn sie denn entstehen – erscheinen schließlich nicht in einem Vakuum, sondern werden im Gegenteil durch (sozial-)historische Umstände geprägt. Aufgrund der Tatsache, dass eine generationelle Perspektive immer auch eine Lebenslaufperspektive beinhalten muss und die Prägung von Rentnergenerationen eben nicht erst im Rentenalter beginnt, impliziert eine solche Untersuchung grundsätzlich einen ausgedehnten Analysezeitraum.

Im Falle der vorliegenden Untersuchung wird der Schwerpunkt auf den Zeitraum 1945 bis 2005 gelegt. Dies geschieht aus mehreren Gründen. Zwar reichen die Wurzeln der Entwicklung der Alterssicherungssysteme in den verschiedenen Ländern bis ins 19. Jahrhundert zurück und müssen deshalb auch in dieser Arbeit jeweils kurz umrissen werden. Die transnationale Entwicklung des Wohlfahrtsstaates als universelle und sozial prägende Institution hat aber erst in der zweiten Hälfte des 20. Jahrhunderts begonnen. Im Bereich der Rentenversicherung wurden in den meisten modernen Wohlfahrtsstaaten die entscheidenden Gesetze zur Alterssicherung erst in der zweiten Hälfte der 1950er Jahre getroffen.[13] Das Phänomen einer Rentenversicherung, die im Hinblick auf Generationengerech-

13 Eine Ausnahme stellt Großbritannien dar, dessen Alterssicherungssystem seine Grundstrukturen bereits 1942 im Beveridge-Report erhielt.

tigkeit diskutiert wird, ist inzwischen in allen modernen Wohlfahrtsstaaten mehr oder weniger stark sichtbar (vgl. Walker 1996, Leisering 2000a, 2000b, Conrad 2003). Es können aber kaum alle diese Staaten untersucht werden. Genauso wenig ist es praktikabel, für die Analyse nur einen Staat auszuwählen, da man aufgrund von Einzelfallstudien nur sehr schlecht theoretische Rückschlüsse ziehen kann. Vielmehr werden stattdessen mit Hilfe der historisch-vergleichenden Methode drei Länder untersucht, nämlich Deutschland, die Niederlande und Großbritannien. Auf diese Art und Weise kann herausgefunden werden, wie sich Generationenprägung und Generationendiskurs unter verschiedenen sozialpolitischen und historischen Bedingungen entwickeln. Dadurch können wiederum Rückschlüsse auf das Phänomen der Wohlfahrtsgenerationen als sozialhistorisches und als diskursives Konzept gezogen werden.

Nun ist es an dieser Stelle durchaus berechtigt zu fragen, inwieweit es möglich ist, anhand der drei gewählten Rentensysteme theoretische Generalisierungen über den Zusammenhang zwischen Rentenpolitik, Sicherheit und Generationen in modernen Wohlfahrtsstaaten per se anzustellen. Schließlich kann man keine gesicherten Ergebnisse über kausale Strukturen erwarten, die dann jeweils in allen Wohlfahrtsstaaten genau so funktionieren. Dietrich Rueschemeyer (2003) weist aber explizit darauf hin, dass auch Vergleichsstudien mit wenigen Fällen ihre Berechtigung haben, wenn sie auch nicht unmittelbar eine Universaltheorie zur Folge haben können. Er ist der Meinung, dass solche Studien zusammen mit kausalen Erklärungen und teilweise generalisierten theoretischen Vorschlägen einen Gewinn darstellen, in dem sie theoretische Rahmen schaffen, die die weitere analytische historische Arbeit anleiten können. Tatsächlich können die in diesem Projekt gewonnen Erkenntnisse über die Generationenprägung und die medialen Debatten in einem bestimmten Typus von Sicherheitskonzeption im Rentensystem später mit Ländern, die ähnliche Strukturen aufweisen, verglichen werden. Die hier gewonnenen theoretischen Ergebnisse können auf dieser Grundlage unter Umständen wiederum modifiziert werden. Dies kann allerdings nicht mehr Gegenstand dieser Untersuchung sein.

Theda Skocpol und Margaret Somers (1980) identifizieren drei unterschiedliche Richtungen von vergleichend-historischer Forschung. Erstens kann es darum gehen, eine Theorie zu beweisen, indem man historisch und regional verschiedene Fälle heranzieht. Zweitens kann es aber auch um die Kontrastierung von Kontexten gehen, das heißt gerade um die Herausarbeitung von Unterschieden zwischen verschiedenen Fällen mit dem Ziel, die Eigenheiten eines bestimmten Falles sichtbar zu machen. Schließlich gibt es noch ein Verfahren der makrokausalen Analyse, die einem multivariaten statistischen Verfahren gleicht. Hier benötigt man eine Vielzahl von Fällen, damit man für Abweichungen kontrollieren kann.[14] Die erwähnten Methoden können durchaus auch in Kombination angewandt werden. Nun will die vorliegende Untersuchung ja Ergebnisse liefern, die jeweils in einer dieser Richtungen angestrebt werden: Es geht um die Herausarbeitung der Gemeinsamkeiten und Unterschiede von makrokausalen Entwicklungen mit dem Ziel einer – zumindest vorläufigen und partiellen – theoretischen Generalisierung. Als Forschungsfrage formuliert: Welche sozialen und sozialpolitischen Entwicklungen prägen Generationen und den Diskurs über sie im historischen Verlauf, und inwiefern lassen sich in Deutschland, den Niederlanden und Großbritannien je spezifische Eigenheiten aber auch Gemeinsamkeiten bezüglich des Phänomens ausmachen?

Die drei von Skocpol und Somers (1980) vorgestellten Methoden können aber jeweils einzeln genommen zur Beantwortung der Frage nicht ausreichen. Zunächst fehlt es bislang an einer Theorie zur Abgrenzung von verschiedenen Rentnerkohorten (vgl. Kapitel 2.2) und ebenso zur starken Stellung des Generationenkonzeptes in der medialen Debatte. Des Weiteren fehlen Daten und Ergebnisse zu diesen beiden Gebieten (vgl. Kapitel 4.1), die man in einer breiten multivariaten Analyse vergleichen könnte. Es soll aber auch nicht, wie in der zweiten Richtung vorgeschlagen, lediglich darum gehen, die Besonderheiten eines einzigen Falles mit Hilfe von Kontrastierungen herauszuarbeiten. Eine der vorgestellten Forschungsrichtungen hilft also zur Beantwortung der Fragestellung nicht; vielmehr bedarf es einer Kombination aller Methoden, die soweit modifiziert werden muss, dass sie den bestehenden Forschungslücken Rechnung trägt.

Die Schlüsselbegriffe der vorliegenden Untersuchung sind »Generation«, »Rentenpolitik« und »Sicherheit«. Es wird ein kausaler Zusammen-

---

14 In diesen Bereich sortieren die Autorinnen auch John Stuart Mills' bekannte Überlegungen zur Method of Difference und zur Method of Agreement (vgl. Skocpol/Somers 1980: 183). Die Differenzmethode vergleicht Fälle, die sich in allen Charakteristiken gleichen, nur in einem nicht, folglich sucht man nach der einen erklärenden Variable, die die Abweichungen erklärt. Die Übereinstimmungsmethode funktioniert genau umgekehrt; alle Charakteristiken sind unterschiedlich, bis auf eine interessierende Variable, was dann ebenfalls durch eine unabhängige Variable erklärt wird. Die Methoden erfordern jeweils ein hohes Abstraktionsniveau und sind schon bei Mills nicht unumstritten; sie werden in dieser Untersuchung nicht angewandt.

hang zwischen den dreien angenommen – die Rentenpolitik wirkt sich auf das Sicherheitsempfinden bestimmter Kohorten aus, die durch dieses generationell geprägt werden. Wie in Kapitel 2.4 dargelegt, unterscheiden sich Rentensysteme in ihren Sicherheitskonzeptionen. Will man den Einfluss unterschiedlicher Rentensysteme auf die Prägung des Sicherheitsempfindens spezieller Kohorten untersuchen, ist es sinnvoll, Systeme mit verschiedenen Sicherheitskonzeptionen auszuwählen, um im historischen Wandel die jeweiligen Auswirkungen nachvollziehen zu können.

Wie bereits in Kapitel 2.4 ausführlich erläutert wurde, können nach Cornelius Mager (1991: 556) drei verschiedene Typen der Sicherung unterschieden werden: Grundsicherung, Regelsicherung und Aufbausicherung. Rentensysteme orientieren sich weiter an verschiedenen Gerechtigkeitsnormen; wobei als zentrale Konzepte Bedarfsgerechtigkeit, Leistungsgerechtigkeit und Besitzstandsgerechtigkeit zu nennen sind. Darüber hinaus kann man die Ausweitung der Sicherheit auf die Bevölkerung betrachten: Universelle Systeme beziehen alle Einwohner in das Sicherungssystem ein, kategoriale lediglich bestimmte Gruppen, wie zum Beispiel Arbeitnehmer. Die in dieser Untersuchung zum Vergleich herangezogenen Länder wurden deshalb ausgewählt, weil sich ihre Rentenversicherungssysteme sowohl hinsichtlich der Gerechtigkeitsnormen sowie der Verteilung von Grund-, Regel- und Aufbausicherung als auch in Bezug auf ihren Einflussgrad hinreichend unterscheiden.[15] Die deutsche Gesetzliche Rentenversicherung (GRV) ist eine umlagefinanzierte Pflichtversicherung für Arbeitnehmer, die Leistungen bezahlt, die stark abhängig von den vorher geleisteten Beiträgen sind. Einem Arbeitnehmer, der 40 Jahre lang ohne Unterbrechung des Erwerbslebens Beiträge bezahlt hat, bot sie bis zur Rentenreform 2001 eine Rente, die zirka 70 Prozent des im Erwerbsleben erhaltenen Lohnes entspricht. Aus diesem strikt dem Äquivalenzprinzip entsprechendem Rentensystem folgt eine Sicherheit des im Berufsleben erzielten Lebensstandards. Intragenerationelle Solidaritätsaspekte spielen im Rentensystem nahezu keine Rolle; erst seit 2001 gibt es die Möglichkeit einer bedarfsge-

15 Man hätte die Auswahl auch an Gøsta Esping-Andersens »Three Worlds of Welfare Capitalism« (1990) festmachen können: Das deutsche Rentensystem ist danach klassisch konservativ, das britische liberal und das niederländische sozialdemokratisch. Tatsächlich hat aber diese Einteilung in den letzten Jahren erhebliche Kritik erfahren, und es ist außerdem fraglich, ob sie im Falle der Rentenversicherung sonderlich hilfreich ist. So hat zuletzt Julia Lynch (2006) eindrucksvoll nachgewiesen, dass sich die jeweiligen staatlichen Ausgabenverteilungen auf die verschiedenen Altersgruppen nur schwerlich in das Esping-Andersen'sche Schema einfügen (vgl. dazu auch Kapitel 2.4).

prüften Grundsicherung, die dem Sozialhilfesatz entspricht. Vorher wurden geringere Renteneinkommen allerdings durch das System der Sozialhilfe ausgeglichen. Da aufgrund der Beitrags- und Leistungsgerechtigkeit soziale Ungleichheiten aus der Erwerbsphase in die Rentenphase transportiert werden, ist es nicht überraschend, dass die Armutsquote der deutschen Rentner in etwa der der Durchschnittsbevölkerung entspricht (vgl. OECD 2005, Zaidi 2006: 4). Da die staatlich organisierte Regelsicherung in den meisten Fällen zur Sicherung des Lebensstandards ausreicht, sind betriebliche, aber auch private Aufbausicherungen vergleichsweise gering ausgeprägt. Im Zuge der Rentenreform 2001 wurde aber beschlossen, das Rentenniveau schrittweise abzusenken und die entstandene Lücke durch eine freiwillige, mit Steueranreizen versehene private Vorsorge auszugleichen. Diese Form der Aufbausicherung wird also in Zukunft zumindest für besser verdienende soziale Schichten von größerer Bedeutung sein.

In den Niederlanden gibt es lediglich zwei Voraussetzungen für die Erfüllung eines Leistungsanspruchs im Rahmen des *Algemene Ouderdomswet* (AOW): das Vollenden des 65. Lebensjahres sowie eine Versicherung zwischen dem 15. und 65. Lebensjahr. Dabei ist jeder automatisch versichert, der älter als 15 und jünger als 65 Jahre ist sowie seinen Wohnsitz in den Niederlanden hat bzw. aufgrund eines Beschäftigungsverhältnisses in den Niederlanden der Lohnsteuerpflicht unterliegt. Jedes nicht versicherte Jahr (zum Beispiel durch einen Auslandsaufenthalt ohne Nutzung der freiwilligen Weiterversicherung) führt zu einer Leistungskürzung von zwei Prozent (vgl. Pöhler 1999: 126). Obwohl die Beiträge nach Einkommen gestaffelt sind, gibt es lediglich zwei unterschiedliche Leistungshöhen: den AOW-Satz für Verheiratete und den für Alleinlebende. AOW-Renten sind somit Pauschalleistungen, deren Höhe nicht an die vorher entrichteten Beiträge geknüpft ist, sondern an ein politisch festgelegtes Minimum. Bei der Leistungsbemessung gelten lediglich zwei Kriterien: der Haushaltszusammenhang des Einzelnen und die zugrunde liegende Versicherungszeit (vgl. Pöhler 1999: 132). Diese universelle Grundsicherung wird durch ein quasi-obligatorisches betriebliches Zusatzsicherungssystem ergänzt, das die Sicherheit des Lebensstandards zum Ziel hat. Dieses System deckt fast die gesamte niederländische Bevölkerung ab. Die private Aufbausicherung ist vor allem bei den Gutverdienenden zu finden. Da die durch das AOW geleistete Grundsicherung an den gesetzlichen Mindestlohn gekoppelt ist, liegt die Armutsquote der niederländischen Rentner unter der der Durchschnittsbevölkerung (vgl. OECD 2005, Zaidi 2006: 4).

Auch die *Basic State Pension* (BSP) in Großbritannien bietet eine Mindestsicherung, sie ist allerdings nur für Erwerbstätige bestimmt und reicht zum Lebensunterhalt nicht aus. Die Beiträge sind schwach einkommensbezogen, die Finanzierung erfolgt auf Basis des Umlageverfahrens. Zusätzlich zur BSP kennt das britische Rentensystem drei staatlich organisierte Zusatzversicherungen. 1959 wurde die *Graduated State Pension* eingeführt, deren Leistungssätze allerdings knapp bemessen waren, weil man die betrieblichen Zusatzsysteme, die in Großbritannien traditionell eine starke Rolle einnehmen, nicht gefährden wollte. 1975 führte die Labour-Regierung das *State Earnings Related Pension Scheme* (SERPS) ein, das eine beitragsabhängige Zusatzrente installierte. Für Arbeitnehmer, die Mitglieder eines anerkannten Betriebsrentensystems waren, bestand die Möglichkeit, aus dem SERPS-System auszuscheiden (*contracting out*). 2002 wurde dieses System aufgegeben, seitdem erfüllt die *State Second Pension* (SSP) der Zweck der staatlichen Zusatzrente. Alle diese Zusatzsysteme existieren nebeneinander her: So lange noch Individuen leben, die irgendwann einmal Beiträge gezahlt haben, ist das betreffende System verpflichtet, Leistungen zu erbringen. Zusammen mit einer Fülle von betrieblichen und privaten Vorsorgemöglichkeiten wird das britische Rentensystem dadurch äußerst unübersichtlich, was sich auch im Sicherheitsempfinden der Bürger niederschlagen dürfte. Die Mindestsicherung ist unzureichend, durch politische Fehlentscheidungen beim *contracting out* sowie wirtschaftlichen Problemen und Krisen bei den betrieblichen und privaten Versicherungen konnten viele Briten keine ausreichende Alterssicherung aufbauen; das Armutsrisiko für Rentner liegt in Großbritannien deutlich über dem Durchschnitt (vgl. OECD 2005, Zaidi 2006: 4).

In den folgenden drei Unterkapiteln soll die historische Entwicklung der Rentenversicherung in den drei Vergleichsländern dargestellt werden. Diese bildet den historischen Hintergrund für die beiden empirischen Teile der Arbeit, die die Daten- und Umfrageanalyse im vierten und die Medienanalyse im fünften Kapitel. Wenn drei Länder über 60 Jahre hinweg verglichen werden, können dabei notwendigerweise nur grobe Strukturen und Entwicklungen wiedergegeben werden, es geht im Folgenden also nicht um die minutiöse Nachzeichnung und Analyse einzelner Reformen. Viel wichtiger ist die langfristige Darstellung von institutionellen Entscheidungsprozessen, die zu einem Wandel der Rentenversicherung geführt haben. Laut Ilona Ostner und Stephan Lessenich (1998: 9) lassen sich grob vier Phasen der Entwicklung demokratisch-kapitalistischer Wohlfahrtsstaaten unterscheiden; Formation, Expansion, Krise und Transformation. Diese Struktur lässt sich auch in den Rentensystemen der hier vorgestellten Vergleichsländer wiederfinden. Durch die Darstellung dieser vier Entwicklungsphasen sollen im Folgenden die Entwicklungslinien der Rentenversicherung in den jeweiligen Ländern nachgezeichnet werden. Dieses Vorgehen kann bereits erste aufschlussreiche Erkenntnisse zu der Frage bieten, inwiefern das Sicherheitsempfinden von Kohorten durch die Entwicklung der verschiedenen Alterssicherungssysteme geprägt werden kann.

3.2 Deutschland – Sicherheit des Lebensstandards

Die deutsche Geschichte im 20. Jahrhundert – und damit auch die Sozialgeschichte – zeichnet sich vornehmlich durch ihre Wechselhaftigkeit aus. In den ersten fünfzig Jahren des Jahrhunderts wurden auf deutschem Gebiet fünf verschiedene Staatsordnungen verwirklicht – von der Monarchie des Kaiserreiches über die Weimarer Republik und die Diktatur des Dritten Reiches bis zum Sozialismus in der DDR und der Demokratie in der Bundesrepublik. Zwar sind trotz dieser massenhaften Umstürze, Krisen und den zwei Weltkriegen in der Sozialpolitik einige konstante Entwicklungslinien auszumachen, die ihre Wurzeln im Deutschen Reich Bismarckscher Prägung Ende des 19. Jahrhunderts haben. Bei aller Konstanz haben sich allerdings auch einige erhebliche Änderungen ergeben, diese sollen im Folgenden dargestellt werden.[16] Dabei folgt die Entwicklung der von

16 Dabei wird für die Entwicklung nach dem Zweiten Weltkrieg ein Fokus auf die Bundesrepublik gelegt, die Geschichte der Rentenversicherung in der Deutschen Demokratischen Republik wird nur am Rande beleuchtet. Dies geschieht hauptsächlich aus dem Grund, dass eine Analyse der DDR der Untersuchung ein eigenständiges viertes Land hinzufügen würde, dessen Sozialpolitik maßgeblich vom System der Sowjetunion geprägt war. Aufgrund der speziellen politischen Situation sind hier keine Daten verfügbar, die problemlos mit den anderen drei Ländern verglichen werden könnten. Die Bürger der DDR wurden vor der deutschen Einigung nicht vom Eurobarometer befragt, was die Untersuchung in Kapitel vier erheblich erschwert hätte. Zudem hat in der DDR kein öffentlicher Diskurs durch eine freie Presse stattgefunden, was die Voraussetzungen für die Diskursanalyse im fünften Kapitel so verändert hätte, dass eine Vergleichbarkeit der Diskurse nicht mehr gewährleistet gewesen wäre. Insofern wird die sozialhistorische Entwicklung in der DDR lediglich im Hinblick auf die generationenprägende Erfahrung der Einigung untersucht. Dabei werden aus den Rentnergenerationen der

Lessenich und Ostner (1998: 9) identifizierten vier Phasen der Wohlfahrtsstaatsentwicklung: Formation, Expansion, Krise und Transformation. Nach der Formation 1957 und der Expansion des Rentensystems in den 1960er und 70er Jahren geriet es im Zuge des Ölpreisschocks in eine Krise, auf die von politischer Seite mit diversen Rentenkürzungen und schließlich mit der Transformation des Rentensystems durch die Riester-Rente reagiert wird.

Vorgeschichte: Von der Bismarckschen Alterssicherung bis zum Zweiten Weltkrieg

Deutschland wird im Bereich der Sozialgesetzgebung im Allgemeinen als Vorreiter betrachtet. Das erste deutsche Gesetz zur gesetzlichen Rentenversicherung wurde 1889 beschlossen und war das letzte in einer Reihe von sozialen Gesetzen, die der damalige Reichskanzler Otto von Bismarck mit dem Ziel verabschiedete, die deutschen Arbeiter stärker an das Reich zu binden. Das Rentengesetz von 1889 schuf eine Arbeiterpflichtversicherung für den Alters- und Invaliditätsfall, daneben waren kleinere Angestellte bis zu einer Gehaltsgrenze von 2.000 Mark jährlich versichert. Die Beiträge waren nach Lohnklassen gestaffelt und wurden jeweils zur Hälfte von Arbeitgebern und Arbeitnehmern bezahlt (vgl. Döring 2000: 169). Die Finanzierung basierte auf dem Kapitaldeckungsverfahren, was eine statische Systemstruktur zur Folge hatte: Die Einzahlung der jeweiligen Beiträge führte zu einer Erhöhung des letztendlichen Rentenanspruchs. Es gab weder eine Anpassung an die Veränderung der Lebenshaltungskosten noch an die Löhne der aktiven Erwerbsbevölkerung. Allerdings war die deutsche Mark damals an den Goldstandard gekoppelt, was starke inflatorische Bewegungen nicht zuließ. Deshalb war die Einführung der gesetzlichen Rentenversicherung ein großer Fortschritt in der Armutsbekämpfung bei Invaliden und Alten, wenngleich sie niemals zur Sicherung des Lebensstandards vor der Verrentung in der Lage war (vgl. Döring 2000: 170–171). 1911 wurde eine, von der Arbeiterrentenversicherung getrennte, eigene Versicherung für Angestellte eingeführt. Diese Struktur der separaten Arbeiter- und Angestelltenversicherung prägte das deutsche Rentensystem das gesamte 20. Jahrhundert hindurch. Die nominelle Trennung wurde erst mit den Rentenreformgesetzen 2001 aufgehoben, obwohl alle materiellen Unterschiede bereits in der Rentenreform von 1957 beseitigt wurden. Bis

DDR bundesdeutsche Rentner, was nicht nur die Individuen dieser Kohorten, sondern auch das deutsche Rentensystem als solches maßgeblich beeinflusste.

dahin waren die Angestellten insgesamt besser gestellt; Verbesserungen in der Angestelltenrentenversicherung führten aber in der Regel zur zeitversetzten Angleichung im System der Arbeiter.

Durch die Industrialisierung im 19. Jahrhundert waren die massenhaft in die Städte migrierten Individuen abhängig vom Arbeitsmarkt geworden. Im Gegensatz zur in vorindustriellen Zeiten dominanten Agrarwirtschaft, wo noch eine altersbedingt verminderte Tätigkeit ausgeübt werden konnte, wurde diese Gesellschaft geprägt durch einen nicht enden wollenden Nachschub junger, leistungsfähiger Arbeitskräfte; ältere Arbeitnehmer fielen aus diesem leistungszentrierten System heraus. Durch die Migration und die gesellschaftlichen Umbrüche im 19. Jahrhundert brachen zudem traditionelle Unterstützungssysteme weg – das Alter wurde zu einer *risk category* (vgl. Baldwin 1990). Rentensysteme für Arbeiter gab es zwar auf betrieblicher Ebene, ihr Vorhandensein und ihre Ausgestaltung waren aber sektoral und regional höchst verschieden. Mit der Einführung der gesetzlichen Rentenversicherung wurde die Unsicherheit des Alters als eine Phase der Unproduktivität erstmals flächendeckend für Arbeiter aufgefangen. (vgl. dazu ausführlicher Kapitel 2.4). Diese Sicherung machte die Leistungsbezieher allerdings nicht unabhängig vom Arbeitsmarkt, im Gegenteil: Zum Aufbau einer Rente waren die aus dem Erwerbseinkommen abgeleiteten Beiträge nötig.

Die Bismarcksche Rentenversicherung entwickelte sich zu Beginn relativ stabil. Diese Phase endete mit dem Beginn des Ersten Weltkrieges, der das System in eine erste Krise stürzte. Besonders als die Rentenversicherung durch die Hyperinflation 1922/23 faktisch zerstört wurde, wurden die Nachteile der Kapitaldeckungsfinanzierung offensichtlich. Mit der Währungsreform von 1924 war das Vermögen der Arbeiterrentenversicherung auf zehn Prozent des Wertes von 1913 gefallen (vgl. Döring 2000: 177). Da die Inflation die Rücklagen aufgezehrt hatte, musste das Kapitaldeckungsverfahren zugunsten eines Umlageverfahrens aufgegeben werden, die Leistungen wurden also aus den laufenden Beiträgen bezahlt. In der kurzen Zeit der wirtschaftlichen Erholung Ende der 1920er Jahre erfuhr die Rentenversicherung eine Konsolidierung. Von einer wirklichen Existenzsicherung im Alter war man aber nach wie vor weit entfernt (vgl. Stolleis 2001: 296). Außerdem kam die Entwicklung der relativen Prosperität spätestens mit dem Börsencrash von 1929 an ihr Ende, besonders weil durch die Massenarbeitslosigkeit die im Umlageverfahren so wichtigen Beiträge ausfielen.

Die Machtergreifung Hitlers im Januar 1933 änderte an den Grundstrukturen der Rentenversicherung wenig. Das angeschlagene System musste zunächst durch einen Reichszuschuss unterstützt werden, die sinkende Arbeitslosigkeit sorgte aber bald für steigende Beiträge, so dass man langfristig vom Umlageverfahren wieder auf das Kapitaldeckungsverfahren umstellen konnte. Zusätzlich zu diesen Sanierungsmaßnahmen wurde der Versichertenkreis erweitert, was der finanziellen Situation der Rentenversicherung zu Gute kam. Gleichzeitig wurden aber Gegner und Opfer des Regimes von den Sicherungssystemen ausgeschlossen – auch die Sozialpolitik diente also zuerst der Durchsetzung der nationalsozialistischen Ideologie (vgl. Stolleis 2001: 321). Ab 1938 wurden die Rücklagenbildungen der Sozialversicherungen – besonders der Rentenversicherung – für die Rüstungs- und Kriegsfinanzierung eingesetzt. Am Ende des Zweiten Weltkrieges befand sich das Rentensystem folglich in einem desolaten Zustand (vgl. Döring 2004: 27–28).

Formation: Vom Ende des Zweiten Weltkrieges bis zur Reform 1957

Nach der Kapitulation der deutschen Wehrmacht am 8. Mai 1945 oblagen die deutschen Regierungsgeschäfte – auch die Regelung der Sozialpolitik – dem Alliierten Kontrollrat. Dort plante man zunächst, die gegliederte Sozialversicherung in eine Volksversicherung nach dem Vorbild des Beveridge-Plans (vgl. Kapitel 3.4) umzubauen. Dies stieß allerdings auf großen Widerstand deutscher Interessengruppen wie zum Beispiel den Arbeitgeberverbänden und der Wirtschaft. Mit dem beginnenden Kalten Krieg zeigten sich auch bald Interessengegensätze zwischen West und Ost innerhalb des Kontrollrats. Dies erschwerte die gemeinsamen Überlegungen zur neuen Gestalt des deutschen Sozialstaats. Die westlichen Alliierten verloren an grundlegenden Strukturreformen zunehmend das Interesse (vgl. Alber 1989, Hockerts 1980).

Die Rentenversicherung befand sich in katastrophalen finanziellen Verhältnissen; die Masse der Rücklagen war abgezogen, und das verbliebene Vermögen hatte einen Großteil seines Wertes durch Zerstörung und Geldentwertung eingebüßt. Was die Rentner eventuell an eigenem Vermögen angespart hatten, ging durch die Währungsreform 1948 wieder verloren. 1949 verabschiedeten die Alliierten ein Sozialversicherungs-Anpassungsgesetz. Dies hob die Leistungen der Rentenversicherung entsprechend der Lohn- und Preisentwicklungen an. Ebenfalls 1949 wurde ein

Soforthilfegesetz verabschiedet, das sich auf Hilfen an Vertriebene und Flüchtlinge beschränkte (vgl. Zacher 2001: 465–467). Trotz dieser Maßnahmen bildeten die deutschen Rentnerhaushalte aber bis weit in die 50er Jahre hinein einen deutlichen Armutsschwerpunkt. Die Sicherheit, die die Einführung des Bismarckschen Rentensystems gewährleistet hatte, war auf ein Minimum abgeschmolzen, bei einer Vielzahl von Rentnern konnte lediglich die schlimmste Armut verhindert werden.

Der erste deutsche Bundestag nahm 1949 seine Arbeit auf; eine umfassende Sozialreform wurde als eine seiner vordringlichsten Aufgaben angesehen. Bald ergaben sich allerdings Konflikte zwischen dem Arbeitsministerium, dem die Sozialpolitik unterstellt war und das vor allem eine Verbesserung der Notlagen der Anspruchsberechtigten im Auge hatte, sowie dem Finanzministerium, dem naturgemäß sehr an Kostenbegrenzung gelegen war (vgl. Hockerts 1980: 176). Trotz gelegentlicher Rentenerhöhungen wuchsen die Rentenleistungen während der ersten Legislaturperiode des Bundestages nur im Gleichschritt mit den Arbeitseinkommen (vgl. Hockerts 1980: 193). Am Ende dieser Periode waren sich weiterhin alle politischen Lager darüber einig, dass eine umfassende Sozialreform nötig war. Es existierten eine Fülle von Sonder- und Zusatzgesetzen, die zwar zu schneller Hilfe führten, aber oft auch Widersprüche und Überschneidungen zur Folge hatten. Allein für den laufenden Rentenbezug existierten im Herbst 1953 mindestens 46 Rechtsgrundlagen – beim Bezug von zwei oder drei verschiedenen Rentenarten wuchsen die Kumulationsmöglichkeiten ins Hundertfache (vgl. Hockerts 1980: 197).

Der Soziologe Gerhard Mackenroth konstatierte folglich 1952: »Alle Fachleute in Wissenschaft, Politik und Sozialverwaltung sind sich darüber einig, dass auf dem Gebiete der Sozialleistungen in Deutschland heute ein heilloser Wirrwarr herrscht« (vgl. Mackenroth 1957: 43). Der von allen Seiten geforderte Sozialreformprozess wurde aber durch die widerstreitenden Interessen innerhalb des Bundestages maßgeblich gelähmt. Die sich in der Opposition befindliche SPD war eine Verfechterin der Volksversicherung und versuchte im Konzept »Grundlagen des sozialen Gesamtplans der SPD«, das Vorbild des britischen Beveridge-Planes (vgl. Kapitel 3.4) auf deutsche Verhältnisse zu übertragen. Das Finanzministerium, namentlich der Leiter des Leitreferats für den Sozialhaushalt, Konrad Elsholz, favorisierte hingegen eine Lösung, die das gesamte System sozialer Leistungen nach dem Prinzip der Bedürftigkeit umstrukturiert hätte. Zwischen diesen beiden Fronten befand sich das Arbeitsministerium unter Minister

Anton Storch (CDU), das für die Einführung einer leistungs- und beitragsgerechten Versicherungslösung eintrat. Alle diese Konzepte hätten eine wichtige Voraussetzung für das Sicherheitsempfinden der Bevölkerung gewährleistet: Sie hätten Erwartbarkeit hergestellt, die unter dem herrschenden »Wirrwarr« nicht gegeben war. Die Ausgestaltung der Vorstellungen differierte hingegen um Einiges – von der bedarfsgeprüften Existenzsicherheit des Finanzministeriums bis zur universellen Mindestsicherung nach den Vorstellungen der SPD war es schon ein weiter Schritt, die Lebensstandardsicherung des Arbeitsministeriums fügte dem noch eine ganz andere Komponente hinzu. Bei diesen diametralen Vorstellungen und Zielsetzungen ist es nicht weiter verwunderlich, dass ein Kompromiss nur schwer zu finden war.

Zu Beginn seiner zweiten Amtszeit 1953 verkündete Bundeskanzler Konrad Adenauer, der wirtschaftliche Aufstieg sei bisher in erster Linie den im Produktionsprozess Stehenden zugekommen; nun müsse man verstärkt denjenigen helfen, die kein solches Einkommen bezögen, also Rentnern, Invaliden, Waisen und Hinterbliebenen. Die gegenseitige Blockierung der verschiedenen Interessengruppen bei den Bestrebungen zur Sozialreform setzte sich aber dennoch weiter fort. Nachdem die SPD im September 1954 einen eigenen Gesetzentwurf eingebracht hatte, erhöhte sich der Druck auf Adenauer und die christlich-liberale Koalition, was allerdings nicht zur Beschleunigung des Reformprozesses beitrug. Entwürfe des Arbeitsministers Storch wurden eingebracht, ebenso wie die »Rothenfelser Denkschrift«[17] von vier Professoren der Sozialwissenschaften, sie blieben allerdings alle ohne großen Einfluss auf die Debatte.

1955 veröffentlichte schließlich der Bonner Volkswirtschaftsdozent Wilfrid Schreiber seinen Rentenreformplan, der dem Reformprozess einen neuen Impuls geben sollte. Der Vorschlag basierte auf dem einfachen Gedanken, dass nicht eine Kapitaldeckung, sondern ein »Solidarvertrag zwischen jeweils zwei Generationen« (Schreiber 1957: 97) die Grundlage der Rentenversicherung darstellte. Die jeweils Erwerbstätigen sollten dabei

17 Ende Februar 1955 beauftragte Adenauer die Professoren Höffner, Neundörfer, Achinger und Muthesius, ihm möglichst kurzfristig eine Gesamtkonzeption über die Neuordnung des Systems der sozialen Sicherheit vorzulegen. Das Gutachten traf am 26.Mai 1955 im Kanzleramt ein. Das Papier zielte im Wesentlichen auf eine Begrenzung der staatlichen Vorsorgeleistung, beruhte aber trotzdem auf der Prämisse, dass der Staat »das Gesamt der Voraussetzungen für eine gedeihliche Entfaltung der Einzelmenschen, der kleineren Lebenskreise und der Gesamtgesellschaft« schafft (zitiert nach Hockerts 1980: 295). Eine Umsetzung der Vorschläge wurde nicht eingeleitet.

durch ihre Beiträge die Ruheständler finanzieren, um selbst im Alter von den dann im Arbeitsprozess Stehenden unterstützt zu werden. Schreiber wandte sich gegen eine kapitalgedeckte individuelle Versicherungslösung, denn »[d]as Volkseinkommen muß zu jeder Zeit auf Erwerbstätige *und* Rentner verteilt werden. M. a. W.: das einzige sinnvolle Rechen-Verfahren für eine Renten-Ordnung, die nahezu das ganze Volk umfaßt, ist das Umlage-Verfahren« (Schreiber 1957: 97, Hervorhebung im Orignial). Im Zuge der Diskussion um den Schreiber-Plan verengte sich das Vorhaben einer Reform des gesamten Sozialsystems zunehmend auf die Reform der Rentenversicherung.

Aber auch über diesen Teilbereich der Sozialpolitik konnte trotz des Impulses durch den Schreiber-Plan keine rasche Einigung erreicht werden. Noch die abschließenden Beratungen über das Reformwerk, die vom 16. bis 21. Januar 1957 stattfanden, sind als »Rentenschlacht« in die Parlamentsgeschichte eingegangen (vgl. Hockerts 1980: 417). Die Gesetzliche Rentenversicherung (GRV) trat dann schließlich rückwirkend zum 1. Januar 1957 in Kraft: Das statische Rentensystem Bismarckscher Prägung wurde abgelöst durch ein dynamisches Umlageverfahren mit bruttolohngebundener Anpassung. Das Umlageverfahren wurde nicht genau so realisiert, wie Schreiber es in seinem Rentenreformplan vorgesehen hatte. Stattdessen wurde eine Sonderform, das Abschnittsdeckungsverfahren, eingeführt: Die Beitragssätze wurden jeweils für einen Zeitraum von drei Jahren so festgelegt, dass sie sowohl die anfallenden Leistungen während dieses Zeitraums abdeckten als auch den Aufbau einer Schwankungsreserve ermöglichten, die nach dem Ablauf des Zeitraumes übrig blieb (vgl. Rürup 2002: 137).

Einerseits wurden die Durchschnittsrenten für Arbeiter und Angestellte massiv angehoben, andererseits verstärkten sich aufgrund des Äquivalenzprinzips aber auch die Unterschiede zwischen den Rentnern massiv. Niedrigeinkommen, die mit großen Erwerbsunterbrechungen verbunden waren, führten zu Kleinstrenten; hiervon waren vor allem Frauen betroffen (vgl. Döring 2004: 30). Für die überwältigende Mehrheit der Betroffenen und ihre Angehörigen bedeutete die Rentenreform allerdings eine deutliche Verbesserung der eigenen Lage, die Arbeiterrenten wurden um durchschnittlich 65,3 Prozent angehoben, die der Angestellten um 71,9 Prozent (vgl. Hockerts 1980: 422). Durch die Dynamisierung der Rente konnten die Rentner nun auch im Alter am wirtschaftlichen Wachstum der Bundesrepublik teilhaben, durch die beschlossene Rentenanpassung an die Bruttolöhne wurde im Falle wachsender Steuer- und Sozialabgaben die Position der Rentner gegenüber der der Beitragszahler sogar noch verbessert. Im Gegensatz zur früheren Konzeption der Rente war die Alterssicherung nun nicht mehr lediglich ein Zuschuss zum Lebensunterhalt, sondern hatte eine Lohnersatzfunktion angenommen. Die relativ hohen Rentenleistungen bewirkten, dass sich das deutsche Alterssicherungssystem zu einem Einpfeilersystem entwickelte: Die Bevölkerung baute auf die Leistungen der gesetzlichen Rentenversicherung, betriebliche Systeme spielten eine vergleichsweise geringe Rolle, die private Vorsorge war nur in den vergleichsweise wohlhabenden Schichten von Bedeutung (vgl. Hinrichs 2004: 18).

Abgesehen von der massiven Verbesserung der Lebenslage der Mehrzahl der Rentner konnte Bundeskanzler Adenauer auch weitere politische Ziele verwirklichen: Die Rentenversicherung trug zur Integration der Gesellschaft bei und machte die Gesellschaftsverfassung der Bundesrepublik weiterhin für die Bevölkerung der DDR attraktiv. Umfragen zufolge trug die Rentenreform außerdem in erheblichem Maße zum Wahltriumph der CDU bei der Bundestagswahl von 1957 bei (vgl. Hockerts 1990: 102). Aber es gab auch kritische Stimmen: Die Interessengruppen der Arbeitgeber befürchteten beispielsweise, dass die Anbindungen der Renten an die Löhne expansive Lohnforderungen hervorrufen würden, die von Arbeitnehmern und Rentnern getragen würden. Wirtschaftsfachleute argwöhnten, dass die kollektive Sicherung die individuelle Verpflichtung zur Selbstverantwortung untergraben könnte. Schließlich wurde bemängelt, dass eine Asymmetrie zwischen den Generationen in der Familie gegeben sei; die Rentenreform berücksichtige Kinder und Kindererziehungszeiten nur ungenügend. Dies war in der Tat ein Punkt, in der die Rentenreform von 1957 massiv von Wilfrid Schreibers Rentenreformplan abwich, der ursprünglich zusätzlich zur Altersrente auch eine Kinder- und Jugendrente vorgesehen hatte.

Für Arbeitnehmer bedeutete die Rentenreform einen erheblichen Gewinn an Sicherheit. Nicht nur wurde durch die Reform wieder eine Erwartbarkeit der sozialen Situation im Alter gewährleistet, durch die massiven Rentenerhöhungen wurden die meisten sogar von Zukunftsängsten komplett befreit. Zu beachten bleibt, dass es hier lediglich um *eine* – wenn auch zentrale – Gruppe der deutschen Gesellschaft ging, nämlich Arbeiter und Angestellte. Bauern, Selbständige, Handwerker und Beamte erhielten eigene Vorsorgesysteme. Durch die im System verwirklichte Erwerbszentriertheit waren Personen ohne Arbeit oder mit langen Erwerbsunterbrechungen von den Leistungen des Systems ausgeschlossen; dies betraf damals vor allem Frauen. Sie dürften aber durch abgeleitete Renten ebenfalls ein gesteigertes Sicherheitsgefühl erfahren haben (vgl. May 2007a). Für alle diejenigen, die nicht selbst oder zumindest vermittelt von der Rentenreform profitieren konnten, bildete die Einführung des Bundessozialhilfegesetzes (BSHG) von 1961 einen Meilenstein.

Wohlfahrtsstaatliche Expansion: von 1957 bis zum Rentendebakel 1976

Die wirtschaftliche Expansion der Nachkriegszeit endete vorläufig mit der abflauenden Konjunktur 1966. Im Zuge dieser Entwicklungen wurde auch die Frage nach der Finanzierbarkeit der Rentensysteme lauter – obwohl die großen Rentenversicherungsträger 1966 über ein Vermögen verfügten, das die jährlichen Gesamtausgaben übertraf. Problematisch waren die drastischen Kürzungen des Bundeszuschusses; bis 1971 entfiel mit sieben Milliarden D-Mark insgesamt die Hälfte der zur Sanierung des Bundeshaushaltes vorgesehenen Ausgabenkürzungen auf die GRV. Die gesamtwirtschaftliche Stabilität war dann allerdings bereits Ende der 1960er Jahre wieder hergestellt. Die gesellschaftliche Aufbruchstimmung wurde zusätzlich unterstützt durch den Regierungsantritt der sozial-liberalen Koalition 1969. Dazu gab es bereits seit Mitte der 1960er Jahre Debatten um eine personelle Erweiterung des Versichertenkreises der GRV, besonders um die Stellung der Selbständigen. Ebenso fanden Diskussionen um die Flexibilisierung der Altersgrenzen bei Rentenzugang statt, dies sollte die Möglichkeit der Frühverrentung vereinfachen. Außerdem bestand ein Konsens darüber, dass eine Mindestlohngrenze für langjährig niedrig entlohnte Versicherte eingeführt werden sollte (vgl. Hermann 1990: 116–117).

Als Ergebnis dieser Überlegungen wurde 1972 eine Rentenreform beschlossen, mit der die finanzielle und personelle Expansion der deutschen Rentenversicherung in der Nachkriegszeit ihren Höhepunkt erreichte. Aufgrund sich laufend positiver gestaltenden Prognosen zur Wirtschaftsentwicklung sowie über die Rücklagen der deutschen Rentenversicherung waren die Auseinandersetzungen im Bundestag über die Reform lediglich dem Kampf um Stimmen im Zuge des näher rückenden Wahltermins geschuldet. Die Reform wurde im Herbst 1972 über alle Parteigrenzen hinweg einmütig verabschiedet (vgl. Hermann 1990: 118). Die wichtigste Änderung war die Flexibilisierung der Altersgrenzen: Bei einer Versicherungszeit von 35 Jahren war ein Rentenbezug bereits mit Vollendung des

63. Lebensjahres möglich. Die Rentenversicherung erfuhr außerdem eine Erweiterung ihres Adressatenkreises, sie wurde auch für Selbständige und Hausfrauen geöffnet. Eine Nachversicherung war rückreichend bis ins Jahr 1956 möglich. Im Bereich der Armutsvermeidung kam der Rente nach Mindesteinkommen besondere Bedeutung zu: Für Versicherte, die mindestens 25 anrechnungsfähige Versicherungsjahre nachweisen konnten, normierte die Reform, dass Zeiten vor 1973, sofern die persönliche Bemessungsgrundlage der Versicherungsjahre 75 Prozent des Durchschnittsverdienstes aller Versicherten nicht erreichte, auf diesen Wert angehoben wurden (vgl. Hermann 1990: 120). Dies war zwar ein wichtiger Schritt in Richtung Armutsvermeidung im Alter von Arbeitnehmern im Niedriglohnsektor, es war aber immer noch keine Mindestsicherung: Die Erwerbszentrierung des deutschen Sozialstaats wurde nicht durchbrochen. Ein ursprünglich geplantes Babyjahr für erwerbstätige Frauen fiel wegen des starken Widerstandes aus der CDU gar aus dem letztendlichen Gesetzentwurf wieder heraus. Dass es aufgrund der Reformkosten ein ungeklärtes Finanzloch von 40 Milliarden DM geben würde, wurde von allen politischen Akteuren ignoriert. Die 10 Millionen laufenden Renten wurden aufgrund einer vorgezogenen Anpassung um eine Rekordhöhe von 14,4 Prozent erhöht und stiegen in den Folgejahren kontinuierlich weiter an. Auch die Einführung der Rente nach Mindesteinkommen hatte eine große Ausgabenentwicklung zur Folge: Sie führte 1973 zur Anhebung von 12 Prozent aller Renten. In vier von fünf Fällen kam diese Regelung Frauen zu Gute (vgl. Hermann 1990: 121).

Die Abstimmung über die Rentenreform 1972 fand am vorletzten Tag der Legislaturperiode statt. Deshalb sind die außergewöhnlich großzügig getroffenen Maßnahmen zumindest zum Teil darauf zurückzuführen, dass die Parteien sich mit Zugeständnissen gegenseitig übertrumpfen wollten, um Wählerstimmen zu sichern (vgl. Alber 1989: 271). Denn die Finanzierung des Rentenreformgesetzes stand von Anfang an auf unsicherem Fundament: Übersehen wurde, dass die im Voraus geschätzten Überschüsse lediglich fiktiv vorhanden waren und auf zwei relativ unsoliden Grundannahmen beruhten. Die erste war die Fortsetzung der guten Konjunkturlage bei – als Ergebnis der vorausgegangenen Rezession – niedriger Rentenanpassung. Denn die Rentenanpassung geschah immer erst mit dreijähriger Verzögerung – zum Zeitpunkt der Reform waren die vergleichsweise niedrigen Löhne von 1969 die Basis der Berechungen. Die zweite Grundlage für die positiven Berechnungen waren die Sanierungsmaßnahmen, die aufgrund der Krise von 1967 getroffen wurden und die Rentenversicherung nun in einem guten finanziellen Zustand hinterließen.

Diese Finanzluftblase zerplatzte, als 1973/74 der Ölpreisschock eine weltweite Rezession auslöste. In Folge der inflationären Lohnentwicklung Anfang des Jahrzehnts sah man sich mit einer auf Jahre rentenformelbedingt hohen Anpassung der Rentenleistungen konfrontiert. Auf der Leistungsseite konnten die dafür erforderlichen Mittel aufgrund der auf die ökonomische Krise folgenden steigenden Arbeitslosigkeit aber nur ungenügend bereitgestellt werden. Die sozial-liberale Ära Schmidt (1974–1982) wurde maßgeblich von der Aufgabe geprägt, den Sozialstaat so zu transformieren, dass er den neuen ökonomischen und sozialen Bedingungen gewachsen war. Mit dem Haushaltsgesetz von 1975 begann eine lange Reihe von Kürzungen. Die Rentenversicherung geriet im Zuge dessen zunehmend unter Druck: Die Bundesvereinigung deutscher Arbeitgeberverbände (BDA) legte im Juni 1975 der Öffentlichkeit eine Denkschrift mit dem Titel »Soziale Sicherung unter geänderten gesellschaftlichen Bedingungen« vor, in der sie massive Leistungsbeschränkungen forderte. Selbst der Verband deutscher Rentenversicherungsträger bemängelte die immer noch relativ optimistischen Prognosen des Bundesministeriums für Arbeit. Vor dem Wahlkampf 1976 bildete sich so eine regelrechte Rentenopposition heraus.

Die Wahl wurde knapp von der sozial-liberalen Koalition gewonnen, die Gespräche zur Regierungsbildung zwischen SPD und FDP wurden vom Rententhema dominiert. Die Ergebnisse wurden nie offiziell an die Öffentlichkeit getragen, anonyme Quellen berichteten den Verlauf aber an die Presse. Diesen Aussagen zufolge plante die Koalition entgegen ihren Wahlversprechen, aber durchaus als Reaktion auf die kritischen Stimmen, die Rentenanpassung, die am 1.7.1977 anstand, auf den 1.1.1978 zu verschieben. Außerdem sollten die Rentenerhöhungen in Zukunft je nach Wirtschaftslage nur höchstens auf Bruttobasis und mindestens auf Nettobasis durchgeführt sowie die Zahlungen der Rentenkassen an die Krankenkassen der Rentner deutlich gemindert werden. Die mediale Öffentlichkeit reagierte so heftig auf diese Nachricht – es war von einer »Rentenlüge« die Rede –, dass keine der Maßnahmen tatsächlich umgesetzt wurde (vgl. Nullmeier/Rüb 1993: 122). Dieses Ereignis zeigt, dass die Rentenversicherung inzwischen von einem staatlichen Bonus zum sozialen Recht geworden war, das auch vehement eingefordert werden konnte. Daneben lässt sich an diesem gescheiterten Reformversuch, der als »Rentendebakel«

in die Geschichte eingegangen ist, ablesen, dass die Öffentlichkeit noch keineswegs bereit war, aufgrund der angespannten wirtschaftlichen Lage Konzessionen zu machen. Die Sicherheit im Alter wurde vehement verteidigt, und es sollte noch einige Jahre dauern, bis staatliche Akteure Kürzungen öffentlich legitimieren konnten. Trotzdem zeigt sich an den hier vorgestellten Entwicklungen, dass die Expansion des Rentensystems in Deutschland beendet war. Aufgrund der angespannten wirtschaftlichen Lage trat eine Krise ein, auf die man von politischer Seite mit Kürzungen reagieren musste.

In die in diesem Unterkapitel beschriebene Periode fällt auch eine wichtige gesetzgeberische Maßnahme bezüglich der betrieblichen Renten. 1974 wurde das Gesetz zur Verbesserung der betrieblichen Altersvorsorge (BetrAVG) verabschiedet. Obwohl diese Form der Altersvorsorge in Deutschland aufgrund der starken Stellung einer lebensstandardsichernden gesetzlichen Rente nie den Wichtigkeitsgrad erreicht hat, den sie in anderen Ländern innehatte, ist doch ein nicht unbeachtlicher Teil der deutschen Arbeitnehmerschaft – besonders bei den gut verdienenden leitenden Angestellten – immer auch in solchen Systemen versichert gewesen. Das BetrAVG schuf eine bindende Rechtsgrundlage, auf der die Versicherten unter anderem Ansprüche auf die Zahlungen anmelden konnten, auch wenn sie das Beschäftigungsverhältnis vor dem Verrentungsalter beendeten oder der Arbeitgeber Insolvenz anmelden musste. Im Grundsatz wurde so ein rechtlicher Anspruch auf die Leistungen der Betriebsrente garantiert (vgl. Schmähl/Böhm 1994: 7).

Krise des Rentenversicherungssystems: Die Entwicklung der 1980er Jahre bis zur deutschen Einheit

Bei der gesetzlichen Rentenversicherung wurden Konsolidierungsmaßnahmen in Form von Anpassungsverschiebung und Minderung der Schwankungsreserven erst ab dem Frühjahr 1977 eingeleitet. Die Maßnahmen hatten aber höchstens mittelfristig Erfolg, tiefgreifendere strukturelle Reformen unterblieben wahrscheinlich auch wegen der nachwirkenden Erfahrung des »Rentendebakels« von 1976. Anfang der 1980er Jahre gerieten die Rentenfinanzen wegen der ungünstigen volkswirtschaftlichen Entwicklung erneut unter Druck. Die 1972 eingeführte Möglichkeit der Frühverrentung hatte aufgrund der ungünstigen Arbeitsmarktlage vor allem für ältere Arbeitnehmer einen Erdrutsch beim Rentenzugangsalter ausgelöst, zusammen mit der steigenden Lebenserwartung erhöhte dies die Rentenbezugszeiten deutlich. Nun setzte sich auch in der deutschen Bevölkerung langsam ein Problembewusstsein durch, das die Durchführung weiterer Kürzungen und Reformen einfacher machte. Das Haushaltsbegleitgesetz von 1983 stopfte die finanziellen Löcher im Bundeshaushalt auch auf Kosten des Rentensystems: Die Kürzungen erschwerten die finanzielle Situation der GRV weiter. Daraufhin wurden erneut Rentenanpassungen verschoben, Beiträge zur Krankenversicherung der Rentner weiter gekürzt und der Rentenbeitrag auf 18,5 Prozent des Bruttolohnes erhöht. Die Schwankungsreserve wurde noch weiter gemindert. Das Haushaltsbegleitgesetz von 1984 versuchte, die Rentenfinanzen wieder zu entlasten, eine Entspannung bei der Rentenversicherung trat aber erst mit der konjunkturellen Erholung seit Mitte der 1980er Jahre ein.

Ab diesem Zeitpunkt wurden dann auch wieder einige Leistungserweiterungen beschlossen: In der Rentenversicherung wurden ab 1986 Kindererziehungszeiten auf die Rentenleistung angerechnet. Mit dieser Neuerung wurden die ersten zwölf Monate nach der Geburt eines Kindes als Versicherungszeiten angerechnet, in denen die Pflichtbeiträge als gezahlt galten. Die volle Wertung dieser Pflichtbeitragszeiten wurden jedoch nur für die Kindererziehungszeiten nach dem 1.1.1986 im Gesetz verankert. Zeiten vor diesem Stichtag galten als »Versicherungszeiten eigener Art« und hatten somit einen verminderten Leistungsstatus. Aufgrund von haushaltspolitischen Gründen wurden zudem Mütter,[18] die vor 1921 geboren worden waren, von der Regelung ausgenommen. Dies löste heftige Proteste aus – ein »Trümmerfrauen-Babyjahr« wurde gefordert –, so dass ab 1987 schließlich auch die älteren Kohorten berücksichtigt wurden (vgl. Nullmeier/Rüb 1993: 158–159).

Die angespannte Situation auf dem Arbeitsmarkt und die sich folglich abschwächende Lohndynamik waren nicht ohne Konsequenzen für das Rentenversicherungssystem geblieben. Um eine ausreichende Finanzierung zu gewährleisten, wurden die Anpassungsverfahren in den 1980er Jahren mehrfach geändert; im Zuge der 1989 verhandelten und 1992 verabschiedeten Rentenreform wurden sie schließlich endgültig von der Bruttolohnbewegung ab- und an die Nettolohnbewegung angekoppelt. Darüber hinaus wurde durch die Reform beschlossen, der sich immer weiter ausbreitenden Frühverrentung Grenzen zu setzen; die Regelaltersgrenze wurde

18 Hier ist von Müttern die Rede, da der Anteil von Männern, der von dieser Regelung betroffen war, verschwindend gering war.

auf 65 Jahre angehoben. Außerdem wurde die Anrechnung beitragsfreier und beitragsgeminderter Zeiten neu geordnet. In diesem Zusammenhang wurde auch die Anrechnung zweier weiterer Kindererziehungsjahre beschlossen. Eine Mindestsicherung war allerdings auch durch das Rentenreformgesetz 1989 weiterhin nicht vorgesehen (vgl. Heine 1990: 159–164). Ohne die deutsche Wiedervereinigung hätte diese Reform, die ja bereits 1989 diskutiert worden war, zur Sanierung des deutschen Rentensystems ausgereicht, unter den veränderten Umständen wurde allerdings bald die Notwendigkeit einer neuerlichen Reform offensichtlich (vgl. Rürup 2002: 146).

Exkurs: Die Entwicklung des Rentensystems der DDR bis 1989

Ähnlich wie in der Sowjetunion war in der DDR die Sozialpolitik explizit als »sozialistische Sozialpolitik« definiert, sie sollte nicht nur vor Not und Risiken schützen, sondern erfüllte auch Funktionen, die der Legitimation der sozialistischen Gesellschaftsordnung dienen sowie den Klassenkampf unterstützen sollten. In der DDR war der Freie Deutsche Gewerkschaftsbund (FDGB) Träger der Sozialversicherung der Arbeiter und Angestellten. Die Deutsche, später Staatliche Versicherungsanstalt (SVA) übernahm die Trägerschaft der Sozialversicherung für Selbständige und Genossenschaftsmitglieder. Eine Sozialversicherungspflicht bestand für fast alle Erwerbstätigen, auch für Selbständige und sogar für Unternehmer mit bis zu fünf Angestellten. Bei der Rentenversicherung wurde die im Kaiserreich eingeführte statische Systemstruktur weitestgehend übernommen, eine Anpassung wurde lediglich fallweise durch politische Entscheidungen vorgenommen. In der Pflichtversicherung waren aufgrund des mehr oder weniger gleichen Lohns auch die Beiträge ähnlich. Daraus folgte eine Nivellierung des Leistungsniveaus, das im Übrigen sehr karg gestaltet war. Eine freiwillige Zusatzversicherung wurde erst ab 1970 eingeführt, sie konnte allerdings immer noch keine Lebensstandardsicherung gewährleisten (vgl. Döring 2004: 34–36). Trotzdem bedeutete die Alterssicherung in der DDR eine nahezu universelle Sicherung; da alle ein sozialistisch propagiertes »Recht auf Arbeit« hatten, erwarben auch nahezu alle Rentenansprüche. Für die wenigen, die von diesem sozialen Netz nicht erfasst wurden und infolge von Krankheit oder Behinderung arbeitsunfähig waren, stellte die staatliche Sozialfürsorge ein Mindesteinkommen.

Insgesamt war die soziale Lage der Altersrentner in der DDR aber keineswegs mit der relativen Prosperität ihrer bundesdeutschen Nachbarn zu vergleichen, besonders, wenn sie keine über die Mindestrente hinausreichende Zusatzversicherung erhielten. Eine unproduktive Ruhestandsphase war im Sozialismus auch nicht das angestrebte Ideal, so verlangte beispielsweise Paragraph 5 des Arbeitsgesetzbuches, Altersrentnern »die weitere berufliche Tätigkeit nach ihren Fähigkeiten und Wünschen zu sichern« (zitiert nach Lohmann 1991: 200). Umgekehrt zur Entwicklung in der Bundesrepublik war also die Alterssicherung in der DDR von nachgeordneter Bedeutung. Viel wichtiger war die pronatalistische Familienpolitik sowie die staatliche Subventionierung des Wohnungsbaus (vgl. Schmidt 2005: 136). Hiervon profitierten vor allem die jüngeren Altersgruppen. Allerdings darf nicht vergessen werden, dass die sozialistische Sozialpolitik viele nichtmonetäre Sach- und Dienstleistungen beinhaltete, die auch den Rentnern zu Gute kamen (vgl Lohmann 1991: 197).

Mit der deutschen Einheit 1990 wurden zwei fundamental verschiedene Gesellschaftsordnungen zusammengefügt; während die Erwerbsarbeit in den alten Bundesländern klar vom Dienstleistungssektor dominiert wurde, war die Bevölkerung Ostdeutschlands noch eine klassische Industriegesellschaft (vgl. Metzler 2003: 191). Im Zuge der Transformation der Gesellschaftsordnung der ehemaligen DDR stieg die Arbeitslosigkeit in den neuen Bundesländern rasant an. Um den neu eingeführten politischen und wirtschaftlichen Strukturen und Institutionen Legitimation zu verschaffen, mussten sozialpolitische Maßnahmen getroffen werden, die die negativen Folgen der Systemtransformation auffingen. Deshalb wurde das gesamte westdeutsche System der sozialen Sicherung auf die neuen Bundesländer übertragen, was sich gerade im Bereich der Rentenversicherung als problematisch erwies. Der Lebensstandard der ostdeutschen Rentner bewegte sich zumeist dicht an der Grenze zum Existenzminimum. Die Höchstrente in der DDR betrug 600 Ostmark, was im Falle einer Zusatzrente noch durch weitere 100 Ostmark aufgestockt wurde. Die Leistung für einen westdeutschen »Modellrentner«, also einen Rentner, der 45 Jahre lang Abgaben von einem durchschnittlichen Einkommen bezahlt hat, betrug 1.702,25 DM. Unter Berücksichtigung des Wechselkurses bedeutete das ein Verhältnis von etwa 1:28 (vgl. Merten 2000: 317). Durch Sozialzuschläge, Auffüllbeträge und umfangreiche Transferzahlungen wurde erfolgreich versucht, das Rentenniveau zwischen Ost und West anzugleichen. Dies führte mitunter zu verzerrenden Effekten, da die Rentner im Osten, besonders auch die Frauen, aufgrund des durch die sozialistische Ideologie propagierten »Rechtes auf Arbeit« auf lange Erwerbsbiographien ohne schwerwiegende Unterbrechungen zurückblicken konnten (vgl. Metzler 194–196).

Die oben beschriebene Entwicklung hat dazu geführt, dass die Rentnerkohorten der ehemaligen DDR heute gemeinhin als »Gewinner der Wende« gelten (vgl. Merten 2000, Metzler 2003, Döring 2004). Sie profitierten sofort von den finanziellen Zuwendungen und dürften damit eine deutliche Aufwertung des Lebensniveaus erfahren haben. Wahrscheinlich ist diese Kohorte der ostdeutschen Rentner neben den westdeutschen Rentnern, die von den Erhöhungen der Reform 1957 unmittelbar profitiert haben, am stärksten von der Rentenversicherung und den finanziellen Leistungen geprägt worden. Dafür nimmt in den neuen Bundesländern die Erwartbarkeit sozialer Sicherheit rapide ab, je jünger die betrachteten Kohorten sind. Aufgrund des vergleichsweise hohen Arbeitslosigkeitsrisikos im Osten Deutschlands ist der Lebensstandard besonders bei gering Qualifizierten bereits in der Erwerbsphase gefährdet – dies führt natürlich dazu, dass nicht genügend Rentenbeiträge geleistet werden können, was die Situation im Alter unsicherer werden lässt. Die erwartbaren Diskrepanzen im Empfinden sozialer Sicherheit dürften folglich in den neuen Bundesländern um einiges größer sein als in den alten.

Die Übertragung des Rentensystems auf das gesamte vereinigte Deutschland war äußerst kostenintensiv und setzte die GRV finanziell unter Druck. Den zusätzlichen Ausgaben standen auf der Beitragsseite aufgrund der angespannten Arbeitsmarktsituation keine entsprechenden Einnahmen gegenüber. Zusätzlich verschärft wurde das Problem durch die in den 1980er und 1990er nach Deutschland kommenden Spätaussiedler aus Osteuropa, die ebenfalls Rentenansprüche geltend machen konnten. Im Zuge dieser Überbeanspruchung des deutschen Rentensystems trat auch ein weiterer Problemfaktor immer deutlicher zu Tage: die demographische Alterung der deutschen Bevölkerung. Dies löste eine gesamtgesellschaftliche Debatte über das Altern als gesellschaftliches Risiko, über die Sicherheit der Rentensysteme und über die Legitimität des Sozialstaats aus. Hier sind ebenfalls die Anfänge der Diskussionen um Generationengerechtigkeit im Sozialstaat zu verorten (vgl. Kapitel 2.2). Solche diskursiven Elemente sind mindestens für die nächsten zwei Jahrzehnte als richtungsbestimmend anzusehen; sie prägen nach wie vor die sozialpolitischen Debatten in Deutschland.

Die Phase der Transformation: Die Entwicklung der GRV bis zur »Riesterrente«

Die konservativ-liberale Koalition nahm sich 1997 besonders des Problems der demographischen Alterung an, das aufgrund steigender Lebenserwartung und konstant niedriger Geburtenrate das Rentensystem einem immer größeren Druck aussetzt. Eine von der Koalition ausgearbeitete Rentenreform, die 1999 in Kraft treten sollte, hatte als Kernstück einen Mechanismus, der als »demographischer Faktor« bezeichnet wurde: Die Entwicklung der fernen Lebenserwartung, also der Lebenserwartung nach dem Erreichen des 65. Lebensjahres, sollte in die Berechnung der Rentenleistungen einfließen. Diese Neuerung wurde allerdings niemals umgesetzt, denn im Herbst 1998 änderte sich das Farbspektrum der politischen Machtverhältnisse von schwarz-gelb zu rot-grün. Die Regierung Schröder setzte den demographischen Faktor außer Kraft, führte dann allerdings im Jahre 2000 eine Anpassungsformel ein, die die Rentenleistungen auf ähnliche Weise anpasste, wie dies auch mit dem »demographischen Faktor« geschehen wäre: Beide Berechnungsarten führen langfristig zu einer Rente, die zirka 64 Prozent des Erwerbslohnes beträgt (vgl. Hinrichs 2003: 14).

Die Alterssicherungsreform von 2001 beinhaltete eine erneute Umstellung der Anpassungsformel: Seit 2002 werden nur noch die Veränderung alterssicherungsbezogener Abgaben bei den Erwerbstätigen berücksichtigt, dies dämpft die Anpassungsraten tendenziell. Für die Jahre ab 2011 werden nur noch 90 Prozent der Nettoentgeltentwicklung an die Rentner weitergegeben. Die Beitragssätze werden erhöht, wenn die finanziellen Mittel unter eine bestimmte Reservegrenze fallen. Sie sollen bis 2020 aber höchstens 20 Prozent und bis 2030 höchstens 22 Prozent des Bruttolohnes betragen. Um die Lücken in den Leistungen wieder aufzufüllen, wird die private Vorsorge gestärkt; durch Steuererleichterungen sollen Anreize zum Sparen für die Rente gegeben werden – dies ist im deutschen Volksmund nach dem Initiator des Planes als »Riester-Rente« bekannt. Ursprünglich war beabsichtigt, die private Vorsorge obligatorisch zu gestalten, dies ließ sich aber aufgrund von Widerständen in der Bevölkerung und in verschiedensten Interessengruppen nicht realisieren (vgl. Hinrichs 2003: 14). Außerdem wurden als Folge der Reform die Rentenleistungen von Erziehungszeiten von Kindern unter zehn Jahren ab 1992 neu berechnet, zusätzliche Leistungspunkte erhielt man nun für Zeiten der Arbeitslosigkeit, in denen man zwei oder mehr Kinder unter zehn Jahren erzogen hat. Diese Regelung kam und kommt jungen Familien, vor allem aber jungen Müttern, entgegen.

Außerdem wurde nun eine Mindestsicherung eingeführt, ein Systemelement, das die SPD schon bei der Reform 1957 gefordert hatte. Die BRD war bis 2001 das einzige Land unter den 18 ursprünglichen OECD-Mitgliedern, die die Mindestsicherung für Ältere nicht aus dem System der Sozialhilfe ausgekoppelt hatte. Durch die Rentenreform von 2001 wurde eine bedarfsgeprüfte Mindestrente eingeführt, die allerdings nicht höher lag als der Sozialhilfesatz. Faktisch änderte sich also nichts, man hofft lediglich, durch den Umstand, dass die Leistung »Rente« statt »Sozialhilfe« heißt, die Schamgrenze zu mindern und so die versteckte Armut unter Rentnern zu bekämpfen. Wie hilfreich diese Maßnahme in der Realität tatsächlich ist, und inwiefern sie die versteckte Armut bekämpfen kann, bleibt abzuwarten.

Karl Hinrichs (2003: 21) bezeichnet die Rentenreform von 2001 explizit als *paradigm shift*, als Paradigmenwechsel: Das Ziel der Statuserhaltung wird seiner Meinung nach aufgegeben, stattdessen wird durch die Stärkung der privaten Vorsorge ein Multipfeiler-System der Alterssicherung eingeführt. Individuelle Gleichheit und Einkommenssicherung werden als Referenzpunkte unwichtiger. Im Zuge der Pfeilerausweitung wird die Übersicht über die Formen der Altersvorsorge zunehmend unüberschaubarer, das Wissen um die verschiedenen Formen der Absicherungsarten, vor allem bei der freiwilligen Privatvorsorge, wird zunehmend wichtiger. Dieses Wissen wächst – wenig überraschend – mit steigendem Bildungsgrad und steigendem Einkommen (vgl. Hinrichs 2004:43). Außerdem fand durch die Reform 2001 ein Wechsel von der rentenniveauorientierten (*defined benefit*) zur einnahmeorientierten Sozialpolitik (*defined contribution*) statt, das bedeutet, dass die Alterssicherungssysteme an die Beiträge, die sie erhalten, angepasst werden (vgl. Schmidt 2005: 116). Dies mindert wahrscheinlich ein Stück weit die Erwartungssicherheit von Kohorten. Das deutsche Rentensystem ist damit eindeutig in der Phase der Transformation angekommen.

Die Erfahrung sozialer Sicherheit durch die Versicherten

Es lassen sich aufgrund der vorgestellten Entwicklungen einige erste Vermutungen über die Auswirkungen der Rentenversicherung auf die Erfahrungsstrukturen der Versicherten vornehmen. Durch die Formation des Rentenversicherungssystems, also die große Rentenreform von 1957, erfuhr die Mehrzahl der deutschen Rentner eine direkte Verbesserung ihrer sozialen Lage. Die Rente war nun nicht mehr nur ein karger Zuschuss zum

Lebensunterhalt, sie hatte Lohnersatzfunktion angenommen. Auch für die noch nicht verrenteten Kohorten bedeutete die Reform Erwartungssicherheit, die Rentenbezugsphase barg nun für die Mehrzahl der Deutschen keine finanziellen Unwägbarkeiten mehr. Durch die gute wirtschaftliche Entwicklung konnte das deutsche Rentensystem expandieren, sowohl was die Höhe der Rente als auch was den Kreis der Versicherten anbetraf. Im Zuge der Rentenreform 1972 wurden vor allem Hausfrauen und Selbständige in das System integriert, die Einführung der Renten nach Mindesteinkommen stellte besonders für Geringverdiener eine deutlich Besserung der finanziellen Situation dar.

Die Phase der Expansion kam mit den wirtschaftlichen Krisen Mitte der 1970er Jahre an ein Ende. Zunächst stießen Kürzungsbestrebungen noch auf großen Widerstand in der Öffentlichkeit, im Laufe der 80er Jahre setzte sich aber ein Problembewusstsein auch in der Bevölkerung durch. Es ist zu vermuten, dass die wachsende Arbeitslosigkeit vor allen Dingen bei den jüngeren, gering qualifizierten Kohorten ein im Vergleich zu den Vorgängern größeres Unsicherheitsgefühl hervorrief, während die Rente der älteren Kohorten trotz verschiedener Anpassungsdämpfungen nach wie vor gesichert war. Das Rentenreformgesetz von 1989 sollte die Krise des deutschen Rentenversicherungssystems beenden, für die Betroffenen bedeutete es mit der endgültigen Anpassung der Rentenentwicklung an den Nettolohn zunächst vor allem eine weniger positive finanzielle Entwicklung.

Durch die deutsche Wiedervereinigung und die Integration der ostdeutschen Rentner in das westdeutsche System wurden vor allem die Erfahrungen der DDR-Rentner geprägt. Sie erfuhren eine massive Verbesserung der eigenen Lage und gelten gemeinhin als »Gewinner der Wende«. Diese Erfahrung ist vermutlich ähnlich prägend wie die derjenigen Menschen, die von der Rentenreform 1957 profitiert haben. Gleichzeitig wuchs die Erwartungssicherheit jüngerer Kohorten in den neuen Bundesländern allerdings nicht; die schwierige Integration der beiden deutschen Teilsysteme führte zu massiven wirtschaftlichern Problemen, die besonders solche Individuen traf, deren Qualifikation auf dem gesamtdeutschen Arbeitsmarkt nicht benötigt wurde. Lange Zeiten der Arbeitslosigkeit stellten hier ein großes Risiko für den Aufbau einer adäquaten Rente dar.

Die Rentenreform von 2001 transformierte das deutsche Rentensystem dahingehend, dass die Lebensstandardsicherung der Versicherten aufgegeben wird, stattdessen wird die private Vorsorge massiv gefördert. Die bereits verrentete Altersgruppe wird von der Riester-Reform nur wegen der verminderten Anpassungsrate betroffen sein. Bei den momentan Erwerbstätigen wird aber wahrscheinlich auf lange Sicht eine Änderung des Konsumverhaltens sowie des Lebensstandards im Alter eintreten. Aufgrund der Freiwilligkeit der neu eingeführten Privatvorsorge ist anzunehmen, dass sie unterschiedliche Schichten unterschiedlich betreffen wird (vgl. Hauser 2001: 495). Die Gruppe der Geringverdiener wird nicht in der Lage sein, überhaupt zusätzlich etwas anzusparen und deshalb auch keine private Rente beziehen. In den mittleren Einkommensgruppen wird es möglicherweise zu einer Anreizwirkung der staatlichen Förderung kommen, durch die sich die Ersparnis erhöht. Eine dritte Gruppe mit hohem Einkommen wird es in geförderten Anlageformen anlegen, wodurch sich eine substanzielle zusätzliche Rente ergeben kann. Die Reformen haben durchaus das Potential, Einfluss auf das Sicherheitsempfinden verschiedener Gruppen innerhalb von Kohorten zu nehmen. Während Gutverdienende nach wie vor wenig Grund zur Sorge um ihre Situation im Alter haben, steigt die Unsicherheit für die jüngeren Kohorten bei den sozial schwachen Schichten an. Da die Mindestrente lediglich an den Sozialhilfesatz gekoppelt ist, dürfte sich auch durch die Einführung dieses Sicherungselement faktisch nichts ändern.

3.3 Niederlande – universale Sicherheit der Mindestrente

Den niederländischen Wohlfahrtsstaat zeichnet insbesondere aus, dass er in einer relativ kurzen Periode vom Ende des Zweiten Weltkrieges bis zur Mitte der 1960er Jahre von einem der finanzschwächsten Wohlfahrtsstaaten zu einem *Big Spender* in Europa wurde. Auf diese Phase der Expansion folgten in den 1980er Jahren wirtschaftliche Krisen, die allerdings durch eine geschickte Arbeitsmarktpolitik, die auf einem Konsens zwischen Arbeitgebern, Arbeitnehmern und dem Staat beruhte, eingegrenzt werden konnte. Dieser relativ positiven Entwicklung ist es wahrscheinlich auch geschuldet, dass das niederländische Rentensystem – zumindest in seiner staatlichen Form – die Phase der Transformation noch nicht wirklich erreicht hat. Dahingehende Versuche von politischer Seite sind bis jetzt auf vehementen Protest der Öffentlichkeit gestoßen.

Bevor hier aber näher auf den niederländischen Wohlfahrtsstaat im Allgemeinen und das niederländische System der Rentenversicherung im Besonderen eingegangen wird, soll noch etwas zur Eigenheit des niederländischen Gesellschaftssystems im 20. Jahrhundert angemerkt werden. Jenes zeichnete sich nämlich bis weit in die 1960er Jahre durch eine Besonderheit aus, die als *verzuiling* – »Versäulung « – bekannt geworden ist; eine weltanschauliche Segregation der gesamten Gesellschaft. Es gab vier wichtige »Säulen« – die katholische, die protestantische, die sozialdemokratische sowie die liberale. Jede Säule bildete eine eigene Untergruppierung der niederländischen Gesellschaft – mit eigenen Schulen, eigenen Geschäften, eigenen Parteien, eigenen Medien. Als Katholik beispielsweise kaufte man nur in katholischen Geschäften, war Mitglied in einer katholischen Gewerkschaft, wählte die *Katholieke Volkspartij* (KVP), las die katholische Tageszeitung *De Volkskrant* und schickte seine Kinder auf eine katholische Schule. Darüber hinaus enthielt man sich politischen Meinungsäußerungen und begegnete anderen »Säulen« mit Toleranz. Die Politik der Niederlande wurde in dieser Zeit hauptsächlich von den Parteiführern der jeweiligen Säulen bestimmt, die Gesetze in relativ kleinen Zirkeln und unter langwierigen Konsensbildungsprozessen gestalteten (vgl. Lijphart 1968).

Diese niederländische Eigenheit hielt sich, bis die transnationalen Strömungen der 1960er Jahre – Säkularisierung, Individualisierung und der damit verbundene Wertewandel – die bestehenden Strukturen unterhöhlte. Inzwischen kann man nur noch wenig von der einstigen Versäulung erkennen. Die wichtigsten christlichen Parteien (die KVP, die *Christelijk-Historische Unie* und die *Anti-Revolutionaire Partij*) schlossen sich 1982 zum *Christen-Democratisch Appèl* (CDA) zusammen, und auch die Gewerkschaften schlossen neue Bündnisse über die einstigen Gesinnungsgrenzen hinweg. Die Tageszeitung *De Volkskrant* änderte ihre Einstellung in den 1960er Jahren von katholisch zu gemäßigt sozialdemokratisch, und andere Medien »entsäulten« sich komplett. Inzwischen kann man in der niederländischen Bevölkerung Versäulungstendenzen nur noch bei Kirchgängern erkennen (vgl. van den Broek 1996: 81). Lediglich die durch die Versäulung geprägte politische Kultur – Toleranz gegenüber anders Denkenden, nichtöffentliche Absprachen zwischen kleinen Eliten, langwierige Diskussionen mit dem Ziel der Konsensbildung – stellen nach wie vor charakteristische Eigenheiten der Politik in den Niederlanden dar. Ein weiteres wichtiges Element, das eng mit der Entstehung der beschriebenen Aushandlungskultur zusammenhängt, ist der Korporatismus. In den Niederlanden wird die Politik von einer großen Anzahl korporatistischer Vereinigungen bestimmt, die eine Vielzahl von Aufgaben übernehmen – unter anderem die Beratung, Durchführung und Überwachung von sozialpolitischen Gesetzen. Bevor zum Beispiel ein neues Gesetz im Parlament debattiert wird, musste die Regierung während eines langen Zeitraums im 20. Jahrhundert zunächst den *Sociaal-Economische Raad* (SER) um Rat fragen, eine seit 1950 existierende Körperschaft, die jeweils zu einem Drittel mit Arbeitnehmer-, Arbeitgeber- und Staatsvertretern besetzt ist (vgl. Cox 1993: 48). Die Diskussionskultur des SER stellt bereits eine Frühform dessen dar, was in den 90er Jahren als *Poldermodell* berühmt werden sollte; ein harmonischer Verhandlungsverlauf, in dem Gegensätze und Meinungsverschiedenheiten in einem Prozess der konsensorientierten Meinungsbildung entpolitisiert und kanalisiert wurden. Auf diese Weise wurde ein Großteil der niederländischen Sozialgesetzgebung, auch die Rentenversicherung, geschaffen: Die verschiedenen Parteien sowie Arbeitgeber- und Arbeitnehmerverbände erhielten zunächst eine gewisse Zeit, um sich ein Urteil über ein bestimmtes Gesetz zu bilden. Dann konnte das Gesetz im SER diskutiert werden, der dann wiederum den Sozialminister beriet. Es kann nicht erstaunen, dass dieser Prozess mit wachsenden Meinungsverschiedenheiten im SER verlangsamt wurde – einige Themen wurden schnell abgehandelt, andere Probleme brauchten Jahre, bevor ein Gesetz entstand (vgl. Wielenga 2004: 51–52). In den 1990er Jahren wurde das *Poldermodell* auch zum Vorbild für andere Staaten – gleichzeitig war es im eigenen Land großer Kritik ausgesetzt. Der SER wurde als unflexibel und rigide befunden – und seine gesetzliche Beratungspflicht 1995 abgeschafft. Seither existiert er als eine Art regierungsnahes Forschungsinstitut (vgl. van Paridon 2004: 402).

Vorgeschichte: Vom Ende des 19. Jahrhunderts bis zum Zweiten Weltkrieg

Traditionell kannte der niederländische Staat seit Beginn des 20. Jahrhunderts zwei Arten von wohlfahrtsstaatlichen Leistungen: vom deutschen System inspirierte beitragsgerechte Arbeiterversicherungen sowie die häufig von den religiösen Säulen organisierte und institutionalisierte Armenfürsorge. Die Vertreter der katholischen und protestantischen Säule sahen es dabei als Hauptziel an, ihre eigenen sozial benachteiligten Mitglieder zu unterstützen (vgl. Cox 1993: 65). Dabei hatten die karitativen Institutionen beider religiösen Säulen wenig Interesse daran, die Durchführung der Armenhilfe an den Staat abzugeben; viel zu leicht ließ sich durch diese Form der Hilfe die soziale Kontrolle und Disziplinierung der Mitglieder ausüben. Dies wurde durch die Organisationsstruktur der sozialen Sicherung in den Niederlanden unterstützt: Die finanziellen Leistungen wurden zwar vom Staat bereitgestellt, die Verteilung aber von den kirchlichen Organisationen nach eigenem Gutdünken vorgenommen (vgl. Cox 1993: 84). Diese Praxis führte zu der leicht paradox erscheinenden Situation, dass die liberale Säule für eine stärkere staatliche Kontrolle der sozialstaatlichen Leistungen eintrat, was von konservativer Seite vehement bekämpft wurde (vgl. Cox 1993: 94). Die christlich-konservativen Kräfte stellten bis zum Beginn des Zweiten Weltkriegs den dominanten Block in der niederländischen Politik dar; deshalb konnte die bestehende Sozialpolitikstruktur weitgehend erhalten bleiben (vgl. Roebroek/Hertogh 1998: 115).

Der Sozialismus erlangte in den Niederlanden nie den politischen Einfluss, den er in anderen europäischen Ländern hatte. Dies lag hauptsächlich daran, dass die niederländische Gesellschaft erst ab 1870 eine relativ späte Industrialisierung erfuhr. Die augenfälligsten sozialen Gegensätze bildeten sich nicht zwischen verschiedenen Klassen, sondern zwischen städtischen und ländlichen Regionen heraus (vgl. Cox 1993: 96–97). Zudem wurden Arbeiterorganisationen bereits Ende des 19. Jahrhunderts von religiösen Kräften gegründet, was der sozialistischen Ideologie ein wenig die Stoßkraft nahm. Während ihre europäischen Pendants für einen starken zentralistischen Staat als Initiator des sozialen Wandels eintraten, betrachteten die niederländischen Sozialisten eine zentral organisierte Staatsführung tendenziell als Bedrohung. Der Wohlfahrtsstaat wurde vor allen Dingen als Mittel der Herrschenden gesehen, die Arbeiterschaft zu besänftigen und diese vom erklärten Ziel der Weltrevolution abzuhalten (vgl. Cox 1993: 65–67, Roebroek/Hertogh 1998: 111).

Obwohl also weder die kirchlichen noch die sozialistischen Säulen ein sonderlich großes Interesse an einer zentralen staatlichen Organisation der Alterssicherung hatten, sind bereits Ende des 19. Jahrhunderts Bestrebungen zur Einrichtung einer staatlich organisierten Rentenversicherung zu erkennen. Dies ist vermutlich darauf zurückzuführen, dass sämtliche europäische Nachbarn zu dieser Zeit ebenfalls damit beschäftigt waren, solche Systeme zu schaffen. 1894 unterbreitete die Rochussen-Kommission einen ersten Vorschlag für eine obligatorische Altersversicherung; die Notwendigkeit für eine solche Einrichtung wurde 1898 nochmals von einer weiteren Kommission unterstrichen, die sich mit der Möglichkeit der Schaffung einer Alters- und Invaliditätsversicherung auseinandersetzte. Mehrere Versuche zur Einführung einer Regelung schlugen jedoch fehl, erst ab 1913 wurde eine kleine staatliche Altersrente an Niederländer über 70 Jahren ausbezahlt. Das *Invaliditeitswet* von 1919 sah schließlich eine obligatorische, lohnbezogene Versicherung für Arbeiter gegen die Risiken von Invalidität und Alter vor, die durch Arbeitgeber und Staatszuschüsse finanziert werden sollte. Gleichzeitig bestand für die Arbeiter die Möglichkeit einer freiwilligen kapitalgedeckten Zusatzversicherung, wobei auch Personen, die zum diesem Zeitpunkt das 65. Lebensjahr bereits vollendet hatten, eine – wenn auch geringere – Rente erhielten, ohne dafür jemals Beiträge gezahlt zu haben (vgl. Pöhler 1999: 104–106). Insgesamt zeigt sich in diesen Regelungen eine eindeutige Orientierung am deutschen Versicherungsmodell, wie es unter Bismarck 1889 verabschiedet wurde (vgl. Kapitel 3.2). Die Auswirkungen auf das Erleben von sozialer Sicherheit dürften ähnlich gelagert sein wie im deutschen Fall: Auch wenn der gezahlte Betrag zur Sicherung des Lebensstandards keinesfalls ausreichte, war man im Falle der Erwerbsunfähigkeit im Alter nicht mehr ausschließlich abhängig von den eigenen Kindern oder der Armenfürsorge. Genau wie das deutsche System erfuhr aber auch die niederländische Alterssicherung in den wirtschaftlichen Krisenzeiten der 1920er und 1930er Jahre Einschnitte, die die Nachteile des kapitalgedeckten Versicherungssystems offensichtlich machten.

Formation: Vom Ende des Zweiten Weltkrieges bis zur Verabschiedung der Rentenreform 1956

Der Zweite Weltkrieg markierte eine wichtige Zäsur in der Entwicklung der niederländischen Sozialpolitik. Nach der Besetzung des Landes durch die deutschen Nationalsozialisten im Mai 1940 flohen viele Mitglieder der niederländischen Regierung nach London, wo sie eine Exilregierung ins Leben riefen. Hier befand sich auch die Monarchenfamilie um Königin Wilhelmina. Eine beträchtliche Anzahl von niederländischen Intellektuellen – Politiker, Wissenschaftler und Künstler – blieb aber auch während der Besatzung durch die Deutschen im Land. Von ihnen wurde eine Vielzahl von Personen aufgrund des Verdachtes der Kooperation mit dem Widerstand verhaftet und in der ehemaligen Abtei St. Michielsgestel interniert. An beiden Orten – London und St. Michielsgestel – entwickelten sich Kooperationen, die die traditionellen, durch die Säulen geprägten Gegensätze überwanden und Reformpläne für die Zeit nach der deutschen

Besatzung schmiedeten (vgl. Cox 1993: 98). Die Exilregierung in London wurde dabei maßgeblich vom britischen Beveridge-Report (vgl. Kapitel 3.4) geprägt. Unter diesem Einfluss wurde die nach ihrem Vorsitzenden, dem Generalsekretär des Sozialministeriums, benannte Van-Rhijn-Kommission ins Leben gerufen, sie beschäftigte sich hauptsächlich mit zwei Problemen: der organisatorischen Struktur und dem Deckungsgrad der Sozialversicherung. Dieser wurde nämlich von der Kommission der zentrale Stellenwert bei der Neuordnung der niederländischen Gesellschaft nach Besatzung und Krieg eingeräumt:

»Sociale Zekerheid is het wachtwoord van onzen tijd, waarmede men de poorten naar een betere toekomst hoopt te ontsluiten. In deze jaren van gisting, waarin zooveel waarden zijn verschoven, zooveel bekende bakens uitgedoofd, zooveel verwachtingen in rook zijn opgegaan, is sociale zekerheid het vaste punt, waarnaar allerwegen verlangend de handen worden uitgestrekt«[19] (*Van Rhijn Commissie* 1945, zitiert nach Roebroek/Hertogh 1998: 225).

Ausgehend von der Vorstellung einer allgemeinen Fürsorgepflicht des Staates für seine Bürger plädierte die Kommission in ihrem Bericht von 1945 für ein nationales Versicherungssystem für alle Einwohner sowie für die Einführung von Einheitsleistungen, die an einen allgemeinen Mindestlohn zu koppeln seien. Die Beiträge hingegen sollten lohnabhängig sein. Damit ging die Kommission noch über die Vorschläge Beveridges hinaus, der in seinem Report pauschale Beiträge für pauschale Leistungen vorgesehen hatte (vgl. Pöhler 1999: 108). Was die Rente anbetraf, sah der Plan der Van-Rhijn-Kommission vor, allen Arbeitnehmern, die eine Versicherungszeit von 40 Jahren nachweisen konnten, eine volle Rente auszubezahlen, wobei jedes fehlende Jahr einen Abzug von zwei Prozent bedeutet hätte. In jedem Fall hätte der Staat die Renten aber so weit subventioniert, dass niemand unter einen Satz von 70 Prozent der Mindestrente gefallen wäre. Im Falle des Todes des Versicherten wäre die Rente an den überlebenden Ehepartner gefallen. Auf diese Weise wäre ein Minimum der Rente für alle Bürger gegeben gewesen, aber das Prinzip der Versicherung trotzdem gewährleistet geblieben (vgl. Cox 1993: 102). Dieser Plan hätte eine Sicherheit des Existenzminimums für alle Arbeitnehmer bedeutet; wie in

19 »Soziale Sicherheit ist die Losung unserer Zeit, womit man hofft, die Tore zu einer besseren Zukunft zu öffnen. In diesen Jahren der Gärung, wo sich so viele Werte verschoben haben, so viele Wahrzeichen vernichtet worden sind, sich so viele Erwartungen in Rauch aufgelöst haben, ist soziale Sicherheit der Anker, nach dem man allenthalben verlangend die Hände ausstreckt« (Übersetzung CM).

Deutschland herrschten aber auch in den Niederlanden nach dem Krieg verschiedene Konzeptionen der Alterssicherung vor, die eine rasche Realisierung des Vorhabens blockierten.

Die Periode direkt nach dem Zweiten Weltkrieg bot die besten Möglichkeiten zur Umsetzung der Kommissionsvorschläge. Die sozialdemokratische *Partij van de Arbeid* (PvdA) durchbrach die traditionelle konfessionelle Dominanz der niederländischen Politik, indem sie mit der *Katholieke Volkspartij* (KVP) koalierte. Diese als »rot-römisch« bekannt gewordene Koalition brachte Führungskräfte an die Macht, die als Advokaten wohlfahrtsstaatlicher Reformen bekannt waren. Die meisten Ideen der Van-Rhijn-Kommission wurden trotzdem erst in den 1960er Jahren umgesetzt, denn obwohl Gewerkschaften und die PvdA die Ideen durchaus unterstützten, hielten konfessionelle und liberale Kräfte an der Aufrechterhaltung des lohnbezogenen arbeitnehmerorientierten Versicherungsprinzips fest. Die einzige Ausnahme bildete hier die Rentenreform, denn die Vorschläge der Van-Rhijn-Kommission zur Alterssicherung wurden vergleichsweise früh umgesetzt.

1947 wurde unter dem Sozialminister Willem Drees das *Noodwet Ouderdomsvoorziening* (Notgesetz Altersfürsorge) eingeführt, das – zunächst beschränkt auf drei Jahre – alle früheren Rentensysteme komplett ersetzen sollte. Das Gesetz sah eine steuerfinanzierte Rente für alle Bürger über 65 Jahren mit Ausnahme verheirateter Frauen vor. Die Höhe der Leistungen war nicht einheitlich, sondern wurde abhängig von der Wohnregion in drei verschiedenen Stufen ausbezahlt. Dies geschah mit dem Ziel, die lokalen Lebenshaltungskosten zu berücksichtigen. Eigenes Vermögen wurde von dem Zahlbetrag abgezogen, und Ältere mit ausreichendem Einkommen fielen aus der Regelung ganz heraus. Das *Noodwet* hatte lediglich zum Ziel, die schlimmste Armut zu vermeiden (vgl. de Bruin u.a. 1996). Das Parlament verabschiedete das Gesetz schnell – einerseits aus Mitleid mit den katastrophalen Lebensumständen, denen die meisten älteren Niederländer nach dem Krieg ausgesetzt waren, andererseits aber aus dem Grund, dass das Gesetz von Anfang an lediglich als Übergangsleistung konzipiert war (vgl. Cox 1993: 109). Bei der Bevölkerung war das Gesetz über die Maßen populär, und Willem Drees wurde zu einer Art Nationalheld der Nachkriegszeit. Noch bis zum Ende des zwanzigsten Jahrhunderts hörte man von älteren Niederländern den Ausdruck »*van Drees trecken*« (etwa: »Drees beziehen«) als Synonym für den Bezug der Rentenleistung (vgl. Cox 1993: 115).

Ebenso wie in Deutschland blockierten unterschiedliche Interessen die Neuformulierung der Alterssicherungsorganisation in ein festes Gesetz. 1948 publizierte eine Neuauflage der Van-Rhijn-Kommission (*Gemengde Van-Rhijn-Commissie*) einen Report, in dem die Kommission eine Reihe ihrer ursprünglichen Vorschläge änderte. So wurde die Idee einer Erweiterung des Versicherungskreises von Arbeitnehmern auf die gesamte Bevölkerung aufgenommen, aber es wurde darauf verzichtet, die Teilnahme verpflichtend zu gestalten, besonders für die Selbständigen. Die Praxis der nach Wohnregion gestaffelten Rente stellte sich bald als umständlich heraus, da beständig über die Einordnung bestimmter Orte in die drei Stufen debattiert wurde; deshalb schlug die Kommission vor, einen einheitlichen Rentenbetrag auszuzahlen.

Zur gleichen Zeit, in der die Verhandlungen der *Gemengde Van-Rhijn-Commissie* stattfanden, waren Mitarbeiter des Ministeriums mit einem Gesetzentwurf beschäftigt, der das *Noodwet Ouderdomsvoorziening* ohne Änderung in ein permanentes Gesetz umwandeln sollte. Die beiden Entwürfe standen sich gegenüber und blockierten sich gegenseitig, weshalb vorerst eine nochmalige dreijährige Verlängerung des *Noodwet* beschlossen wurde (vgl. Cox 1993:117–119). Schließlich wurde 1951 ein Report des SER angefordert, dessen Fertigstellung allerdings nur schleppend vorankam. Der Sozialminister J.G. Suurhoff (PvdA), der sich dem Druck der Öffentlichkeit ausgesetzt sah, musste dem SER androhen, ein Gesetz notfalls auch ohne dessen Rat zu verabschieden. Der Report wurde schließlich 1954 veröffentlicht; zu seinen wichtigsten Vorschlägen gehörte die Versicherungspflicht aller Bürger.[20] Beiträge sollten von allen bezahlt werden, die ein Einkommen beziehen – also Arbeitnehmer, Selbständige und diejenigen mit arbeitsunabhängigen Einkommen. Die Beiträge sollten als prozentualer Anteil am Einkommen berechnet werden. Hierdurch war einerseits das Versicherungsprinzip gewährleistet, an dem die konservativen Kreise festhielten – die Alterssicherung war demnach keine staatlich finanzierte Leistung, sondern von den Arbeitnehmern in Form von Beiträgen aufzubringen. Gleichzeitig beinhaltete der Vorschlag aber auch die Idee einer universellen Mindestsicherung, die von der PvdA favorisiert wurde.

20 Hier ist anzumerken, dass dem SER-Bericht noch eine Minderheitenforderung angehängt war. Die katholischen Ratsmitglieder van der Grinten, Smeets und van der Veen waren nämlich gegen eine universelle Sicherung; sie plädierten für eine arbeitnehmerorientierte Lösung (vgl. Roebroek/Hertogh 1998: 295–296). Diese Sicht blieb allerdings für den weiteren Verlauf der Debatten unerheblich.

Der Vorschlag stellte somit einen Kompromiss zwischen den vorherrschenden unterschiedlichen Meinungen über das zu gestaltende Alterssicherungssystem dar und rief daher von vielen Seiten positive Reaktionen hervor (vgl. Roebroek/Hertogh 1998: 296).

Als der Report als Gesetzentwurf 1955 im Parlament diskutiert wurde, beschränkten sich die Debatten folglich nur noch auf Details, die nicht zu einer Änderung des Vorschlags führten. Das Gesetz wurde am 23. März 1956 in der Zweiten Kammer angenommen.[21] Die Erste Kammer stimmte dem Gesetzentwurf am 30. Mai 1956 zu, damit war das Gesetz verabschiedet (vgl. Roebroek/Hertogh 1998: 301). Am 1. Januar 1957 trat das *Algemene Ouderdomswet* (AOW) endgültig in Kraft. Zum ersten Mal in der niederländischen Geschichte wurde ein Versicherungsprogramm eingeführt, das jedem Bürger, unabhängig vom eigenen Einkommen, das Recht auf eine Altersrente zusicherte. Aber obwohl die Leistungen an 740.000 Haushalte ausbezahlt wurden, war die Not noch nicht sofort beseitigt. Das AOW war immer als Basisrente konzipiert, und am Anfang lag dieser Basissatz noch weit unter dem Mindestlohn. Zusatzleistungen in Form von Betriebsrenten, Lebensversicherung oder Vermögen blieben weiterhin wichtig (vgl. de Bruin u.a. 1996:143).

Die Wurzeln des Zusatzrentenbereichs reichen zurück bis ins 19. Jahrhundert, wurden aber erst nach dem Zweiten Weltkrieg gesetzlich reglementiert. Besondere Bedeutung kam dabei dem Gesetz über die Pflichtteilnahme an einem Branchenrentenfonds (*Wet verplicht deelneming in een bedrijfspensioenfonds*, BPF) von 1949 und dem Renten- und Sparfondsgesetz (*Pensioen- en Spaarfondsenwet*, PSW) von 1952 zu. Das BPF ermächtigte den Sozialminister, einzelnen Branchen die Teilnahme an einem von Arbeitnehmer- und Arbeitgeberverbänden vereinbarten Branchenfonds vorzuschreiben. Hierfür musste allerdings eine Initiative der Verbände vorliegen, ihnen oblag auch die Ausgestaltung des Branchenfonds. Das PSW hatte zum Ziel, dem Arbeitnehmer soweit wie möglich eine Garantie seiner Rentenansprüche zu gewähren. Seine Leistungen mussten also auch gesichert bleiben, wenn etwa das Unternehmen finanzielle Probleme hatte, außerdem wurde den Arbeitnehmern ein Recht auf Mitbestimmung an den Fonds eingeräumt (vgl. Pöhler 1999: 155–156). Zusatzrenten wurden als Ergänzung der staatlich organisierten AOW-Renten angesehen, deshalb

21 Es gab lediglich zwei Gegenstimmen: Die Vertreter der rechtsgerichteten calvinistischen Partei der Staatskundige Gereformeerden (SGP) sahen in dem Entwurf die sozialistische Idee einer zentral gelenkten Wohlfahrtspolitik realisiert.

wurde bei der Berechnung der Zusatzrente in allen Systemen die Höhe der AOW-Rente in Rechnung gestellt. Die betrieblichen Zusatzsysteme bergen zwei Risiken. Erstens ist die Zusatzrente im Gegensatz zur AOW-Rente durch Arbeitslosigkeit und Erwerbsunfähigkeit bedroht, da keine weiteren Leistungen aufgebaut werden können. Ein Wechsel des Arbeitsplatzes ist ebenfalls schwierig, obwohl dies in den letzten Jahren durch entsprechende Gesetze zunehmend vereinfacht wurde. Zweitens ist die betriebliche Zusatzrente aufgrund der Regelungen im PSW nach dem Kapitaldeckungsverfahren zu finanzieren und deshalb den üblichen Problemen solcher Systeme ausgesetzt.

Expansion: Ausbau des AOW und Kopplung der Rente an den Mindestlohn

Das niederländische Rentensystem basiert zum großen Teil auf Solidarität. Im ersten Pfeiler findet sich vor allem die Einkommenssolidarität; die Prämien sind einkommensabhängig, aber jedem Versicherten wird der gleiche Beitrag ausbezahlt. Im zweiten Pfeiler findet sich eine Risikosolidarität, die sich vor allem darauf bezieht, dass man die eigene Lebensdauer nicht kennt oder eine unsichere Geldanlage wählt. Diese Risiken werden auf alle Versicherten verteilt (vgl. de Kruik 2006: 29). Die Grundsicherung in den Niederlanden wird durch das gesetzliche System gewährleistet, die Aufgabe der Regelsicherung liegt im betrieblichen Bereich. Dieser wurde im Laufe des 20. Jahrhunderts auf nahezu die gesamte niederländische Bevölkerung ausgedehnt und trägt damit in erheblichem Maße zur Gewährleistung sozialer Sicherheit im Alter bei. Im Gegensatz zu Deutschland, wo die Einführung der GRV eine unmittelbare massive Steigerung des Lebensstandards auslöste, wurde die finanzielle Sicherheit im Alter in den Niederlanden eher graduell erhöht.

Die 1960er Jahre brachten den Niedergang der Versäulung mit sich und nahmen damit vielen Parteien ihre Identifikationsbasis. Es wurde folglich nach neuen Schwerpunktthemen gesucht, um sich die Gunst der Wähler zu sichern – wohlfahrtsstaatliche Politik war naheliegend. Denn sie betraf nicht nur einen Großteil der niederländischen Bevölkerung und zeichnete sich deshalb durch große Popularität aus, sondern war durch die gute wirtschaftliche Lage auch relativ leicht finanziell umzusetzen. Das im AOW bereits realisierte Prinzip der Bürgerschaft als Grundlage für die Teilnahme an Sozialversicherungssystemen wurde nach und nach auch in anderen wohlfahrtsstaatlichen Bereichen umgesetzt. Auch die Rentenversicherung erfuhr einen weiteren Ausbau, was allerdings nicht nur den Wahlversprechen der Parteien geschuldet war, sondern der in den Niederlanden traditionell sehr gut organisierten älteren Bevölkerung selbst. Am 9. Mai 1964 etwa fand in Utrecht eine Demonstration von 30.000 Älteren statt, die eine dem sozialen Minimum entsprechende AOW-Leistung forderten (vgl. de Bruin 1996: 145). 1968 wurde schließlich ein Gesetz über den gesetzlichen Mindestlohn als Kalkulationsgrundlage für alle Sozialversicherungsleistungen verabschiedet, woraufhin die AOW-Renten in der Folgezeit schrittweise erhöht wurden, bis sie 1973 das Niveau des Nettomindestlohns erreichten.

Die Expansion des niederländischen Wohlfahrtsstaates war massiv – was zum Teil auch eine unbeabsichtigte Konsequenz der Konsensbildung in den damaligen niederländischen Politikprozessen war. Der Wunsch nach der Universalisierung der Leistungen traf auf die Forderung, die Leistungen so zu gestalten, dass die Möglichkeit einer Lebensunterhaltssicherung gewährleistet blieb – was insgesamt dazu führte, dass die Beträge, die für die einzelnen Leistungssysteme aufgebracht wurden, vergleichsweise üppig ausfielen. Prinzipien der Inklusion erhielten dabei Vorrang vor ökonomischen Überlegungen (vgl. Cox 1993: 133–134).

Ab 1975 wurde die Nettorente für Ehepaare an den Nettomindestlohn gekoppelt (*wet netto-netto-koppeling*). Seitdem ist die AOW-Leistung, und damit ein nicht unerheblicher Teil der Staatsausgaben, rechtskräftig von den Tarifverhandlungen im Marktsektor abhängig (vgl. de Kam 2003: 243). Die Kopplung von sozialen Leistungen an die Lohnentwicklung des Marktsektors bedeutete aber auch ein wichtiges Instrument, um die Einkommensentwicklung derjenigen, die von einer Leistung abhängig sind, an den Rest der Gesellschaft anzuschließen. Die Kopplungsmechanismen wurden 1979 im *Wet aanpassingsmechanismen minimumloon en sociale uitkeringen* (WAM) festgelegt. Die Expansion des niederländischen Wohlfahrtsstaates und damit auch des AOW hatte hierdurch ihren Höhepunkt erreicht.

Krise der Wohlfahrtsentwicklung: die 1980er Jahre bis zum Rentenprotest 1994

Nach den Ölkrisen der 1970er Jahre wurde der Druck auf die Leistungssysteme – besonders die Arbeitslosenversicherung – stärker. Daneben begann man, mögliche Auswirkungen der demographischen Alterung auf die Gesellschaft zu diskutieren, diese Entwicklung drohte langfristig auch das AOW unter Druck zu setzen (vgl. Cox 1993: 175). Der Mindestlohn und damit die minimalen Sozialleistungen wurden den größten Teil der wirtschaftlich angespannten 1980er Jahre hindurch eingefroren, und 1984 sogar um drei Prozent gemindert. Das WAM wurde dabei jeweils außer Kraft gesetzt (vgl. Caminada/Goudswaard 2003: 31). Dies führte dazu, dass das Niveau der AOW-Leistungen zwischen 1982 und 1985 real um über 12 Prozent zurückging – es fiel damit im Verhältnis zum Nettosozialprodukt pro Kopf der Bevölkerung auf einen Stand zurück, den es schon zwanzig Jahre zuvor erreicht hatte. Danach bestand das Ziel der Regierung allerdings darin, das reale Leistungsniveau zu stabilisieren, die Kaufkraft steigt seitdem kontinuierlich (vgl. Pöhler 1999: 4).

Wie in anderen Ländern versuchte man auch in den Niederlanden aufgrund der angespannten Situation am Arbeitsmarkt und der hohen Jugendarbeitslosigkeit, die Rentensysteme als Auffangbecken für ältere, aus dem Arbeitsprozess ausscheidende bzw. arbeitslose Arbeitnehmer zu benutzen. Hier bedeuteten ab 1980 die Regelungen zur Frühverrentung (*vervroegde uittreding*, VUT) für Arbeiter unter 65 Jahre einen besonderen Impuls (vgl. de Bruin 1996: 166). Diese Praxis nahm allerdings keinen Einfluss auf das AOW-System, das nach wie vor Renten erst ab 65 ausbezahlt und nicht, wie etwa im deutschen Fall, sobald der Betreffende aus dem Arbeitsprozess ausscheidet. Die VUT-Regelungen bezogen sich auf den zweiten Pfeiler des niederländischen Rentensystems, die betrieblichen Renten. Es gab aber auch eine Möglichkeit, das Ausscheiden der älteren Arbeitnehmer aus dem Arbeitsprozess durch staatliche Mittel zu finanzieren: Indem ältere Arbeitnehmer für arbeitsunfähig erklärt wurden, fielen sie unter die Bestimmungen des Erwerbsunfähigkeitsgesetzes des *Wet op de Arbeidsongeschiktheidsverzekering* (WAO). Die Entwicklungen des WAO und der betrieblichen Zusatzsysteme sind deshalb auch für das Sicherheitsempfinden von Frührentnern viel ausschlaggebender als das AOW.

In den 1980er Jahren hatten die Niederlande unter einer im europäischen Vergleich geringen Arbeitslosigkeit zu leiden. Dies ist vor allem auf den *Akkord van Wassenaar* von 1982 zurückzuführen, in dem Gewerkschaften und Arbeitgeberverbände sich auf Lohnstopps und geringere Arbeitszeiten einigten, die der drohenden Massenarbeitslosigkeit entgegenwirken sollten. Die getroffenen Entscheidungen wurden zum durchschlagenden Erfolg und die Niederlande zum »Beschäftigungswunder« Europas. Zwischen 1983 und 2000 erhöhte sich die Anzahl der Arbeitsplätze jährlich um zwei Prozent, was weit über dem europäischen Durchschnitt liegt (vgl. van Riel u.a. 2003: 74). Überraschenderweise fand insgesamt trotzdem ein deutlicher Umschwung im Denken über soziale Sicherheit statt. Wahrscheinlich auch unter dem Einfluss der Entwicklung in den europäischen Nachbarstaaten setzte sich die Überzeugung durch, dass die Grenzen der Finanzierbarkeit des Sozialstaats erreicht bzw. überschritten waren. Wie in Deutschland und anderen europäischen Wohlfahrtsstaaten wurde auch in den Niederlanden die Ausgabenbeschränkung zum neuen politischen Ziel; dies sollte anfangs vor allem durch Eingriffe in Höhe und Bezugsdauer der Leistungsansprüche geschehen (vgl. Caminada/Goudswaard 2003: 29).

Als Kontrapunkt zur vorherrschenden Idee von Leistungskürzung und Beschränkung wurde 1985 in der Rentenversicherung eine Erweiterung des Versichertenkreises vorgenommen. Verheiratete Frauen waren bis zu diesem Zeitpunkt nominell nicht durch das AOW versichert. Sie wurden stattdessen durch die abgeleiteten Renten des Ehemannes unterstützt, der – sobald er das Rentenalter erreicht hatte – den AOW-Satz für Verheiratete bezog. Die EEG übte aber durch ihre Gleichberechtigungsnormen Druck auf die niederländische Regierung aus, die seitdem jeden Bürger einen eigenen Anspruch auf AOW-Rente zusichert (vgl. Sinninghe Damsté 1998: 14–15). Faktisch änderte sich dabei weder für die Frauen noch für Ehepaare sonderlich viel; die Geldbeträge blieben die gleichen, es wurden lediglich neue Berechnungsverfahren eingeführt. Nominell hatten die verheirateten Frauen nun aber einen eigenen Anspruch auf soziale Sicherheit im Alter.

In den 1990er Jahren hielt sich die Diskussion um das mögliche Ende einer Finanzierbarkeit des Sozialstaats. Langsam verschob sich allerdings der Akzent von Leistungsbeschränkungen auf Aktivierung. Damit sank der Prozentanteil des Bruttoinlandsprodukts, das für die soziale Sicherheit ausgegeben wurde (vgl. Caminada/Goudswaard 2003: 29–30). Die Diskurse über eine Krise des Sozialstaats und der Rentensysteme sowie über generationelle Ungleichheiten findet man seit den 1990er Jahren auch in den Niederlanden,[22] was verwunderlich ist, da das Land im Gegensatz zu anderen Mitgliedern der Europäischen Union bei den Risikofaktoren relativ gut abschneidet. Im Vergleich zu anderen EU-Staaten ist die niederlän-

22 Die Diskussion um die demographische Alterung kulminierte Mitte der 1990er Jahre in dem Buch »Tijdbom« – »Zeitbombe« – von Flip de Kam und Frans Nypels. In dem Buch warnen die Autoren vor einem Krieg zwischen Jüngeren und Älteren, weil AOW, Pflege und betriebliche Renten aufgrund der demographischen Alterung unbezahlbar würden.

dische Bevölkerung relativ jung, die *old age dependency ratio*[23] liegt unter dem europäischen Durchschnitt (vgl. Kapitel 4.1). Die Arbeitsbevölkerung wird in den Niederlanden erst ab 2016 anfangen zu schrumpfen, vier Jahre nach dem EU-Mittelwert (vgl. van Riel u.a. 2003: 75). Ebenso ist die Arbeitslosigkeit gering und die Prognosen für die wirtschaftliche Entwicklung vergleichsweise positiv.

Die Abwesenheit eines Problemdrucks könnte erklären, warum die niederländische Bevölkerung auf Leistungskürzungen beim AOW mit einer großen Abwehrhaltung reagiert. Das Paradebeispiel stellen hier die Entwicklungen im Vorlauf der Wahlen von 1994 dar. Im Januar des Jahres wurde bekannt, dass die CDA Leistungsbeschränkungen des AOW in ihr Wahlprogramm aufgenommen hatte. Dies löste einen Proteststurm in der niederländischen Bevölkerung, besonders unter den Älteren, aus. Monatelang wurde über das Wahlprogramm in den Medien diskutiert, in mehreren Städten fanden Massendemonstrationen statt. Innerhalb kürzester Zeit gründeten sich gleich zwei neue Älterenparteien: der *Algemeen Ouderenverbond* (AOV) und die *Unie 55+*. Ihr Wahlprogramm bestand in wenig mehr als der Erhaltung des AOW. In der politisch angespannten Lage von 1994 reichte das aus, um der Überraschungssieger der Wahlen von 1994 zu werden, der AOV gewann sechs, die *Unie 55+* einen von den insgesamt 150 Sitzen der niederländischen Zweiten Kammer (vgl. de Bruin 1996: 167). Die CDA, die durch diese Aktion einen großen Teil ihrer Stammwählerschaft an die neuen Parteien verloren hatte, musste die größte Wahlniederlage in ihrer Geschichte hinnehmen. Auch die PvdA erlitt Verluste, konnte aber zusammen mit der liberalen *Volkspartij voor Vrijheid en Democratie* (VVD) eine Koalition bilden, in der als einzige Sozialreformpolitik die weitere Erhöhung des Arbeitsvolumens propagiert wurde. Obwohl sowohl AOV als auch *Unie 55+* inzwischen nicht mehr existieren, tun sich die niederländischen Parteien nach wie vor schwer mit Reformen der Alterssicherung, besonders des AOW. Allerdings darf wie bereits weiter

23 Die old age dependency ratio bezeichnet das Verhältnis der (unproduktiven) Über-65-Jährigen zu den (produktiven) 15-65-Jährigen. Die Maßzahl ist nicht unumstritten, da die Bevölkerungsanzahl der 15-65-Jährigen wenig darüber aussagt, wie viele Menschen arbeiten und Beiträge zu den Sozialleistungssystemen zahlen – schließlich finden sich in dieser Gruppe, Studenten, Hausfrauen, Erwerbslose, Erwerbsunfähige etc., die auch zur unproduktiven Bevölkerungsgruppe gehören. Da dieses Problem aber alle Wohlfahrtsstaaten in ähnlicher Weise betrifft, kann die old age dependency ratio aber zumindest Aussagen über die Altersstruktur und damit in der Tendenz auch über das Verhältnis von Produktiven zu Unproduktiven geben.

oben erwähnt nicht vergessen werden, dass die Jahre seit 1994 sowohl ökonomisch als auch was das Arbeitsvolumen betrifft, extrem erfolgreich waren – was die politische Zurückhaltung bei AOW-Reformen ebenfalls partiell erklärt (vgl. van Riel 2003: 82).

Zögerliche Transformation: Die Entwicklung bis zur VUT-Reform 2005

Trotzdem nimmt auch in den Niederlanden die Wahrnehmung einer demographischen Verschiebung zu, die »Rente mit 67« wird diskutiert, und besonders im zweiten Pfeiler ist es zu tiefgreifenden Reformen gekommen. Die betrieblichen Rentenfonds sind seit 2001 in einer Krise. Dies ist relativ ungewöhnlich, denn davor waren sie so gut gestellt, dass einige von ihnen massive Überschüsse erwirtschafteten. In den 1990ern wurde dann allerdings das *Wet Heffing Vermogensoverschoten van Pensionsfondsen* formuliert, dass die bisher gewährte Steuerfreiheit der Überschüsse aufhob. Das Gesetz wurde erst 20 03 relativ geräuschlos verabschiedet, die Folgen waren allerdings gewaltig. Anstatt sich für gutes Wirtschaften durch Besteuerung ihrer Reserven »bestrafen« zu lassen, führten die Rentenfonds kurzerhand massive Prämienkürzungen ein. Zusammen mit Börsenschwankungen und Anlagefehlern führte dies zu einer wirtschaftlichen Zwangslage vieler Betriebsrentenfonds (vgl. de Vries 2005: 116–117).

In den Betriebsrentenfonds ist deshalb auch ein Grund für den etwaigen Anstieg eines Empfindens sozialer Unsicherheit zu suchen. Das AOW ist (noch) eines der sichersten und am Besten finanzierten Alterssicherungssysteme Europas. Der Grund dafür ist einerseits darin zu suchen, dass die demographische Entwicklung in den Niederlanden positiver verläuft als in anderen europäischen Staaten. Andererseits liegt es aber auch daran, dass das AOW nicht zur Frühverrentung herangezogen worden ist. Stattdessen wurden Arbeitnehmer, die vor Vollendung des 65. Lebensjahrs aus dem Arbeitsprozess ausschieden, zu Leistungsbeziehern durch das *Wet op de Arbeidsongeschiktheidsverzekering* (WAO). Jenes hat in jüngster Zeit eine Verschärfung seiner Zugangsregelungen erfahren, für neue Ansprüche gibt es seit 2005 ein anderes Gesetz (*Wet werk en inkomen naar arbeidsvermogen*), das sich ebenfalls nicht durch üppige Leistungen auszeichnet. Dies könnte zu einem gestiegenen Empfinden sozialer Unsicherheit unter den Frührentnern geführt haben. Eine nichtstaatlich organisierte Möglichkeit der Frühverrentung besteht außerdem im Rahmen der betrieblichen Zusatzsysteme: die weiter oben beschriebene *vervroegde uittreding* (VUT). Diese wurde seit den 1980ern, besonders seit dem *Akkord van Wassenaar* auf Umlagebasis ohne Kapitaldeckung von den Arbeitnehmern finanziert, die Prämien wurden nicht besteuert. Eigentlich als Notlösung für einen angespannten Arbeitsmarkt gedacht, erfreuten sich die Regelungen unter älteren Arbeitnehmern bald großer Beliebtheit. Während 1970 noch 81 Prozent der 55–64-Jährigen gearbeitet hatte, sank diese Zahl bis 1996 auf 39 Prozent (vgl. de Vries 2005: 237).

Da die Arbeitsmarktsituation aber in den 1990ern weit entspannter war als zu Beginn der 1980er, war es nicht mehr einsichtig, warum es den älteren Arbeitnehmern so leicht fallen sollte, früher aus dem aktiven Erwerbsleben auszuscheiden. Nach einem Ratschlag des SER beschloss die Regierung 1999, dass die Prämien für die Systeme nicht mehr steuerfrei sein sollten. Bestehende VUT-Systeme sollten vor dem 1. Juli 2009 in kapitalgedeckte Frühverrentungssysteme (*prepensioenregeling*) umgebaut werden. Dies rief einen Proteststurm der Gewerkschaften hervor, im Herbst 2004 kam es zu einer Massendemonstration auf dem Museumsplein in Amsterdam, an der 300.000 Menschen teilnahmen. Die Regierung sah sich gezwungen, Konzessionen zu machen. Dies geschah vor allem durch die Einführung der *Levensloopregeling* – der Lebenslaufregelung, die vorsieht, dass man jedes Jahr 12 Prozent des Einkommens sparen kann, bis ein Maximum von 210 Prozent erreicht ist. Dies kann nicht nur durch Geld, sondern auch durch gesparten Urlaub geschehen. Das ersparte Guthaben kann dazu benutzt werden, früher in Renten zu gehen. Die neuen Regelungen werden von einigen Seiten für noch arbeitnehmerfreundlicher gehalten als die alten – besonders in den oberen Lohnsektoren (vgl. de Vries 2005: 243). Wie 1994 beim AOW hat also auch hier der gesellschaftliche Druck dazu geführt, dass die niederländische Regierung Konzessionen an seine Bürger macht.

Die Erfahrung sozialer Sicherheit durch die Versicherten

Abschließend ist auch im niederländischen Fall nach der möglichen Prägung verschiedener Kohorten durch das AOW zu fragen.[24] Im Unter-

---

24 Den Versuch, die niederländische Gesellschaft in generationellen Kategorien zu beschreiben, hat der Soziologe Henk Becker (1992) unternommen. Laut Becker gibt es vier kulturell-politische Generationen: Zunächst die zwischen 1910 und 1930 geborene Vorkriegsgeneration, sie hat als formative Periode die ökonomischen Krisen der 1930er erlebt, was den Eintritt ins Arbeitsleben verzögert hat. Zweitens ist die Stille Generation

schied zum deutschen Fall bedeutete die Einführung des niederländischen Rentensystems 1956 keine plötzliche massive Verbesserung der Lage der älteren Bevölkerung; vielmehr wurde das System graduell ausgebaut. Dafür war aber jeder niederländische Bürger sofort in das AOW integriert. Die Phase der Expansion war zwar lang, dafür aber vergleichsweise massiv, sie erreichte in der Kopplung der Sozialleistungen an den gesetzlichen Mindestlohn in den 1970er Jahren ihren Höhepunkt. Das AOW betrifft dabei durch seine einheitlichen Zahlungen alle Mitglieder einer Kohorte gleich, besonders seitdem seit 1985 auch verheiratete Frauen eigenständig versichert sind. Soziale Unterschiede werden vor allen Dingen durch die betriebliche Zusatzversicherung hervorgerufen.

Die Erfahrung von sozialer Sicherheit geriet nach der langen Phase der graduellen Expansion in den 1980er Jahren vorerst an ihre Grenzen. Durch das Aussetzen der Anpassung des Mindestlohns wurde der Lebensstandard der Rentner gemindert. Zusätzlich erschwert wurde die Situation vor allem für jüngere Kohorten durch die schlechte wirtschaftliche Lage und – zumindest zu Beginn der 1980er Jahre – die hohe Arbeitslosigkeit. Ob die verschiedenen Möglichkeiten zur Frühverrentung als willkommener vorgezogener Ruhestand empfunden wurden oder mit dem Gefühl von Unproduktivität und einer verlängerten Phase der Unsicherheit einhergingen, ist allerdings nicht eindeutig zu klären. Trotzdem ist im niederländischen Fall die Erfahrung einer Krise – zumindest was die gesetzliche Rentenversicherung angeht – weniger stark gegeben als in vergleichbaren Nachbarländern. Insgesamt zeigen sowohl die Proteste gegen das CDA-Wahlprogramm 1994 als auch gegen die Reform des VUT 2003, dass die Niederländer an ihrem Alterssicherungssystem als sozialem Recht festhalten; eine Krisenerfahrung hat sich noch nicht so eindeutig durchgesetzt, dass es zu einer Transformation gekommen ist.

---

zu nennen, deren Mitglieder zwischen 1930 und 1940 geboren wurden. Die formative Periode war der wirtschaftliche Aufschwung der 50er, an der sie ungehindert teilhatten. Drittens gibt es die Protestgeneration, zwischen 1940 und 1955 geboren und aufgewachsen während der gesellschaftlichen Proteste 1968 bis 1975. Schließlich ist die Verlorene Generation zu nennen, ihre Mitglieder wurden zwischen 1955 und 1970 geboren, sie erlebten die Rezession der 1980er als formative Phase. Diese letzte Generation ist auch diejenige, die am wenigsten vom Wohlfahrtsstaat profitiert. Die positiven Entwicklungen des niederländischen Wohlfahrtsstaates widerlegen Beckers Theorie, und genau wie die deutschen Soziologen Lutz Leisering und Heinz Bude kann auch Henk Becker keine empirischen Überprüfungen seines Generationenkonzeptes bieten (vgl. Kapitel 2.2).

Generell wird angenommen, dass das niederländische Rentensystem durch seinen Mix aus öffentlicher und privater, Umlage- und Kapitaldeckungsfinanzierung relativ gut auf demographische Schwankungen und wirtschaftliche Krisen reagieren kann. Von einigen Seiten wird allerdings angemerkt, dass die Abneigung der niederländischen Politik gegen finanzielle Leistungskürzungen in Zukunft problematisch werden könnten (vgl. van Riel u.a. 2003: 65). Im Vergleich zu anderen Gruppen, die soziale Leistungen empfangen, hat sich die Kaufkraft der Senioren zwischen 1990 und 1999 relativ günstig entwickelt; die Einkommensentwicklung der Senioren entspricht im Mittel etwa der der Aktiven. Dies wurde vor allem durch die Zusatzrente ermöglicht. Die gemittelte AOW-Rente ist in reellen Werten nahezu gleich geblieben, während die Einkünfte aus Vermögen und Lohn dahinter zurückgeblieben sind (vgl. Caminada/Goudswaard: 177).

Die Sicherheit eines Mindeststandards ist also für die niederländischen Rentner auch weiterhin gegeben. Solange man zwischen dem 15. und dem 65. Lebensjahr seinen Wohnsitz auf dem Staatsgebiet der Niederlande hat bzw. außerhalb der Niederlande die Möglichkeit zur freiwilligen Selbstversicherung nutzt, kann man davon ausgehen, im Alter auf dem Niveau des Mindestlohnes gesichert zu sein. Die Sicherheit des Lebensstandards, wie sie durch Regel- und Aufbausicherung gewährleistet werden soll, ist stark nach verschiedenen Gruppen segregiert. In groben Zügen wird die Situation, wie sie im Erwerbsleben vorherrscht, dabei in die Rentenbezugsphase hinein transportiert; das heißt vor allem, dass der Standard mit dem Einkommen steigt. Die Situation von Frauen auf dem Arbeitsmarkt ist hingegen häufig von langen Unterbrechungen der Erwerbsarbeit und von Teilzeittätigkeiten charakterisiert – dies wirkt sich auf Zahlungen von betrieblichen Rentensystemen negativ aus. Wie im Erwerbsleben ist es dann auch in der Alterssicherung entscheidend für den Lebensstandard von Frauen, ob sie von der Rente ihres Ehepartners zusätzlich unterstützt werden.

3.4 Großbritannien – kategoriale Sicherheit des Existenzminimums

Der britische Wohlfahrtsstaat hat eine vergleichsweise lange Tradition der staatlichen Armenfürsorge. Bereits 1598 führte Königin Elizabeth I. nach einer Reihe von schlechten Ernten das *Poor Law* ein, dass 1601 überarbeitet wurde und in dieser Form Berühmtheit erlangte. Lokale Autoritäten verteilten staatliche finanzielle Zuschüsse an die Armen oder überwiesen diese in *work houses*. 1798 erschien Robert Malthus' *Essay on the Principle of Population*, dessen zentrale These darin bestand, dass unkontrolliertes Geburtenwachstum früher oder später zu einer Ressourcenknappheit führen würde. Malthus war davon überzeugt, dass die Armenfürsorge dieses Bevölkerungswachstum förderte, vor allen Dingen in den unteren, gering gebildeten und der Gesellschaft seiner Meinung nach wenig nützlichen Schichten. Im Zuge dieser Diskussion und des sich durch die Industrialisierung verschärfenden Pauperismusproblems wurde das Armengesetz 1834 reformiert. Das *New Poor Law* zeichnete sich durch schärfere Bedingungen der Leistungsgewährung aus. Es bestand eine größere Gefahr für die Armen, im Falle der Bedürftigkeit in das berüchtigte *work house* überwiesen zu werden (*in relief*), anstatt Leistungen außerhalb dieser stigmatisierten Institution zu erhalten (*out relief*). In einigen Regionen wurde die Möglichkeit des *out relief* gar komplett abgeschafft.

Die Idee, dass Armut nicht unbedingt durch eigenes Verschulden bzw. einen mangelhaften Lebensstil verursacht wird, sondern oft externen, unbeeinflussbaren Umständen geschuldet ist, setzte sich nur langsam durch. Bis zum Ende des 19. Jahrhunderts wuchs in der britischen Bevölkerung, vor allem in den wohlhabenden Mittel- und Oberschichten, das Problembewusstsein für die Armut besonders der städtischen Bevölkerung. In der viktorianischen Zeit stieg die Anzahl von wohltätigen Einrichtungen exponentiell an. Es ist allerdings fraglich, inwiefern ihre Bestrebungen zur Reduktion des Pauperismusproblems effektiv waren. Viel zu diversifiziert und vor allen Dingen in ständiger Konkurrenz untereinander konnten die *charities* ihre Spenden und Almosen nicht wirklich gezielt einsetzen. Nicht zuletzt waren die Gaben zudem ein Instrument der sozialen Kontrolle, sie wurden nur an die »*deserving poor*« erteilt, also im Falle eines von den Gebern für angemessen erachteten Lebensstils sowie unter dem Vorherrschen bestimmter Hygienestandards. Die von den Wohlfahrtsorganisationen organisierten Hausbegehungen wurden von den Empfängern der Almosen oft zu Recht als Eindringen in die persönliche Sphäre erachtet: Nicht wenige Bedürftige akzeptierten diese Maßnahmen nur zögerlich oder lehnten sie – wenn sie es sich denn irgendwie leisten konnten – rundweg ab.

Das britische Alterssicherungssystem bis zum Zweiten Weltkrieg

Die Balance zwischen karitativer Sozialkontrolle, staatlicher Armenhilfe und dem verhassten stigmatisierten *work house* war auch die Situation, der sich viele arbeitsunfähige Alte am Ende des 19. Jahrhunderts ausgesetzt sahen. Betrieblich oder staatlich organisierte Rentensysteme bestanden nur für die oberen Schichten der Bevölkerung und selbst die Selbsthilfeorganisationen der weniger Privilegierten (zum Beispiel die *Friendly Societies*) standen nur den gelernten, besser verdienenden Arbeitern zur Verfügung.

Mit dem Entstehen der sozialistischen Bewegung in England, dem sich ausweitenden Wahlrecht (städtische Arbeiter 1867, Landarbeiter 1884) und einer Neuordnung der britischen Wahlkreise (1885) nach Anzahl der Wählerstimmen anstatt nach regionalen Einteilungen musste man sich den Interessen der gering verdienenden, von Armut bedrohten Unterschichten aber zunehmend stellen. Ende des 19. Jahrhunderts führten die einflussreichen Studien zur sozialen Situation der britischen Bevölkerung von Charles Booth und Seebohm Rowntree zudem zu einem verstärkten Druck auf die Regierung, sich dem Problem der Armut, besonders unter den Alten, anzunehmen. Schließlich musste die Mehrzahl der armen Alten zu den *deserving poor* gerechnet werden: Denn nicht Verschwendung, Trunksucht oder Faulheit hatten sie in ihre missliche Situation gebracht – durch die geringen Löhne waren viele Arbeiter einfach nicht in der Lage, während ihres Arbeitslebens für ihren Ruhestand zu sparen. Charles Booth selbst war einer der prominentesten Befürworter eines staatlich organisierten Rentensystems, er schlug bereits in den 1890er Jahren steuerfinanzierte Renten vor. Da sein System aber jährlich 16 Millionen Britische Pfund gekostet hätte, wurde es von der Regierung als zu teuer abgelehnt (vgl. Fraser 2003: 164).

Ein steuerfinanziertes Rentensystem, der *Old Age Pensions Act* wurde daher erst 1908 eingeführt, und auch dann aus Kostengründen nur für Alte über 70 Jahre – für einen Arbeiter dieser Zeit ein Methusalemsches Alter, das die meisten nicht erreichten. Außerdem wurde die Rente nur an solche Bedürftige ausbezahlt, deren Einkommen 12*s* pro Woche nicht überstieg. Darüber hinaus mussten die Leistungsbezieher nachweisen, dass sie in den zehn Jahren, bevor sie die Rente erhielten, nicht im Gefängnis gewesen waren und die britische Staatsbürgerschaft besaßen. Pat Thane (1996: 76) stellt fest: »It was a pension for the very poor, the very respectable and the very old«. Trotzdem qualifizierten sich am 1. Januar 1909, als das neue Rentensystem in Kraft trat, immerhin 490.000 Personen für den Rentenbezug – die Mehrzahl von ihnen Frauen (vgl. Thane 1996: 77).

Mit dem *Widows', Orphans' and Old Age Contributory Pension Act* von 1925 wurde eine beitragsfinanzierte Rente eingeführt, die die fünf Jahre vom 65. Lebensjahr bis zum Bezug der steuerfinanzierten Rente mit 70 abdecken sollte. Sie sollte zu gleichen Teilen von Arbeitnehmern und Arbeitgebern bezahlt und durch flexible staatliche Subventionen aufgestockt werden. Da durch die Beitragsfinanzierung ein soziales Recht etabliert wurde, war eine Bedarfsprüfung nicht mehr notwendig. Die neue Regelung hatte eine massive Ausweitung des Kreises der Leistungsbezieher zur Folge. Der gezahlte Betrag war aber immer noch nicht ausreichend, um den Lebensunterhalt zu sichern. Dies war nicht nur der durch den Ersten Weltkrieg hervorgerufenen Inflation geschuldet. Der damalige Premier Neville Chamberlain, der als Sozialminister selbst am Entwurf der neuen Rentenversicherung maßgeblich beteiligt war, betonte explizit, dass die Rentenleistung so konzipiert war, dass sie noch durch zusätzliche Zahlungen wie betriebliche Renten unterstützt werden sollte (vgl. Blake 2003: 8). Dieses System der britischen Rentenversicherung blieb bis 1946 in Kraft, dann sollte es allerdings grundlegend reformiert werden. Dies geschah hauptsächlich auf der Basis eines damals revolutionär erscheinenden Plans – dem Beveridge-Report.

Die Formation des britischen Rentensystems auf Grundlage des Beveridge-Reports

Das *Committee of Social Insurance and Allied Service* unter der Leitung von Sir William Beveridge wurde im Juni 1942 eingesetzt und hatte die Aufgabe, das disparate und verwirrende System der britischen Sozialversicherung zu untersuchen und Vorschläge zu seiner Verbesserung zu machen. 1941 waren sieben verschiedene Ministerien direkt oder indirekt mit der Zahlung von Sozialversicherungsleistungen beauftragt, allein für die Rente gab es drei verschiedene Institutionen.[25] Zusätzlich gab es verschiedenste lokale Autoritäten, die Sozialleistungen erbrachten – teilweise noch Relikte

25 Die nicht-beitragsfinanzierten Renten wurden von Customs and Excise bezahlt, die beitragsfinanzierten Renten vom Ministry of Health und die Zusatzrenten vom Unemployment Assistance Board.

des erst 1929 abgeschafften *Poor Law* Systems. Die verschiedensten Systeme wurden auf die unterschiedlichste Weise finanziert und ihre Leistungen variierten mitunter enorm. Diese Unübersichtlichkeit führte dazu, dass sich viele Leistungen überschnitten oder aber die wirklich Bedürftigen nicht erreichten. Der Krieg ließ die massiven Probleme noch offensichtlicher werden, die Forderungen nach einer umfassenden Sozialreform wurden immer lauter (vgl. Harris 1997: 365–366).

William Beveridge war der Meinung, dass eine Systemreform zum Ziel haben müsste, diese Diversifiziertheit zu vereinheitlichen. Er sah die britische Gesellschaft fünf Risiken ausgesetzt – *five giants*, wie er sie in seinem Report recht poetisch beschreibt: Not (*want*), Krankheit (*disease*), Müßiggang (*idleness*), Schmutz (*squalor*) und Ignoranz (*ignorance*) waren jene Riesen, die durch ein einheitliches Sozialsystem bekämpft werden mussten. Es ist an dieser Stelle auffällig, dass *age*, also Alter, keiner der fünf Riesen war, und tatsächlich ist von verschiedenen Stellen angemerkt worden, dass Beveridge das Problem der Untätigkeit und Armut im Alter für vergleichsweise wenig gravierend erachtete (vgl. Macnicol 1994, Harris 2006). Stattdessen waren drei andere Systeme für seinen Report zentral: ein freies Gesundheitssystem, eine Politik, die Vollbeschäftigung garantierte, sowie finanzielle Unterstützung für Familien mit Kindern.

Trotzdem nahm Beveridge mit seinem Report zentralen Einfluss auf das System der Alterssicherung in Großbritannien: Das Rentensystem wurde universell und komplett beitragsfinanziert, ein Umlageverfahren organisierte die Rente so, dass die jeweils Arbeitstätigen die jeweils Verrenteten unterstützten. Das Rentenniveau wurde insgesamt deutlich angehoben. Außerdem gab es auf der Grundlage des Beveridge-Reports zum ersten Mal eine Verrentungskondition: Für den Bezug der Rentenleistung war nicht mehr allein das Alter ausschlaggebend, man musste sich auch tatsächlich vom Arbeitsmarkt zurückziehen. Beveridge wollte hierdurch Anreize zum Verbleib im Arbeitsmarkt schaffen, um so die Kosten für die Rente zu reduzieren (vgl. Macnicol 1994: 84-85). Dies ist ein weiterer Hinweis darauf, wie sehr der agile, aristokratische Beveridge das Problem der Erwerbsunfähigkeit und des körperlichen Gebrechens im Alter unterschätzte.

Tatsächlich war es aber gerade die Finanzierung der Renten, die aufgrund des großen Klientelkreises so teuer war, dass sie zunehmend Unruhe im Finanzministerium hervorrief. Man beauftragte schließlich einen alten Freund Beveridges, den Ökonomen John Maynard Keynes, dem Lord ins

Gewissen zu reden. Obwohl Beveridge das *subsistence level* eigentlich als Kern seines Plans ansah, war er bereit, im Bereich der Renten Konzessionen zu machen. Zusammen mit Keynes arbeitete er im August 1942 eine Reihe von Kürzungen aus. Die wichtigste Maßnahme war die so genannte *golden staircase*, die einen vollen Rentenbezug für alle, die nicht im 1925er System versichert gewesen waren, erst nach einer Übergangszeit von zwanzig Jahren sicherstellte (vgl. Macnicol 1994: 90–93). Diejenigen Rentner, deren Einkommen aufgrund dieser Regelung nicht ausreichte, sollten Sozialhilfe (*national assistance*) beziehen. Beveridge ging aber davon aus, dass am Ende der *golden staircase* die Anzahl der Rentner, die von *assistance benefits* lebten, auf eine winzige Minderheit geschrumpft sein würde. Lediglich Individuen, die durch Krankheit oder Behinderung nicht zur Arbeit in der Lage waren, würden auf staatliche Zusatzhilfe angewiesen sein. Durch sein System der universellen Sozialversicherung, so war er überzeugt, würde das Problem der Altersarmut bis 1965 überwunden sein (vgl. Harris 2006: 32). Beveridge ging davon aus, dass die meisten Frauen abhängig von ihren Ehemännern waren und dass der Kriegstrend der weiblichen Beschäftigung in Friedenszeiten nicht anhalten würde. Sobald Frauen heirateten, wurden ihre Beiträge und Leistungen gekürzt, Rentenzahlungen sanken auf 60 Prozent der Rate, die Männern und allein stehende Frauen leisteten (vgl. Abel-Smith 1994: 16).

Bereits während der Report geschrieben wurde, trat Beveridge mit verschiedenen Verweisen auf seinen Plan in Artikeln und Interviews an die Öffentlichkeit, was dort einen Erwartungshorizont entstehen ließ. Dies geschah mit großer Missbilligung der Regierungsbeamten. Insgesamt lässt sich aber so die große Popularität des Reports erklären, die bei seiner Veröffentlichung im November 1942 entstand. Die öffentliche Euphorie wurde vor allen Dingen von Finanzministerium gedämpft, das öffentlich bezweifelte, dass die wirtschaftliche Lage nach dem Krieg stabil genug sein würde, um die Vorschläge des Reports umzusetzen (vgl. Harris 1997: 419). Im November 1942 wurde der Report »*Social Insurance and Allied Services*« dem Parlament präsentiert und entwickelte sich binnen kürzester Zeit zum nationalen und internationalen Bestseller. Im ersten Monat wurden bereits 100.000 Exemplare des Reports verkauft, diese Zahl sollte in den nächsten Monaten auf 635.000 steigen. Das ist ein erstaunlicher Erfolg für ein Papier, das auf mehreren hundert Seiten äußerst komplexe Zusammenhänge zum Thema hat – und tatsächlich sind solche Verkaufszahlen für einen Regierungsreport in Großbritannien einzigartig (vgl. Brown 1995: 26).

Wegen der Ungewissheit über die ökonomische Situation in den Nachkriegsjahren verschob die britische Regierung jegliche gesetzliche Implementation des Reports auf die Nachkriegszeit (vgl. Thane 1996: 236). Premierminister Winston Churchill sah es als vordringlichste Aufgabe an, den Krieg zu gewinnen und unternahm trotz der enormen Erwartungshaltung in der Öffentlichkeit nichts, um die Vorschläge des Beveridge-Plans umzusetzen. Nachdem aber Churchills Wiederwahl 1946 scheiterte, sah der neugewählte Labour-Premierminister Clement Attlee den Plan als zentralen Weg zur Neuorganisation der britischen Gesellschaft. Der *National Insurance Act* von 1946 sollte die zentralen Vorschläge des Beveridge-Reports bezüglich der Rentenversicherung umsetzen. Das Gesetz wurde im Juli 1948 rechtskräftig und verpflichtete jeden britischen Bürger unterhalb der Rentenaltersgrenze zur Beitragszahlung. Im Gegensatz zum deutschen System, das eine Kopplung der Beitrags- und der Leistungshöhe an das Einkommen des Versicherten vorsah, bezahlten alle Versicherten den gleichen Beitrag und erhielten daraufhin eine gleich hohe Rentenleistung. Beveridge war der Meinung, dass jemand, der eine höhere Rentenleistung beziehen wollte, dies durch Sparen oder betriebliche Systeme erreichen konnte.

Die neuen Rentenbeträge wurden an Individuen, die bereits durch das System von 1925 versichert waren, sofort ausbezahlt, alle anderen benötigten eine Übergangsphase von zehn Jahren, in denen sie die qualifizierenden Beiträge bezahlten. Insgesamt war aber damit die *golden staircase*, die Beveridge zur Finanzierbarkeit des Rentensystems vorgesehen hatte, vom Tisch. Die höheren Rentenleistungen bedeuteten zwar für viele Rentner eine Verbesserung ihrer Situation, sie gewährleisteten aber keine Mindestsicherung (das von Beveridge vorgesehene *subsistence level*), geschweige denn eine Lebensstandardsicherung. Diese Situation sollte sich auch in der Folgezeit nicht mehr ändern (vgl. Thane 2006c: 72). Dies ist hauptsächlich auf einen dem Beveridge-Plan inhärenten Widerspruch zurückzuführen: Das Prinzip des »*flat-rate benefit for flat-rate contribution*« bedeutete, dass jeder Versicherte uniforme Beiträge einzahlen sollte. Damit dies möglich war, musste auch ein Geringverdiener in der Lage sein, seinen Anteil zu entrichten. Insofern waren die Beiträge von Beginn an viel zu niedrig angesetzt, um damit zur Existenzsicherung auszureichende Leistungen zu finanzieren (vgl. Rechmann 2001:62).

Expansion: Der Ausbau des Rentensystem bis zur Einführung von SERPS

In den 1950er Jahren wurde zunehmend offensichtlich, dass das vorhandene System der gesetzlichen Rentenversicherung unzureichend war. Richard Titmuss, Professor an der *London School of Economics* (LSE), war einer derjenigen, die immer wieder darauf hinwiesen, dass sich eine Spaltung der britischen Rentnerschaft aufgetan hatte: Diejenigen, die betrieblich oder privat vorgesorgt hatten und diejenigen, die sich dies nicht leisten konnten (vgl. Timmins 2001: 193). Betriebliche Rentensysteme oder vorausschauendes Sparen für den Ruhestand waren den mittleren bis oberen Einkommensklassen vorbehalten. Zwar führte die konservative Regierung 1959 das *State Graduated Pension Scheme* (SGRPS) ein, das eine einkommensbezogene Zusatzrentenversicherung für all jene beinhaltete, die keine betriebliche oder private Altersvorsorge hatten. Diese Zusatzversicherung zeichnete sich allerdings durch sehr geringe Beiträge und damit auch sehr geringe Leistungen aus, war also zur Lebensstandardsicherung der Rentner nur unzureichend in der Lage. Um der Inflation Rechnung zu tragen, sollten die Renten mit der Preissteigerung erhöht werden. Die Beiträge wurden je zur Hälfte von Arbeitgebern und Arbeitnehmern aufgebracht. Arbeitgeber im privaten Sektor durften aber aus dem neuen staatlich organisierten Zusatzsystem aussteigen (*contract out*), wenn sie nachweisen konnten, dass sie ein betriebliches System unterhielten, dass eine sichere Altersvorsorge für die betreffende Arbeitnehmerschaft bedeutete. Als das SGRPS schließlich 1961 in Kraft trat, waren ungefähr 4,5 Millionen Arbeitnehmer aus dem System ausgetreten, was die doppelte Anzahl dessen bedeutete, was die Regierung erwartete hatte (vgl. Blake 2003: 14). Dies zeigt, dass ein viel größerer Teil der betrieblichen Rentensysteme als angenommen seinen Beitragszahlern bessere Konditionen bot als das SGRPS.

Beveridge war davon ausgegangen, dass das Armutsproblem unter Rentnern bis 1965 beseitigt sein würde. Dies sollte sich bald als naive Wunschvorstellung herausstellen. Peter Townsends groß angelegte Studie »*Poverty in the United Kingdom*« (1979), die die Armut im Königreich am Ende der 1960er Jahre porträtiert, zeigte eindrucksvoll, wie sehr die Alten sich nach wie vor in außerordentlichen finanziellen Zwangslagen befanden. Unter Anwendung des relativ strikten staatlichen Messwertes von Armut (die den Standards der Sozialhilfe entsprachen) kam Townsend zu dem Ergebnis, dass 20 Prozent der Über-65-Jährigen in Armut lebten, im Vergleich dazu waren es nur 7 Prozent derjenigen, die jünger als 65 waren. Dazu kamen 44 Prozent der Alten, die am Rande der Armut existierten, im

Vergleich zu 19 Prozent der Bevölkerung unterhalb des Verrentungsalters (vgl. Townsend 1979: 788). Das bedeutet, dass am Ende der 1960er Jahre zwei Drittel der Alten in Großbritannien in Armut oder zumindest in existenziell verunsichernden Verhältnissen lebten. Townsend schließt mit der Beobachtung: »A ›pension‹ has come to mean an income smaller, and usually very much smaller, than a ›wage‹ or ›salary‹« (vgl. Townsend 1979: 788). Das Armutsproblem gestaltete sich besonders hart für Alleinlebende, vor allem Witwen, und verschärfte sich mit steigendem Alter zunehmend (vgl. Townsend 1979: 795–799). Das Beziehen von *National Assistance* war nach wie vor mit Hausbesuchen verbunden und hochgradig stigmatisiert, was besonders die versteckte Armut förderte: Zu Beginn der 1960er Jahre hatten zwei Drittel derjenigen, die eigentlich Anspruch darauf gehabt hätten, es unterlassen, Sozialhilfe zu beantragen (vgl. Timmins 2001: 224).

Im April 1975 wurde das SGRPS durch ein neues System, das *State Earnings Related Pension Scheme* (SERPS) ersetzt. Die Renten sollten an Einkommen gekoppelt werden, nur in Ausnahmefällen an Preise, falls diese schneller steigen sollten als das durchschnittliche Erwerbseinkommen. Hierdurch sollten die Rentner am wachsenden Wohlstand beteiligt werden. Eine normale Rente bestand aus zwei Teilen, der Basisrente (*Basic State Pension*, BSP) und einer Zusatzrente, die an das Einkommen des versicherten Individuums gekoppelt war. Wieder war es betrieblichen Systemen erlaubt, aus dem neuen System auszusteigen, so lange sie eine Mindestrente garantieren konnten, die ungefähr die gleiche Leistungshöhe gewährleistete, wie die Zusatzrente im SERPS-System. SERPS bedeutete auch einen großen Schritt in Richtung Gleichberechtigung von Frauen, indem es die reduzierten Beiträge abschaffte, die verheiratete Frauen und Witwen bis dahin bezahlt hatten. Frauen, die nach 1977 heirateten oder anfingen zu arbeiten, mussten nun den vollen Beitragssatz zum Sozialversicherungssystem zahlen und erhielten im Gegenzug das Recht auf den Bezug der vollen Leistungshöhe. Von April 1978 an waren Frauen berechtigt, ohne Unterschied gegenüber ihren männlichen Kollegen an betrieblichen Rentensystemen teilzunehmen.

Das Ende des universellen Sicherungsanspruchs? Neokonservatismus unter Thatcher

SERPS blieb nicht lange unverändert bestehen. Als 1979 eine konservative Regierung unter Premierministerin Margaret Thatcher die Arbeit aufnahm, erfuhr das gesamte Leistungssystem des britischen Wohlfahrtsstaates massive Einschnitte. Bereits 1980 wurde ein Gesetz verabschiedet, das die Regierung von der Verpflichtung entband, die Leistungsbezieher der Sozialversicherung für sinkende Leistungen im Zuge der Inflation zu entschädigen. Die Renten wurden von der Lohnsteigerung entkoppelt und stattdessen an die Preissteigerung gebunden, was vielen Politikern eine eher moderate Anpassung schien. Tatsächlich sollte diese Änderung aber über die Jahre hinweg einen enormen Einfluss entwickeln, die BSP sank über die Jahre von 20 Prozent[26] auf 14 Prozent des durchschnittlichen Einkommens (vgl. Blackburn 2002: 285–286). Ebenso wurden sowohl die unteren als auch die oberen Einkommensgrenzen für die Beiträge zur Sozialversicherung angehoben. Die staatlichen Zuschüsse wurden drastisch reduziert; betrugen sie 1979 noch 18 Prozent, so sanken sie 1981 auf 14 Prozent und 1982 gar auf nur noch 13 Prozent (vgl. Blake 2003:17).

Dies war allerdings lediglich der Anfang eines Prozesses, der den Leistungsfokus des britischen Sozialstaats und seine Finanzierungsgrundlage grundsätzlich verengen sollte. In Bezug auf das Rentensystem bedeutet das die größtmögliche Reduzierung der staatlich organisierten Alterssicherung zugunsten privater Vorsorge. In ihrer zweiten Amtszeit unternahm die Thatcher-Regierung eine Bestandsaufnahme des gesamten Systems sozialer Sicherung. Die Ergebnisse wurden 1985 vom *Department of Health and Social Security* in einem *Green Paper* mit dem Titel »Reform of Social Security – Programme for Change« veröffentlicht. Die zentrale Empfehlung des Papiers war die komplette Abschaffung von SERPS. Als Hauptgrund wurden Zweifel an der langfristigen Finanzierbarkeit des Systems genannt, die sich aus demographischen Vorausberechnungen nährten: Im Jahre 2035 würden diesen Erwartungen zufolge nur noch 1,7 Beitragszahler auf jeden Rentenempfänger kommen, was eine Fortführung der Umlagefinanzierung nicht zuließ. Hier findet sich auch das erste Mal das Argument der Generationengerechtigkeit: Eine Fortführung von SERPS würde, so das Green Paper, »a burden for future generations« darstellen (zitiert nach Walker 1991: 27). Die Thatcher-Regierung etablierte den Mythos, dass die britischen Rentner in vergleichsweise vorteilhaften Umständen lebten – ob-

26 20 Prozent (der noch relativ großzügige Prozentsatz der durchschnittlichen Einkommen Ende der 1970er Jahre) ist im Übrigen die Ersatzrate, die durch die Bismarckrenten gewährleistet wurde und die in jeder Darstellung über das Bismarcksche Alterssicherungssystem als unzureichend oder lediglich als »Zuschuss zum Lebensunterhalt« dargestellt wird (vgl. Blackburn 2002: 46–47).

wohl verschiedenste unabhängige Studien auf eine gegenteilige Situation verwiesen (vgl. Walker 1991: 28).

Anstelle von SERPS sollten private Renten die Lebensstandardsicherung übernehmen, die jeweils zur Hälfte von Arbeitgeber und Arbeitnehmer bezahlt werden sollten. Die *Basic State Pension* sollte nicht abgeschafft, ihre Leistungen aber auch nicht mehr erhöht werden. Interessanterweise kamen zu den erwartbaren Protesten der Labour-Partei und der Gewerkschaften auch eine Opposition von ganz anderer Seite: Die privaten Versicherungen sträubten sich gegen den Plan, da sie mit den geringen Beiträgen von Kleinverdienern keinen Gewinn machen konnten. Auch Schatzmeister Nigel Lawson opponierte gegen das Gesetz; er befürchtete finanzielle Verluste durch die Steuervergünstigungen, die eine private Vorsorge beinhaltete (vgl. Taylor-Gooby 2005: 121).

Aufgrund dieser massiven Proteste rückte man von den drastischen Vorschlägen ab und führte stattdessen im Zuge des *Social Security Act* von 1986 lediglich Leistungskürzungen des SERPS-Systems ein. Anstelle der bisherigen maximalen Leistung von 25 Prozent des durchschnittlichen Einkommens waren nun nur noch 20 Prozent möglich. Private Rentenversicherungen wurden auf optionaler Basis eingeführt, als Anreiz wurde eine staatliche Subventionierung von 2 Prozent für alle eingeführt, die vor 1994 zum neuen System wechselten. Dies machte die neuen privaten Systeme so attraktiv, dass bis 1993 nicht wie erwartet ein halbe Million, sondern ganze fünf Millionen aus SERPS ausgetreten waren. Die Kosten, die durch die staatliche Subventionierung entstanden, stiegen von den ursprünglich veranschlagten 500 Millionen Britischen Pfund um das vierfache auf zwei Milliarden Britische Pfund (vgl. Taylor-Gooby 2005: 122). Die Attraktivität wurde dadurch gefördert, dass es möglich war, wieder ins SERPS-System einzusteigen, was sich nach Rechnungen von Finanzexperten besonders für Männer über 42 und Frauen über 34 anbot, nachdem der spezielle Bonus für den Ausstieg aus SERPS 1993 ausgelaufen war. Dies ließ die langfristigen Kosten für die Regierung noch weiter steigen (vgl. Blake 2002: 323).

Ein nicht unbeachtlicher Anteil der SERPS-Aussteiger (zirka eine Million) hatten sich allerdings zu leichtgläubig auf die Versprechen der Versicherungsagenten verlassen und waren nun durch eine private Versicherung schlechteren Bedingungen ausgesetzt als dies im staatlich organisierten Zusatzsystem der Fall gewesen wäre. Dies betraf vor allem Geringverdiener. Als die Fälle Anfang der 1990er Jahre an die Presse drangen, führte dies zum so genannten *mis-selling scandal*, der das Vertrauen der britischen Bevölkerung in das Rentensystem, besonders die privat organisierte Vorsorge, tiefgreifend erschütterte. Hinzu kam, dass auch das Vertrauen in die betriebliche Vorsorge unterminiert wurde: Als der Medientycoon Robert Maxwell 1991 starb, wurde bekannt, dass er rund 400 Millionen Britische Pfund aus dem betrieblichen Rentenfonds seines Unternehmens abgezweigt und in unprofitable Unternehmen investiert hatte. Der massenhafte Verlust von Rentenleistungen, den diese Transaktion zur Folge hatte, wurde von einem Nothilfefonds des *Department of Social Security* nur ungenügend aufgefangen (vgl. Clasen 2005: 123).

Die unter Thatcher begonnenen Leistungskürzungen wurden unter Premier John Major im *Pensions Act* von 1995 fortgesetzt. Im Zuge dieser Änderungen wurde beschlossen, das Verrentungsalter von Frauen auf 65 Jahre heraufzusetzen und zwar über eine zehnjährige Übergangsperiode hinweg, die 2010 beginnen sollte. Zusammen mit den Leistungskürzungen wurde der Wert der SERPS-Leistungen um zwei Drittel gemindert (vgl. Blake 2003: 18). Im Jahr 1997 beschloss die Major-Regierung gar, sowohl SERPS als auch die BSP abzuschaffen und das gesamte britische Rentensystem komplett privat zu gestalten (vgl. Munnell 2006: 372). Diese Pläne wurden allerdings nie verwirklicht, denn im selben Jahr wurde die konservative Regierung abgewählt.

Tony Blair und der Dritte Weg – Neuanfang oder Back to the Roots?

Die *New Labour*-Regierung unter Tony Blair nahm ihr Amt 1997 auf und startete mit einer radikalen Agenda der Wohlfahrtsreform. Ganz im Gegensatz zu den Labourregierungen vor der Thatcherzeit bestand die Radikalität aber nicht mehr im Zeichen der Ausweitung wohlfahrtsstaatlicher Leistungen, sondern im Gegenteil in der Kostenreduzierung. Der einzige Unterschied in der Wohlfahrtspolitik von New Labour zu der unter den Premiers Thatcher und Major war der, dass in der Tat versucht wurde, eine größere Umverteilungen zugunsten sozial Schwacher zu erwirken. Der *Welfare Reform and Pensions Act*, der bereits 1998 beraten wurde, führte ab April 2002 die so genannte *State Second Pension* (S2P) ein. Bereits im April 1999 wurde eine bedarfsgeprüfte Mindesteinkommensgarantie (*minimum income guarantee*, MIG) von 75 Britischen Pfund eingeführt, die, wie nebulös erklärt wurde, erhöht werden sollte, wenn die staatlichen Finanzen es erlaubten. Auf lange Sicht sollte aber eine Koppelung der Rentenanpassung an die Einkommensentwicklung erfolgen (vgl. Blake 2003: 19). Die S2P war ursprünglich beitrags- und einkommensäquivalent, ist aber seit April 2007 eine einheitliche Leistung, obwohl die Beiträge weiterhin einkommensabhängig sind. Dies soll Anreize für Arbeitnehmer schaffen, aus dem staatlichen System auszusteigen und stattdessen betriebliche oder private Ansprüche aufzubauen. Das S2P soll jedem, der eine durchgängige Erwerbsbiographie nachweisen kann, eine Rentenleistung über dem MIG garantieren. Zusätzlich werden Pflegeleistungen für Kinder unter fünf Jahren und für Behinderte angerechnet. Besonders für die niedrigsten Einkommensschichten werden Leistungen ausbezahlt, die bis zum Doppelten über dem Betrag liegen, zu dem sie aufgrund ihrer Beitragszahlung berechtigt wären. *Contracting out* ist für betriebliche Rentensysteme im privaten Sektor weiterhin möglich. Für alle Betriebe, die keine eigenen Rentenversicherungssysteme unterhalten, führte die Regierung im April 2001 die sogenannten *Stakeholder Pensions* ein. Sie sind hauptsächlich für die Bezieher mittlerer Einkommen konzipiert und sollen eine transparente Form der privaten Vorsorge darstellen. Durch ihre starke staatliche Regulierung werden die *Stakeholder Pensions* von den Versicherungskonzernen aber nur zögerlich akzeptiert (vgl. Taylor-Gooby 2005: 129).

Zum jetzigen Zeitpunkt ist das britische Rentensystem eines der kompliziertesten Systeme der Welt, was hauptsächlich daran liegt, dass die beschriebenen Entwicklungen des Systems und die Einführung neuerer Systemkomponenten jeweils nicht zur Ersetzung des älteren Systems geführt haben. Stattdessen wurde lediglich eine weitere Komponente eingeführt, die parallel zum bereits vorhandenen System existiert. So lange noch Individuen leben, die durch ihre Beiträge Ansprüche in einem dieser älteren Systeme angesammelt haben, bleiben diese bestehen. Zurzeit existieren folgende Komponenten:

- Die *Basic State Pension* (BSP), die 1975 im Zuge des *Social Security Act* eingeführt wurde. Sie beinhaltet die Zahlung eines uniformen Beitrags an Frauen ab 60 (ab 2010 wird das Rentenalter für Frauen allerdings schrittweise auf 65 angehoben) und Männer ab 65. Es ist möglich, den Bezug der BSP um bis zu fünf Jahre aufzuschieben, der Leistungsbetrag erhöht sich entsprechend. Die Berechtigung zum Leistungsempfang durch die BSP erwirbt man sich durch Leistung der entsprechenden *national insurance contributions* (NICs). Um den vollen Leistungssatz zu beziehen, müssen Männer 44 und Frauen 39 Jahre lang Beiträge

zahlen (oder den Nachweis einer Pflegeleistung erbringen), jedes beitragsfreie Jahr mindert den Rentenanspruch. Wenn weniger als ein Viertel der qualifizierenden Beitragszeit gearbeitet wurde, verfällt der Anspruch komplett. Wer durch eigene Beiträge versichert ist, gilt als *Category A Pensioner*, abgeleitete Ansprüche (typischerweise verheiratete, nicht erwerbstätige Frauen) werden durch *Category B Pensioners* bezogen. Beim Erreichen des 80. Lebensjahres wird die Rente um 25p wöchentlich aufgestockt.[27] Zusätzlich gibt es auch *noch Category C Pensioners*, die bereits im Juli 1948 Rente bezogen haben. Diese Kategorie wurde 1970 eingeführt, um die betreffenden Individuen ins Rentensystem einzubeziehen, inzwischen gibt es in dieser Kategorie aber kaum noch Mitglieder. *Category D Pensions* gibt es seit 1971 und betreffen Individuen, die 80 Jahre oder älter sind und die vor dem Erreichen dieses Alters entweder keine oder nur eine geringe Rente bezogen (vgl. Blake 2003: 59–63).
- Das Zusatzsystem *State Graduated Pension Scheme* (SGRPS) von 1959, das von 1961 bis 1978 einkommensbezogene Renten garantieren sollte.
- Das *State Earnings Related Pension Scheme* (SERPS), das im Social Security Pensions Act von 1975 beschlossen wurde und vom April 1978 an wirkte, bis es von der S2P im April 2002 ersetzt wurde.
- Die *State Second Pension* (S2P), die im *Welfare Reform and Pensions Act* von 1999 und im *Child Support, Pensions and Social Security Act* von 2000 geregelt wurde und seit April 2002 in Kraft ist. Zwischen 2002 und 2007 war die S2P einkommensbezogen, seit 2007 werden uniforme Leistungen ausbezahlt.

Alle angestellten Arbeiter haben ein Anrecht auf die BSP, insofern sie die entsprechenden Beiträge bezahlt haben. Sobald eine bestimmte Einkommensgrenze überschritten ist, sind sie automatisch Mitglied im S2P, falls sie oder ihr Arbeitgeber nicht Gebrauch vom *contracting out* gemacht haben.

Mehr als die Hälfte der Rentner sind Mitglied in einem betrieblichen Rentensystem. Insgesamt befinden sich die betrieblichen Zusatzsysteme seit den 1990er Jahren in einer Krise. Die Börsenschwankungen seit Anfang des Jahrtausends haben viele von ihnen geschwächt, die Versicherten mussten zuletzt massive Erhöhungen ihrer Beiträge hinnehmen. *Defined-*

27 Eine Regelung aus den 1970er Jahren, damals war die Höhe des Betrages vermutlich nicht ganz so absurd wie heute.

Benefit-Systeme (DB), die den Versicherten einen bestimmten Rentenbetrag garantierten, sind in letzter Zeit immer häufiger geschlossen worden, neue Mitglieder zahlen ihre betrieblichen Rentenbeiträge in *Defined-Contribution*-Systeme (DC) ein. Diese legen lediglich die Höhe der Beiträge fest und machen den letztendlichen Rentenbetrag von der Marktsituation abhängig – das Risiko liegt also ganz beim Versicherten. Zwar wird oft angemerkt, dass die DC-Systeme einen Arbeitsplatzwechsel erleichtern, sie sind aber nicht in der Lage die Sicherheit zu gewährleisten, die durch die DB-Rentensysteme garantiert wurde (vgl. Blackburn 2006: 115–116). Zudem tendiert die britische Regierung immer stärker zu einer Alterssicherungspolitik, die private Vorsorgesysteme fördert (vgl. Clark 2006).

Die Erfahrung sozialer Sicherheit durch die Versicherten

Grundsätzlich ist das britische Sozialsystem durch die Vorstellung geprägt, dass das Individuum selbst eine Vorsorge für die Risiken des Lohnverlustes (Alter, Behinderung, Arbeitslosigkeit, Krankheit) treffen muss. So bietet auch das britische Rentenversicherungssystem in seiner ursprünglichen Form lediglich eine Grundsicherung, die in dieser Form und etwa im Unterschied zu den Niederlanden nie zum Lebensunterhalt ausreichte. Auch die staatlich organisierten Zusatzrentensysteme erreichten nie den Status einer Lebensstandardsicherung, konnten aber vermutlich die schlimmste Armut verhindern. Trotzdem bleibt festzuhalten, dass das staatlich organisierte Rentensystem selbst zur Hochphase seiner Expansion in den 1970er Jahren nie eine umfassende Sicherung geboten hat. In den 1980er Jahren wurden unter der Thatcher-Regierung selbst diese geringen Zahlungen weiter gekürzt – eine Abschaffung des britischen Rentensystems scheiterte lediglich an der Opposition aus Politik und Wirtschaft. Auch die 2002 eingeführte *State Second Pension* bietet lediglich eine Sicherung für Geringverdiener, lohnt sich aber für die höheren Einkommensschichten kaum. Eine wirkliche Sicherung des Lebensstandards konnte also in Großbritannien traditionell vor allen Dingen durch betriebliche und private Systeme gewährleistet werden. Gerade für Personen mit nicht durchgängigen Erwerbsbiographien, ist das Ansparen in solchen Systemen schwierig oder gar nicht möglich. Zudem ist seit den 1980er Jahren durch Vorkommnisse wie den *mis-selling scandal* oder den Maxwell-Skandal ein großes Unsicherheitspotential zu konstatieren. Generell ist das britische System zu unübersichtlich und disparat, um den Betroffenen eine Erwartungssicherheit zu bieten, diese Situation verschärft sich über den betrachteten Zeitraum hinweg eher noch.

Das wahrscheinlich positivste Charakteristikum des britischen Rentensystems ist, dass es in den kommenden Dekaden keinerlei Finanzierungsprobleme zu erwarten braucht (vgl. Blake 2002: 317). Durch die massiven Kürzungen der 1980er und 1990er Jahre, die zunehmende Privatisierung der Alterssicherung und eine im europäischen Vergleich positive Entwicklung der demographischen Alterung ist die finanzielle Situation sehr ausgeglichen. Die niedrigen staatlichen Renten und die beschriebenen Probleme der betrieblichen und privaten Vorsorge lassen dieses Faktum allerdings schnell in den Hintergrund treten. Was am britischen Rentensystem besonders auffällt, ist die Ungleichheit zwischen den Rentnern, die mit fortlaufender Zeit immer rasanter zunimmt. Das Armutsrisiko der Rentner ist in wenigen europäischen Staaten so hoch wie in Großbritannien. Dieser Trend wird auch durch die Labour-Reformen keinesfalls aufgehalten.

Durch den stärker werdenden Einfluss privater Versicherungen lässt sich eine starke Geschlechterdifferenz nachweisen. Frauen, die im Allgemeinen weniger verdienen als Männer und deren Erwerbsbiographien sich häufig durch Brüche auszeichnen, haben auf dem privaten Versicherungsmarkt eine schlechtere Position, um eine ausreichende Rentenvorsorge aufzubauen. Im Jahr 2001/2002 lag das gemittelte Einkommen von über-65-jährigen Frauen lediglich bei 57 Prozent des Einkommens ihrer männlichen Altersgenossen (vgl. Pemberton u.a. 2006: 3). Aber auch die staatlich organisierte Vorsorge ist für Frauen unzureichend: 2005 waren lediglich 19 Prozent der britischen Frauen Bezieherinnen einer vollen BSP, bei den Männern waren es 92 Prozent (vgl. Thane 2006b: 77). Dies ist besonders deshalb betonenswert, weil Frauen die gesamte britische Geschichte hindurch unter den Rentnern immer in der Mehrzahl waren und – abgesehen vom steuerfinanzierten Rentensystem von 1908 – sich ständig in einer weitaus schlechteren Position befanden als Männer, eine angemessene Rente aufzubauen. Selbstverständlich konnten viele von den abgeleiteten Ansprüchen ihrer Ehemänner leben, aber allein stehende oder geschiedene Frauen sowie Witwen sahen und sehen sich nach wie vor mit teilweise gravierender sozialer Unsicherheit im Alter konfrontiert (vgl. Thane 2006b).

3.5 Zwischenfazit: Soziale Sicherheit in drei Rentenversicherungssystemen

Es lassen sich in den drei Vergleichsländern bezüglich des Rentenversicherungssystems gemeinsame Entwicklungen ausmachen. Zunächst ist trotz gewisser Vorläuferinstitutionen eine Sicherheit oder zumindest Erwartbarkeit der Situation im Alter erst nach dem Zweiten Weltkrieg sichtbar; hier ist in allen drei Ländern die Phase der Formation des Rentensystems auszumachen. Darauf folgte eine Phase der Expansion, die durch die positiven wirtschaftlichen Entwicklungen der 1960er und teilweise der 1970er Jahre unterstützt wurden. In ihrer Folge wurden die Sozialsysteme sowohl den Versichertenkreis als den Leistungsumfang betreffend ausgebaut. Nach dem Ölpreisschock und den wirtschaftlichen Krisen Mitte der 1970er kam der Ausbau des Sozialstaates vorläufig an ein Ende. Seit den 1980er Jahren sind in allen Ländern Bemühungen sichtbar, die Ausgaben des Wohlfahrtsstaates zu begrenzen. Es werden in allen drei Ländern in öffentlichen Diskursen stärker Probleme thematisiert, die in direktem Zusammenhang mit dem Rentensystem und damit der eigenen Sicherheit im Alter stehen, dies betrifft vor allem wirtschaftliche und demographische Entwicklungen. Alter wird zunehmend nicht mehr als individuelles Risiko, sondern als gesamtgesellschaftliches Problem dargestellt. Dabei befinden sich die Alterssicherungssysteme aller drei Vergleichsländer nun mehr oder weniger in einer Phase der Transformation; in Deutschland charakterisiert durch die Rentenreform 2001, in Großbritannien durch die Ersetzung des SERPS durch die *State Second Pension*. Lediglich die gesetzliche Rente in den Niederlanden, also das AOW, bleibt vorerst unverändert bestehen, hier sind Transformationsprozesse aber im Bereich der betrieblichen Rente und der Frühverrentung durch die Invalidenversicherung WAO erkennbar.

Trotz dieser Gemeinsamkeiten weist aber jedes Land spezifische Eigenheiten auf. Das deutsche System basiert auf dem Ziel der Lebensstandardsicherung sowie dem Prinzip der Beitrags- und Leistungsgerechtigkeit. Dies führt so weit, dass bis 2001 keine mindestsichernden Elemente im gesetzlichen Alterssicherungssystem zu finden sind. Nach 2001 gibt es eine Mindestrente auf Sozialhilfeniveau, die allerdings bedarfsgeprüft ist. Das bedeutet, dass die soziale Sicherheit im Alter in Deutschland seit der Einführung des Rentensystems 1957 stark von der Situation des Erwerbslebens abhängig ist. Dies wird sich im Zuge des Paradigmenwechsels durch die Rentenreform von 2001 vermutlich noch verschärfen. Im

Zuge dieser Veränderungen wird die private Rentenversicherung gefördert, die allerdings nicht verpflichtend eingeführt wird. Für zukünftige Rentenplanungen muss eine private Zusatzvorsorge aufgebaut werden, was unter Umständen an den individuell zur Verfügung stehenden finanziellen Mitteln scheitert. Die Antizipation einer gesicherten Altersphase wird für bestimmte Gruppen innerhalb von Kohorten vermutlich erodieren. Die deutsche Situation wird zusätzlich von starken Differenzen zwischen alten und neuen Bundesländern geprägt. Diejenigen, die während oder kurz nach der Wende verrentet waren, konnten durch ihre langjährigen Erwerbsbiographien in den Genuss vergleichsweise üppiger Rentenleistungen kommen. Gleichzeitig zeigt sich aber auf dem Gebiet der ehemaligen DDR eine im bundesdeutschen Vergleich hohe Arbeitslosigkeitsquote, was wiederum die Versicherungsbiographien der jüngeren Kohorten anfälliger für Unterbrechungen erscheinen lässt. Hierdurch nimmt das Risiko einer nicht ausreichenden Sicherheit im Alter in den Kohorten sukzessive zu. Vermutlich sind also in Ostdeutschland die Differenzen im Sicherheitsempfinden zwischen den Kohorten größer als bei den westdeutschen Nachbarn.

In den Niederlanden wiederum ist die Alterssituation – zumindest was das AOW betrifft – viel weniger kontingent. Solange die Residenzpflicht erfüllt ist, bekommt jeder Niederländer eine Rente, die dem Mindestlohn entspricht. Differenzierungen innerhalb von Kohorten, wie sie durch Systeme hervorgerufen werden, die eine Lebensstandardsicherung zum Ziel haben, werden lediglich im Bereich der zweiten und dritten Säule erreicht. Vermutlich ist also das Empfinden sozialer Sicherheit in den Niederlanden deshalb auch stark an diese Systeme geknüpft. In den Niederlanden ist noch ein weiteres Leistungssystem zentral, nämlich die Erwerbsunfähigkeitsversicherung (WAO). Dies ist das Sozialversicherungssystem, welches die Frühverrentung regelt. Wer also vor dem 65. Lebensjahr aus dem Erwerbsleben ausscheidet, ist zunächst auf die Leistungen dieses Systems angewiesen. Insgesamt ist aber erwähnenswert, dass das AOW von der niederländischen Bevölkerung vehement verteidigt wird. Dies zeigt, dass es für das Empfinden sozialer Sicherheit im Alter trotz der vergleichsweise starken Stellung betrieblicher und privater Systeme eine zentrale Stellung einnimmt. Auf der anderen Seite sind krisenhafte Entwicklungen im Bereich des wirtschaftlichen und demographischen Wandels im Vergleich etwa zu Deutschland harmlos. Die soziale Sicherheit im Alter dürfte also in den Niederlanden kohortenübergreifend gewährleistet sein.

Auch in Großbritannien gibt es eine Grundrente, hier wird allerdings eine Mindestsicherung nicht annähernd erreicht. Die staatlich organisierten Zusatzsysteme sind beitragsabhängig; ihre Leistungen richten sich nach vorherigen Einzahlungen, dies führt dann nicht zwangsläufig zu einer finanziell gesicherten Rentenbezugsphase. Dies ist ein Phänomen, das die britische Rentenversicherung von Anfang an auszeichnet. Schon im Beveridge-Plan hatte das Risiko Alter keinen großen Stellenwert, die Leistungen des staatlichen Systems waren von Anfang an sehr niedrig. Auch betriebliche und private Systeme haben durch diverse Krisen und Skandale an Glaubwürdigkeit eingebüßt, vermutlich ist also die Unsicherheit bezüglich der eigenen sozialen Sicherheit im Alter in Großbritannien relativ groß. Auch wenn innerhalb des britischen staatlichen Rentensystems in den nächsten Jahren keine Finanzierungsschwierigkeiten zu erwarten sind, sind die Leistungen im Vergleich zu den Vergleichsländern sehr gering. Gleichzeitig erhöht sich aufgrund der Komplexität des britischen Rentensystems die Kontingenz für die Teilnehmer.

Es lässt sich nun die erste der in Kapitel 2.5 formulierten Hypothesen beantworten:

Hypothese 1: Europäische Rentenversicherungssysteme haben in den Dekaden ihres Bestehens unterschiedliche Kohorten unterschiedlich betroffen. Auf dieser Grundlage kann man von generationellen Erfahrungen mit sozialer Sicherheit sprechen, die verschiedene Kohorten auf je andere Weise prägen.

Diese Hypothese ist auf Grundlage des hier präsentierten historischen Hintergrundes zu bestätigen. Die je eigenen Logiken und Zielvorstellungen des Rentensystems führen trotz gewisser Gemeinsamkeiten zu nennenswerten nationalen Unterschieden. In Deutschland werden Kohorten im gesetzlichen Rentensystem differenziert geprägt, die Stellung in der Erwerbsphase spielt eine starke Rolle. Gleichzeitig nimmt das staatlich organisierte Rentensystem in Deutschland einen sehr zentralen Stellenwert in der Rentenbezugsphase ein, betriebliche und private Systeme bleiben in ihrer Bedeutung dahinter zurück. Vermutlich werden Unterschiede zwischen Kohorten vor allem in Ostdeutschland sichtbar, wo sich durch die genuine Erfahrung der Wende große Unterschiede zwischen Kohorten in der spezifischen Stellung im Sozialleistungssystem ergeben. Die AOW-Rente in den Niederlanden führt kohortenübergreifend zu einer vergleichsweise hohen Erwartbarkeit der Situation in der Rentenbezugsphase. Da ein Großteil der Bevölkerung zusätzlich durch betriebliche Systeme abgesichert ist, kann zwar von Einkommensdifferenzen innerhalb von

Kohorten ausgegangen werden, die soziale Sicherheit im Alter ist aber für den überwiegenden Teil der Niederländer gewährleistet. In Großbritannien findet man hingegen eine kohortenübergreifende Kontingenz der Alterssicherungsphase, die aber laut Umfragen von den Betroffenen größtenteils ignoriert wird. Vermutlich ergeben sich deutliche Differenzen innerhalb von Kohorten, die durch Zugang zu und Nutzung von betrieblichen und privaten Systemen hervorgerufen werden. Ob diese sich als verlässliche Sicherung der Rentenbezugsphase herausstellen, bleibt oftmals ungewiss.

Diese Annahmen sollen nun durch statistische Daten zur Entwicklung von Demographie, Arbeitsmarktsituation und der Rentenfinanzen unterfüttert werden. Dann soll untersucht werden, inwiefern sich die genannten möglichen Kohortendifferenzen in Umfragedaten niederschlagen, also ob sich tatsächlich bezüglich der Rente verschiedenartige nationale Unterschiede im Erleben sozialer Sicherheit von Kohorten ergeben.

4. Harte Fakten? Empirische Annäherungen an Wohlfahrtsgenerationen

Im Folgenden wird untersucht, durch welche externen Faktoren Generationen im Wohlfahrtsstaat geprägt werden können. Es geht also darum, die Erfahrungsstrukturen zu beschreiben, die im Zusammenhang mit der Rentenversicherung als Programm sozialer Sicherheit von Bedeutung sind. Hier sind – unter Rückbezug auf die im Theoriekapitel entwickelten sieben zentralen Charakteristika – zunächst die Frage nach der Größe der Kohorten sowie ihre Ressourcen von Bedeutung. Deshalb wird zunächst die demographische Entwicklung skizziert, um auf dieser Grundlage die Änderungen in der Größenstruktur abzubilden. Weiter muss aber auch die Entwicklung auf dem Arbeitsmarkt dargestellt werden, weil zum Beispiel Zeiten langer Arbeitslosigkeit besonders in beitragsgerechten Systemen, in jedem Falle aber für den Aufbau der betrieblichen und der privaten Vorsorge erhebliche negative Folgen haben können. Daraufhin wird die Entwicklung der Finanzen der drei Wohlfahrtsstaaten sowie der drei gesetzlichen Rentenversicherungssysteme näher untersucht. Abschließend soll aber auch auf soziale Unterschiede innerhalb einzelner Kohorten hingewiesen werden. Der zweite Teil des Kapitels widmet sich der Umfrage- und Akzeptanzforschung zu Wohlfahrtsstaaten. Erst im Zusammenspiel der beiden Teilkapitel kann herausgefunden werden, ob die unterschiedlichen Erlebnisse, die verschiedene Kohorten zu verschiedenen Zeitpunkten mit der Rentenversicherung gemacht haben, sich in ihrer Erfahrung tatsächlich so massiv niederschlagen, dass man von generationellen Unterschieden zwischen Kohorten im Wohlfahrtsstaat reden kann.

4.1 Zur Prägung von Wohlfahrtskohorten anhand statistischer Daten

Zunächst stellt sich das Problem, die für die vorliegende Untersuchung relevanten Daten zu erhalten. Schließlich müssten eigentlich alle genannten fraglichen Daten bis in die 1950er Jahre zurückreichen, um die Chancenstrukturen der jeweiligen Kohorten in den betreffenden Wohlfahrtsstaaten angemessen darzustellen. Dies scheitert aber häufig an der Verfügbarkeit der Statistiken, die für die vorliegende Untersuchung von Interesse wären. Folglich stellt auch John Hills (2005: 195) fest: »Actually measuring ›lifetime‹ impacts of benefits and taxes is not possible«. Man kann also lediglich Trends abbilden, die spezielle Kohorten betroffen und damit in ihrer Erfahrungsstruktur beeinflusst haben könnten.

Die Vereinten Nationen (UN) bieten über das Internet Daten zur Bevölkerungsentwicklung an, die Veränderungen auf den Gebieten Demographie, Fertilitäts- und Sterberaten etc. seit zirka 1950 abbilden (vgl. UN 2006). Die *Organisation for Economic Co-operation and Development* (OECD) erstellt in regelmäßigen Abständen Berichte zur wirtschaftlichen Entwicklung ihrer dreißig Mitgliedsländer, zu denen auch die hier untersuchten Staaten Deutschland, Großbritannien und die Niederlande gehören. Für generelle volkswirtschaftliche Kennzahlen gibt die Organisation historische Datensammlungen heraus, die teilweise bis in die 1960er Jahre zurückreichen (OECD 1999, 2001a). Diese Daten können zum Teil über das Internet abgerufen werden, wo die OECD über den Webbrowser *OECD.Stat* Datenbanken zur Wirtschafts- und Sozialstatistik bereit stellt (vgl. OECD o.J.). Hier lässt sich aber gerade Datenmaterial, das über die generellen wirtschaftlichen Entwicklungslinien hinausgeht, mitunter nur bis in die 1980er Jahre zurückverfolgen. Die Europäische Union stellt im Internet mit dem Webbrowser *Eurostat* Daten zur Entwicklung ihrer Mitgliedsländer gar erst ab 1990 zur Verfügung. Das Statistische Bundesamt stellt ebenfalls mit seinen statistischen Jahrbüchern für das Ausland vergleichbare Daten zu den wichtigsten statistischen Kennziffern dar, sie bieten allerdings keine detaillierteren Auskünfte als die bereits erwähnten Sammlungen.

Es ist deshalb gerade für eine genaue Aufschlüsselung der Rentenfinanzen oder des Armutsrisikos spezieller Kohorten schwer möglich, eine verlässliche Datengrundlage anzubieten, auf der sich die drei untersuchten Länder angemessen vergleichen ließen. Das Forschungsdatenzentrum der

Deutschen Rentenversicherung (FDZ-RV) stellt im Internet eine sehr übersichtliche Datenbasis zur Verfügung, die in Zeitreihen die Entwicklung der Finanzen der Deutschen Rentenversicherung seit den 1950er Jahren, mitunter zurückgehend bis ins 19. Jahrhundert, zurückverfolgen lässt (vgl. DRV 2007). Die Zeitreihen der Rentenfinanzen werden durch Daten verwandter Interessengebiete wie Demographie oder Arbeitsmarkt ergänzt und bilden damit eine hervorragende Grundlage zur Erforschung der Deutschen Rentenversicherung. Das britische *Department for Work and Pensions* (DWP) stellt in seinem Bericht *Pensioner Income Series* (2007) die wichtigsten Daten zur Entwicklung des Einkommens britischer Rentner dar. Dem deutschen Fall vergleichbar detaillierte Daten sind allerdings nicht zu erhalten. Das FDZ-RV hat zwar 2004 auch eine Übersicht zu »Europa in Zeitreihen« herausgegeben, da sich diese Daten aber vorwiegend auf die *NewCronos*-Datenbank der Europäischen Union stützen, reichen die Daten auch hier nur bis in die 1990er Jahre zurück.

Wie also bereits im Theoriekapitel mehrfach erwähnt, mangelt es einer fundierten empirisch-vergleichenden Generationenforschung bereits an einfachstem Datenmaterial. Hier besteht besonders für die historische Sozialforschung einiger Nachholbedarf, denn insgesamt ist es unter den gegebenen Voraussetzungen äußerst schwierig, die Umstände der Sozialversicherungsrealität über weite Strecken des 20. Jahrhunderts angemessen nachzuvollziehen. Im Folgenden kann deshalb keine kohortenspezifische Aufschlüsselung erfolgen, die genaue Rückschlüsse auf eine Generationenprägung zulassen würden. Es werden lediglich Trends abgebildet, die eine Chancenstruktur der Kohorten wiedergeben, die zur jeweiligen Zeit gelebt haben. Erst in der Zusammenschau mit den durch die Umfrage- und Akzeptanzforschung möglicherweise abgebildeten Einstellungsunterschieden kann herausgefunden werden, ob die entsprechenden Trends sich im Empfinden sozialer Sicherheit bzw. in den Einstellungen zur Rentenversicherung kohortenspezifisch niedergeschlagen haben.

Demographische Entwicklung

Zunächst werden einige Überblicksdaten zur demographischen Entwicklung vorgestellt. Insgesamt haben alle drei untersuchten Staaten seit der Entwicklung ihrer Sozialstaatlichkeit ein Bevölkerungswachstum durchlaufen. Die niederländische Bevölkerung wuchs zwischen 1950 und 2005 von 10,1 Millionen auf 16,3 Millionen Menschen, die britische im gleichen

Zeitraum von 50,6 auf 60,2 Millionen. Die Bevölkerung beider deutscher Staaten zusammen wuchs von 68,3 Millionen im Jahr 1950 auf 82,6 Millionen im Jahr 2005 (UN 2006). Diese Zuwächse sind vor allen Dingen auf die verlängerte Lebenserwartung sowie auf die Zuwanderung zurückzuführen. Die Geburtenrate sank hingegen in allen drei Ländern im Verlauf des betrachteten Zeitraumes. Dies lässt den Rückschluss zu, dass sich die Bevölkerungszunahme nicht für alle Kohorten gleich darstellt. Generell geht man für Europa davon aus, dass nach dem Krieg bis in die 1960er Jahre eine vergleichsweise hohe Geburtenrate zur Entstehung sogenannter »Babyboomer-Kohorten« geführt hat. Durch den Wandel des Familienbildes sowie der Verbreitung der Antibabypille in den späten 1960er Jahren kommt es ab 1970 zu einem Abfall der Geburtenrate, der bis heute anhält. Die Kohorten werden sukzessive kleiner. Insgesamt folgt diese Entwicklung einem Trend, der sich bereits seit der Industrialisierung in westeuropäischen Ländern abzeichnet (vgl. Birg 1996). Der Geburtenrückgang ist also eine langfristige Entwicklung, die allerdings erst seit den 1970er Jahren verstärkt als wohlfahrtsstaatliches Problem wahrgenommen wird.

Insgesamt hat sich die Totale Fertilität (*Total Fertility*), also die Anzahl von Kindern pro Frau, in allen betrachteten Ländern stark verringert. Die Entwicklung sieht dabei in den Niederlanden am Günstigsten aus. Die *Total Fertility Rate* (TFR) sank zwar zwischen 1950 und 1985 von 3,06 auf 1,52 Kinder pro Frau, hat sich aber inzwischen schon wieder auf 1,72 erhöht. Schätzungen der UN (2006) zufolge wird die TFR dort vermutlich bis zum Ende der ersten Hälfte des 21. Jahrhunderts wieder auf 1,85 steigen. Großbritanniens Fertiliätsrate stieg zwischen 1950 und 1965 von 2,2 auf 2,8, um dann bis 1980 auf zirka 1,8 zu sinken. Um diesen Wert pendelt die britische TFR seitdem und wird dies wahrscheinlich auch bis 2050 weiter tun. In Deutschland stellt sich die Situation etwas dramatischer dar. Zwischen 1950 und 1965 stieg die Fertilitätsrate von 2,2 auf 2,5 Kinder um dann nach 1970 stark zu sinken, bis an einem historischen Tiefpunkt Anfang der 1990er nur 1,3 Kinder pro Frau geboren wurden. Inzwischen hat sich diese Rate geringfügig auf 1,4 erhöht, die UN vermutet, dass der Wert bis zur Mitte des 21. Jahrhunderts auf 1,7 Kinder pro Frau steigen könnte (vgl. UN 2006). Insgesamt ist diese TFR aber so gering, dass ein Schrumpfen der Bevölkerung auch durch Zuwanderung nicht aufgehalten werden kann (vgl. Kaufmann 2005). Prognosen der UN gehen davon aus, dass bis 2050 die niederländische Bevölkerung noch um zirka knapp eine Million Menschen wächst und Großbritannien gar 8,5 Millionen Menschen hinzugewinnt. Deutschlands Bevölkerung wird diesen Vorausberechnungen zufolge hingegen zwischen 2005 und 2050 von 82, 6 Millionen auf 74,1 Millionen schrumpfen.

Tabelle 4.1: Entwicklung des Verhältnisses der Über-65-Jährigen sowie der Über-80-Jährigen zur Gesamtbevölkerung, in Prozent

	Deutschland		Niederlande		UK[28]	
Jahr	65+	80+	65+	80+	65+	80+
1950	9,7	1,0	7,7	1,0	10,7	1,5
1955	10,7	1,3	8,4	1,2	11,3	1,7
1960	11,5	1,6	9,0	1,4	11,7	1,9
1965	12,5	1,8	9,6	1,5	12,0	2,0
1970	13,7	1,9	10,2	1,7	13,0	2,3
1975	14,8	2,2	10,8	2,0	14,0	2,4
1980	15,6	2,8	11,5	2,3	14,9	2,7
1985	14,6	3,2	12,1	2,6	15,2	3,2
1990	15,0	3,8	12,8	2,9	15,7	3,6
1995	15,5	4,1	13,2	3,1	15,8	3,9
2000	16,4	3,5	13,6	3,2	15,8	4,0
2005	18,8	4,4	14,2	3,6	16,1	4,5

Quelle: UN (2006)

Durch die sinkenden Fertilitätsraten sowie die verlängerte Lebenserwartung nimmt der Anteil alter, vor allem hochaltriger Menschen an der Gesamtgesellschaft zu. Jüngere Kohorten verbringen also mehr Zeit in der Altersphase, was individuell als Verbesserung der Lebensqualität im Vergleich zu vorangegangenen Kohorten angesehen werden kann. Gerade im Hinblick auf Renten- und Krankenversicherung sowie auf die Pflege alter Menschen wird aber gesamtgesellschaftlich häufig eine Überstrapazierung

28 Die Bezeichnungen Vereinigtes Königreich (UK) und Großbritannien werden in dieser Arbeit synonym verwendet, auch wenn die erste Bezeichnung eigentlich Nordirland mit einschließt, die zweite aber nicht. Die Trennung wird aber weder in der Literatur noch in den vorhandenen Daten strikt eingehalten, ihr wird deshalb auch in diesem Falle nicht weiter gefolgt. Die Betroffenheit von gesetzlichen Regelungen und Sozialleistungen ist die gleiche und es gibt keinen Grund anzunehmen, dass sich die nordirische Bevölkerung in anderen Bereichen, wie etwa der Demographie, sehr deutlich von der britischen unterscheidet und damit ein verzerrendes Moment darstellt.

der Sozialsysteme prognostiziert, die durch eine Verringerung der Beitragszahler in den geburtenschwächeren Jahrgängen noch verstärkt wird. Tabelle 4.1 legt das Verhältnis der Über-65-Jährigen und der Über-80-Jährigen zur Gesamtbevölkerung dar. In allen drei Ländern hat sich zwischen 1950 und 2005 der Anteil der Über-65-Jährigen nahezu verdoppelt, der der Über-80-Jährigen gar verdrei- bzw. vervierfacht. Das bedeutet für die einzelnen Kohorten, dass sie nicht nur eine längere Zeit in den gesellschaftlich institutionalisierten Lebensphasen »Alter« bzw. »hohes Alter« verbringen als ihre Vorgängerkohorten, sondern dass sie und ihre Altersgenossen im Vergleich zur Gesamtbevölkerung immer stärker ins Gewicht fallen. Dies verläuft für die drei untersuchten Länder zwar in ungefähr gleicher Richtung jedoch mit unterschiedlich starker Ausprägung. Wie Tabelle 4.1 zeigt, ist Deutschland vom Alterungsprozess am stärksten betroffen, 2005 waren 18,8 Prozent der Bevölkerung über 60, 4,4 Prozent über 80 Jahre alt. Die Alten und Hochaltrigen machen in den Niederlanden mit 14,2 bzw. 3,6 Prozent einen geringeren Anteil aus, Großbritannnien nimmt eine Mittelposition ein.

Diese Entwicklung versucht man auch mit der Berechnung der sogenannten *Old Age Dependency Ratio* (OAR) abzubilden. Die OAR misst das Verhältnis der Altersgruppen, die 65 Jahre und älter sind, zur vermeintlich beruflich aktiven, sozialversicherungspflichtig beschäftigten Bevölkerung zwischen 15 und 64. Die OARs der hier relevanten Länder spiegeln – wenig überraschend – die Entwicklungen der Anteile der Über-65-Jährigen an der Gesamtbevölkerung und die Fertilitätsentwicklung wider. Zwischen 1950 und 2005 stieg die OAR der Niederlande von 12 auf 21 Prozent, die des Vereinigten Königreichs von 16 auf 24 und – wie immer am massivsten – in Deutschland von 14 auf 28 Prozent. UN-Prognosen für das Jahr 2050 geben für Deutschland eine OAR von 53, für Großbritannien von 40 und für die Niederlande von 43 an (vgl. UN 2006). Diese Zahlen werden auch deshalb im politischen (Krisen-) Diskurs häufig verwendet, weil sie angeblich im Bereich der Sozialversicherung das Verhältnis von Beitragszahlern zu Beitragsempfängern darstellen. Dies stimmt aber – wenn überhaupt – nur bedingt, schließlich ist keineswegs jeder zwischen 15 und 64 Jahren sozialversicherungspflichtig beschäftigt. Ausbildungszeiten dauern teilweise bis Mitte oder Ende 20, die Frühverrentung hingegen lässt Arbeitnehmer mitunter schon mit Anfang 50 aus dem Berufsleben ausscheiden. Ebenso müssten Frauenerwerbs-

sowie Arbeitslosigkeitsquoten in die Berechnungen mit einfließen, um ein stimmiges Bild zu schaffen.[29]

Generell bleibt zwischenbilanzierend festzuhalten, dass sich für die demographische Entwicklung insgesamt keine Brüche ausmachen lassen, die generationelle Kollektive abgrenzen würden; die Bevölkerungsdynamik verläuft kontinuierlich. Sie ist dadurch für die betreffenden Individuen kaum wahrnehmbar und hat deshalb wahrscheinlich zunächst keinen starken Einfluss auf die Erfahrungsstruktur einzelner Kohorten. Vermutlich bedarf es erst problematisierender Diskurse, um der Bevölkerung den demographischen Wandel bewusst zu machen, hierdurch können dann Erfahrungsstrukturen beeinflusst werden. Es lassen sich beim Verlauf der demographischen Entwicklung deutliche nationale Unterschiede zwischen den Ländern betrachten. So ist der demographische Wandel in Deutschland massiver als in Großbritannien und den Niederlanden – die betreffenden Kohorten können dadurch unter Umständen stärker beeinflusst werden als in den beiden anderen Ländern.

Entwicklungen des Arbeitsmarktes und der Rentenfinanzen

Im Folgenden sollen die Verhältnisse auf dem Arbeitsmarkt betrachtet werden. In leistungs- und beitragsgerechten Systemen wie der deutschen Gesetzlichen Rentenversicherung[30] sowie in betrieblichen und privaten Altersvorsorgesystemen spielt die Stellung auf dem Arbeitsmarkt eine große Rolle. In Zeiten der Arbeitslosigkeit kann entweder kein oder nur ein geringer Beitrag zur Rentenversicherung entrichtet werden. Gesamtwirtschaftlich gesehen führen Perioden mit hoher Arbeitslosigkeit zu niedrigeren Einnahmen von Sozialbeiträgen, was sich selbstverständlich auch auf die finanzielle Gesamtsituation der Rentensysteme auswirkt. Außerdem ist anzunehmen, dass sich eine Vergrößerung des Risikos der Arbeitslosigkeit

---

29 Hier bedarf es eines neuen, deutlich komplexeren Berechnungsmechanismus, der die verschiedensten volkswirtschaftlichen Kennziffern aufnimmt. Seine Erstellung kann in der vorliegenden Arbeit nicht geleistet werden, da solche Ergebnisse für die hier verfolgte Fragestellung zweitrangig sind. Gerade im Zusammenhang mit stärker demographisch orientierten Untersuchungen könnte eine solche Ratio zwischen Beitragszahlern, Nichtzahlern und Leistungsempfängern aufschlussreich sein. Hier könnten auch neue Hinweise gewonnen werden auf die Fähigkeiten von Gesellschaften, mit demographischen Alterungsprozessen umzugehen.

30 Eingeschränkt gilt dies auch für die staatliche Rente in Großbritannien, besonders was die äquivalenzbezogenen Zusatzsysteme (SERPS, S2P) angeht.

auch auf das Empfinden von sozialer Sicherheit auswirkt – vermutlich steigt die Unsicherheit besonders in den Sektoren der Bevölkerung, die sich von diesem Risiko bedroht fühlen.

Abbildung 4.1: Entwicklung der Arbeitslosigkeitsraten (in Prozent)

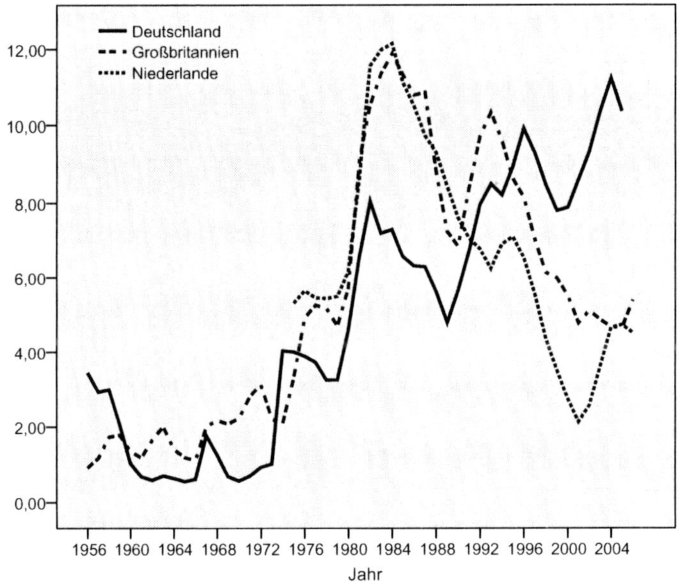

Quelle: Daten: OECD.stat, eigene Darstellung

Abbildung 4.1 stellt die Entwicklung der Arbeitslosigkeit in den drei Vergleichsländern dar. Dabei sind Daten für Deutschland und Großbritannien bereits ab 1956, für die Niederlande allerdings erst ab 1975 verfügbar. Insgesamt ist ein deutlicher langfristiger Einfluss der krisenhaften wirtschaftlichen Entwicklung der 1970er Jahre zu sehen. Die 1960er Jahre sind in Großbritannien und Deutschland durch sehr geringe Arbeitslosigkeit gekennzeichnet. Dies sind die Jahre, in denen in beiden Ländern sogar noch Gastarbeiter aus dem Ausland in den Arbeitsmarkt integriert werden müssen, um die Nachfrage nach Arbeitskräften zu decken. In der zweiten Hälfte der 1970er Jahre ändert sich das Bild merklich, bevor in allen drei betrachteten Ländern Anfang der 1980er Jahre die Arbeitslosigkeitsraten noch stärker steigen. In den Niederlanden und Großbritannien werden vorübergehend Raten von über 10 Prozent erreicht (vgl. zu den Hintergründen dieser Entwicklung auch Kapitel 3). In Deutschland gestaltet sich die Situation in dieser Zeit vergleichsweise weniger misslich, hier werden die Höhepunkte der Arbeitslosigkeit erst in den 1990ern und massiv noch einmal am Anfang des neuen Jahrtausends sichtbar. Dies ist auch auf die Integration der Systeme der beiden deutschen Staaten und deren Folgeschwierigkeiten zurückzuführen (vgl. auch Kapitel 3.2).

Dabei ist die Arbeitslosigkeit nicht über alle Lebenslaufphasen der Betroffenen gleich verteilt.[31] In allen drei Ländern ist das Arbeitslosigkeitsproblem der 1980er Jahre vor allem ein Problem der Altersgruppe der 15–24-Jährigen. Dieses Problem stellt sich besonders massiv für Großbritannien und die Niederlande dar, die Jugendarbeitslosigkeit liegt Anfang der 1980er Jahre in den Niederlanden bei 25 Prozent, in Großbritannien liegt sie 1984 bei 19,7 Prozent. Beide Länder haben es geschafft, das Problem einzudämmen, Anfang des neuen Jahrtausends liegt die Jugendarbeitslosigkeitsrate aber immer noch über den Raten anderer Altersgruppen (vgl. OECD 2003). In Deutschland liegt die Arbeitslosigkeitsrate der 15–24-Jährigen zwischen 1982 und 2002 zwar auch leicht über derjenigen der 25–54-Jährigen, viel massiver fällt allerdings die Arbeitslosigkeit unter den 55–64-Jährigen aus. Ende der 1990er Jahre betragen die Arbeitslosigkeitsraten dieser älteren Arbeitnehmer 14–15 Prozent und liegen damit grundsätzlich 6 bis 7 Prozentpunkte über der Rate der 25–54-Jährigen. Die jüngste Altersgruppe der bis 24-Jährigen weist lediglich einen Abstand von etwa einem Prozentpunkt zu dieser mittleren Altersgruppe auf. Dieses Problem ist in den beiden anderen Ländern nicht zu beobachten, hier liegen die Arbeitslosigkeitsraten der älteren Arbeitnehmer mitunter gar noch unter denen der mittleren Altersgruppe (vgl. OECD 2003). Es ist anzunehmen, dass in Deutschland besonders die Phase vor der Verrentung mit dem Empfinden von sozialer Unsicherheit zusammenhängt, während in den anderen beiden Ländern diese Risikophase an den Anfang der beruflichen Kohortenbiographie eingeordnet werden kann. Dies gilt dann besonders für Phasen, die sich durch hohe Arbeitslosigkeit sowie mangelhafte politische Mechanismen der Förderung von Jugenderwerbstätigkeit auszeichnen.

Tabelle 4.2 zeigt den Anteil derjenigen, die im Alter zwischen 60 und 64 Jahren noch erwerbstätig sind. Für Männer zeigt sich in allen drei Vergleichsländern seit 1983 eine sinkende Tendenz, während die Quote für

31 Vgl. Tabelle 1 im Anhang.

Frauen stagniert. Die Zahlen für Deutschland und die Niederlande bieten ein ähnliches Bild: die Quote der erwerbstätigen Männer zwischen 60 und 64 Jahren sinkt im betrachteten Zeitraum (1983–1999) auf unter ein Drittel, während die Quote bei den Frauen in der gleichen Altersgruppe um 10 Prozent pendelt. Eine Ausnahme bildet das Vereinigte Königreich; hier sind noch zirka die Hälfte der 60–64-jährigen Männer und etwa ein Viertel der Frauen erwerbstätig. Dies ist vor allem deshalb verwunderlich, da das staatliche Verrentungsalter für Frauen in Großbritannien bei 60 Jahren liegt. Dass diese Ergebnisse (auch) durch die niedrigen Raten der britischen *Basic State Pension* erklärt werden können, kann hier allerdings nur vermutet werden.

Tabelle 4.2: Anteil der Erwerbstätigen an der Gesamtbevölkerung in der Altersgruppe 60-64 (in Prozent)

	Deutschland		Niederlande		Großbritannien	
Jahr	Frauen	Männer	Frauen	Männer	Frauen	Männer
1983	11	37	8	34	20	52
1985	10	32	7	29	18	50
1990	10	32	8	22	22	49
1995	10	26	8	20	25	45
1999	11	28	10	27	24	47

Quelle: Daten: OECD 2001b, eigene Darstellung

An die Darstellung der oben genannten Tabelle schließt sich die Frage an, wie sich die Möglichkeit der Frühverrentung für verschiedene Kohorten gewandelt hat. Der Einstieg in die Rente vor dem staatlichen Verrentungsalter hängt von einer Reihe verschiedener Faktoren ab, zu denen etwa Entwicklungen und Anreize des Arbeitsmarktes und der Rentenversicherung, der individuelle Gesundheitszustand sowie die Höhe und Verfügbarkeit finanzieller Ressourcen aus den verschiedenen Säulen der Alterssicherung gehören. In den 1970er Jahren wurden die Altersgrenzen für die Verrentung in vielen Wohlfahrtsstaaten flexibilisiert; im Zuge steigender Arbeitslosigkeit, besonders jüngerer Altersgruppen, wurde die Frühverrentung als Möglichkeit angesehen, den Arbeitsmarkt von der hohen Nachfrage nach Arbeitsplätzen zu entlasten. Die Möglichkeit des verfrühten Ausstiegs aus dem Arbeitsmarkt wird einerseits zur Messung des Grades der Dekommodifizierung des Wohlfahrtsstaates genutzt und gilt damit als durch die Entwicklung des modernen Sozialstaates hervorgerufener Fortschritt. Andererseits bedeuten große Anteile von Frühverrenteten gerade in finanziell geschwächten und demographisch alternden Rentensystemen eine zusätzliche Belastung (vgl. Behrendt 2003: 52).

Abbildung 4.2: Durchschnittliches Verrentungsalter von Männern in Fünfjahresverrentungskohorten (dynamische Schätzung nach Scherer 2002)

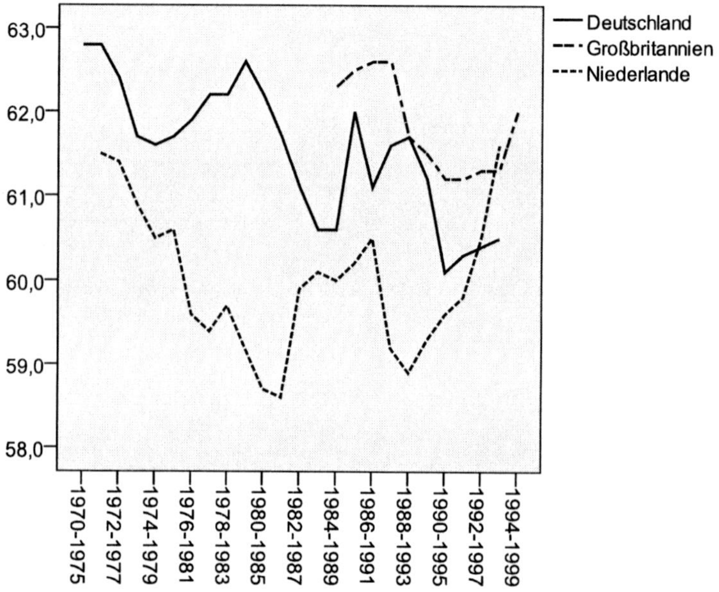

Quelle: Daten: Scherer 2002, eigene Darstellung

Abbildung 4.2 zeigt das durchschnittliche Verrentungsalter von Männern. Dabei lässt sich feststellen, dass das in allen drei Ländern geltende gesetzliche Verrentungsalter von 65 Jahren vom Durchschnitt der Erwerbstätigen nicht eingehalten wurde. Bis Mitte der 1990er Jahre sinkt das tatsächliche Verrentungsalter sogar noch weiter. Dies ist im Übrigen ein Trend, der für alle europäischen Wohlfahrtsstaaten zutrifft (vgl. Behrendt 2003, Scherer 2002). Soweit die Daten verfügbar sind, lassen sich ähnliche zeitliche Einflüsse erkennen. Das Verrentungsalter sinkt zuerst Anfang der 1980er Jahre, steigt dann wieder leicht und sinkt Anfang der 1990er Jahre erneut.

Die hier dargestellten Trends decken sich übrigens mit den Entwicklungen der Arbeitslosigkeit (vgl. Abbildung 4.1): In Zeiten hoher Arbeitslosigkeit sinkt das Verrentungsalter und entlastet somit den Arbeitsmarkt und die Nachfrage nach Arbeitsplätzen. Ebenfalls ist erkennbar, dass das Verrentungsalter Ende der 90er in allen Ländern wieder ansteigt. Dies ist einerseits auf die relativ günstige Situation am Arbeitsmarkt zurückzuführen, andererseits greifen vielleicht auch schon die ersten Umdenkprozesse und Anreizstrukturen, länger zu arbeiten. In Deutschland ist beispielsweise durch das Rentenreformgesetz 1992 auch eine gesetzliche Grundlage geschaffen worden um die Frühverrentung einzudämmen (vgl. Kapitel 3.2 dieser Arbeit).

Abbildung 4.3: Durchschnittliches Verrentungsalter von Frauen in Fünfjahresverrentungskohorten (dynamische Schätzung nach Scherer 2002)

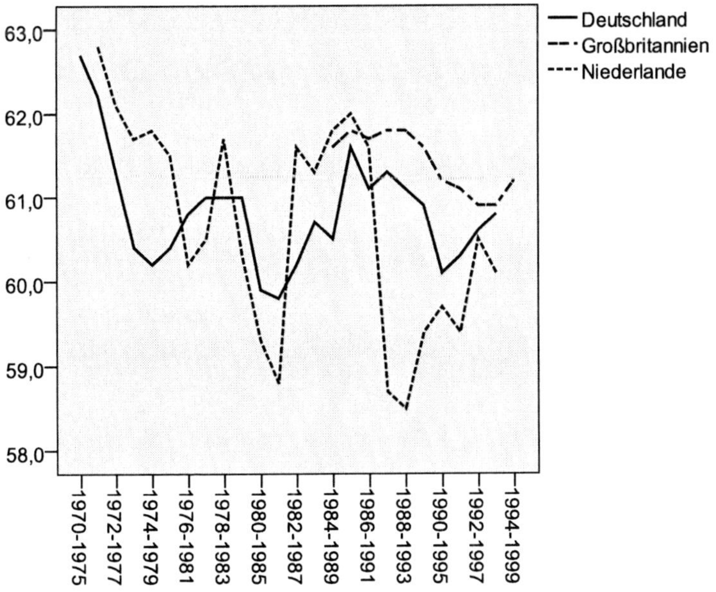

Quelle: Daten: Scherer 2002, eigene Darstellung

Die dargestellten Entwicklungen treffen in Deutschland und den Niederlanden in stärkerem Maße auf Frauen zu, diese werden tendenziell noch früher verrentet als Männer (vgl. Abbildung 4.3). Eine Ausnahme bildet hier lediglich Großbritannien. Britische Frauen arbeiten durchschnittlich länger als sie aufgrund des gesetzlichen Verrentungsalters müssten. Dies beträgt im Gegensatz zu Deutschland und den Niederlanden nur 60 Jahre.[32] Trotzdem ist das tatsächliche Verrentungsalter bei britischen Frauen auch im Vergleich mit den beiden Ländern sehr hoch, eine Beobachtung, die sich auch mit der hohen Quote noch berufstätiger Frauen in der Altersgruppe der 60–64-Jährigen deckt. Insgesamt ist die Entwicklung des Verrentungsalters für Frauen durch größere Sprünge gekennzeichnet als für Männer. Es lassen sich für Deutschland und die Niederlande zwar auch die niedrigen Renteneinstiegsalter in den krisenhaften Zeiten Anfang der 1980er Jahre und um 1990 herum wiederfinden, die Trends gestalten sich insgesamt aber weniger eindeutig. Lediglich im britischen Fall stellt sich der durchschnittliche Zeitpunkt für den Austritt aus dem Erwerbsleben von Frauen als relativ konstant dar.

Welche Schlüsse sind nun aus diesen Ergebnissen für die Erfahrungsstrukturen von Kohorten zu ziehen? Bei den Männern sinkt das Verrentungsalter bis Anfang der 1990er Jahre, wobei aber aufgrund der großen Brüche nur schwer markante Kohortengrenzen auszumachen sind. Seit Beginn der 1990er Jahre steigt das Verrentungsalter zunehmend wieder. Eindeutige Trends lassen sich nicht ausmachen, eher ist zu konstatieren, dass sich das durchschnittliche Verrentungsalter wieder seinem Stand von 1970 annähert. Bei den Frauen ist eine Aussage über eine Beeinflussung von Kohorten weitaus schwieriger, hier ist die Entwicklung noch unruhiger und sprunghafter. Für Deutschland und die Niederlande ist festzustellen, dass sowohl Frauen als auch Männer, die um 1980 und um 1990 herum verrentet wurden, tendenziell früher in Rente gingen als dies für Rentnerkohorten der Fall war, die ihren Rentenzugang außerhalb dieser Zeiträume erfuhren. Für den britischen Fall lässt sich solch eine Aussage aufgrund der mangelnden Datenlage nur für den Zeitraum um 1990 treffen, insgesamt scheint hier die Entwicklung generell konstanter zu verlaufen als in den beiden anderen Ländern. Aus diesen Zahlen lässt sich natürlich nicht darauf schließen, dass das Verrentungsalter einen Einfluss auf das Empfinden sozialer Sicherheit im Alter hatte oder wie sich dieser Einfluss gestaltete. Ob die frühe Verrentung den ersehnten Ausstieg aus dem Arbeitsleben bedeutete, der den Beginn eines gut abgesicherten Ruhestandes darstellte oder doch eher eine Aussortierung aus dem von Jüngeren geprägten Er-

32 Das Verrentungsalter von Frauen soll erst zwischen 2010 und 2020 schrittweise von 60 auf 65 Jahre angehoben werden.

werbsfeld, das zusätzliche Abschläge bei der Rente mit sich brachte – solche Extrempole können wohl kaum für ganze Kohorten verallgemeinert werden. Festhalten lässt sich jedoch, dass die männlichen Kohorten, die in den 80er und 90er Jahren verrentet wurden, tendenziell früher in die Zeit der Verrentung starteten und durch die steigende Lebenserwartung auch länger in ihr verblieben als ihre älteren Kollegen.

Abbildung 4.4: Entwicklung des Bruttoinlandsproduktes pro Kopf (in US-Dollar)

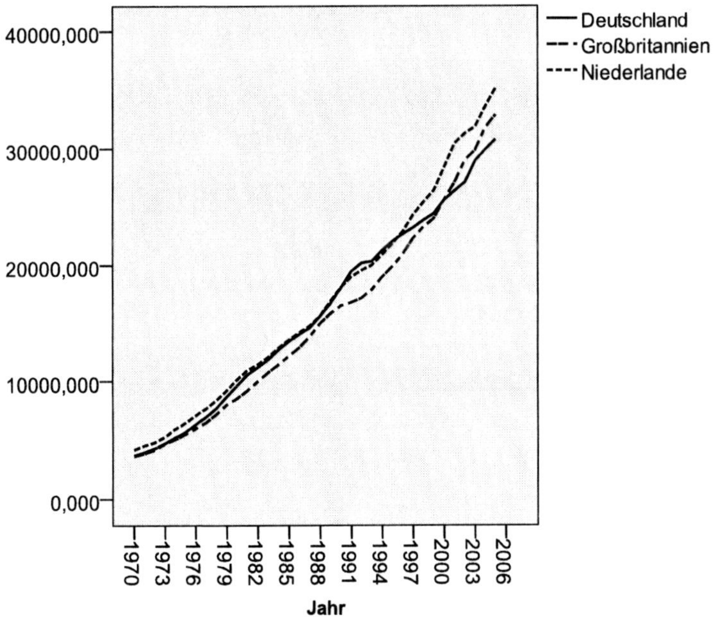

Quelle: Daten: OECD.stat, eigene Darstellung

Im Folgenden wird näher auf die wirtschaftliche Entwicklung der drei Länder sowie der Finanzen ihrer jeweiligen Sozial- und Rentensysteme eingegangen. Zunächst interessiert dabei die volkswirtschaftliche Entwicklung, die hier in der Entwicklung des Bruttoinlandsproduktes[33] (BIP) pro Kopf dargestellt wird. Insgesamt zeigt sich, dass das Bruttoinlandspro-

33 Das Bruttoinlandsprodukt bezeichnet den Wert aller Güter und Dienstleistungen, die in einem Jahr innerhalb der Landesgrenzen einer Volkswirtschaft von In- und Ausländern erwirtschaftet werden.

dukt zwischen 1970 und 2006 in allen betrachteten Ländern deutlich zugenommen hat, die Entwicklungslinien der drei betrachten Länder liegen so nah beisammen, dass die Unterschiede vernachlässigenswert sind. Hierdurch wird eine Vergleichbarkeit der wirtschaftlichen Lage gewährleistet, was den Einfluss der jeweiligen Ausgestaltung der sozialen Sicherungssysteme deutlicher hervortreten lässt. Das Bruttoinlandsprodukt kann als Bemessungsgrundlage für Staatsausgaben dienen. Zunächst sollen hier die Ausgaben für soziale Sicherheit betrachtet werden, wobei soziale Sicherheit in diesem Falle die Ausgaben für die Krankenversicherung, die Rente, die Sozialhilfe, Familienunterstützung und andere arbeitnehmerorientierte Socialleistungen mit einschließt.

Tabelle 4.3: Anteil der Ausgaben für soziale Sicherheit am Bruttoinlandsprodukt (in Prozent, gerundet)

Jahr	Deutschland	Niederlande	Großbritannien
1960	12,0	...	6,8
1968	13,7	16,2	8,7
1974	14,6	20,7	9,7
1987	16,2	25,7	12,8
1990	15,2	25,8	11,8
1995	18,1	15,3	15,3
2000	18,8	11,9	13,2

Quelle: OECD (1999), OECD (2001a), bei abweichenden Daten: OECD (2001a). Soziale Sicherheit umfasst hier alle staatlichen Sozialleistungen.

Tabelle 4.3 zeigt, dass sich die Ausgaben für soziale Sicherheit als Anteil am Bruttoinlandsprodukt zwischen 1960 und 2000 zumindest in Deutschland und Großbritannien vergrößert hat. Deutschland hat 1960 einen Anteil von 12 Prozent am Bruttoinlandsprodukt für die Ausgaben sozialer Sicherheit aufgewendet, dieser Anteil ist bis zum Jahr 2000 auf 18,8 Prozent geklettert. Großbritannien hat seinen Anteil zwischen 1960 und 2000 von 6,8 auf 13,2 Prozent nahezu verdoppelt, wobei in den Zeiten der Arbeitsmarktkrisen in den 1980er und -90er Jahren zwischenzeitlich höhere Ausgabenanteile zu verzeichnen sind. Die Niederlande, für die die Daten erst ab 1968 zur Verfügung stehen, haben eine kurvilineare Entwicklung durchgemacht. Nach einem Ausgabenhoch Ende der 1980er und

Anfang der 1990er kam es zu generellen Leistungskürzungen (vgl. Kapitel 3.3); der Anteil der Ausgaben für die soziale Sicherheit am BIP liegt inzwischen mit 11,9 Prozent unter den Ausgaben von 1968. Lediglich an den niederländischen Zahlen kann also eine Einwirkung der Krise und Transformation des Wohlfahrtsstaates seit den 1980er Jahren gesehen werden; für die beiden anderen Länder trifft das nicht zu, sie wachsen im betrachteten Zeitraum sogar noch.

Im Vergleich dazu sind die Anteile der Ausgaben für die Rentenversicherung relativ konstant; hier liegen allerdings die Daten erst ab 1980 vor (vgl. Tabelle 4.4). In allen betrachteten Ländern sind die Ausgaben zwar gestiegen, ihr Anteil am BIP hat sich aber wenn überhaupt nur mäßig verändert. In Deutschland pendelt der Wert um die zehn bis elf Prozent, in Großbritannien und den Niederlanden jeweils zwischen vier und sechs. Beim Vergleich der Länder untereinander muss allerdings bedacht werden, dass in Großbritannien und den Niederlanden die betriebliche bzw. die private Altersvorsorge eine viel stärkere Stellung hat als in Deutschland. In der Bundesrepublik bedeutet die gesetzliche Rentenversicherung nach wie vor die Haupteinkommensquelle im Alter, während die BSP und das AOW lediglich eine Grundsicherung bereit stellen, die durch die erwähnte betriebliche und private Vorsorge ergänzt wird (vgl. Europäische Kommission 2002b).

Tabelle 4.4: Ausgaben gesetzlicher Rentenversicherungen in Millionen Euro (in Prozent des BIP, gerundet)

Jahr	D: GRV		NL: AOW		GB: BSP	
1980	49.745,75	(10,0)	8.749,33	(5,9)	7.678,00	(4,2)
1985	61.423,39	(10,1)	10.393,83	(5,7)	12.831,00	(4,5)
1990	81.016,30	(9,6)	13.351,98	(6,1)	23.178,25	(5,0)
1995	133.988,37	(10,4)	15.180,31	(5,4)	30.610,03	(5,6)
2000	156.195,94	(10,8)	19.098,00	(5,2)	39.584,00	(5,6)
2003	173.751,21	(11,3)	22.427,00	(5,9)	47.548,90	(5,9)

Quelle: OECD.stat

Generell ist es allerdings in allen Ländern schwierig, allein aufgrund der Ausgaben eine Ungleichbehandlung von Kohorten festzustellen. Die Anteile der Sozialausgaben insgesamt am Bruttoinlandsprodukt schwanken zwar beträchtlich, jedoch sind hierfür teilweise Umstände der wirtschaftlichen Entwicklung und des Arbeitsmarktes verantwortlich. In Großbritannien und Deutschland sind die Ausgaben für soziale Sicherheit zwischen 1960 und 2000 sogar noch gestiegen. Auch die Ausgaben für die Rentenversicherung weisen ein kontinuierliches wenn auch mäßiges Wachstum auf – Gewinner- und Verliererkohorten lassen sich an diesen staatlichen Ausgaben zunächst nicht festmachen. Der Staat zahlt – gemessen am Bruttoinlandsprodukt – schließlich allen Kohorten ähnlich viel.

Für die Illustration der Ungleichheit zwischen Generationen bedarf es aber natürlich detaillierterer Daten; nämlich solcher die darstellen, wie sich die Renteneinnahmen und -ausgaben für die Individuen auswirken.[34] In Deutschland stiegen die Beitragssätze zur Rentenversicherung von 14 Prozent des Lohnes im Jahr 1960 auf 19,9 Prozent im Jahr 2007.[35] Diese Entwicklung folgt allerdings einem Trend, der für die gesamte Sozialversicherung gilt, die Beiträge stiegen hier von 24,4 Prozent des Lohnes im Jahr 1970 auf 39,8 Prozent im Jahr 2007[36] (vgl. VDR 2007: 211). Ein Modellrentner, also ein Rentner, der 45 Versicherungsjahre aufweisen kann und in dieser Zeit Beiträge von einem durchschnittlichen Einkommen bezahlt hat, bekam 1970 eine Nettorente (vor Steuern) von umgerechnet 6.118 Euro im Jahr. Bis 2006 stieg dieser Betrag auf 24.494 Euro im Jahr. Diese Zahlen lassen sich allerdings nur schwer vergleichen, deshalb setzt man diese Zahlen gern in Beziehung zum Gehalt eines Durchschnittsverdieners – so erhält man das Nettostandardrenteniveau. Dieses stieg von 55,2 Prozent des Medianeinkommens im Jahr 1970 auf 59,5 Prozent im Jahr 1979, um dann wieder stetig auf 52,2 Prozent des Medianeinkommens im Jahr 2006 abzusinken (vgl. VDR 2007: 206). Solche Daten werden in der medialen Diskussion häufig dazu benutzt, eine Generationenungerech-

34 Eine ländervergleichende Darstellung gestaltet sich deshalb schwierig, weil die Vergleichsländer die Entwicklung ihrer Renteneinnahmen und Ausgaben unterschiedlich darstellen. In Deutschland orientiert man sich an Beiträgen und Leistungen des Modellrentners, in Großbritannien wird das tatsächliche Wocheneinkommen der Rentner dokumentiert, in den Niederlanden interessiert wegen der Koppelung an den Mindestlohn v.a. die Kaufkraftentwicklung.

35 Vgl. hierzu auch Tabelle 2 im Anhang.

36 Diese Quote bezieht sich auf die alten Bundesländer. In den neuen Bundesländern stieg die Quote von 35,8 Prozent im Jahr 1990 auf 39,4 Prozent im Jahr 2007.

tigkeit festzustellen, trotz steigender Beiträge erhalten jüngere Kohorten weniger Rente.[37] Fraglich ist, inwiefern eine solche Berechnung weiterhilft. Die durchschnittliche Zahl von Beitragsjahren westdeutscher Rentenbezieher betrug bei im Jahr 2006 verrenteten Männer 39,1 bei Frauen. 25,7 Jahre[38] (vgl. VDR 2007: 95–96). Eine Berechnungsgrundlage von 45 Jahren oder sogar – wie in letzter Zeit häufiger – von 40 Jahren geht an der Erfahrung von Kohorten, vor allen Dingen der Frauen, vorbei. Dies ist bereits ein deutlicher Hinweis darauf, dass der »Modellrentner« keineswegs die Realität ganzer Kohorten wiedergibt.[39]

Weitere Hinweise auf intragenerationelle Differenzen ergeben sich auch bei der Betrachtung betrieblicher und privater Zusatzsysteme, die in Deutschland nicht für alle Mitglieder von Kohorten auf die gleiche Weise verfügbar sind. Die Abdeckung der Bevölkerung durch die betriebliche Rente in Deutschland ist stark nach Beschäftigungssektoren diversifiziert: 28 Prozent der Arbeitnehmer im Handel und 64 Prozent in der Industrie (neue Bundesländer: jeweils 16 Prozent bzw. 20 Prozent) waren 1999 durch betriebliche Systeme abgedeckt. Im öffentlichen Dienst bezogen 1999 87 Prozent der Männer und 52 Prozent der Frauen eine Zusatzrente (vgl. Europäische Kommission 2002b). Die private Rente wird erst seit der Riester-Reform von 2001 massiv staatlich gefördert, sie wird für die Rentnerkohorten der Zukunft von großer Bedeutung sein. Da die Leistungen der privaten Rente strikt an die Einnahmen gekoppelt sind, findet keine solidarische Umverteilung innerhalb von Kohorten statt. Das heißt, dass die Unterschiede im Lebensstandard künftig auch in der Rentenbezugsphase von größerer Bedeutung sein werden als bisher, da einkommensschwache Gruppen keine oder nur eine geringe private Vorsorge aufbauen können, gut verdienende dafür aber auch gut für ihr Alter vorsorgen können (vgl. Hauser 2001).

---

37 Darauf basierend wird häufig befürchtet, dass zukünftige Kohorten gar mehr in die deutsche Rentenversicherung einzahlen, als sie wieder zurückerhalten. Klaus-Wilhelm Salthammer (2003) hat auf der Basis von Modellrechnungen dargestellt, dass die erhaltenen Renten in Deutschland auch für zukünftige Kohorten keineswegs – wie häufig medial suggeriert wird – unter den vorher gezahlten Beiträgen liegen. Die Kohorte der 1980 Geborenen wird demnach im Mittel real etwa das Doppelte, nominal gar das Dreifache ihrer geleisteten Beiträge als Rente zurückerhalten.

38 Für die neuen Bundesländer stellt sich diese Zahl allerdings etwas anders dar; Männern wiesen 2006 44,4 Beitragsjahre während ostdeutsche Frauen vor der Verrentung durchschnittlich 41,5 Jahre gearbeitet hatten.

39 Zur genauen Beschreibung von Versichertenbiographien vgl. Hauschild 2002.

Die niederländische Grundrente nach dem AOW ist seit 1964 an ein soziales Minimum und seit 1973 offiziell an den Mindestlohn gekoppelt. Die Kaufkraft des Mindestlohns sank allerdings von 1979 bis 1985 um zirka 13 Prozent, um bis 1990 wieder um 7 Prozent zu steigen (vgl. de Kruik 2006: 58). Die Entwicklung der gesetzlichen Renten sagt allerdings wenig über die Lebensrealität niederländischer Rentner aus. Darüber hinaus spielen betriebliche Alterssicherungssysteme eine große Rolle: Inzwischen sind nahezu 100 Prozent der Niederländer durch betriebliche Rentenzusatzsysteme versichert (vgl. de Kruik 2006: 21). In der Zeit der massiven Expansion des niederländischen Sozialstaates während der 1960er Jahre stiegen die Rentenleistungen zunächst, bis die wirtschaftliche Entwicklung der 1970er Jahre dies stoppte. Zwischen 1977 und 1985 erfuhren die niederländischen Rentner eine Minderung ihres durchschnittlichen Einkommens um knapp 4 Prozent, das der Unter-65-Jährigen sank allerdings im gleichen Zeitraum um 18,6 Prozent – die Rentner waren also vergleichsweise gut abgesichert. Seit 1985 wächst das Einkommen beider Gruppen wieder, im Zuge des »dutch miracle« steigen die Löhne und die Kaufkraft. Insgesamt hat sich die Einkommensposition der Über-65-Jährigen über die Jahre stark verbessert, ihr durchschnittliches Einkommen ist zwischen 1990 und 2004 um zirka 13 Prozent gestiegen, das der Unter-65-Jährigen dagegen nur um etwa 11 Prozent (vgl. de Kruik 2006).[40] Im Vergleich zu anderen Gruppen sozialer Leistungsempfänger hat sich die Kaufkraft der Senioren zwischen 1990 und 1999 deshalb so günstig entwickelt, weil so viele niederländische Rentner durch Zusatzrenten abgesichert sind. Die Altersvorsorge der dritten Säule hingegen beschränkt sich bislang auf die oberen Einkommensdezile (vgl. Caminada/Goudsward 2003: 76–77).

Das durchschnittliche Nettoeinkommen von britischen Rentnern[41] hat sich zwischen 1979 und 2006 von 106 Britischen Pfund pro Woche auf 292 Britische Pfund pro Woche erhöht[42] (vgl. DWP 2007: 11). Zwischen 1996 und 2006 sank der Anteil der staatlich organisierten Rente am Gesamtbruttoeinkommen von 53 auf 45 Prozent, der Anteil der betrieblichen Rentenleistungen lag etwa bei einem Viertel des Einkommens. Das Erwerbseinkommen hat seinen Anteil von durchschnittlich 7 auf 16 Prozent nahezu verdoppelt, private Renten machten 2006 lediglich 3 Prozent des Gesamteinkommens aus (vgl. DWP 2007: 12). Die staatliche Rente ist für

40 Vgl. Tabelle 3 im Anhang.

41 Vgl. Tabelle 4 im Anhang.

42 Die Werte sind berechnet in Preisen von 2005/2006.

nahezu alle Rentner als Einkommensquelle vorhanden, 2006 bezogen 96 Prozent der Rentner eine solche Rente. 71 Prozent bezogen Einkommen aus Erspartem, 59 Prozent eine betriebliche Rente (vgl. DWP 2007: 29). Zwischen 1979 und 1995/96 sind die durchschnittlichen Einkommen britischer Rentner schneller gewachsen als die der restlichen Bevölkerung. Während sich 1979 noch 44 Prozent aller Rentner im untersten Einkommensquintil befanden, halbierte sich diese Zahl bis 2005/06 nahezu auf 23 Prozent (DWP 2007: 56). Insgesamt lassen sich bis jetzt schwerlich Anzeichen für generationelle Unterschiede oder gar Benachteiligungen jüngerer Kohorten finden. John Hills (1996, 2005) stellt jedenfalls für die Gesamtsozialleistung Großbritanniens auf der Basis von Computersimulationen fest, dass lediglich die Kohorten der zwischen 1901 und 1921 geborenen Briten eine leichte Übervorteilung erfahren haben. Hills geht davon aus, dass auch die zukünftig Beiträge zahlenden und Leistungen beziehenden Kohorten keineswegs »Verlierergenerationen« werden müssen – vorausgesetzt, Leistungen und Beiträge verändern sich nicht maßgeblich.

Was ebenfalls für die Darstellung der materiellen Situation im Alter nicht vernachlässigt werden darf, ist der Besitz von Immobilien, besonders von solchen, in denen man selbst lebt. In der Rentenbezugsphase sind Hypotheken meistens abbezahlt, deshalb kann der Besitz eines Hauses durchaus ein wichtiges Element für das Empfinden sozialer Sicherheit sein. Mitte der 1990er Jahre besaßen 41 Prozent der verrenteten Niederländer und 58 Prozent der deutschen Rentner ein eigenes Haus. In Großbritannien betrug diese Zahl gar 78 Prozent (vgl. Casey/Yamada 2002: 25, 53). Es wird generell darauf hingewiesen, dass in Großbritannien der Immobilienbesitz bei der Altersvorsorge eine starke Rolle einnimmt. Dies wirkt sich mitunter dahingehend negativ aus, dass Individuen, die ein Haus besitzen, dies als genügende Alterssicherung ansehen, was bei weitem nicht immer der Fall ist (vgl. Phillips/Hancock 2006, Turner u.a. 2006). Möglicherweise kann diese starke Stellung des Immobilienbesitzes durch die mangelhafte Sicherungsleistung der staatlichen Renten sowie das in den letzten Jahren gewachsene Misstrauen der britischen Bürger in kapitalgedeckte private und betriebliche Systeme erklärt werden.

Wie gut die jeweiligen Rentensysteme das Ziel der sozialen Sicherheit im Alter tatsächlich gewährleisten, lässt sich an den Armutsquoten der Bevölkerung über 65 Jahren ablesen. In den Niederlanden zeigt sich eine vergleichsweise geringe Armutsquote[43] der Gesamtbevölkerung von 6 Prozent, die bei denjenigen über 65 Jahren noch deutlich unterschritten wird: Lediglich 1,6 Prozent der Niederländer dieser Altersgruppe leben in Armut. Dies ist dem staatlich organisierten System der Altersvorsorge geschuldet: Wer 50 Jahre in den Niederlanden gelebt hat oder die entsprechenden Jahre im Ausland durch Ausgleichszahlungen abgeglichen hat, bekommt eine Rente auf dem Niveau des Mindestlohnes. In Deutschland ist durch das bedarfs- und leistungsgerechte Rentensystem eine Angleichung der Quoten zu erkennen; 8,5 Prozent der Deutschen über 65 erhalten ein Einkommen, das weniger als die Hälfte des Durchschnittseinkommens beträgt. In der gesamten deutschen Bevölkerung beträgt die Quote 9,8 Prozent. Hier ist also nicht davon auszugehen, dass Alter tatsächlich noch eine »risk category« darstellt, in Deutschland und vor allem in den Niederlanden verringert sich die Armutsgefährdung in der Lebensphase Alter sogar noch. Ein anderes Bild ergibt sich für Großbritannien, hier steigt das Armutsrisiko bei den Über-65-Jährigen auf 14,4 Prozent, im Vergleich zu 11,4 Prozent in der Gesamtbevölkerung (vgl. OECD 2005). Dies liegt auch daran, dass die britische *Basic State Pension* – genau wie das niederländische AOW – eine Mindestsicherung zwar anstrebt, diese im Unterschied zu den Niederlanden aber keinesfalls erreicht. Alter ist in Großbritannien nach wie vor mit einem Armutsrisiko und damit auch mit sozialer Unsicherheit verbunden.

Wie bereits im zweiten Kapitel auf theoretischer Grundlage dargelegt wurde, ist die Konzentration auf rein finanzielle Aspekte bei der generationellen Prägung durch die Rentenversicherung unzureichend. So haben sich nicht nur die Umstände für die Beitragszahlungen zum Rentensystem geändert, auch die Umstände der Arbeit als solcher haben sich gewandelt. Insgesamt ist die Arbeit für jüngere Kohorten in Europa durch den Umschwung vom Industrie- auf den Dienstleistungssektor für immer größere Teile der Geburtsjahrgänge körperlich leichter geworden, was sich auch in der verlängerten Lebenserwartung niederschlägt. Dadurch, dass im Zeitverlauf die Bildungsmöglichkeiten expandiert sind, haben immer größere Sektoren von Kohorten eine längere Zeit im Bildungssystem verbracht als beispielsweise ihre Eltern, was die berufliche Zeit bis zur Verrentung verkürzt hat. Gleichzeitig hat eine Freizeitexpansion stattgefunden, die Wochenarbeitszeit hat sich verringert. Abbildung 4.5 gibt die Entwicklung der

43 Die Zahlen beziehen sich auf relative Armut, die die Zahl derjenigen misst, die weniger als 50 Prozent des Durchschnittseinkommens beziehen.

durchschnittlichen tatsächlich geleisteten Jahresarbeitszeit in Stunden wieder. Hier lässt sich erkennen, dass in allen drei Vergleichsländern die durchschnittliche Jahresarbeitszeit zwischen 1970 und 2006 stark gesunken ist. Am Kräftigsten schlägt sich dieser Wandel in Deutschland nieder, wo im genannten Zeitraum eine Verringerung der tatsächlichen Jahresarbeitszeit von durchschnittlich 1966 auf 1436 Stunden zu beobachten ist. In Großbritannien sinkt diese Zahl von 1943 auf 1669 Stunden.

Abbildung 4.5: Durchschnittliche tatsächlich geleistete Jahresarbeitszeit (in Stunden)

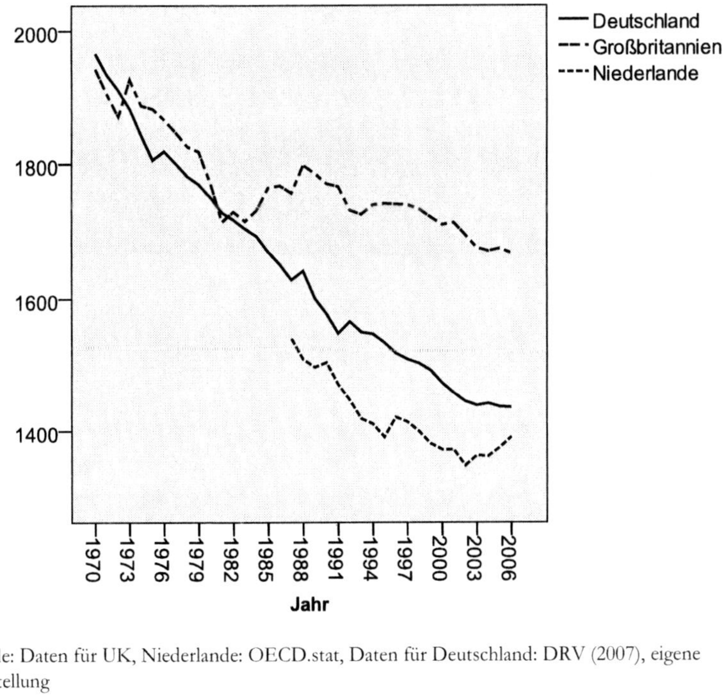

Quelle: Daten für UK, Niederlande: OECD.stat, Daten für Deutschland: DRV (2007), eigene Darstellung

Für die Niederlande sind die entsprechenden Daten erst ab 1987 verfügbar, in den folgenden 20 Jahren findet eine Verringerung der tatsächlich geleisteten Jahresarbeitsstunden von 1540 auf 1391 statt. Diese Darstellung gibt allerdings auch einen Trend wieder, der nicht für die Normalarbeitsverhältnisse des gesamten Arbeitsmarktes zutrifft, denn natürlich schließen die tatsächlich geleisteten Jahresarbeitsstunden auch die geleistete Teilzeitarbeit ein. Diese Form des Arbeitsverhältnisses ist traditionell in den Niederlanden stark vertreten, sein Anteil an den Arbeitsverhältnissen insgesamt stieg zwischen 1983 und 2005 von 18,5 auf 35,5 Prozent. In Deutschland und dem Vereinigten Königreich fiel dieser Effekt nicht so stark aus, die deutsche Teilzeitarbeit stieg im gleichen Zeitraum von 13,4 auf 22 Prozent, in Großbritannien fand ein Anstieg von 18,5 auf 23,5 Prozent statt (OECD o.J.). Trotzdem lässt sich relativ sicher festhalten, dass die einzelnen Kohorten als Entitäten betrachtet insgesamt sukzessiv weniger Arbeitszeit in die Finanzierung ihrer Rentenbeiträge investieren als ihre Vorgänger. Dies hebt etwaige Ungleichheiten, die im Zuge der wirtschaftlichen und demographischen Entwicklung durch steigende Beiträge und sinkende Leistungen entstanden sein könnten, wieder auf.

Abbildung 4.6: Überblick: Entwicklungstrends im Umfeld der Alterssicherung, seit zirka 1960

	Kohorte: älter ⇒ jünger
Demographie	Weniger Kohortenmitglieder
OAR	Nimmt zu
Arbeitslosigkeit	Steigt, Wellenentwicklung D: v.a. 1990er/2000er: Altersarbeitslosigkeit GB: va. 1980er/90er: Jugendarbeitslosigkeit NL: v.a.1980er: Jugendarbeitslosigkeit
Verrentungsalter	Männer: sinkt bis 90er. Danach Anstieg Frauen: keine klaren Tendenzen
BIP	Steigt
Sozialleistungen (%BIP)	Steigen
Alterssicherungsleistungen (%BIP)	Stagnieren
D: Rentenleistung (staatl.)	Anteil sinkt
D: priv./betr. Vorsorge	Anteil steigt
NL: Kaufkraft Rentner	Steigt
NL: priv./betr. Vorsorge	Gleichbleibend wichtig, steigen
GB: Wocheneinkommen	Anteil staatl. Rente sinkt
GB: priv./betr. Vorsorge	werden wichtiger, steigen mäßig
Jahresarbeitszeit in Stunden	Sinkt

Quelle: eigene Darstellung

Einen Überblick über die bis hierher vorgestellten Entwicklungstrends und wie sie verschiedene Kohorten möglicherweise beeinflusst haben könnten, gibt Abbildung 4.6. Daraus lässt sich schließen, dass die Beschreibung von Wohlfahrtsgenerationen als pauschale Gewinner und Verlierer in keinem Land aufrecht zu erhalten ist. Länderübergreifend lassen sich einige Entwicklungen identifizieren, die eine solche Sichtweise unterstützen. Zunächst ist hier der demographische Wandel zu nennen; tatsächlich führen steigende Lebenswartung und sinkende Geburtenraten dazu, dass sich das Verhältnis der Alten und Hochaltrigen zum Rest der Gesellschaft verschiebt; dies verändert natürlich auch das Verhältnis der Beitragszahler- zu den Beitragsempfängern. Gleichzeitig zeigt sich aber, dass das Verrentungsalter zumindest bei den Männern ansteigt. Dies könnte sich entlastend auswirken, weil die betroffenen Individuen aufgrund späterer Verrentung länger Beiträge in die Rentenkasse einzahlen. Problematisch ist die Entwicklung der Arbeitslosigkeit während der generellen Krise des Sozialstaates in den 1980er und 1990er Jahren; Erwerbsunterbrechungen führen dazu, dass diese Individuen nicht genügend Beiträge leisten können. Dies ist in den betrieblichen und privaten Systemen, aber auch bei der gesetzlichen Rente in Deutschland und Großbritannien relevant. Krisen- und Transformationsentwicklungen der hier betrachteten Wohlfahrtsstaaten schlagen sich interessanterweise nicht in den Anteilen des Bruttoinlandsproduktes nieder, die für die Rente und die allgemeinen Sozialausgaben aufgewendet werden; für die Rentenversicherung wenden die hier betrachteten Staaten jeweils ähnlich viele Leistungen für die unterschiedlichen Kohorten auf, im Falle der generellen Sozialleistungen steigen die Anteile sogar noch.

Für diese Studie sind die Gesamtausgaben des Staates allerdings nur mäßig relevant, viel interessanter ist, was davon bei den einzelnen Individuen ankommt. In den Niederlanden und in Großbritannien hat sich die finanzielle Situation der jüngeren Rentnerkohorten in den letzten Jahrzehnten gebessert, und es ist zu vermuten, dass dieser Trend anhält. Dabei ist allerdings einschränkend festzuhalten, dass in Großbritannien der Anteil, den die staatlich organisierte Rente am Gesamteinkommen ausmacht, sinkt. Trotzdem kann davon ausgegangen werden, dass Rentenleistung und -beiträge für die Zukunft relativ konstant bleiben. Eine massive Schlechterstellung der heute Erwerbstätigen in ihrer zukünftigen Rentenbezugsphase ist in den beiden Ländern nicht zu erwarten. In Deutschland lassen die demographische Entwicklung und die Entwicklung der Rentenfinanzen oberflächlich betrachtet zwar eine Schlechterstellung bestimmter Kohorten vermuten, dieses Bild muss allerdings durch die Betrachtung unterschiedlicher Gruppen innerhalb von Kohorten relativiert werden. Es ist davon auszugehen, dass von einer künftigen Schlechterstellung besonders solche Gruppen betroffen sind, die sich durch eine schlechte Position am Arbeitsmarkt und ein geringes Einkommen charakterisieren lassen. Ihnen wird es am Schwersten fallen, die für die Lebensstandardsicherung relevante private Zusatzvorsorge aufzubauen. Insgesamt ist festzuhalten, dass sich in allen drei Ländern eine Zeitressourcenungleichheit zwischen Kohorten ergibt: Jüngere investieren weniger Arbeitsstunden in ihre Rentenbeiträge und erhalten ihre Rentenleistungen durch die gestiegene Lebenserwartung über einen längeren Zeitraum hinweg. Diese Entwicklung läuft den Betrachtungen über die finanziellen Ressourcen entgegen und hebt diese teilweise wieder auf: Die Zeitinvestition in die Rentenbeiträge hat sich über den Zeitraum hinweg klar verringert, jüngere Kohorten sind hier im Vorteil. Im nun folgenden Teilkapitel sollen die Kohorten noch einmal differenziert nach sozialen Unterkategorien betrachtet werden, um die Einflüsse, die gegebenenfalls durch generationelle Prägungen entstehen können, gegen die Differenzen durch andere soziale Unterschied abzuwägen.

Differenzierungen innerhalb von Kohorten

Im Theorieteil dieser Arbeit (vgl. Kapitel 2) wurde bereits mehrfach die Vermutung geäußert, dass bisherige Generationentheorien insgesamt und besonders auch die vorliegenden Forschungen zu Wohlfahrtsgenerationen intragenerationelle Differenzen zu stark vernachlässigt haben. Nahe liegende Indikatoren für solche Unterschiede innerhalb von Generationen sind die klassischen sozialen Ungleichheitsmerkmale der Sozialstrukturanalyse: Einkommen, Bildung, Geschlecht. Vermutlich haben auch die durch die Milieu- und Lebensstilforschung identifizierten »neuen sozialen Ungleichheiten« wie Gesundheit, Konsumstile, Freizeitverhalten etc. einen massiven Einfluss auf Differenzen innerhalb von Kohorten. Im Folgenden muss allerdings eine Beschränkung der möglichen Indikatoren erfolgen, weshalb besonders solche ausgewählt werden, die im Zusammenhang mit sozialstaatlichen Leistungen gesamtgesellschaftlich am Einflussreichsten erscheinen.

Dass das Einkommen besonders in leistungs- und beitragsgerechten Systemen Differenzen innerhalb von Kohorten schafft, ist bereits mehrfach erwähnt worden. Dabei ist zu vermuten, dass je größer die monetäre Ungleichheit zwischen Angehörigen einer Kohorte ausfällt, desto größer auch die Ungleichheiten in der Rentenbezugsphase sind. Dies ist besonders im deutschen Rentensystem der Fall, in dem die Beitragsgerechtigkeit dafür sorgt, dass die Einkommensungleichheit der Erwerbsphase in die Rentenbezugsphase übertragen wird. Aber auch in Großbritannien und den Niederlanden werden durch die betrieblichen und privaten Systeme Ungleichheiten weitertransportiert. Einerseits vermittelt die Lebensstandardsicherung Erwartbarkeit, was der Aussicht auf soziale Sicherheit im Alter zuträglich sein dürfte. Andererseits sind besonders Lebensläufe, die sich durch prekäre Beschäftigungsverhältnisse auszeichnen, in Systemen ohne angemessene Mindestsicherung durch Armut bedroht. Dies trifft besonders auf den Fall Großbritannien zu. In Deutschland wird mit der Rentenreform von 2001 das Ziel der Lebensstandardsicherung durch die gesetzliche Rente sukzessive aufgegeben. Die kapitalgedeckte private Vorsorge, die den Ausfall ersetzen soll, ist in weitaus größerem Maße als öffentliche Transfers Schwankungen unterworfen, die für die Individuen schwer plan- und beeinflussbar sind (vgl. Motel-Klingebiel 2000). Da hier keine gesetzliche Umverteilung stattfindet, ist zu vermuten, dass sich im Zuge der Förderung der privaten Vorsorge die Ungleichheiten innerhalb von Kohorten verstärken werden (vgl. Hauser 2001).

Ein Indikator, der eng mit dem Einkommen zusammenhängt, ist die Bildung. Dauer und Art der Ausbildung tragen nicht nur entscheidend zur Struktur der Berufsbiographie bei, sie bestimmen auch maßgeblich den sozialen Status einer Person sowie ihre Stellung auf dem Arbeitsmarkt. Alexander Reinberg und Markus Hummel (2007) haben für Deutschland an Daten des Mikrozensus untersucht, wie sich qualifikationsspezifische Arbeitslosenquoten seit 1975 entwickelt haben. Sie kommen zu dem Schluss, dass Akademiker den gesamten Zeitraum hindurch das geringste Arbeitslosigkeitsrisiko aufwiesen, ihre Quote steigt kaum über vier Prozent. Für Personen mit abgeschlossene Lehre oder Fachschule wächst das Risiko, liegt aber seit 1975 immer noch unter dem Durchschnitt. Den Hauptanteil der Arbeitslosen machen Personen ohne Berufsabschluss aus, zwischen 1995 und 2005, also in der Hochphase der Arbeitslosigkeit in Deutschland, waren zwischen 20 und 25 Prozent der Personen in dieser Qualifikationsgruppe arbeitslos. Für die neuen Bundesländer stellt sich die

Lage noch dramatischer dar; in der zweiten Hälfte der 1990er kletterte hier die Arbeitslosigkeitsquote der Personen ohne Ausbildung auf über 50 Prozent. Ähnliche Effekte lassen sich auch für die beiden anderen Länder konstatieren (vgl. Eurostat 2007: 140).

Das Risiko der Erfahrung sozialer Unsicherheit durch Arbeitslosigkeit wird deshalb besonders von solchen Kohortensegmenten getragen, die sich generell in prekären Beschäftigungsverhältnissen befinden. Dies wirkt sich selbstverständlich auch auf die Rentenbezugsphase aus, schließlich kann im aktiven Erwerbsleben nicht genügend für die Altersphase gespart werden, weil die vorhandenen Ressourcen ohnehin kaum zum Lebensunterhalt ausreichen. Die Bildungskomponente verschärft die Unsicherheit im Alter noch durch einen weiteren Faktor. Besonders im Bereich der nicht-staatlich organisierten Rentensysteme bedarf es mitunter eines großen Vorwissens und aktiver Organisation zur Wahl eines individuell passenden Systems (vgl. Hinrichs 2004). Studien zum britischen Fall (etwa Hedges 1998, Phillips/Hancock 2006, Turner/Adair/Drake 2006) haben nachgewiesen, dass das Wissen um private und betriebliche Altersvorsorge sowie die Motivation, sich mit den verschiedenen möglichen Formen der Alterssicherung zu beschäftigen, mit sinkender Bildung abnimmt. Besonders die *mis-selling* Skandale der 1990er Jahre haben gezeigt, dass eine solche Kenntnis in der britischen Gesellschaft nur ungenügend vorhanden ist. Eine qualitative Studie von Alan Hedges (1998) für das *Department of Social Security* zeigt alarmierende Wissenslücken der Teilnehmer über jegliche Form der Rentenversicherung (staatlich, betrieblich und privat) sowie ein generelles Misstrauen in Alterssicherungssysteme.[44] Die mangelnde Information wurde vor allem von den bereits verrenteten Befragten bedauert (vgl. Hedges 1998: 23). Obwohl die *New-Labour*-Regierung inzwischen durch die *informed-choice*-Agenda versucht hat, diese Lücke zu beseitigen, zeigt die Umfrage des 22. *British Social Attitudes*-Report nach wie vor alarmierende Wissensdefizite (vgl. Phillips/Hancock 2006). Die Hälfte der Befragten geben zu Protokoll, dass sie entweder »gar nichts« oder »nicht sehr viel« über Renten wüssten. Dabei lässt sich ein eindeutiger Einfluss

44 Die meisten noch arbeitenden Beteiligten konnten nicht annähernd den Betrag einschätzen, den die BSP auszahlt und zeigten sich schockiert, als sie die Höhe des Betrages erfuhren. Viele hielten SERPS und BSP für Synonyme. Oft war das einzige Wissen, was die Beteiligten über SERPS hatten, dass man die Möglichkeit hatte, aus dem System auszusteigen – konnten aber oft nicht sagen, ob sie selbst die Möglichkeit des »contracting out« genutzt hatten und falls doch, konnten sie keine Gründe für den Ausstieg oder den Verbleib nennen (vgl. Hedges 1998: 43–67).

des Bildungsniveaus nachweisen (vgl. Phillips/Hancock 2006: 184). Da Menschen mit hoher Bildung auch häufig über ein hohes Einkommen verfügen, wird die finanzielle Besserstellung dieser Individuen in der Rentenbezugsphase intensiviert.

Massive Unterschiede ergeben sich auch bezüglich der jeweiligen Berufssektoren über die damit verbundenen Einkommensunterschiede hinaus. Am augenfälligsten ist dies in Deutschland, wo die Beamten aus der gesetzlichen Rentenversicherung herausgenommen sind und ein eigenes Pensionssystem haben. Da dies nach anderen Logiken funktioniert als die GRV, wurden die deutschen Beamten aus dieser Untersuchung ausgeschlossen. Es ist aber zu vermuten, dass sich andere Einflüsse auf die Pensionszahlungen für Beamtenkohorten ergeben als dies für die Renten aus der GRV für gleichaltrige Nichtbeamten der Fall ist. In allen Ländern gibt es darüber hinaus sektorspezifische Unterschiede bezüglich der betrieblichen Vorsorge, die häufig über die jeweiligen Tarifverträge geregelt wird. Dies ist besonders in solchen Ländern relevant, in denen die betriebliche Vorsorge einen wichtigen Beitrag zur Lebensstandardsicherung leistet, also Großbritannien und die Niederlande. Aber auch in Deutschland leistet sie vor allen Dingen in den Industriesektoren einen wichtigen Beitrag zur Erfahrung sozialer Sicherheit im Alter.

Die finanzielle Situation von Individuen in der Rentenbezugsphase wird aber nicht nur über das Kapital bestimmt, was sie selbst sparen und erwirtschaften bzw. aus Versicherungen beziehen. Bei den Überlegungen zu Beziehungen zwischen familialen Generationen (vgl. Kapitel 2.2), ist die wichtige Funktion von Erbschaften angesprochen worden. Die Aussicht auf eine Erbschaft und ihr tatsächlicher Erhalt kann das Empfinden sozialer Sicherheit in Bezug auf die Altersphase deutlich beeinflussen. Zwar werden inzwischen als favorisierte Erben eher Partner als Kinder genannt, die eigenen Kinder nehmen aber den zweiten Platz ein und sind die Haupterben, wenn der Partner bereits verstorben ist (vgl. Lettke 2007: 115). Da die soziale Mobilität in Deutschland nicht sehr ausgeprägt ist, lässt sich vermuten, dass Individuen, die materiell schlecht gestellt sind, auch nicht auf üppige Erbschaften ihrer Eltern hoffen können. Hierdurch werden die intragenerationellen sozialen Unterschiede bezüglich des Einkommens weiter verstärkt.

Eine weitere wichtige Differenz innerhalb von Kohorten ist die zwischen Frauen und Männern. Nahezu alle bisher betrachteten Einflüsse stellen sich für die Geschlechter getrennt dar. Frauen sind traditionell weniger stark am Arbeitsmarkt vertreten als Männer, obwohl sich die Zahl der erwerbstätigen Frauen in der zweiten Hälfte des 20. Jahrhunderts in allen drei Vergleichsländern erhöht hat. Während in Deutschland 1970 46,3 Prozent aller Frauen beschäftigt waren, stieg diese Zahl bis 2005 auf 59,6 Prozent. Die niederländische Entwicklung verläuft noch rasanter, im gleichen Zeitraum erhöhte sich die Quote der erwerbstätigen Frauen von 29,7 auf 64,8 Prozent. Im Vereinigten Königreich waren 1984 54,6 Prozent aller Frauen erwerbstätig, dieser Anteil erhöhte sich bis 2005 auf 66,8. Bei den Männern liegt die Quote der Erwerbstätigen in den entsprechenden Zeiträumen und Ländern zwischen 70 und 90 Prozent, sie sind also am Arbeitsmarkt stärker vertreten als Frauen (vgl. OECD o.J.). Frauen üben zudem häufiger Teilzeitarbeit aus, sie werden durchschnittlich schlechter für ihre Tätigkeit bezahlt und befinden sich in weniger gesicherten Beschäftigungsverhältnissen (vgl. unter anderem Hradil 2004, Erbe 2008). Da sie häufiger unbezahlte Sorge- und Erziehungsarbeit leisten als Männer und deshalb weniger stark in den Arbeitsmarkt eingebunden sind, erwerben sie auch geringere Rentenansprüche[45] (vgl. Erbe 2008, Hauschild 2002, Stegmann 2003, DWP 2007). Frauen beziehen in allen drei Ländern auch bei der betrieblichen und privaten Rente deutlich weniger als ihre männlichen Altersgenossen (vgl. Frericks 2007, Penneck/Lewis 2005). Diese Entwicklung ist historisch aus dem Ein-Ernährer-Modell erwachsen, nach dieser Vorstellung müssen Männer genug verdienen um ihre Frau und ihre Familien ernähren zu können. Frauen kümmern sich vorwiegend um Haushalt und Kinder und werden durch den Ehepartner mitversorgt, dies gilt auch für die Altersvorsorge. Dieses Bild ist allerdings in den letzten Jahren ins Wanken geraten, die wenigsten Frauen sind Hausfrau und Mutter, bestenfalls mit einer Halbtagsstelle – Individualisierung, Veränderung der Familienstrukturen und Änderungen der Geschlechterrollen haben dazu beigetragen (vgl. unter anderem Hradil 2004, Stegmann 2003). Offensichtlich hinkt der Arbeitsmarkt in Europa diesen Entwicklungen hinterher, es ist deshalb nicht verwunderlich, dass Frauen deutlich häufiger von Armut betroffen sind als Männer, und dies auch besonders im Alter (vgl. Hradil 2004: 225, Erbe 2008, DWP 2007:9). Frauen leben oft von der abgeleiteten Rente ihres Mannes, die nach dessen Tod reduziert wird oder

45 Im deutschen gesetzlichen Umlagesystem werden Kinder- und Pflegeleistungen auf die Rentenanwartschaften angerechnet, was die Situation von Frauen hier verbessert (vgl. Stegmann 2003). Solche Umverteilungen finden aber besonders in kapitalgedeckten betrieblichen und privaten Systemen nicht statt.

im Falle betrieblicher oder privater Renten komplett wegfällt. Dies gilt in ähnlicher Weise auch für den Scheidungsfall; nicht erwerbstätige Frauen oder solche mit geringen Verdiensten und Brüchen in der Erwerbsbiographie können unter Umständen nach der Scheidung für ihren Ruhestand nicht mehr ausreichend vorsorgen (vgl. Stegmann 2003). Daher ist das Armutsrisiko besonders unter allein lebenden alten Frauen verbreitet (vgl. Casey/Yamada 2002: 23). Daraus lässt sich schließen, dass für die Frauen in den jüngeren Kohorten das Risiko, sozialer Unsicherheit ausgeliefert zu sein gestiegen ist. Gleichzeitig bietet sich ihnen aber auch mehr als ihren Müttern und Großmüttern die Möglichkeit, ein Leben ohne Ehepartner zu wählen.

Abbildung 4.7: Ferne Lebenserwartung Männer (ab 65 Jahre)

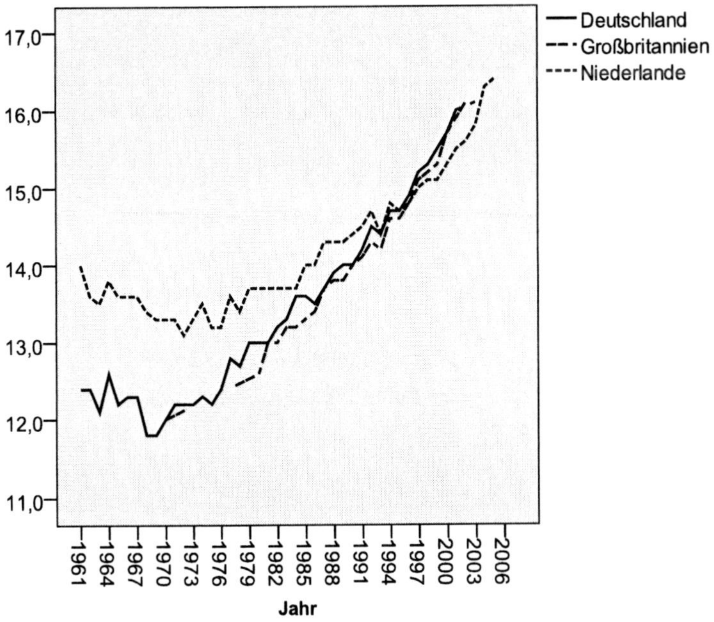

Quelle: Daten: OECD.stat; eigene Darstellung

Gerade im Hinblick auf das Alter ist oft darauf hingewiesen worden, dass diese Lebensphase vor allen Dingen weiblich geprägt ist; aufgrund der längeren Lebenserwartung von Frauen sind diese anteilsmäßig vor allem unter den Hochaltrigen stärker vertreten als Männer. Die Abbildungen

4.7und 4.8 stellen die Entwicklung der fernen Lebenserwartung für Frauen und Männer dar. Die ferne Lebenserwartung beschreibt die Zahl an Jahren, die durchschnittlich noch zu erwarten sind, nachdem man seinen 65. Geburtstag gefeiert hat. Dies ist in einer Untersuchung, die sich mit der Rentenversicherung beschäftigt insofern relevanter als die allgemeine Lebenserwartung, als dass hier die Zeit gemessen wird, die tatsächlich in der Rentenbezugsphase verbracht wird. Sowohl für Männer als auch für Frauen ist die ferne Lebenserwartung in der zweiten Hälfte des zwanzigsten Jahrhunderts massiv angestiegen. Hierfür können eine bessere Gesundheit durch ausreichende Ernährung und bessere medizinische Versorgung sowie weniger körperlich anstrengende Arbeit als Gründe genannt werden (vgl. Cutler/Meara 2001, Thane 2005a, 2005b).

Abbildung 4.8: Ferne Lebenserwartung Frauen (ab 65 Jahre)

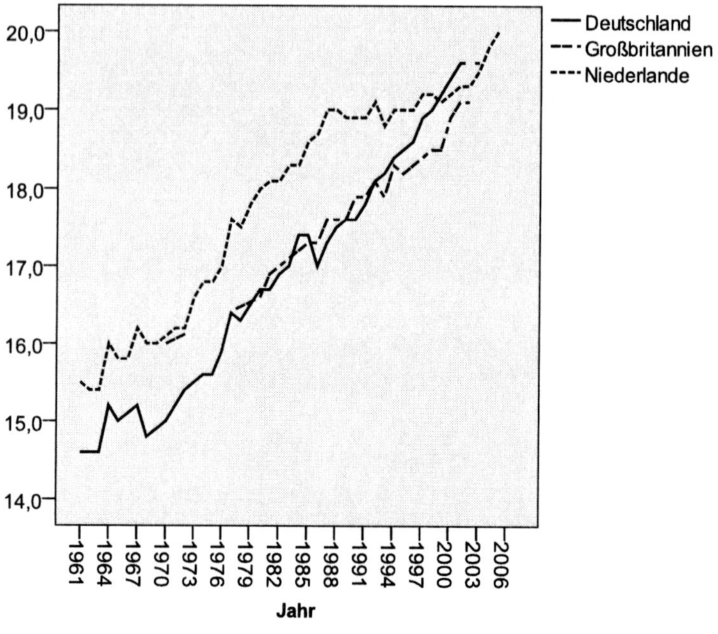

Quelle: Daten: OECD.stat, eigene Darstellung

Ebenso interessant ist, dass die Lebenserwartungskurven der drei Länder nicht nur ähnlich verlaufen, sondern sich über die Zeit hinweg auch weiter annähern. Anfang des Jahrtausends beträgt die ferne Lebenserwartung von

Männern in allen drei Vergleichsländern etwas mehr als 16, die der Frauen gar über 19 Jahre. Wer also im ersten Jahrzehnt des 21. Jahrhunderts seinen 65. Geburtstag erlebt, kann damit rechnen, als Mann durchschnittlich 81, als Frau durchschnittlich 84 Lebensjahre zu erreichen.

Es ist allerdings fraglich, inwiefern sich diese Entwicklung der fernen Lebenserwartung in den Erfahrungen der Kohorten widerspiegelt. Zunächst muss festgehalten werden, dass sich bei der fernen Lebenserwartung nicht nur Unterschiede zwischen Frauen und Männern ergeben; mit steigendem Einkommen und steigender Bildung steigt auch die Lebenserwartung. Trotzdem hat sich auch in den Kohortenuntersegmenten über die Zeit hinweg eine Verbesserung ergeben. Einerseits führt die gestiegene Gesundheit am Anfang der hier betrachteten Lebenslaufphase zu einem Zustand, der als »aktives Altern« erlebt werden kann. Andererseits mehren sich im weiteren Verlauf auch die Personen, die gepflegt werden müssen, typische Krankheiten der erweiterten Lebensspanne wie Parkinson oder Alzheimer nehmen zu. Verschiedene Studien haben außerdem gezeigt, dass viele Menschen nicht damit rechnen, tatsächlich so alt zu werden, sie sorgen daher – wenn sie überhaupt eine Vorsorge treffen – vor allem für ihre letzten Lebensjahre nur ungenügend vor (vgl. Hinrichs 2004: 8).

Für Deutschland ergibt sich noch eine spezielle Form der Differenzen innerhalb von Kohorten, die für viele Menschen prägend ist, nämlich die Unterscheidung zwischen den Bürgern, die immer schon im System Bundesrepublik gelebt haben und denjenigen, die 1990 aus der ehemaligen DDR in das System übergewechselt sind. Die Altersvorsorge in der DDR war im Vergleich mit dem Rentensystem der Bundesrepublik sehr karg. Ihre Rentenleistungen wurden aber dem System der Bundesrepublik angeglichen, weshalb die Rentner in den neuen Bundesländern zu den »Gewinnern der Wende« gezählt werden (vgl. hierzu ausführlich Kapitel 3.2). Für die Kohorten von ehemaligen DDR-Bürgern, die 1990 bereits verrentet waren oder es kurz darauf wurden, bedeutete die Wende also oftmals eine massive Verbesserung ihrer Lebensumstände. Für jüngere Kohorten stellt sich das Verhältnis anders dar. Ihre Chancen am Arbeitsmarkt gestalten sich auf allen Qualifikationsniveaus, besonders aber den niedrigen, schwieriger als die ihrer westdeutschen Altersgenossen (vgl. Hauschild 2002, Reinberg/Hummel 2007). Dies wirkt sich – wie oben beschrieben – negativ auf die Vorsorgemöglichkeiten in der Rentenbezugsphase aus. Es führt wahrscheinlich dazu, dass sich Unterschiede zwischen Kohorten bei ehemaligen DDR-Bürgern stärker manifestieren als dies bei denjenigen der Fall ist, die ihr gesamtes Leben in der Bundesrepublik verbracht haben.

Die möglichen Indikatoren intragenerationeller Differenzierungen sind hiermit keinesfalls erschöpft. Wichtig wäre beispielsweise die Untersuchung von Arbeitsmigranten, die in verschiedenen sozialen Sicherungssystemen Rentenbeiträge bezahlt haben und deshalb auch aus diesen Systemen unterschiedliche Leistungen beziehen. Allerdings ist der Anteil derjenigen, für die diese Hintergründe zutreffen, insgesamt vergleichsweise gering. Interessant wäre sicherlich auch eine stärkere Aufschlüsselung der Kohortenerfahrung nach Berufssektoren, dies ist mit Verweis auf Bildungs- und Arbeitsmarktchancen allerdings nur ansatzweise erfolgt. Die hier genannten sozialen Ungleichheiten sind vermutlich solche, die das Erleben sozialer Sicherheit im Hinblick auf die Rente am stärksten prägen. Sie dienten vor allem zur Verdeutlichung der Annahme, dass die Erfahrungsstrukturen von Kohorten eben nicht nur durch ihre spezielle Lagerung in der historischen Zeit, sondern auch von anderen Einflussfaktoren geprägt werden können. Klare und eindeutige Zuordnungen von Individuen zu verschiedenen Wohlfahrtskohorten werden durch die hier präsentierten Daten jedenfalls weiter erschwert. Es ist darüber hinaus zu vermuten, dass die Hinzunahme weiterer Indikatoren sich nur weiter negativ auf eine klare Kategorisierung auswirken würde.

4.2 Die generationelle Prägung bei der Einstellung zur Rentenversicherung

Nachdem bisher die quantitativ messbaren äußeren Einflüsse des Sozialstaates, des Arbeitsmarktes und der demographischen Entwicklung auf Kohorten vorgestellt wurden, soll es in diesem Kapitel nun vornehmlich um die subjektiven Einstellungen zum Wohlfahrtsstaat und insbesondere der Rentenversicherung gehen. Wenn auch durch die bisherigen Darstellungen keine – und erst recht keine eindeutigen – Einteilungen in Gewinner- und Verliererkohorten vorgenommen werden konnten, ist es doch möglich, dass die Erforschung subjektiver Einstellungen zu anderen Ergebnissen führt. Wie bereits erwähnt wurde, ist die Rentenversicherung als System sozialer Sicherheit so komplex, dass die Bürger die im vorigen Kapitel dargestellten Entwicklungen wahrscheinlich nur vermittelt und aufbereitet wahrnehmen. Medien übernehmen hier eine wichtige Funktion, indem sie Diskurse über Sozialpolitik und Rentenversicherung aufbereiten und strukturieren. So sind seit den wirtschaftlichen Krisen der 1970er Jahre immer wieder Argumente laut geworden, die ein langfristiges Funktionieren des Systems sozialer Sicherheit im Allgemeinen und der Rentenversicherung im Besonderen in Frage stellen. Dies könnte unter Umständen zu einem stärkeren Empfinden sozialer Unsicherheit bei jüngeren Kohorten führen, auch unabhängig von tatsächlichen Entwicklungen des Arbeitsmarktes und der Rentenfinanzen. Es ist folglich möglich, dass Kohorten sich in ihrem Sicherheitsempfinden und ihrer Zustimmung zur Rente als Teilprogramm der Sozialversicherung so stark unterscheiden, dass man einzelne generationelle Erfahrungsgemeinschaften abgrenzen kann.

Hierzu bedarf es zunächst einiger genereller Überlegungen zur bisherigen Erforschung der Akzeptanz- und Einstellungsforschung im Gesamtkontext europäischer Wohlfahrtsstaaten. Entgegen theoretischer Vermutungen, die von einer Erosion der Zustimmung zum Sozialstaat und seinen Programmen seit den 1970er Jahren ausgehen, haben nationale und vergleichende Einsstellungsstudien in allen modernen Wohlfahrtsstaaten übereinstimmend eine hohe Solidarität und Akzeptanz der Bevölkerung bezüglich sozialpolitischer Ziele identifizieren können (vgl. unter anderem Becker 2005, Blekesaune/Quadagno 2003, Meier Jæger 2007, Ullrich 2000a, 2000b, 2008). In diesem Ergebnis haben sich die empirischen Gemeinsamkeiten, die die entsprechenden Forschungen aufweisen können, allerdings bereits nahezu erschöpft. Eindeutige Antworten sucht man – besonders, was detailliertere Fragen anbelangt – vergeblich. Dies trifft besonders zu auf die Forschungen zu den Unterschieden zwischen Nationalstaaten, zum Einfluss einzelner sozialer Gruppenzugehörigkeiten auf die Akzeptanz des Wohlfahrtsstaates oder zu den nationalen Besonderheiten in der Bewertung einzelner Sicherungsziele. Unterschiedliche Datenbasen und Indikatoren sowie die variierend mutige Auslegungen der Daten durch einzelne Forscher haben zu teilweise weit auseinander liegenden Ergebnissen geführt. Im Folgenden sollen die Grundannahmen und Vorgehensweise der Einstellungs- und Akzeptanzforschung[46] skizziert werden sowie ihre bisherigen Ergebnisse, soweit sie für die vorliegende Arbeit relevant sind.

46 Für eine gründliche Darstellung und eingehende Kritik der wohlfahrtsstaatlichen Akzeptanzforschung vgl. Ullrich 2000a.

Einstellungsforschung: Ein kursorischer Überblick

Die Erforschung der Einstellungen zum Wohlfahrtsstaat ist deshalb von Interesse, weil Akzeptanz und Legitimität sozialstaatlicher Programme fast untrennbar miteinander verbunden sind und die Voraussetzung für Stabilität und Funktionstüchtigkeit des Wohlfahrtsstaates darstellen. Seit ungefähr 30 Jahren wird allerdings immer wieder eine Krise der Legitimität wohlfahrtsstaatlicher Sicherungssysteme vermutet (vgl. Andreß u.a. 2001). Diese wird begründet durch die bereits erwähnten ökonomischen und sozialstrukturellen Veränderungen, die sich international seit den wirtschaftlichen Krisen der 1970er herausgebildet haben. Hierzu gehören der finanzielle Druck auf die sozialstaatlichen Umlagesysteme durch wirtschaftliche Wachstumsstopps und Arbeitslosigkeit sowie die demographische Entwicklung. Auf der individuellen Ebene wird durch einen Verweis auf Pluralisierung und Individualisierung angenommen, dass sich die für die wohlfahrtsstaatlichen Leistungssysteme unabdingbare Solidaritätsbereitschaft zunehmend auflöse. Die These vom *welfare backlash* prognostiziert eine Ablehnung wohlfahrtsstaatlicher Maßnahmen für Unterprivilegierte, die durch wachsende Eigennutzvorstellungen der Mittelschichten getragen werde (vgl. Wilensky 1975, 2002). Eine solche Entwicklung ist der These nach besonders in Staaten zu erwarten, die steuerfinanzierte Programme für Rezipienten aufweisen, die von der Bevölkerung als *undeserving* wahrgenommen werden. Harold Wilensky (2002: 394) vermutet, dass eine wachsende Unzufriedenheit in Zukunft alle modernen Wohlfahrtsstaaten treffen könnte. Diese Vorstellung ist bis jetzt allerdings empirisch auch für jene Staaten eindeutig widerlegt worden, die laut *welfare backlash*-These bereits jetzt mit großer Sozialstaatsverdrossenheit der Mittelschichten zu kämpfen haben müssten (vgl. unter anderem Andreß u.a. 2001, Roller 1992, Meier Jæger 2007, Ullrich 2000b, zur Übersicht vgl. Ullrich 2000a). Besonders neuere Forschungen haben in diesem Zusammenhang auf Pfadabhängigkeiten verwiesen. Es wird vermutet, dass die jeweiligen Sicherungssysteme schon deshalb akzeptiert werden, weil sie institutionalisiert sind, die Beteiligten sich an sie gewöhnt haben und eine Umstellung mit hoher Kontingenz und volkswirtschaftlichen sowie individuellen Kosten verbunden wäre (vgl. Ullrich 2000: 20).

Obwohl generell eine hohe Zustimmung gemessen wird, ergeben sich in den Einstellungen der Befragten auch Unterschiede hinsichtlich ihrer Einstellung zum Sozialstaat und seiner Einzelprogramme. Einer der zentralen Schwerpunkte der Akzeptanzforschung besteht darin, diese Unterschiede entweder durch Werte und Normen der Individuen, durch Gruppenzugehörigkeiten oder durch den Einfluss der betreffenden nationalstaatlichen Kontexte zu erklären. Individuelle Unterschiede werden zum Beispiel durch Eigennutztheorien gedeutet. Demnach ist die Unterstützung für wohlfahrtsstaatliche Leistungen besonders in solchen sozialen Gruppen hoch, die ein spezielles Interesse an diesen haben, also selbst am wahrscheinlichsten zu Empfängern werden. Andere Theorien gehen davon aus, dass sich individuelle Zustimmungsgrade eher durch ideologische Einstellungen erklären lassen, also auf generellen, gesamtgesellschaftlichen Wertesystemen basieren. Inzwischen wird allerdings angenommen, dass es sich wohl am ehesten um einen Mix aus eigennutzorientierten und generellen Werten handelt (vgl. unter anderem Blekesaune/Quadagno 2003, Mau/Veghte 2007, Rehm 2007). Hierzu wird besonderes Augenmerk auf die Einflüsse von Solidaritäts-, Reziprozitäts- und Gerechtigkeitsvorstellungen auf die Einstellungen der Befragten gelegt (vgl. Bowles/Gintis 2000, Mau/Veghte 2007).

Es haben sich in der bisherigen Wohlfahrtsstaatsforschung einige Indikatoren von Gruppenzugehörigkeiten herausgebildet, von denen man annimmt, dass sie einen Einfluss auf die Meinung zum Wohlfahrtsstaat haben könnten. Hierzu gehören Alter, Geschlecht, Bildung, Einkommen oder der Beschäftigungssektor (vgl. Andreß u.a. 2001, Becker 2005, Kluegel/Miyano 1995, Ullrich 2000a). Da wohlfahrtsstaatliche Leistungssysteme durch Ausgaben für Bildung und Rente den Lebenslauf nach Altersgruppen strukturieren und institutionalisieren (vgl. Kapitel 2.4), ist besonders aus der Eigennutzperspektive davon auszugehen, dass in verschiedenen Altersgruppen die Unterstützung für bestimmte Sozialleistungsprogramme unterschiedlich hoch ist. Was das Geschlecht betrifft, geht man davon aus, dass Frauen eher durch solidarische und auf Fürsorge ausgerichtete Werte geprägt sind, während die Sozialisation von Männern vornehmlich wettbewerbsorientiert und individualistisch erfolgt (vgl. Andreß u.a. 2001: 43). Da Frauen zudem häufig unterbrochene Erwerbskarrieren aufweisen und schlechter bezahlt werden als Männer, haben sie auch aus eigennutztheoretischer Perspektive ein größeres Interesse an wohlfahrtsstaatlichen Transfers (vgl. Kluegel/Miyano 1995: 84). Diese letzte Vermutung dürfte auch für Schichten mit geringen Einkommen zutreffen; vermutlich ist also die Unterstützung für wohlfahrtsstaatliche Leistungen in Arbeiterschichten besonders hoch (vgl. Kluegel/Miyano 1995: 84). Bei der Bildung wird davon ausgegangen, dass ein steigender Bildungsgrad die Unterstützung von Leistung und Anstrengung fördert (vgl. Andreß u.a. 2001: 44).

Insgesamt lassen sich durch die bisherigen Forschungsergebnisse weder für Schicht- und Klassenzugehörigkeit noch für die gängigen soziodemographischen Indikatoren wie Alter, Geschlecht oder Ethnizität eindeutige Einflüsse auf die Einstellungen zum Wohlfahrtsstaat feststellen. Eine Ausnahme bildet hier lediglich die Altersvariable bei der Messung des Einflusses auf Bildung und Rente, da hier die Altersgruppenzugehörigkeit mit dem Eigeninteresse der Leistungsempfänger kovariiert (vgl. Ullrich 2000a: 8). Das heißt, dass junge Menschen ein Interesse an Bildungsausgaben und alte Menschen ein Interesse an Rentenzahlungen haben, weil sie gerade davon profitieren. Bernd Wegener und Stefan Liebig haben darüber hinaus an Daten des International Social Justice Project (ISJP) von 1991 gezeigt, dass ältere Kohorten sich stärker zu liberalistischen Werten bekennen und einen geringeren Fatalismuswert aufweisen als jüngere Kohorten (vgl. Wegener/Liebig 1995: 278). Diese Ergebnisse dürfen auf keinen Fall mit Kohorteneinflüssen verwechselt werden – diese Gefahr besteht besonders bei Untersuchungen, die Einstellungen lediglich zu einem Datum untersuchen. Von Kohorteneffekten kann man aber nur sprechen, wenn die Einstellungen bestimmter Geburtsjahrgänge über den gesamten Lebenslauf hinweg stabil sind und sich deutlich von denen anderer Kohorten abgrenzen. Dies wäre beispielsweise für die Studie von Wegener und Liebig erst noch zu überprüfen. Eine solche Vorstellung wird aber zum Beispiel in der Wertewandeltheorie von Ronald Inglehart vertreten. Inglehart vermutet, dass sich in westlichen Gesellschaften nach dem Zweiten Weltkrieg ein Wandel von materialistischen zu postmaterialistischen Werten vollzogen hat, der von einzelnen Kohorten getragen wird: Jüngere Kohorten sind seiner Meinung nach postmaterialistischer eingestellt als ihre Eltern (vgl. unter anderem Inglehart 1971, 1998 Inglehart/Welzel 2005).[47] Auf dieser Grundlage kann nun unter Umständen auch ein Einfluss auf die Einstellungen zum Wohlfahrtsstaat vermutet werden. Inglehart zufolge müssten ältere Kohorten sich eher durch Eigennutzinteressen auszeichnen, die jüngeren wären demnach stärker solidarisch mit ihren Mitbürgern. Das würde gegen

47 Markus Klein (2003) konnte für Deutschland anhand von ALLBUS-Daten einen solchen Effekt tatsächlich nachweisen, allerdings nur für die Kohorten der bis 1965 Geborenen. Die nachfolgenden Kohorten, die er in Anlehnung an Florian Illies Bestseller als »Generation Golf« I und II beschreibt, zeichnen sich wieder durch deutlich materialistischere Werthaltungen als ihre Eltern aus.

einen möglichen Generationenkonflikt sprechen, da sich jüngere Kohorten solidarisch mit ihren älteren Mitbürgern zeigen und diesen die Sozialleistungen des Rentensystems nicht vorenthalten wollen. Es ist allerdings fraglich, ob sich solche Werteinstellungen tatsächlich kohortenübergreifend manifestieren.

Verschiedene Studien haben gezeigt, dass die Einstellungen zwischen einzelnen Wohlfahrtsstaaten zum Teil erheblich variieren (vgl. Blekesaune/Quadagno 2003, Linos/West 2003, Meier Jæger 2006, 2007, Svallfors 1997). Generell wird davon ausgegangen, dass verschiedene wohlfahrtsstaatliche Institutionen, wie etwa Esping-Andersens (1991) *welfare regimes* (vgl. Kapitel 2.4) die Beteiligten durch ihre Funktionen so stark prägen, dass sich das in den Einstellungen der Bürger widerspiegelt. Birgit Pfau-Effinger (2005) verweist in diesem Zusammenhang auch auf den starken Einfluss einer wohlfahrtsstaatlichen Kultur sowie kultureller Werte und Normen, die die Einstellungen der Befragten prägen können. Es wird generell angenommen, dass in sozialdemokratischen und damit solidarisch geprägten *welfare regimes* die Zustimmung und Akzeptanz am höchsten ist, gefolgt von den konservativen und schließlich den liberalen Wohlfahrtsstaaten (vgl. Meier Jæger 2006, 2007, Svallfors 1997). Diese Einflüsse konnten aber lediglich vage nachgewiesen werden, wie bereits erwähnt ist die Zustimmung zum Wohlfahrtsstaat überall überraschend hoch (vgl. Meier Jæger 2006: 165).

Wenn auch die Zustimmung zum Sozialstaat als solchem weitgehend gesichert erscheint, stellt sich die Lage für die einzelnen Programme bei weitem differenzierter da. Insgesamt lässt sich in den einzelnen Wohlfahrtsstaaten eine Hierarchie der Beliebtheit einzelner Sozialleistungsprogramme ausmachen, die staatenübergreifend vom Rentenversicherungssystem angeführt wird (vgl. Ullrich 2000a). Die Krankenversicherung findet ebenfalls starke Zustimmung, während Programme wie Arbeitslosenversicherung und Sozialhilfe keine vergleichbare Unterstützung finden. Dies liegt zum Teil daran, dass den einzelnen Sicherungssystemen unterschiedliche, zum Teil gar widersprüchliche normative Prinzipien zugrunde liegen (vgl. Ullrich 2000a: 20).

Im Gegensatz zu den meisten Studien, die eine hohe Zustimmung zum Rentensystem abbilden konnten, haben Ursula Dallinger und Stefan Liebig (2004) an Daten des *International Social Justice Project* (ISJP) von 2000 dargestellt, dass das Ungerechtigkeitsempfinden bezüglich der Rentenversicherung in Deutschland erstens hoch ist und zweitens in den jüngeren Kohorten ansteigt. Dallinger (2005) zeigt zudem an Daten des ALLBUS 1994 und 2000 sowie am Eurobarometer-Survey von 1992 und 2001, dass sich ein Rückgang des Vertrauens abzeichnet, der zwar nicht allzu stark ins Gewicht fällt, unter den Jüngeren aber deutlich ausgeprägter ist als unter den Älteren. Wie bereits weiter oben erwähnt wurde, ist hier aber zwischen der Kohorten- und der Altersgruppenperspektive nicht eindeutig differenziert worden. Man kann schlecht abschätzen, ob sich der Vertrauensverlust der Jüngeren in einer generellen negativen Erfahrung mit dem deutschen Rentensystem für diese Kohorten niederschlägt oder ob hier nicht wandelbare und medial hervorgerufene Zeitgeisteffekte eine Rolle spielen. In diesem Fall ist es kaum verwunderlich, dass jüngere Kohorten von negativeren Folgen einer krisenhaften Entwicklung der Rentenversicherung auf ihre eigene Altersbezugsphase ausgehen, je länger die eigene Rentenbezugsphase noch entfernt liegt.

Methodisches Vorgehen

Einstellungen zum Wohlfahrtsstaat sind selbst nicht direkt beobachtbar und messbar, sie sind ein theoretisches Konstrukt (vgl. Andreß u.a. 2001: 17). Edeltraud Roller (1992) hat ein System von Indikatoren vorgeschlagen, mit dem man sich an die Einstellung der Bürger zum jeweiligen sozialpolitischen System strukturiert annähern kann. Roller unterscheidet zunächst Ziele, Mittel und Folgen wohlfahrtsstaatlicher Leistungen. Ziele (*goals*) werden dabei vom Staat verfolgt, um gewisse erstrebenswerte Zustände, die vorher in politischen Diskursen definiert wurden, zu erreichen. Es wird versucht, diese Ziele durch bestimmte Mittel (*outputs*) zu verwirklichen. Ob dies gelingt, lässt sich an den Folgen (*outcomes*) ablesen. Die vom Sozialstaat definierten Ziele können sich dabei auf zwei verschiedene Aspekte beziehen. Einerseits ist zu entscheiden, ob der Staat überhaupt die Verantwortung für das Erreichen eines bestimmten Ziels wie etwa der sozialen Sicherheit im Alter übernehmen soll, diese Dimension wird als Extensität bezeichnet. Der Aspekt der Intensität wiederum beschreibt, wie stark sich der Staat besonders in finanzieller Hinsicht zur Erreichung eines bestimmten Ziels einbringen soll. Rollers Konzept wird von Hans-Jürgen Andreß u.a. (2001) noch um eine Dimension erweitert: die *input*-Dimension, also die Bereitschaft zur Finanzierung des Wohlfahrtsstaates durch die Bürger.

Wenn man diese Indikatoren auf die vorliegende Arbeit anwendet, ergeben sich folgende Einteilungen. Das zu untersuchende Ziel (*goal*) ist die soziale Sicherheit im Alter. Dass dieses Ziel in der Gesellschaft nicht sonderlich umstritten ist, ist – wie oben erwähnt – bereits durch einige Studien nachgewiesen worden. Die Mittel (*outputs*) sind die Rentenversicherung bzw. das als »Generationenvertrag« bezeichnete gesetzliche Umlageverfahren. Als *outcomes* oder Folgen lassen sich intendierte und unintendierte Konsequenzen festmachen. Mögliche intendierte Folgen sind beispielsweise die Freistellung von Arbeit im Alter (Dekommodifizierung) und das daraus folgende Empfinden sozialer Sicherheit im Alter. Als nicht intendierte Folgen ergeben sich möglicherweise ein Ungerechtigkeitsempfinden bei jüngeren Kohorten, Finanzierungsengpässe durch den demographischen Wandel, Beitragsausfälle durch ökonomische Krisen und damit wiederum das Erleben sozialer Unsicherheit in Bezug auf die Rentenphase.[48] Auf die generelle Forschungsfrage angewendet muss also untersucht werden, ob die unterschiedlichen Konsequenzen in den jeweiligen Kohorten unterschiedlich stark wahrgenommen werden und ob dies möglicherweise Erfahrungsgemeinschaften prägt.

Zunächst soll jedoch noch auf methodische Probleme eingegangen werden, die sich bei der Erforschung der Einstellung und Akzeptanz europäischer Bürger zwangsläufig ergeben. Erstens stellt sich immer die Frage, wie man Zustimmung, aber auch das Empfinden von Sicherheit und Unsicherheit operationalisiert (vgl. Ullrich 2000a). Da es sich im vorliegenden Fall um eine Sekundäranalyse bereits vorhandener Daten handelt, kann auf die Art der Fragen kein Einfluss mehr genommen werden, es bedarf aber bei der Auswahl der *items* größter Vorsicht. Weiterhin ergibt sich das Problem, dass verschiedene Fragen oder Begriffe in verschiedenen Wohlfahrtsstaaten unterschiedlich verstanden und konnotiert werden können (vgl. Svallfors 1997: 287). Dies ist besonders in einer vergleichenden Studie wie der vorliegenden immer mitzubedenken. Ebenso können die Umfragedaten selbst bereits eine Fehlerquelle darstellen. So kann zum Beispiel das Antwortverhalten der Befragten dadurch beeinflusst werden, dass diese jeweils bestimmte Antwortkategorien auswählen oder eine Disposition

48 Die möglichen Folgen – intendiert wie nicht intendiert – ließen sich hier beliebig verlängern, beispielsweise wäre nach solidarischen und reziproken Beziehungen zwischen Kohorten als beabsichtigte oder hohen Lohnnebenkosten als unbeabsichtigte Konsequenz zu fragen. Dies ist aber für das Empfinden sozialer Sicherheit im Alter, um das es in dieser Arbeit vorrangig gehen soll, wenn überhaupt nur von geringer Relevanz.

zum »Ja-Sagen« entwickeln. Unter Umständen möchte der oder die Befragte – etwa durch Zustimmung zur Sozialhilfe – sich selbst als guten Menschen darstellen. Dieses Antwortverhalten kann je nach Befragungsart (etwa Fragebogen, persönliches oder telefonisches Interview) variieren (vgl. Blekesaune/Quadagno 2003: 423–424). Diese Vorbehalte sind ernst zu nehmen, da es aber besonders in der quantitativen Einstellungsforschung keine Alternativen gibt, muss man mit dem vorhandenen Datenmaterial umgehen. Die etwaigen Fehlerquellen sollten allerdings zu vorsichtiger Auslegung des Datenmaterials führen.

In dieser Studie soll es hauptsächlich um solche Fragen gehen, die Rückschlüsse auf die subjektiv wahrgenommene Stellung im Rentensystem zulassen. Es geht also weniger um die Frage nach Werten und Normen oder die Zustimmung zu speziellen Formen der Alterssicherung. Interessanter sind Fragen nach *outputs* wie der Zustimmung zum System der Rentenversicherung als solchem und Untersuchungen der Einschätzung der *outcomes*; erstens um die Frage, ob man sich ausreichend abgesichert fühlt und zweitens um die Wahrnehmung von Krisen oder Ungerechtigkeiten. Diese beiden Fragen sollten dann Rückschlüsse auf den Grad des Empfindens sozialer Sicherheit in verschiedenen Kohorten zulassen.

Als Datenbasis bieten sich die Umfragen des Eurobarometers[49] an. Das Eurobarometer ist ein Einstellungssurvey, der seit 1973 jeweils im Frühjahr und im Herbst in allen Mitgliedsstaaten der Europäischen Union durchgeführt wird. In jedem Land wird eine für die Bevölkerung repräsentative Stichprobe von 1.000 Befragten ab 15 Jahren ausgewählt, denen identische Fragen gestellt werden. Dies gewährleistet eine internationale Vergleichbarkeit der Ergebnisse. Die für die vorliegende Untersuchung relevanten Vergleichsländer sind von Anfang an Teil der Studie gewesen, wobei die neuen Bundesländer Deutschlands erst seit Herbst 1990 Teil der Befragung sind. Die Antworten werden für Ost- und Westdeutschland getrennt erhoben, wobei in Deutschland dann insgesamt 2.000 Menschen (1.000 in den alten und 1.000 in den neuen Bundesländern) befragt werden. Auch die Stichprobe für das Vereinigte Königreich ist größer als die der anderen

49 Auch das International Social Survey Programme (ISSP) bietet vergleichbare Daten zu Einstellungen zu Rentenversicherung (Role of Government I, II und III) oder auch Konflikten zwischen jungen und alten Menschen (Social Inequality I, II und III) an. Leider sind die Niederlande in diesen Befragungen nicht durchgängig vertreten, was die Datenbasis für diese Untersuchung ausschließt.

Länder; hier kommen zu 1000 Befragten in Großbritannien noch 300 aus Nordirland.[50] Zusätzlich zum Standard-Eurobarometer werden *Special Eurobarometer* durchgeführt, die sich mit wechselnden Themengebieten beschäftigen (vgl. Europäische Kommission 2002a).

Für die vorliegende Untersuchung sind vor allen Dingen solche *Special Eurobarometer* von Interesse, die sich mit Fragen zur Rentenversicherung beschäftigen. Es wurden drei solcher Surveys ausgewählt: das Eurobarometer 08 (ZA 0992), das im Herbst 1977 durchgeführt wurde, das Eurobarometer 37.1 (ZA 2241) vom Frühjahr 1992 sowie das Eurobarometer 56.1 (ZA 3626) vom Herbst 2001. Mit Rentenfragen beschäftigen sich auch die Eurobarometer 44.0, 51.0 und 60.3, allerdings tun sie dies in weit geringerem Umfang und mit für das Projekt weniger relevanten Inhalten. Die Eurobarometer 08, 37.1 und 56.1 decken einen Zeitraum von immerhin 34 Jahren ab, was durchaus Rückschlüsse auf langfristige Trends zulässt. Außerdem sind die gewählten Zeitpunkte der Befragungen interessant. Im Jahr 1977 wurden vermutlich die ersten ökonomischen und demographischen Probleme für die Rentenversicherung sichtbar, generell dürfte die Stimmung aber noch von der Vorstellung weitgehender Unverwundbarkeit der Systeme sozialer Sicherheit geprägt gewesen sein. 1992 hingegen waren Probleme bereits offensichtlich; die ersten finanziellen Einschnitte der 1980er Jahre waren bereits erfolgt. Für Deutschland ist zudem die unterschiedliche Betrachtung der Befragten in Ost und West, relativ kurz nach der Wiedervereinigung, von Interesse. 2001 hingegen waren – zumindest in Deutschland und Großbritannien – bereits Strukturreformen geschehen, die die Rentensysteme weiter zukunftsfähig machen sollten. Falls solche Entwicklungen tatsächlich Kohorten in ihren Einstellungen prägen, sollten sie auf der vorhandenen Datenbasis abzubilden sein.

Eurobarometer: Ergebnisse der Analyse

Eine Variable, die in allen drei Eurobarometerumfragen vorkommt – und das bereits relativ exponiert am Anfang –, ist die Frage nach der allgemei-

---

50 Die nordirischen Befragten wurden allerdings in dieser Forschung konstant aus der Analyse herausgehalten. Erstens wurden sie nur punktuell befragt (im Eurobarometer 37.1 zum Beispiel nicht zur Rentenversicherung), zweitens ist durch einen Ausschluss der nordirischen Bevölkerung aus der Analyse gewährleistet, dass alle untersuchten Länder (Deutschland-West, Deutschland-Ost, die Niederlande und eben Großbritannien) vergleichbare Stichprobengrößen aufweisen.

nen Lebenszufriedenheit.[51] Dies ist natürlich eine sehr weit gefasste Kategorie, aber in ihrer Betrachtung soll herausgefunden werden, ob eine etwaige Bewertung der Rentensituation mit einer allgemeinen Befindlichkeitssituation in Beziehung gesetzt werden kann. In der Tabelle 7 im Anhang ist der Anteil derjenigen abgetragen, die angeben, mit ihrer Lebenssituation zufrieden oder sehr zufrieden zu sein. Die Tabelle ist einerseits unterteilt nach Ländern und Befragungsjahr, andererseits nach Geburtskohorten. Da die bisherigen theoretischen Betrachtungen keine Rückschlüsse auf etwaige Grenzen und Trennungslinien von Kohorten zugelassen haben, werden hier 5-Jahres-Kohorten[52] zusammengefasst. Diese sind einerseits kleinschrittig genug, um etwaige Änderungen abzubilden, andererseits kann so eine übersichtliche Darstellung erfolgen. Das augenfälligste Ergebnis ist der große Anteil derjenigen, die angeben, mit ihrer Lebenssituation zufrieden oder sehr zufrieden zu sein. Er liegt in Westdeutschland, den Niederlanden und Großbritannien in nahezu allen Befragungszeiträumen zwischen 80 und 95 Prozent. Eine Ausnahme bildet lediglich Ostdeutschland; hier liegen die Zufriedenheitswerte besonders bei der Befragung von 1992 nur zwischen 55 und 75 Prozent. Dies dürfte auf den erst kurz zuvor erlebten Systemumbruch sowie eine hierdurch erlebte persönliche Unsicherheitserfahrung – besonders auch was die neuartige Unsicherheit der Arbeitsplatzsituation anbelangt – von großer Bedeutung sein. Diese Situation hat sich auch in den folgenden neun Jahren deutlich verbessert, die Zufriedenheitswerte nähern sich bis 2001 dem westdeutschen Niveau an.

Zur Veranschaulichung sollen im Folgenden zwei Ausschnitte aus der Tabelle gezeigt werden, die die Ergebnisse übersichtlich darstellen. Dabei werden drei 5-Jahres-Kohorten beispielhaft ausgewählt. Die Kohorte 1935-39 ist diejenige, die schon bei Thomson (1989, 1996) die klassische Gewinner-Generation darstellt, die ihr gesamtes Leben von Wohlfahrtsleis-

---

51 Für den genauen Wortlaut der entsprechenden Variablen im Eurobarometer und die für die vorliegende Studie vorgenommenen Umkodierungen vgl. Tabelle 6 im Anhang dieser Arbeit.

52 Die Kohorteneinteilungen wurden aus den Altersangaben der Befragten ermittelt. Die Kohorte 1955-59 ist als eigentlich die Gruppe der Befragten, die bei der Befragung des EB 08 22-27 Jahre alt, während der Befragung des EB 37.1 37 bis 43 Jahre alt waren usw. Dies deckt sich nicht genau mit den jeweiligen hier genannten Geburtsjahrgängen. Da die Gruppeneinteilungen in die jeweiligen Kohorten aber sowieso relativ willkürlich zum Zwecke der Darstellung (und ohne theoretische Begründung) vorgenommen wurden, ist dieses Problem vernachlässigenswert.

tungen profitiert hat. Diejenigen, die zwischen 1955 und 1959 geboren sind, gehören hingegen zu den geburtenstarken Jahrgängen, den sogenannten »Babyboomern«, die (zumindest laut Wohlfahrtsgenerationendiskurs) erstens von den Arbeitsmarktkrisen seit den 1980ern betroffen wurden und zweitens aufgrund ihrer Größe nicht mehr mit ausreichender Altersunterstützung durch die kleineren ihnen nachfolgenden Kohorten rechnen können. Die zwischen 1975 und 1979 Geborenen sind laut Bude (2003: 299) besonders in den 1990ern durch einen negativen und indifferenten Bezug auf den Sozialstaat geprägt worden, sie verbindet eine »postsozialstaatliche« Erfahrung. Sollten die Annahmen von Thomson und Bude zutreffen, müsste die beschriebene Erfahrung mit dem Sozialstaat sich in die jeweiligen Kohorten eingeprägt haben. Die Kohorten 1955–59 und besonders die Kohorten 1975–79 müssten also durch ein negatives und unsicheres Gefühl dem Sozialstaat gegenüber geprägt sein, dass sich vielleicht auf ihre allgemeine Lebensqualität auswirken könnte.

Tabelle 4.5: Lebenszufriedenheit nach Kohorten zu drei unterschiedlichen Befragungszeitpunkten

Kohorte	Deutschland-West			Deutschland-Ost		
	1977	1992	2001	1977	1992	2001
1975–79	…	75%	90,3%	…	86,1%	80,3%
1955–59	81,4%	91,4%	82,9%	…	69,4%	75,5%
1935–39	92,0%	92,9%	85,7%	…	62,6%	86,3%

Kohorte	Niederlande			Großbritannien		
	1977	1992	2001	1977	1992	2001
1975–79	…	95,0%	91,7%	…	96,8%	86,2%
1955–59	92,6%	92,9%	96,5%	85,2%	92,5%	85,4%
1935–39	93,5%	96,7%	91,1%	87,7%	84,5%	94,3%

Quelle: Eurobarometer 08 (v9), 37.1 (v18), 56.1 (v285), eigene Darstellung
… = Daten nicht verfügbar

Aus Tabelle 4.5 wird ersichtlich, dass es keine Kohorten gibt, die deutlich zufriedener sind als andere, ebenso wenig finden sich eindeutige zeitliche Trends für die Lebenszufriedenheit: Es gibt keine Anzeichen dafür, dass Menschen auf der Kohortenebene im Lebensverlauf kollektiv glücklicher

oder unglücklicher werden. Eher scheint die Lebenszufriedenheit über alle Kohorten und Altersgruppen anteilig ähnlich verteilt; Abweichungen sind vernachlässigenswert.
Nun ist berechtigterweise einzuwenden, dass sich die hier vorgestellten Ergebnisse auf die gesamte Lebenssituation beziehen und sich eben nicht auf die sozialstaatlichen Erfahrungen bzw. die *outcomes* des Rentenversicherungssystems beschränken. Deshalb wird im Folgenden eine ähnlich Aufstellung für die Frage unternommen, ob die jeweiligen Kohortenangehörigen sich über die Rentensituation besorgt zeigen oder nicht. Leider gab es zu diesem Punkt kein in allen drei Befragungen gleich lautendes Item, weshalb aus den drei Surveys jeweils eine Frage ausgewählt wurde, die am stärksten auf die allgemeine persönliche Einschätzung der Rentenbezugsphase abzielte.[53] Befragt wurden nur solche Studienteilnehmer, die selbst noch nicht verrentet sind, es geht also eher um die Frage nach der subjektiven Wahrnehmung als um die Beschreibung einer real erfahrenen Verrentungssituation. Problematisch an der vorgenommenen Aufstellung ist, dass ein beachtlicher Anteil der Befragten keine Einschätzung der eigenen Rentensituation vornehmen kann oder möchte. Dies ist – wenig überraschend – vor allen Dingen in den jeweils jüngeren Kohorten der Fall.[54] In den folgenden Übersichtstabellen 4.6 und 4.7 ist dieser große Anteil der Unentschlossenen deshalb mitzubedenken.

Tabelle 4.6 filtert wieder die bereits verwendeten drei Kohortencluster aus der Gesamtheit der jeweils befragten Nichtrentner heraus. Sollten die Theorien von Gewinner- und Verlierergeneration zutreffen, müssten die Kohorte 1955–59 und erst recht die Kohorte 1975–79 deutlich besorgter um ihre Rentenbezugsphase sein als die zwischen 1935 und 1939 Geborenen. Die Ergebnisse stellen sich für die verschiedenen Länder differenziert dar. In Westdeutschland sind die Kohorten 1975–79 im Jahre 2001 tat-

53 EB 08 (v36): When you think about the day you (or your partner if you are not in work) retire, do you feel: 1 Rather uneasy about it, 2 Look forward with pleasure. EB 37.1 (v397): Which of these two statements is closest to your own point of view? 1. I am looking forward to retirement, 2. Retirement will be difficult for me to accept. EB 56.1 (v344): What do you anticipate your situation will be after retirement? 1 Enjoy retirement, without worry, 2 Watch my spending, but live well, 3 Very difficult to make ends meet, 4 Not thought about it, but am quite confident, 5 Not thought about it, but am quite worried (dabei wurden die Werte 1, 2 und 4 zu «unbesorgt« und die Werte 3 und 5 zu «besorgt« zusammengefasst).

54 Hierzu haben detailliertere Analysen gezeigt, dass der Anteil derjenigen, die aussagen sich über die eigene Rentensituation noch keine Gedanken gemacht zu haben, mit dem Näherrücken der eigenen Verrentung abnimmt.

sächlich besorgter als die Kohorte 1935–39. Allerdings kann bei Werten um 16 oder 17 Prozent nicht von einer generellen sozialen Verunsicherung einer ganzen Gruppe von Geburtsjahrgängen gesprochen werden; die Sorge um die Rente reicht kaum als eindeutige Generationserfahrung aus. Festzuhalten bleibt aber, dass bei den jüngeren Kohorten zwischen 1992 und 2001 eine Zunahme der Besorgnis zu verzeichnen ist, während die Sorge der ältesten Kohorte über den betrachteten Zeitraum hinweg abnimmt.

Tabelle 4.6: Befragte, die sich bei der Einschätzung der zukünftigen Rentensituation besorgt zeigten. Anteil an allen zu diesem Punkt befragten Nichtrentnern des jeweiligen Eurobarometers, nach Kohorten.

Kohorte	Deutschland-West			Deutschland-Ost		
	1977	1992	2001	1977	1992	2001
1975–79	...	10,0%	17,5%	...	23,1%	33,3%
1955–59	11,1%	9,2%	16,2%	...	16,3%	22,6%
1935–39	22,9%	9,7%	6,7%	...	36,1%	40,0%
Kohorte	**Niederlande**			**Großbritannien**		
	1977	1992	2001	1977	1992	2001
1975–79	...	10,0%	8,3%	...	23,3%	24,5%
1955–59	15,6%	17,7%	4,8%	20,3%	22,9%	32,5%
1935–39	7,9%	14,3%	7,4%	21,0%	30,6%	9,1%

Quelle: Eurobarometer 08 (v36), 37.1 (v397), 56.1 (v344), eigene Darstellung
... = Daten nicht verfügbar

Deutlich besorgter als ihre westdeutschen Nachbarn zeigen sich die Bewohner der neuen Bundesländer. Hier ist in allen Kohorten ein Zuwachs in der Sorge um die Rente zwischen 1992 und 2002 zu verzeichnen. Dies erstaunt besonders im Falle der 1935–39 Geborenen, die im Vergleich zu ihren jüngeren Mitbürgern eine vergleichsweise lange Zeit in den gesicherten Arbeitsmarktverhältnissen der DDR verbracht haben und daher eine längere anrechenbare Beitragszeit aufweisen können. Andererseits sind sie vermutlich diejenigen, die als Älteste die größten Schwierigkeiten mit der Arbeitsplatzsuche nach der Wende hatten, was ihre relative gute Rentenposition wieder in Frage stellen dürfte. Im Falle Ostdeutschlands darf jedenfalls vermutet werden, dass der durch die Wiedervereinigung veranlasste Systemumbruch einen größeren Einfluss auf das Empfinden sozialer Sicherheit hinterlassen hat als die Stellung der eigenen Kohorte im deutschen Rentensystem.

Die niederländischen Vergleichskohorten zeigen insgesamt die niedrigsten Besorgnisraten. Dieses Ergebnis bestätigt die Vermutung, die schon im Zuge der Darstellung der historischen Entwicklung (vgl. Kapitel 3.5) aufgetreten war: Ein vergleichsweise geringes demographisches Problem und eine an den Mindestlohn gekoppelte staatliche Rente geben wenig Anlass zur Sorge. Die Kohorten werden zwischen 1977 und 1992 zwar besorgter um ihre Rentensituation, diese Werte fallen aber bis 2001 wieder ab. Auch hier ist es kompliziert, klare Kohorteneinflüsse festzustellen – schließlich fallen 2001 die Anteile derjenigen, die sich um ihre Rentenbezugsphase besorgt zeigen, in der mittleren Kohorte am geringsten aus. Darüber hinaus fällt es hier besonders schwer, bei Prozentwerten zwischen vier und acht Prozent von kohortenprägenden Erfahrungen zu reden.

Anders liegt der Fall in Großbritannien, hier war die staatlich organisierte Rente zum Lebensunterhalt nie ausreichend (vgl. Kapitel 3.4). Qualitative Untersuchungen haben ein großes Vertrauensmanko in die britische gesetzliche Rentenversicherung nachgewiesen. Die Beträge werden als zu gering angesehen, und die meisten Befragten glauben, dass ihr Wert in Zukunft noch sinken wird (vgl. Hedges 1998, Phillips/Hancock 2006, Turner/Adair/Drake 2006). Gleichzeitig haben Skandale um die private und betriebliche Rente (vgl. Kap. 3.4 in dieser Arbeit) das Vertrauen in die betroffenen Rentenzweige ebenfalls erschüttert. Diese Ergebnisse lassen sich insgesamt an den vergleichsweise hohen Sorgewerten nachzeichnen. Tendenziell lässt sich eine Zunahme der Besorgnis im Lebensverlauf feststellen.[55] Klare generationelle Unterschiede, die Anlass zur Annahme unterschiedlicher Erfahrungsstrukturen gäben, lassen sich aber auch für den britischen Fall nicht ausmachen.

Hieran schließt sich eine Folgefrage an, die sich besonders bei der Betrachtung der Gruppe der Unentschlossenen stellt: Inwiefern ist die Einschätzung der eigenen Rentensituation weniger ein Kohorten- als ein Altersgruppenphänomen? Es hat sich gezeigt, dass die Unentschlossenheit bei der Renteneinschätzung im Lebensverlauf abnimmt, fraglich ist, ob das

55 Der Wert für die Kohorten 1935-39 im Jahr 2001 kann durch die geringe Fallzahl (vgl. Tabelle 8 im Anhang) nicht als aussagekräftig angesehen werden.

auch für die Sorge zutrifft. Um tatsächliche Aussagen über die Ungleichheit zwischen Kohorten anzustellen, kann man nicht nur verschiedene Kohorten zum selben Zeitpunkt untersuchen. Die Kohorten durchlaufen schließlich unterschiedliche Lebensphasen, in denen sich Meinungen und Vorstellungen ändern. Deshalb muss man auch vergleichbare Lebensphasen zu verschiedenen Zeitpunkten genauer analysieren. Dies geschieht in Tabelle 4.7, hier werden jeweils drei 5-Jahreskohorten ausgewählt, die zum Zeitpunkt der Befragung um 20, um 40 und um 60 Jahre alt waren. Bei einer Generationenungleichheit im Sinne einer Kohortenungleichheit müsste das Empfinden sozialer Unsicherheit bezüglich der Rente mit dem späteren Datum zunehmen. 20-Jährige müssten also 1977 weniger besorgt sein als ihre Altersgenossen 2001, da letztere bereits den Rückbau wohlfahrtsstaatlicher Leistungen sowie die zugehörigen Krisendiskurse aufgenommen haben.

Tabelle 4.7: Befragte, die sich bei der Einschätzung der zukünftigen Rentensituation besorgt zeigten. Anteil an allen zu diesem Punkt befragten Nichtrentnern des jeweiligen Eurobarometers, nach Altersgruppen.

Altersgruppe	Deutschland-West			Deutschland-Ost		
	1977	1992	2001	1977	1992	2001
Um 20 J.	11,1%	14,3%	12,7%	...	11,6%	20,5%
Um 40 J.	22,9%	11,3%	18,2%	...	27,8%	35,4%
Um 60 J.	19,5%	12,0%	11,9%	...	45,0%	25,6%
Altersgruppe	**Niederlande**			**Großbritannien**		
	1977	1992	2001	1977	1992	2001
Um 20 J.	15,6%	23,3%	9,5%	20,3%	21,1%	14,8%
Um 40 J.	7,9%	17,3%	9,9%	21,0%	31,6%	16,8%
Um 60 J.	21,7%	18,5%	16,7%	42,2%	26,9%	24,2%

Quelle: Eurobarometer 08 (v36), 37.1 (v397), 56.1 (v344), eigene Darstellung
... = Daten nicht verfügbar

Eine solche klare Ungleichheit zwischen Kohorten lässt sich aber wiederum nicht feststellen. Im niederländischen und britischen Fall nimmt die Sorge der jeweiligen Altersgruppen um die eigene Situation in der Rentenbezugsphase über den Zeitverlauf hinweg sogar noch ab. In Westdeutschland pendeln die Werte zwischen 10 und 20 Prozent – zu keinem Zeitpunkt lässt sich aber von einer stärkeren Verunsicherung gerade jüngerer Kohorten sprechen. Demgegenüber lassen sich aber in Ostdeutschland klare Einflüsse erkennen, wo zumindest für die beiden jüngeren Altersgruppen die Besorgnis zunimmt, während sie für die älteste Kohorte zurückgeht. Vermutlich hat der Einfluss der deutschen Wiedervereinigung mit den relativ großzügigen Verbesserungen für ältere Menschen und die schlechten Arbeitsmarkt- und Berufschancen für die jüngeren Kohorten tatsächlich prägende Kohortenerfahrungen entstehen lassen.[56] Diese sind aber wiederum auf die Umbruchssituation zurückzuführen, die sich vielfältig auf alle Lebensbereiche auswirkt. Die Rentenversicherung kann nicht per se als generationsstiftend angesehen werden, da sich in der durch sie ebenfalls betroffenen westdeutschen Vergleichsgruppe solche Effekte nicht zeigen.

Immer wieder sind bisher Verweise auf intragenerationelle Differenzen angeklungen, die möglicherweise einen größeren Einfluss besitzen als die Ungleichheiten zwischen Kohorten. Um die verschiedenen Einflüsse unterschiedlicher Gruppen auf das Empfinden sozialer Sicherheit und die Rentenversicherung zu analysieren und abzubilden, reichen allerdings Kreuztabellen nicht mehr aus, deshalb soll im Folgenden zum Verfahren der logistischen Regression gegriffen werden. Es werden wieder die bereits für die dargestellten Analysen verwendeten drei *Special Eurobarometer*-Umfragen ausgewählt. Aus diesen werden als abhängige Variablen solche Items ausgewählt, die für die hier verfolgte Fragestellung besonders relevant sind, die also die Einschätzung der eigenen Rentensituation und die Zustimmung oder Ablehnung des staatlichen Rentensystems betreffen. Als unabhängigen Variablen werden solche ausgewählt, die sich in der bisherigen Akzeptanzforschung als sinnvolle und erklärungskräftige Prädiktoren herausgestellt haben und die zudem im Eurobarometer abgefragt wurden und damit für die Analyse verfügbar sind. Dabei ist es wichtig zu bemerken, dass es in der vorliegenden Untersuchung nicht – wie sonst in der Akzeptanzforschung üblich – darum gehen soll, das Antwortverhalten der Befragten zu erklären und den besten *model fit* für ein spezielles Einstel-

56 Dabei ist das Ergebnis aber so uneindeutig, dass benachbarte Geburtsjahrgänge und Kohorten teilweise vollkommen andere Entwicklungen der Besorgniswerte aufzeigen. Das heißt, dass auch andere Einteilung (etwa in Zwei- oder Zehn-Jahres-Schritte) zu ganz anderen Ergebnissen führen würde.

lungsmuster zu erhalten. Es geht lediglich darum, zu klären, welchen Einfluss das Alter bzw. die Kohorte auf die Einstellung zur staatlich organisierten Rentenversicherung und zur eigenen Rentensituation hat. In diesem Zusammenhang ist in einem zweiten Schritt danach zu fragen, ob andere Prädiktoren signifikantere Effekte auf diese Einstellungen haben. Dies lässt Rückschlüsse darauf zu, ob die individuelle Rentensituation durch andere Umstände als die Generationenzugehörigkeit geprägt ist.

Als wichtigste unabhängige Variable ist zunächst das Alter in Jahren zu nennen. Dabei ist das Verhältnis von Alters- und Kohorteneffekten mitzubedenken. Generell werden drei relevante Faktoren identifiziert, die in diesem Kontext einen Einfluss auf Einstellungen oder Antwortverhalten der Befragten haben können und die sich gegenseitig bedingen: Alter, Kohorte und Periode (vgl. etwa Andreß u.a. 1997: 358, Wahl 2003: 150–151, Zinnecker 2003: 42–43). Bezogen auf die hier verfolgte Fragestellung bedeutet dies, dass ein Zwanzigjähriger um 1970 vermutlich andere Einstellungen hat als ein Zwanzigjähriger um 1990, da zwar das Alter das gleiche ist, die beobachtete Periode und die Kohorte des Individuums sich aber unterscheiden. Gleichzeitig kann jemand aus dem Geburtsjahrgang 1950 um 1970 eine ganz andere Einstellung zur Rente aufweisen als 1990, da sich sein Alter und die historischen Umstände bzw. die Periode geändert haben. Bei der Betrachtung von Kreuztabellen zur Lebenszufriedenheit und zur Einstellung zur Rentensituation wurde diesen Überlegungen bereits ansatzweise Rechnung getragen, in dem einerseits Einstellungen von Kohorten und andererseits Einstellungen von Altersgruppen zu je unterschiedlichen Zeitpunkten betrachtet wurden. Die drei Einflussfaktoren bedingen sich gegenseitig und sind kaum statistisch sinnvoll zu trennen. In dieser Studie geht es weniger um den Einfluss von Alters- und Periodeneffekten als vielmehr um Kohorteneffekte. Um die Kohorteneffekte sinnvoll von Alters- und Periodeneffekten zu trennen, müsste man Analysen auf Basis einer Panelstudie durchführen, die mehrere Geburtskohorten über den gesamten Lebenslauf betrachtet. Solche Daten sind generell nur schwer zu erhalten (vgl. Andreß u.a. 1997: 359), eine solchermaßen geartete Panelstudie, die zudem die hier relevanten Items abdecken würde, existiert nicht.

Das Eurobarometer ist sogar im Gegenteil ein Survey. Da die Untersuchungen also jeweils nur zu einem bestimmten Zeitpunkt erfolgen und keine langfristigen Trends abbilden, kann nicht eindeutig zwischen Altersgruppen- und Kohorteneinflüssen getrennt werden. Das bedeutet, dass die

Alterseffekte nur vorsichtig interpretiert werden können. Vermutlich stehen die jeweils älteren Altersgruppen dem Prinzip des umlagefinanzierten Rentensystems generell und zu jedem Zeitpunkt positiver gegenüber als die jeweils jüngeren. Hierfür können Eigennutzinteressen verantwortlich gemacht werden; für die bereits langjährig geleisteten Beiträge erwartet man nun auch Leistungen. Außerdem ist die Rentenbezugsphase für diese Gruppen viel absehbarer und inkontingenter als für ihre jüngeren Zeitgenossen, was Unsicherheiten begrenzen dürfte. Wenn allerdings darüber hinaus die Annahmen der Wohlfahrtsgenerationentheorien stimmen, muss man davon ausgehen, dass nicht nur Altersgruppeneffekte, sondern auch Kohorteneffekte relevant sind. Während sich im ersten Fall die Einschätzung der Rentensituation über den Lebenslauf hinweg immer positiver entwickelt, bedeutet der zweite Fall, dass gerade bei jüngeren Kohorten eine durch das Geburtsjahr bedingte negative Einstellung auf das Alter vorherrscht. Wenn sich Generationseffekte zeigen, hieße das, dass Alterseffekte bei der Ablehnung der Rentenversicherung und ihrer Werte und Normen. über die Zeit hinweg erklärungskräftiger werden. Wenn – wie im vorliegenden Fall – Meinungsumfragen von 1977, 1992 und 2001 nebeneinandergestellt werden, müssten Alterseffekte bei der Einstellung immer signifikanter werden. Schließlich gehen die untersuchten Theorien von einer sukzessiven Verschlechterung für jeweils jüngere Generationen ab der Geburtskohorte von zirka 1960 aus. Der Anteil enttäuschter Sozialstaatsgenerationen müsste sich in den betrachteten Umfragen über die Zeit hinweg also stärker niederschlagen, was in einem jeweils signifikanteren negativen Effekt der Alterszugehörigkeit auf die Zustimmung zur Rente abzulesen wäre.[57]

57 Es gibt einen ökonometrischen Ansatz, Surveydaten wie Panels zu behandeln und sie zu sogenannten »gepoolten Querschnitten« zusammenfassen (vgl. etwa Greene 2003). Das setzt aber voraus, dass die verwendeten Daten absolut zufällig ausgewählt wurden; diese Vorgabe kann im vorliegenden Fall des Eurobarometers nicht eingehalten werden. Außerdem sind die drei ausgewählten Studien eine relativ kleine Basis für eine Kohortenanalyse. Schließlich ist einzuwenden, dass sich das Verfahren in der sozialwissenschaftlichen Forschung bislang nicht hat durchsetzen können. Deshalb wurde im vorliegenden Fall aus den Eurobarometer-Daten zwar ein gepoolter Querschnitt erstellt, er wurde jedoch lediglich zu Testzwecken eingesetzt. Vor allen Dingen wurde mit dem gepoolten Querschnitt durch die Verwendung von Likelihood-Ratio-Tests (vgl. Andreß u.a. 1997: 294-295) die Erklärungskraft des Prädiktors Alter getestet. Insgesamt konnten aber aus diesem Verfahren keine Erkenntnisse gewonnen werden, die sich nicht auch mit den in der Soziologie methodisch weniger zweifelhaften Einzelstudien gewinnen ließen.

Außer der Kohortenzugehörigkeit werden Prädiktoren ausgewählt, die Kohorten intern differenzieren, nämlich Bildung, Einkommen[58] und Geschlecht. Sie haben sich in der bereits geleisteten Forschung, die am Anfang des Kapitels dargestellt wurde, als signifikante Einflusskategorien herauskristallisiert und sind zudem in den Variablenkatalog des Eurobarometers aufgenommen worden.[59] Als Indikator für die Bildung wurde die Dauer der Schul- und Universitätsbildung in Jahren ausgewählt. In allen drei betrachteten Ländern führt eine längere Ausbildungsdauer zu höherwertigen Abschlüssen. Die drei Länder werden unabhängig voneinander analysiert, die Staatsangehörigkeit selbst wird also nicht als Einflussgröße

58 Problematisch an der Einkommensvariable ist die große Gruppe derjenigen, die keine Angaben zu diesem Punkt machen können oder wollen. Sie umfasst – je nach Land und Jahr – etwa 100 bis 150 Personen, also 10-15 Prozent des Samples. Da die logistische Regression nur solche Fälle zur Analyse aufnimmt, die in keiner der analysierten Variablen einen missing value aufweist, minderte sich die Zahl der gültigen Fälle (und damit vermutlich die Repräsentativität der Aussagen). Es wurden Mittelwertvergleiche der Gruppe der missing values mit der Gruppe derjenigen, die eine Antwort gaben, durchgeführt. Signifikante Unterschiede zeigten sich vor allen Dingen beim Alter der Befragten. So sind diejenigen, die keine Angaben zum Einkommen machen, in den Eurobarometerumfragen von 1992 und 2001 durchschnittlich zwischen zwei und sechs Jahren jünger als die, die die Frage beantworten. Punktuell ergab der t-Test auch signifikante Unterschiede bei der Ausbildungsdauer; diejenigen, die nicht antworten, sind jünger als die Vergleichsgruppe. Dieser Effekt ist aber nur in den beiden deutschen Fällen relevant, hier weisen die Mittelwerte zu allen Befragungszeitpunkten eine signifikante Differenz von etwa einem halben Jahr auf. Signifikante Effekte des Geschlechts zeigten sich lediglich im Eurobarometer 08 für die Niederlande und Großbritannien; hier waren es tendenziell eher Männer, die Angaben zum Einkommen verweigerten. Um diesem Problem zumindest ansatzweise zu begegnen, wurden für jedes Land in jedem Jahr das jeweilige Durchschnittseinkommen errechnet und die missings entsprechend durch dieses Durchschnittseinkommen ersetzt. Auch dieses Verfahren mindert die Repräsentativität, vor allem was die Aussagen über Einkommenseffekte anbelangt. Deswegen wurden Berechnungen mit dieser neu konstruierten Variable nur als Tests eingesetzt. Falls sich Abweichungen von den Analysen der Regressionen mit missings beim Einkommen ergaben, sind diese Ergebnisse unter der jeweiligen Ergebnistabelle dokumentiert.

59 In einem ersten Analyseverfahren ließen sich auch punktuelle Effekte der politischen Links-Rechts-Selbsteinstufung erkennen. Auf diese Variable wurde dann allerdings verzichtet, da sie zu viele missing values aufwies (vgl. vorvorangehende Fußnote). Offenbar konnten oder wollten sich eine beträchtliche Anzahl der Befragten nicht auf einer politischen Skala verorten. Dies führte dazu, dass sie auch nicht für die Analyse ausgewählt wurden, was die Zahl der gültigen Fälle und damit die Repräsentativität empfindlich minderte. Da sich die Links-Rechts-Einstufung insgesamt nicht als kontinuierliche Einflussgröße herausstellte, und durch Likelihood-Ratio-Tests keine signifikanten Modellverbesserungen durch die Hinzunahme dieses Prädiktors nachgewiesen werden konnte, wurde im endgültigen Analyseverfahren darauf verzichtet.

betrachtet. Dies geschieht aus dem Grund, dass so eine verlässlichere Darstellung der einzelnen Einflussfaktoren in den jeweiligen Ländern erfolgen kann. Wiederum werden West- und Ostdeutschland getrennt geführt: Wie auch die bereits dargestellten Kreuztabellen gezeigt haben, hat der Systemumbruch vermutlich zu anderen Erfahrungsstrukturen in den neuen Bundesländern geführt. Eine Zusammenschau der beiden Landesteile würde unterschiedliche Effekte vermutlich nicht angemessen abbilden.[60]

Zunächst wird wieder die allgemeine Lebenszufriedenheit mithilfe einer binären logistischen Regressionsanalyse untersucht.[61] Die dargestellten Koeffizienten bilden die Effekte auf die Unzufriedenheit mit dem Leben ab. Zunächst ist festzustellen, dass zumindest in Deutschland und den Niederlanden die erklärte Varianz über die Jahre hinweg ansteigt; das heißt, die in das Modell aufgenommenen Prädiktoren werden zwischen 1977 und 2001 für die Lebenszufriedenheit immer einflussreicher und können deshalb das Antwortverhalten immer besser erklären. Die Niederlande sind das einzige Land, in dem keine Alterseinflüsse auf die Unzufriedenheit zu erkennen sind. In den beiden anderen Ländern lässt sich ein signifikanter Effekt erkennen: Jüngere Kohorten sind unzufriedener als ältere. Dabei ist dieser Effekt in Westdeutschland 1977 noch nicht zu erkennen, 1992 ist er auf einem 5-Prozent-Niveau signifikant, 2001 nur noch auf einem 10-Prozent-Niveau. In Großbritannien wiederum lassen sich Alterseffekte lediglich in den Jahren 1977 und 1992 nachweisen, im Jahr 2001 ist kein signifikanter Einfluss des Alters auf die Unzufriedenheit zu erkennen. Der Indikator, der in nahezu allen Fällen einen hochsignifikanten Effekt auf die Unzufriedenheit mit dem Leben ausübt, ist das Einkommen. Menschen mit geringerem Einkommen sind unzufriedener mit dem Leben als ihre vergleichsweise finanziell besser gestellten Mitbürger.[62] Dieser Prädiktor weist durchgehend signifikantere Effekte auf als das Alter. Ausbildungs-

60 Sicherlich wären weitere Indikatoren spannend für die Untersuchung gewesen, ihre Aufnahme ließ sich aber aus verschiedenen Gründen nicht realisieren. So findet man im Eurobarometer keine Hinweise auf die Vermögenssituation und auf bereits erhaltene oder für die Zukunft erwartete Erbschaften. Die Einteilungen in die verschiedenen Berufssektoren sind für die Länder so disparat, dass sie schlecht vergleichend untersucht werden können. Sie werden deshalb im vorliegenden Fall ausgelassen.

61 Die Ergebnisse sind in Tabelle 9 im Anhang abgetragen.

62 Dabei ist außerdem zu beachten, dass die Aufnahme eines Interaktionseffektes zwischen Alter und Einkommen in die Regressionsanalyse keine nennenswerten Modellverbesserungen zur Folge hatte, der Interaktionseffekt war zudem nicht (oder in Ausnahmefällen auf einem 10-Prozent-Niveau) signifikant.

dauer und Geschlecht haben so gut wie keine Geltung. Darüber hinaus ist in den Kreuztabellen weiter oben festgestellt worden, dass alle Kohorten relativ hohe Lebenszufriedenheitswerte aufweisen. Wenn also auch jüngere Altersgruppen jeweils etwas unzufriedener sind als ältere, sind doch insgesamt die meisten hier betrachteten Menschen mit ihrem Leben zufrieden. Hier lassen sich zudem wieder nur schwer Alters- und Kohorteneffekte trennen: Schließlich kann es sein, dass Menschen, die in ihrem Lebenslauf bereits Ziele erreicht haben, ihr Leben positiver einschätzen als Menschen, die sich einer kontingenten Zukunft gegenüber sehen. Dies lässt sich David Thomsons (1996) Annahme entgegenhalten, dass jüngere Kohorten aufgrund ihrer Verliererrolle im Sozialstaat eine geringere Lebensqualität aufweisen, was sich Thomson zufolge in erhöhten Kriminalitäts- und Suizidraten niederschlage. Wenn diese Annahme zuträfe, müsste sich das in deutlich negativeren Alterseffekten auf die Lebenszufriedenheit zeigen, die sich zudem über die Zeit hinweg verstärken. Solche Effekte sind jedoch für die hier betrachteten Länder nicht festzustellen.

In der vorliegenden Arbeit soll es vordergründig um die Erfahrung mit sozialer Unsicherheit in Bezug auf das Rentensystem gehen. Dass die Erfahrung mit dem Sozialstaat – selbst wenn sie sich generationenprägend auswirken sollte – zwingend auf andere Lebensbereiche ausstrahlt, und damit die Lebenszufriedenheit beeinflusst, ist nicht in jedem Falle nachvollziehbar. Im Folgenden soll deshalb die Einschätzung der Rentensituation durch die Befragten näher analysiert werden. Hier geht es also wieder um eine Befragung aller Nichtrentner. In dieser Analyse sind die Besorgten die Referenzkategorie, dargestellt sind also die Faktoren, die einen Einfluss auf die positive Einschätzung der Rentenbezugsphase darstellen. Die Ergebnisse der binären logistischen Regressionsanalyse sind in der Tabelle 4.8 dargestellt.

Wie schon in der vorherigen Berechnung deutlich wurde, lässt sich an den steigenden Pseudo-R^2-Werten ablesen, dass die gewählten unabhängigen Variablen im zeitlichen Verlauf einen zunehmend größeren Anteil der Varianz erklären können. Das wichtigste Ergebnis der Regressionsanalyse ist die Tatsache, dass nur in einem Fall, nämlich Ostdeutschland, überhaupt signifikante Alterseffekte[63] erkennbar sind. Dass das Alter in den anderen Ländern wenig Einfluss ausübt, hatten bereits die unklaren Ergebnisse der Kreuztabelle vermuten lassen.

63 Diese Effekte verschwinden zudem, wenn man die missing values der Einkommensvariablen durch das Durchschnittseinkommen ersetzt.

Tabelle 4.8: Nichtrentner: Einschätzung der Rentensituation: Zuversichtlichkeit, binäre logistische Regression, Referenzkategorie: besorgt: Effektkoeffizienten

	Deutschland West			Deutschland Ost		
	1977	1992	2001	1977	1992	2001
Alter	1,008	1,000	1,009	…	0,982*	1,284
Einkommen	0,971	1,061	1,328***	…	1,167***	1,192***
Ausbildungsdauer	0,961	0,853***	0,953	…	0,997	1,200***
Geschlecht (w)	1,100	0,768	0,817	…	0,733	1,011
Pseudo-R^2 (Nagelkerke)	0,010	0,051	0,207	…	0,077	0,185
Gültige Fälle	354	350	521	…	354	489

	Niederlande			Großbritannien		
	1977	1992	2001	1977	1992	2001
Alter	1,002	1,015	1,000	0,997	1,014	1,013
Einkommen	0,961	1,104**	1,291***	1,067	1,080**	1,127***
Ausbildungsdauer	1,113*	0,916	1,088	1,106*	0,969	1,178**
Geschlecht (w)	0,686	1,198	2,602***	1,444*	1,145	2,064***
Pseudo-R^2 (Nagelkerke)	0,020	0,068	0,180	0,034	0,029	0,107
Gültige Fälle	415	260	457	409	424	367

Signifikanzniveau: *** <0,01 / ** <0,5 / * < 0,1 … = Daten nicht verfügbar

Die Effektkoeffizienten sind aufgrund unterschiedlicher Skalenniveaus der Variablen nicht direkt in der Stärke vergleichbar, sie geben lediglich eine positive (Wert >1) oder negative (Wert <1) Einflussrichtung an.

Quelle: EB 08 (v36): When you think about the day you (or your partner if you are not in work) retire, do you feel: 1 Rather uneasy about it, 2 Look forward with pleasure. EB 37.1 (v397): Which of these two statements is closest to your own point of view? 1. I am looking forward to retirement, 2. Retirement will be difficult for me to accept. EB 56.1 (v344): What do you anticipate your situation will be after retirement? 1 Enjoy retirement, without worry, 2 Watch my spending, but live well, 3 Very difficult to make ends meet, 4 Not thought about it, but am quite confident, 5 Not thought about it, but am quite worried (dabei wurden die Werte 1, 2 und 4 zu »unbesorgt« und die Werte 3 und 5 zu »besorgt« zusammengefasst). Befragt wurden alle Nichtrentner. Signifikanzniveaus und Richtungen der Effektkoeffizienten ändern sich nicht maßgeblich, wenn missings der Einkommensvariable durch länder- und jahresspezifisches Durchschnittseinkommen ersetzt werden (Ausnahme: Deutschland-Ost 1992: Alterseffekt nicht mehr signifikant, Effekt Geschlecht auf 5-Prozent-Niveau signifikant, Niederlande 2001 Effekt Ausbildungsdauer auf 5-Prozent-Niveau signifikant, Großbritannien 2001: Effekt Alter auf 5-Prozent-Niveau signifikant, Effekt Ausbildung hochsignifikant).

Es lassen sich also nicht einmal Altersgruppeneffekte nachweisen, die dazu führen müssten, dass ältere Menschen ihre Rentensituation entspannter einschätzen als Jüngere. Erst recht kann man keinen sukzessiven Anstieg der Signifikanz des Prädiktors »Alter« nachweisen. Damit ist aber eine zentrale These der Wohlfahrtsgenerationentheorie widerlegt: Man kann nicht davon ausgehen, dass jüngere Kohorten aufgrund ihrer stetig wachsenden Benachteiligung immer enttäuschter vom Sozialstaat sind.[64] Stattdessen ist die für die Besorgnis insgesamt einflussreichste Variable das Einkommen, dies gilt in allen Ländern besonders für das Jahr 2001. Hier ist das Einkommen in allen betrachteten Ländern ein hochsignifikanter Faktor bei der Einschätzung der eigenen Rentensituation. Punktuell zeigen sich auch signifikante Effekte der Ausbildungsdauer, wobei sich allerdings mitunter widersprüchliche Effektrichtungen abzeichnen: In Deutschland sind eher gering Gebildete unbesorgt, während in den anderen Ländern eher solche Befragte sich wenig besorgt zeigen, die eine höhere Bildung aufweisen. Das Geschlecht zeigt ebenfalls Effekte, allerdings lediglich punktuell in den Niederlanden und Großbritannien: Hier sind Frauen unbesorgter als Männer. Festzuhalten bleibt: Bei der positiven bzw. negativen Einschätzung der eigenen Rentensituation spielt die Altersgruppen- oder Kohortenzugehörigkeit keine Rolle. Stattdessen hat erneut das Einkommen deutliche signifikante Effekte auf die Zuversichtlichkeit bezüglich der eigenen Rentenbezugsphase.

Eine große Rolle spielt das Alter hingegen bei der Frage, ob man sich überhaupt über seine Rentenbezugsphase Gedanken macht. Dafür wurde untersucht, inwiefern die hier ausgewählten Prädiktoren erklären können, ob man auf die Frage nach der Einschätzung der eigenen Rentenbezugsphase überhaupt eine Meinung äußert oder mit »weiß nicht« antwortet. Hier hat das Alter in allen betrachteten Ländern einen starken Einfluss. Dies kann als deutlicher Altersgruppeneffekt gewertet werden: Die Verrentung wird dann zum Gegenstand der persönlichen Auseinandersetzung, wenn der Zeitpunkt der Verrentung näher rückt. Allerdings bleibt festzuhalten, dass dieser Alterseffekt in Westdeutschland, den Niederlanden und Großbritannien im Jahr 2001 nicht mehr signifikant ist. Vielleicht ist dies auf die stärkere mediale Thematisierung der Alterssicherung in den euro-

64 Um die Erklärungskraft der Altersvariablen insgesamt zu prüfen, wurden Likelihood-Ratio-Tests mit einem kumulierten Datensatz (»gepoolter Querschnitt«), der alle drei Eurobarometerstudien umfasste, durchgeführt. Es wurden für kein Land signifikante Modellverbesserungen durch Aufnahme des Prädiktors Alter nachgewiesen.

päischen Medien im Zuge der Rentenreformen der 1980er und 1990er Jahre zurückzuführen: Wenn sich bei jüngeren Kohorten auch keine stärkere Unsicherheit oder Besorgnis einstellt, so ist doch eine Beschäftigung mit der eigenen Verrentungssituation erfolgt, die der Rate der anderen Kohorten entspricht. Allerdings würde dies nicht den nach wie vor hochsignifikanten Einfluss des Alters in Ostdeutschland erklären, schließlich wird die Debatte um die Rentenversicherung hier ebenfalls wahrgenommen. Einkommenseffekte sind vor allem im Jahr 2001 relevant. Dabei ist festzuhalten, dass in Deutschland und den Niederlanden diejenigen, die sich nicht mit der eigenen Rentenbezugsphase beschäftigt haben, tendenziell ein höheres Einkommen aufweisen als die, die sich besorgt zeigen, während diese Gruppe in Großbritannien durch ein vergleichsweise niedrigeres Einkommen gekennzeichnet ist. Ähnlich widersprüchliche Effekte können auch für das Ausbildungsniveau festgehalten werden. Einflussreiche Effekte lassen sich nur in Westdeutschland und 1977 in Großbritannien darstellen. Generell steigt mit der Ausbildungsdauer die Chance, sich nicht mit der Verrentung zu beschäftigen, in Westdeutschland ist dieser Effekt aber im Jahr 1992 genau gegenläufig.

Bis hierher ist eine Beurteilung der eigenen Situation durch die Befragten erfolgt. Die Erfahrung der eigenen Lebensrealität lässt wenige Rückschlüsse auf Altersgruppeneffekte und damit auch auf eine Kohortenerfahrung zu. Der öffentliche Diskurs evoziert aber unter dem Stichwort »Generationengerechtigkeit« häufig die Vorstellung, es gäbe bezüglich der Rente unterschiedliche Interessen verschiedener Kohorten. Jüngere Kohorten hätten, da sie die Verlierer des gegenwärtigen Umlageverfahrens seien, ein Interesse den Generationenvertrag aufzukündigen; hieraus ergäbe sich ein Konfliktpotential zwischen den Generationen. Sowohl im Eurobarometer 37.1 als auch im Eurobarometer 56.1 sind die Einstellungen zu der Frage erhoben worden, ob die Arbeitenden die Rentner unterstützen müssten. Der sogenannte »Generationenvertrag« ist schließlich nach wie vor ein wichtiges Mittel (*output*) zur Erreichung der sozialen Sicherheit im Alter.

In die Analyse[65] sind nur diejenigen eingeflossen, die eine eindeutige positive oder negative Position zum Generationenvertrag bezogen haben; dies ist schließlich die Grundlage für mögliche Konflikte. Da jüngere Ko-

65 Die Ergebnisse der binären logistischen Regression finden sich in Tabelle 11 im Anhang.

horten durch den demographischen Wandel und die Reformen der Rente im Zeitverlauf immer stärker betroffen wurden, müsste sich im Zeitverlauf eine immer deutlichere Erklärungskraft der Altersvariable abzeichnen. Dies ist aber nicht der Fall. Wie bereits die durchgängig relativ niedrigen Anteile erklärter Varianz vermuten lassen, kann keine der hier aufgeführten Kategorien die Einstellung zum Generationenvertrag den Vergleichsländern hinreichend begründen. In den beiden deutschen Landesteilen lassen sich noch 1992 hochsignifikante Einflüsse des Alters auf die Einstellung zum Generationenvertrag nachweisen: Die Gruppe, die ihm ablehnend gegenübersteht, ist deutlich von jüngeren Kohorten geprägt, als die Referenzkategorie, die Zustimmung äußert. Entgegen der Vermutung ist dieser Effekt aber im Jahre 2001 nicht mehr signifikant bzw. lässt sich im westdeutschen Fall gar nicht mehr finden: Der Effektkoeffizient nimmt genau den Wert 1 an, es lassen sich also weder positive noch negative Effekte des Alters finden.[66] Auch die anderen Prädiktoren entfalten bei der Frage nach der Zustimmung zum Generationenkonflikt kaum Erklärungspotential, die Zustimmung oder Ablehnung des Generationenvertrages wird also vermutlich durch ganz andere, hier nicht abbildbare Faktoren geprägt.

Zum Abschluss der Untersuchung vom Einfluss der Kohortenzugehörigkeit auf die Einstellung der Rentenversicherung soll es noch um eine praktische Frage nach verschiedenen *outputs* der Alterssicherung gehen: Bevorzugen die Befragten die staatliche, die betriebliche oder die private Altersvorsorge? Wiederum sind aus der Perspektive der Wohlfahrtsgenerationentheorien und auch des öffentlichen Diskurses starke Kohorteneffekte zu erwarten. Je älter die Befragten sind, desto stärker müssten sie sich mit dem staatlichen System der Alterssicherung identifizieren können. Sie haben selbst eine lange Zeit Beiträge für das System bezahlt und haben sich aus ihrer Perspektive nun ein Anrecht erworben, auch angemessene Leistungen zu erhalten. Es greifen also *lock-in*-Effekte, die einen Wechsel des Alterssicherungssystems nicht günstig erscheinen lassen. Je jünger die be-

66 Ähnliches lässt sich auch für die Analyse der Frage festhalten, inwiefern die Unentschlossenheit bei der Beantwortung der Frage zu bewerten ist, wie in detaillierteren, hier nicht abgebildeten Analysen herausgefunden wurde. Während diejenigen, die sich bei der Einschätzung der eigenen Rentensituation unschlüssig zeigten, signifikant jünger waren als die Referenzgruppe der Antwortgeber, lässt sich ein solcher Effekt bei der Einschätzung des Generationenvertrages nicht nachweisen. Hier sind ein geringes Einkommen und eine geringe Ausbildungsdauer erklärungskräftiger, wobei sich signifikante Effekte allerdings nicht kontinuierlich zeigen.

treffenden Kohorten sind und je weniger Beiträge sie bereits an die Rentenversicherung bezahlt haben, desto leichter fällt der Ausstieg aus dem System. Aufgrund der erlebten Kontingenz der umlagefinanzierten Rente – erstens liegt die Bezugsphase noch weit in der Zukunft, zweitens ist nicht sicher, inwieweit demographische und wirtschaftliche Entwicklungen die Finanzen gefährden – sollten jüngere Kohorten ein starkes Interesse an kapitalgedeckten Systemen haben, da diese weniger anfällig für demographische Veränderungen sind.

Die Frage, welche Säule der Alterssicherung präferiert wird, ist nur im Eurobarometer 56.1 gestellt worden, Entwicklungen im Zeitverlauf lassen sich also nicht darstellen. Aufgenommen wurden in die Analyse nur diejenigen, die sich eine klare Meinung bereits gebildet hatten und damit eindeutige Interessen vertreten konnten. Wie Modell 1 in den Tabellen 4.9 und 4.10 zeigt, gibt es tatsächlich Effekte des Alters auf die Präferenz eines nichtstaatlichen Alterssicherungssystems in Ostdeutschland, den Niederlanden und Großbritannien. Wie zu erwarten war, sind die signifikanten Effekte negativ, das heißt, dass die Mitglieder der Gruppe, die ein betriebliches oder privates System der Referenzkategorie »staatliche Altersvorsorge« vorzieht, vorwiegend jüngeren Kohorten angehören. Genauso wichtig – mitunter sogar noch wichtiger – für die Wahl eines Alterssicherungssystems ist allerdings wiederum das Einkommen. Für diese spezielle Frage ergaben sich durch die Aufnahme eines Interaktionseffektes zwischen Alter und Einkommen zumindest punktuell Modellverbesserungen, diese wirken sich besonders in Deutschland aus.

Die Ergebnisse, die sich durch die Aufnahme des Interaktionseffektes ergaben, sind unter »Modell 2« abgetragen. In den alten Bundesländern spielt der Interaktionseffekt zwischen Alter und Einkommen besonders bei der privaten Vorsorge eine Rolle: Das Alter hat durch die Aufnahme des Effektes in das Modell einen auf dem 5-Prozent-Niveau signifikanten Einfluss, der Einfluss des Einkommens bleibt hochsignifikant. Ähnliche Veränderungen kann man bei der Frage nach der Präferenz des betrieblichen Alterssicherungssystems in Ostdeutschland erkennen; der Interaktionseffekt ist hochsignifikant, weshalb auch Alter und Einkommen starke signifikante Effekte zeigen. Bei der Präferenz des privaten Alterssicherungssystems verschwindet im zweiten Modell unter der Hinzunahme des Interaktionseffektes der Einkommenseffekt. Dieser Einfluss zeigt sich auch bei der privaten Rente in den Niederlanden, obwohl ein Interaktionseffekt zwischen Alter und Einkommen selbst – wie auch in Großbritannien – kaum vorhanden und nicht signifikant ist.

Tabelle 4.9: Präferenzen Alterssicherungssystem, Referenzkategorie: staatliche Rente, Effektkoeffizienten, EB 2001– Deutschland West und Deutschland Ost

	Deutschland West		Deutschland Ost	
betrieblich	*Modell 1*	*Modell 2*	*Modell 1*	*Modell 2*
Alter	1,004	1,017	1,001	0,974***
Einkommen	1,067***	1,169**	0,998	0,778***
Alter*Einkommen	-	0,998	-	1,005***
Ausbildungsdauer	1,031	1,034	1,088***	1,077**
Geschlecht (w)	1,042	1,034	0,810	0,862
Privat				
Alter	0,992	1,067**	0,953***	0,893***
Einkommen	1,265***	1,882***	1,202***	0,863
Alter*Einkommen	-	0,992***	-	1,009**
Ausbildungsdauer	1,113**	1,121**	1,148**	1,113*
Geschlecht(w)	0,873	0,878	0,280*	0,293***
Pseudo-R^2 (Nagelkerke)	0,058	0,071	0,111	0,134
Gültige Fälle	735	735	781	781

Signifikanzniveau: *** <0,01 / ** <0,5 / * < 0,1

Die Effektkoeffizienten sind aufgrund unterschiedlicher Skalenniveaus der Variablen nicht direkt in der Stärke vergleichbar, sie geben lediglich eine positive (Wert >1) oder negative (Wert <1) Einflussrichtung an.
Quelle: EB 56.1 (v382): How do you think that pensions should be provided? 1 Mainly by state or public pension schemes, 2 Mainly by occupational schemes, 3 Mainly by private arrangements. In die Analyse wurden nur diejenigen aufgenommen, die nicht mit »ich weiß nicht« antworteten. Signifikanzniveaus und Richtungen der Effektkoeffizienten ändern sich nicht maßgeblich, wenn missings der Einkommensvariable durch länder- und jahresspezifisches Durchschnittseinkommen ersetzt werden (Ausnahme Modell 1: Ostdeutschland: Privat: Effekte Ausbildungsdauer und Geschlecht werden hochsignifikant, Niederlande: Privat: Alterseffekt nur noch auf 10%-Niveau signifikant, Großbritannien: Privat: Effekt Alter hochsignifikant, Effekt Ausbildung auf 5-Prozent-Niveau signifikant. Modell 2: Ostdeutschland: Privat: Effekt Ausbildung hochsignifikant, Niederlande: betrieblich: Einkommenseffekt nicht mehr signifikant.).

Tabelle 4.10: Präferenzen Alterssicherungssytem, Referenzkategorie: staatliche Rente, Effektkoeffizienten, EB 2001 – Niederlande und Großbritannien

	Niederlande		Großbritannien	
betrieblich	*Modell 1*	*Modell 2*	*Modell 1*	*Modell 2*
Alter	0,977***	0,979	1,004	1,013
Einkommen	1,184***	1,190*	1,035	1,091
Alter*Einkommen	-	1,000	-	0,999
Ausbildungsdauer	1,007	1,007	1,099**	1,098**
Geschlecht (w)	0,506***	0,506***	0,392***	0,391***
Privat				
Alter	0,967***	0,932**	0,974**	1,000
Einkommen	1,258***	1,057	1,040	1,198
Alter*Einkommen	-	1,004	-	0,996
Ausbildungsdauer	1,018	1,008	1,063	1,061
Geschlecht(w)	0,579*	0,595*	0,564*	0,559*
Pseudo-R^2 (Nagelkerke)	0,148	0,152	0,087	0,091
Gültige Fälle	489	489	536	536

Anmerkungen: Siehe Tabelle 4.9

Insgesamt kann also festgehalten werden, dass die Präferenz der privaten Vorsorge tatsächlich eher durch das Alter geprägt wird als durch das Einkommen, während sich dies für die betriebliche Rente nicht behaupten lässt. Längere Ausbildungszeiten scheinen die Präferenz für nichtstaatliche kapitalgedeckte Alterssicherungsformen zu erhöhen, allerdings sind diese Effekte nicht überall signifikant. Auch das Geschlecht zeigt bei dieser Frage eindeutige Effekte: Die Mitglieder der Gruppe, die nichtstaatliche Formen der Alterssicherung bevorzugen, sind eher männlich geprägt als diejenigen, die die staatliche Alterssicherung präferieren. Diese Ergebnisse bestätigen bisherige Forschungen zur Akzeptanz des Wohlfahrtsstaates, die festgestellt haben, dass Frauen staatlich organisierten Sicherungssystemen positiver gegenüberstehen als nichtstaatlichen. Erklärt werden kann dies einerseits aus eigennutztheoretischer Perspektive; Frauen sind weniger stark als Männer in den Arbeitsmarkt eingebunden und profitieren deshalb von ausgleichenden Umlagesystemen mehr als von strikt einkommensabhängigen betrieblichen oder privaten Formen. Aus der Werte- und Normen-Perspektive wiederum ist argumentiert worden, dass Frauen sich stärker solidarisch zeigen als ihre männlichen Mitbürger.

Festzuhalten bleibt, dass das Alter bei der Präferenz eines Alterssicherungssystems eine starke Rolle spielt. Dies ist besonders im Zusammenhang mit der privaten Rente der Fall. Da es keine vergleichbaren Fragen zu anderen Zeitpunkten gibt, muss die Frage, ob es sich um Altersgruppen- oder Kohorteneffekte handelt, aber auch hier ungeklärt bleiben. Es ist durchaus möglich, dass eine Präferenz für nichtstaatliche Alterssicherung jüngerer Geburtskohorten besteht, weil diese von der staatlich organisierten Rente enttäuscht und besorgt über Nachteile durch demographische Entwicklungen sind. Es ist allerdings auch durchaus möglich, dass, je länger die Betreffenden Beiträge in die gesetzliche Rentenversicherung einzahlen und je näher die Verrentung rückt, auch bei diesen Kohorten *lock-in*-Effekte entstehen, die zu einer stärkeren Präferenz der staatlichen Alterssicherung führen.

Insgesamt lässt sich auch für die Untersuchung der Einstellungen zu Wohlfahrtsstaat und Rentenversicherung festhalten, dass eindeutige Kohortenunterschiede, die sich auf das Erleben der jeweiligen historischen Stellung im Rentensystem zurückführen ließen, nicht gefunden werden können[67], was auch die Annahme eines »Generationenkonfliktes« widerlegt.[68] Dies zeigt sich bereits in der Betrachtung von Kreuztabellen: Der Anteil derjenigen, die sich bezüglich der eigenen Lebenssituation oder der Rentenbezugsphase besorgt oder verunsichert zeigen, ist in allen betrachteten Kohorten so gering, dass man nicht von Generationenprägungen ausgehen kann. Diese Befunde werden durch die Regressionsanalysen bestärkt, in denen die Effekte unterschiedlicher Prädiktoren – Alter, Einkommen, Ausbildung und Geschlecht – auf die Einstellung zur eigenen Rentensitua-

---

67 Vermutlich hätte die Analyse von weiteren Indikatoren wie Sektorzugehörigkeit, Vermögenssituation und die Erwartung von Erbschaften diesen Befund verstärkt, da diese items sich alle intragenerationell differenzierend auswirken dürften. Dies war aber aus verschiedenen Gründen nicht möglich – entweder wurde im Eurobarometer nicht nach diesen Informationen gefragt oder die Antwortkategorien waren länderspezifisch so unterschiedlich, dass ein Vergleich schwierig wurde.

68 Eine im gleichen Zeitraum wie die vorliegende Untersuchung durchgeführte Studie von Blome u.a. (2008) analysierte Einstellungen verschiedener Kohorten zum Rentensystem in Deutschland, Schweden, Italien und Frankreich. Die Autoren kommen für die Special Eurobarometer 50.1 und 56.1 ebenfalls zu dem Schluss, dass Alterseffekte kaum Einfluss auf die Einstellungen zum Wohlfahrtsstaat haben, Blome u.a. zufolge ist der Generationenkonflikt »eher Mythos als Realität« (vgl. Blome u.a. 2008: 336).

tion und zum staatlich organisierten Rentensystem insgesamt untersucht wurden. Starke Effekte des Alters weisen lediglich die neuen Bundesländer auf, dieser Effekt ist aber eher auf die Erfahrung des Systemumbruchs durch die deutsch-deutsche Wiedervereinigung 1990 zurückzuführen. Generell lässt sich nicht einmal für die Einschätzung des Generationenvertrags ein Einfluss des Geburtsjahrganges feststellen. Gerade hier wäre dies aber nicht nur aus generationentheoretischer Perspektive, sondern auch im Sinne der Eigennutztheorien eigentlich erwartbar gewesen.[69] Lediglich bei der Präferenz für betriebliche und besonders für private Alterssicherungssysteme konnten Kohorteneffekte nachgewiesen werden; inwieweit diese aber nicht pfadabhängige, altersgruppenspezifische Einstellungen abbilden, konnte nicht eindeutig geklärt werden.

Einen relativ konstanten Einfluss auf die Wahrnehmung der eigenen Situation sowie der Bewertung der Alterssicherung als solcher hat allerdings das Einkommen. Dieser Indikator kann Unterschiede im Antwortverhalten der Befragten konstanter und überzeugender erklären als Kohortenunterschiede es vermögen. Die anderen Kategorien, also Ausbildung und Geschlecht, stellten sich als Einflussgrößen heraus, die nur punktuell aussagekräftig waren. Hier decken sich die vorliegenden Ergebnisse mit den bereits durchgeführten Einstellungs- und Akzeptanzuntersuchungen; eindeutige einflussreiche Kategorien sind nicht ermittelbar, die Ergebnisse sind mitunter widersprüchlich. Die Vorstellung einer auf der Erfahrung mit dem Rentensystem basierenden Unsicherheitserfahrung, die zur Ent-

69 Eine Studie von Carsten G. Ullrich (2006, 2008), die allerdings nur den deutschen Fall untersucht, widerspricht den hier gefundenen Ergebnissen teilweise. Diese Studie stützt sich allerdings nicht auf Daten des Eurobarometers, die Daten sind von Ullrich selbst erhoben worden. Hier vermutet eine relativ große Anzahl Befragter eine Benachteiligung Jüngerer durch das Rentensystem, dieser Anteil ist unter den jüngeren Altersgruppen tendenziell größer als unter den Älteren. Ullrich (2008: 179) weist aber darauf hin, dass die Unterschiede nicht sehr groß sind und deshalb nicht überbewertet werden sollten. Tatsächlich hätte der Autor bei Leistungen, die spezifisch auf spezielle Altersgruppen ausgerichtet sind, größere Unterschiede erwartet als die, die er in seiner Studie tatsächlich herausgefunden hat. Insgesamt hat die Forschung zur wohlfahrtsstaatlichen Akzeptanz bisher so disparate Ergebnisse geliefert, dass auch nicht ausgeschlossen werden kann, dass in anderen Studien nicht vielleicht doch alters- oder kohortenspezifischen Unterschiede bei der Einschätzung der eigenen Rente und des staatlichen Rentensystems insgesamt gefunden werden können. Es wäre aber zu erwarten, dass solche Effekte bei festgelegten generationellen Erfahrungsstrukturen in allen Studien zur Einstellung zur Rentenversicherung – folglich auch in der vorliegenden – nachgewiesen werden müssten

stehung ungleicher generationeller Bewusstseinskollektive führt, kann durch die vorliegenden Ergebnisse jedenfalls nicht nachvollzogen werden.

4.3 Zwischenfazit: Soziale Sicherheit als generationeller Erfahrungszusammenhang

In diesem Zwischenfazit wird wieder auf die im Kapitel 2.5 gebildeten Hypothesen zurückgegriffen, von denen nun einige auf Basis der Analysen des vorangegangenen Kapitels beantwortet werden können. Zunächst geht es um die Frage, inwiefern die wahrgenommene demographische Verschiebung in europäischen Wohlfahrtsstaaten das Empfinden sozialer Sicherheit verschiedener Kohorten unterschiedlich beeinflusst:

Hypothese 2: Je stärker eine Kohorte in ihrer Größe von benachbarten Kohorten abweicht, desto schwieriger wird ihre Assimilation in die Gesamtgesellschaft. Sukzessiv schrumpfende Kohorten sind mit den Beiträgen zur Aufrechterhaltung der Alterssicherungsleistungen überfordert, dies resultiert bei jüngeren Kohorten in einer wachsenden Wahrnehmung sozialer Unsicherheit und einem Ungerechtigkeitsempfinden in Bezug auf die Rentenversicherung.

Diese Hypothese konnte durch die vorliegenden Untersuchungen nicht bestätigt werden. Die vorliegenden Daten haben gezeigt, dass es keine starken Schwankungen in der demographischen Größenordnung von Kohorten gibt. Vielmehr verläuft die Entwicklung in allen drei Ländern sehr kontinuierlich, was eine unmittelbare Wahrnehmung der demographischen Veränderung erschwert. Noch lässt sich nicht erkennen, dass jüngere und kleinere Kohorten mit einer Beitragszahlung für die Rentenversicherung überfordert wären. In Deutschland sind die Zahlungen, die die jeweiligen Individuen an das Rentensystem zu entrichten haben, zwar leicht gestiegen, während die Leistungen tendenziell gesunken sind, eine Überlastung des Rentensystems lässt sich aber – zumindest zum gegenwärtigen Zeitpunkt – nicht konstatieren. Auch hier ist wiederum fraglich, ob und wie Individuen diese Veränderungen wahrnehmen. Weder in Großbritannien noch in den Niederlanden lassen sich starke Schwankungen zwischen Kohorten ausmachen, Hinweise auf klare Abgrenzungen zwischen Gewinner- und Verliererkohorten finden sich nicht.

Diese Befunde schlagen sich auch in den subjektiven Einstellungsdaten nieder. Besonders in der Einschätzung der eigenen Rentensituation zeigen sich keine kohortenspezifischen Unterscheidungen, die Unsicherheit bezüglich der eigenen Rente ist über die Kohorten hinweg relativ ähnlich verteilt. Da die demographische Verschiebung in Deutschland am stärksten stattfindet, müssten sich hier am ehesten signifikante Einflüsse der Kohortenzugehörigkeit auf die Wahrnehmung des demographischen Alterungsproblems finden. Dies ist aber nicht der Fall. In Großbritannien nehmen gar ältere Kohorten solche Probleme tendenziell stärker wahr. Dies könnte ein Hinweis darauf sein, dass sich Meinungen und Ungerechtigkeitsempfinden bezüglich der demographischen Verschiebung durch andere Quellen speisen als die tatsächlich messbaren Daten der Bevölkerungsentwicklung. Solche Quellen können etwa politische Debatten oder mediale Diskurse darstellen.

Nun wird aber im Kontext der Diskussion um Wohlfahrtsgenerationen nicht nur auf die demographischen, sondern auch auf die wirtschaftlichen Entwicklungen verwiesen, die europäische Wohlfahrtsstaaten seit dem Ende des Zweiten Weltkriegs durchgemacht haben. In diesem Zusammenhang wurde auf Basis der bisherigen Forschung zu Wohlfahrtsgenerationen Folgendes angenommen:

Hypothese 3: Je drastischer sich wirtschaftliche Entwicklungen auf die Ressourcenstellung einzelner Kohorten auswirken, desto stärker werden sich Unterschiede im Erleben sozialer Sicherheit durch die Rentenversicherung ergeben.

Zunächst wurde – im expliziten Widerspruch zu den Theorien des *generational accounting* – angenommen, dass die Ressourcen, die im Kontext der Rentenversicherung von Bedeutung sind, sich nicht auf finanzielle Ressourcen beschränken, auch wenn diese im Kontext der Alterssicherung eine zentrale Rolle einnehmen. Generell wird im Kontext von *generational accounting* und Wohlfahrtsgenerationen davon ausgegangen, dass jüngere Kohorten im Vergleich zu älteren steigende Beiträge zahlen und sinkende Renten erhalten. Dies ist aber höchstens im deutschen Fall zu erkennen. In den Niederlanden und in Großbritannien stellt sich das Verhältnis zwischen den Kohorten in Bezug auf die Rentenversicherung ausgeglichener dar. In Deutschland könnte unter Umständen der Paradigmenwechsel durch die Riesterrente ausschlaggebend sein; hierdurch sinkt das Niveau der gesetzlichen Rente weiter ab, was durch die private Rente ausgeglichen werden soll. Hier sind aber vermutlich unterschiedliche Einkommensgruppen unterschiedlich betroffen, vor allem Geringverdiener haben nicht genügend Ressourcen, um eine private Vorsorge aufzubauen. In Bezug auf die Verfügbarkeit finanzieller Ressourcen im Gesamtrentensystem ist außerdem auf die Differenzen zwischen Frauen und Männern aufmerksam gemacht worden. Die relative Schlechterstellung von Frauen wird relevant, wenn sie – beispielsweise durch Scheidung oder Tod des Ehepartners – auf sich allein gestellt sind, also nicht durch die abgeleitete Rente eines Ehepartners leben.

Der Zugang zum Arbeitsmarkt wurde ebenfalls als relevanter Einflussfaktor untersucht. Er hat sich in allen betrachteten Ländern in den 1980er und 1990er Jahren als knappere Ressource erwiesen als in den Dekaden zuvor. In den Niederlanden und Großbritannien waren in diesem Zusammenhang vor allem Berufseinsteiger betroffen, in Deutschland eher ältere Arbeitnehmer, so dass die Auswirkung dieser internationalen Arbeitslosigkeit für den nationalen Kontext kohortenspezifisch differenziert werden muss: Für die 1990er Jahre sind in Deutschland vermutlich die Geburtskohorten 1940 bis 1950 am stärksten betroffen, während in den Niederlanden und Großbritannien eher die zwischen 1970 und 1980 Geborenen durch die Arbeitslosigkeit bedroht waren. Gleichzeitig hat sich gezeigt, dass die Verteilung des Risikos der Arbeitslosigkeit nicht über die gesamte Kohorte hinweg gleich ist; die Ressource Arbeitsmarktzugang ist besonders bei Geringqualifizierten ein knappes Gut. Deshalb ist bezüglich der Unsicherheitserfahrung auch diese Gruppe besonders gefährdet und vermutlich auch am deutlichsten geprägt. Gleichzeitig ist allerdings zu vermuten, dass sich durch die steigende Arbeitslosigkeit und ihre mediale Thematisierung in der gesamten Gesellschaft insgesamt ein starkes Unsicherheitsgefühl ausbildet – unabhängig davon, wer tatsächlich betroffen ist. In den neuen Bundesländern, wo die Differenz bezüglich des Arbeitsmarktzugangs durch den Systemwechsel besonders drastisch ausfällt, lassen sich allerdings auch die größten Kohortenunterschiede im Erleben sozialer Sicherheit feststellen. Wirtschaftliche Ressourcenschwankungen haben also einen prägenden Einfluss auf Kohorten und ihr Sicherheitsempfinden. Im Falle Ostdeutschlands muss aber auch darauf hingewiesen werden, dass dieser Ressourcenumschwung nicht auf das System Rentenversicherung, sondern auf die Wiedervereinigung als politisches Ereignis zurückzuführen ist.

Als weitere wichtige Ressource wurde Zeit betrachtet. Die wöchentliche Arbeitszeit hat abgenommen, wodurch sich die gestiegenen Rentenbeiträge relativieren: Die reine Arbeitszeitinvestition in die Beiträge hat sich vermutlich vermindert. Gleichzeitig steigen die Lebenserwartung und damit die Verweildauer in der Rentenbezugsphase. Obwohl weniger Rente bezogen wird, erhält man die Leistungen länger, was vermutlich auch hier einen Vorteil gegenüber älteren Kohorten bedeutet. Durch Einbezug der Ressource Zeit können also die üblichen Einteilungen in Gewinner- und Verliererkohorten relativiert werden: Die Zeitinvestition in die Rentenbeiträge nimmt ab, die Zeit in der man Rentenleistungen bezieht, nimmt hingegen zu.

Es ist auch in Anbetracht dieser Ergebnisse nicht weiter verwunderlich, dass sich keine eindeutigen Kohorteneinflüsse auf die Einschätzung der eigenen Situation in der Rentenbezugsphase nachweisen lassen. Stattdessen stellt sich immer wieder das Einkommen als signifikanter Einflussfaktor bei der Wahrnehmung der eigenen Rentensituation dar. Eindeutige Alterseffekte lassen sich weder in Bezug auf die Wahrnehmung der eigenen Situation feststellen noch in Bezug auf die Zustimmung zur Ressourcenumverteilung durch den Generationenvertrag. Lediglich die Zustimmung zur privaten Rentenvorsorge ist eindeutig durch das Alter geprägt: Jüngere stimmen dieser Vorsorgeform signifikant häufiger zu als Ältere. Allerdings wurde darauf hingewiesen, dass es fraglich ist, ob diese Unterschiede tatsächlich auf die Kohortenunterschiede zurückzuführen sind oder nicht eher durch den Lebenslauf erklärt werden können: Jüngere Beitragszahler haben auch deshalb weniger Interesse am Erhalt des Rentensystems, da sie noch keine großen Anwartschaften aufgebaut haben, also mit weniger Verlusten aus diesem System wieder aussteigen können als ältere Versicherte. Es kann sein, dass mit steigenden Rentenleistungspunkten auch die Zustimmung zur staatlich organisierten Rente steigt.

Bei den bisherigen Ergebnissen musste bereits häufiger zwischen den verschiedenen Ländern differenziert werden. Es ist deshalb anzunehmen, dass sich Unterschiede zwischen den Vergleichsländern ergeben – nicht nur, was die Betroffenheit unterschiedlicher Kohorten von sozialen Gesetzen und Leistungen angeht (vgl. Kapitel 3 dieser Arbeit), sondern auch was die Differenzen im Empfinden sozialer Sicherheit anbelangt. Hierzu ist folgende Hypothese formuliert worden:

Hypothese 4: Werte und Ziele des jeweiligen Wohlfahrtsstaates führen zu Differenzen zwischen nationalen Rentenversicherungssystemen und ihrer historischen Entwicklungen. Dies prägt Kohorten in Bezug auf ihr Erleben von sozialer Sicherheit in verschiedenen Staaten unterschiedlich.

Es ist bereits in Kapitel 3.5 festgestellt worden, dass die unterschiedlichen Wohlfahrtsstaaten Kohorten unterschiedlich betroffen haben. Es wurden auf dieser Basis bereits Vermutungen darüber angestellt, wie sich diese

Betroffenheit unterschiedlich auswirkt. So wurde angenommen, dass das Sicherheitsempfinden von Kohorten in Deutschland stark von der Stellung im Erwerbsleben abhängig ist. Durch den Systemumbruch der Wiedervereinigung wurden außerdem starke Differenzen zwischen Ost- und Westdeutschland angenommen, die Kohorten in Ostdeutschland sollten sich in ihrem Sicherheitsempfinden massiver unterscheiden als die Kohorten in Westdeutschland. In den Niederlanden wurde aufgrund der armutsfesten Grundsicherung durch das AOW sowie die starke Ausdehnung der betrieblichen Rente angenommen, dass kohortenübergreifend wenig Grund zur Sorge bestehe. In Großbritannien wiederum hat die staatliche Mindestsicherung niemals zum Lebensunterhalt ausgereicht, was auch die staatlich organisierte Zusatzversicherung nur ungenügend aufgefangen hat. Betriebliche und private Rentensysteme befinden sich in einer massiven Vertrauenskrise, dies führte zur Überlegung, dass die Briten kohortenübergreifend vergleichsweise besorgt auf ihre Rentenbezugsphase blicken.

Die nationalen Unterschiede konnten durch die kreuztabellarische Darstellung des Sicherheitsempfindens bezüglich der Rentenbezugsphase bestätigt werden. Die Niederländer sind insgesamt am Wenigsten besorgt, die Bewohner Westdeutschlands etwas mehr. Die größten Besorgniswerte sind in Großbritannien und den neuen Bundesländern zu verzeichnen. Allerdings lassen sich in keinem Land klare Alters- oder Kohorteneffekte abbilden, die darauf schließen lassen, dass jüngere Kohorten verunsicherter oder besorgter seien als ältere. Auch der Systemumbruch in den neuen Bundesländern hat wider Erwarten nicht zu solchen Effekten geführt.

Bezüglich der verschiedenen abhängigen Variablen lassen sich insgesamt keine Unterschiede feststellen. Zwar sind bei den einzelnen Auswertungen in verschiedenen Ländern je unterschiedliche Faktoren relevant, insgesamt lassen sich jedoch keine Faktoren ausmachen, die in einem speziellen Land besondere Erklärungskraft aufwiesen. Gleichzeitig kann aber bei der Erklärung der Einstellung zur Rentenversicherung bzw. dem individuellen Empfinden sozialer Sicherheit in allen Ländern keine besonders einflussreiche Stellung der Kohortenzugehörigkeit festgestellt werden. Dies wurde bereits auf theoretischer Basis in Kapitel 2 vermutet und in Hypothese 5 festgehalten:

Hypothese 5: In Bezug auf das Erleben von sozialer Sicherheit durch die Rentenversicherung gibt es Differenzen innerhalb der einzelnen Kohorten, die sich unter Umständen als intersubjektiv prägender auswirken können, als die Zugehörigkeit zu einem bestimmten Geburtsjahrgang.

Hier ist zuallererst wieder der Indikator Einkommen zu erwähnen, der sich sowohl auf die Ressourcenstellungen einzelner Gruppen innerhalb von Kohorten als auch auf die Wahrnehmung der sozialen Sicherheit insgesamt auswirkt. Punktuell waren auch die anderen beobachteten Differenzen – Ausbildung und Geschlecht – aussagekräftig, konnten aber für sich ebenfalls keine durchschlagende Erklärungskraft entwickeln. Insgesamt war der Einfluss der Kohortenzugehörigkeit in allen betrachteten Analysen dürftig. Stattdessen scheinen die Hauptdemarkationslinien im Sozialstaat nach wie vor zwischen Gering- und Besserverdienenden zu verlaufen, was sich im Zuge des Rückbaus wohlfahrtsstaatlicher Leistungen und des Ausbaus der privaten Vorsorge noch weiter verschärfen dürfte.

Wenn nun aber die empirischen Hinweise auf die Existenz von Wohlfahrtsgenerationen so gering sind, was macht dann ihre starke Relevanz in öffentlichen Debatten aus? Warum erzielen Bücher, die sich mit Ungerechtigkeiten und drohenden Konflikten zwischen Generationen beschäftigen, solch hohe Auflagenzahlen? Warum ist die Generationenthematik gerade im Kontext der Rentenversicherung in wissenschaftlichen und öffentlichen Diskursen von derart großer Relevanz? Mit diesen Fragen soll sich das folgende fünfte Kapitel beschäftigen. Die Hinweise darauf, dass Wohlfahrtsgenerationen vor allem ein Diskurskonstrukt sind, mehren sich. Deshalb wird im Folgenden der Verlauf der Rentendebatte in den drei Vergleichsländern untersucht und dabei analysiert, wie sich Vorstellungen von Generationen auf der einen und Thematisierungen sozialer Sicherheit auf der anderen Seite in diesem Kontext verorten lassen.

5. Verunsichernde Diskurse? Rentenreformen in öffentlichen Debatten

In den vorangegangenen Kapiteln konnte gezeigt werden, dass soziale Ungleichheit zwischen Kohorten – sowohl finanzieller Art als auch in Bezug auf Erfahrungen und Einstellungen – empirisch nur mühsam bzw. gar nicht zu fassen ist. Die vorliegende Arbeit hätte mit diesem Ergebnis enden können; die Forschungsfrage nach einer gesamtgesellschaftlichen Generationenprägung durch die Rentenversicherung muss negativ beantwortet, die gebildeten Hypothesen größtenteils abgelehnt werden. Trotzdem stellt sich die Frage, wer denn die Generationen sind, von denen in der Presse zu lesen ist, wieso die Gewinner- und Verlierergenerationen überhaupt in öffentlichen und wissenschaftlichen Debatten erscheinen. Es ist im Bezug auf den Generationenkonflikt oft von »Stellvertreterdebatten« die Rede gewesen, auch auf die Instrumentalisierung für wirtschaftsliberale und familienpolitisch-konservative Zwecke ist hingewiesen worden (vgl. etwa Klundt 2008, Nullmeier/Rüb 1993). Es soll deshalb im Folgenden im Rahmen einer Medienanalyse die Entwicklung des Generationskonzepts in medialen Debatten in den drei Untersuchungsländern nachvollzogen werden. Dazu sollen zunächst einige Grundannahmen über Öffentlichkeit sowie mediale und politische Diskurse vorgestellt werden, die die empirische Analyse theoretisch anleiten. Dann wird auf die verwendete Methode zur Inhaltsanalyse[70] eingegangen, bevor schließlich die Ergebnisse der Studie vorgestellt werden.

---

70 Im Folgenden werden die Begriffen »Inhaltsanalyse« und »Diskursanalyse« synonym verwendet.

5.1 Öffentlichkeit, Diskurs und Medien

Friedhelm Neidhart (1994: 10) zufolge entsteht Öffentlichkeit dort, wo ein Sprecher vor einem Publikum kommuniziert, dessen Grenzen er nicht bestimmen kann. Daraus folgt, dass öffentliche Kommunikation immer einen gewissen Grad an Kontingenz aufweist; ihr Verlauf ist von Ungewissheiten geprägt, und es ist hochgradig wahrscheinlich, dass Überraschungen auftreten. Dies gilt besonders für die mediale Öffentlichkeit, denn hier tritt neben Sprecher und Publikum ein weiterer Kommunikator hinzu: Die Massenmedien. Durch diese Erweiterung geht die direkte interaktive Kommunikation zwischen Sprecher und Publikum verloren, gleichzeitig können die kommunikative Reichweite und die Größe des Publikums erheblich zunehmen. Das Publikum umfaßt dabei potenziell die Gesamtheit der Bürger, da aber die Beteiligung an der öffentlichen Kommunikation die aktive Rezeption von Medien beinhaltet, ist das Publikum im Regelfall alles andere als deckungsgleich mit der Bevölkerung oder auch nur für diese repräsentativ.

Die öffentliche Sphäre ist aus einer Vielzahl von kleineren Kommunikationszusammenhängen zusammengesetzt, die sich zum Beispiel im Hinblick auf jeweils aktuelle Themen konstituieren (vgl. Peters 1994: 56), die Kommunikation in solchen Zusammenhängen soll im Folgenden als Diskurs bezeichnet werden. Diskurs wird hier also relativ neutral verstanden als geteiltes Wissen und strukturierter Austausch über Themen innerhalb bestimmter gesellschaftlicher Bereiche.[71] Diskurse können in verschiedenen Arenen stattfinden (vgl. Gerhards/Neidhardt 1990). Solche Arenen können ganz unterschiedliche Formen haben, der Bundestag kann beispielsweise eine Arena darstellen, aber auch ein Seminar an der Universität. Am interessantesten für die Diskursanalyse ist häufig die Medienarena, also Zeitungen, Rundfunk und Fernsehen, darauf wird weiter unten noch näher eingegangen.

Laut Michael Schwab-Trapp (2002: 36) ist Diskursanalyse Konfliktanalyse, weil sie diskursive Auseinandersetzungen rekonstruiert, in denen die Diskursteilnehmer Deutungen für soziale und politische Handlungszusammenhänge entwerfen und um die kollektive Geltung dieser Deutungen ringen. Dies gilt besonders auch für politische Diskurse; als Fluchtpunkt

71 Dabei erfolgt eine bewusste Abgrenzung von wertenden oder normativen Diskurskonzepten, wie sie von und im Anschluss an Theoretiker wie Michel Foucault oder Jürgen Habermas verwendet werden.

politischer Diskurse identifiziert Schwab-Trapp die Legitimität politischer Ereignisse und Handlungszusammenhänge. Politische Diskurse legitimieren politisches Handeln und institutionalisieren mehr oder weniger verbindliche Deutungen. Diese beiden Dimensionen sind miteinander verschränkt: »Legitime Deutungen sind kollektiv anerkannte Deutungen und als kollektiv anerkannte Deutungen sind sie legitimierungsfähige Deutungen – Deutungen, die dazu benutzt werden können, politisches Handeln zu legitimieren« (Schwab-Trapp 2002: 37). Diskursive Auseinandersetzungen können die dominanten und kollektiv mehr oder weniger verbindlichen Deutungen politischer Ereignisse und Handlungszusammenhänge reproduzieren oder verändern. Sehr allgemein und grob formuliert lassen sich diskursive Auseinandersetzungen als Prozesse der Marginalisierung und Fokussierung beschreiben. Die Teilnehmer des Diskurses versuchen, sich und ihre eigenen Argumente in den Mittelpunkt der Aufmerksamkeit zu rücken und ihre Gegner und deren Argumente an den Rand zu drängen (vgl. Schwab-Trapp 2002: 57).

Journalisten nehmen unter den Sprechern im medialen Diskurs eine Sonderrolle ein. Sie haben eine »*gatekeeper*-Funktion«, das heißt sie entscheiden über die Zulassung bzw. die Beschaffung und Bearbeitung von Beiträgen. Über diese *gatekeeper*-Funktion hinaus können sie aber auch als Produzenten eigener Texte selbst am Prozess der Fokussierung oder Marginalisierung von Argumenten beteiligt sein. Bernhard Peters (1994) kann neben den Journalisten noch andere spezialisierte Kommunikationsrollen identifizieren, die wichtigsten sind ihm zufolge:

- Repräsentanten, die von einer bestimmten Gruppe der Gesellschaft als Vertreter ihrer Interessen und/oder Erfahrungen akzeptiert werden;
- Experten als Vertreter spezialisierter Professionen, zum Beispiel Wissenschaftler;
- Advokaten, die Gruppen vertreten, die nach herrschender Meinung nicht in der Lage sind, eigene Interessen zu formulieren (bspw. Kinder);
- Intellektuelle, die keine spezielle Gruppe vertreten, sondern sich als »Zeitdeuter« für die Gesamtgesellschaft verstehen.

Die Sprecher sind untereinander in der Regel nicht die Adressaten ihrer Beiträge, auch dann nicht, wenn sie sich gegenseitig direkt ansprechen. Ihre Bezugsgruppe ist das Publikum (vgl. Peters 1994: 21). »Öffentliche Meinung« ist nicht gleichbedeutend mit der Einstellung, die das Publikum zu

Themen und Diskursen hat, sie ist vielmehr die Gesamtheit an Aussagen und Argumenten, die in öffentlichen Kommunikationen geäußert werden und dadurch einem mehr oder weniger großen Publikum zugänglich sind. Ob die Individuen die Einstellungen übernehmen oder nicht, ist für das Konzept der »Öffentlichen Meinung« daher nicht primär relevant.

Es soll auch bei der hier noch vorzustellenden Diskursanalyse nicht darum gehen, den Einfluss zu untersuchen, den die analysierten Debatten auf ihr Publikum haben. Medien kann sicherlich ein gewisser *agenda-setting*-Effekt zugeschrieben werden. Für die Prägung persönlicher Einstellungen und Prioritäten sind darüber hinaus aber auch ganz andere Faktoren wichtig, zum Beispiel das jeweilige individuelle Vorwissen über ein Thema oder die interpersonale Kommunikation in *face-to-face*-Netzwerken (vgl. Schenk/Rössler 1994). Ein relativ großer Teil der Kommunikationsimpulse erreicht das Publikum erst gar nicht oder übt nicht den intendierten Einfluss aus. Dies liegt auch daran, dass aufgrund der hohen Anzahl von Akteuren und Protagonisten im medialen Diskurs selten eine Fokussierung auf ein Thema stattfindet. Zudem wechseln sich die Themen auf der Tagesordnung der Medien relativ schnell ab, da ständig Neuigkeiten auftauchen. Dies führt zu einer ständigen Unterbrechung der Informationsverarbeitung, die eine Konzentration auf spezielle Themen erschwert (vgl. Gerhards/Neidhardt 1990: 44–45).

Nach Jürgen Gerhards und Mike Schäfer (2006: 27–28) werden drei Dimensionen medialen Erfolgs unterschieden, die die zentralen Messgrößen für den Erfolg im Wettbewerb um massenmediale Repräsentanz darstellen:

- Durch die *gatekeeper*-Funktion der Journalisten ist es nicht jedem auf gleiche Weise möglich, seine Argumente in der jeweiligen Arena zu platzieren. Deswegen ist zuallererst von Interesse, welche Akteure überhaupt in der Debatte zu Wort kommen (Standing).
- Wenn ein Standing erreicht wird, ist von Interesse, mit welchen Inhalten die Akteure zu Wort kommen (Positionierung).
- Schließlich ist wichtig, welche Argumente zur Interpretation des Diskursgegenstandes benutzt werden, welche Argumente eine hegemoniale oder zentrale Stellung inne haben und welche Akteure welches Deutungsmuster verwenden (Framing).

Das Framing-Konzept nimmt an, dass die öffentliche Wahrnehmung durch bestimmte Deutungsrahmen, also Frames, bestimmt wird. Das

Konzept geht ursprünglich auf Erving Goffman zurück, der Frames als »Organisationsprinzipien für Ereignisse« (Goffman 1977: 19) beschreibt. Sie tragen dazu bei, bestimmten Ereignissen Bedeutung zu geben und damit den Individuen bei der Verarbeitung ihrer Erfahrungen und der Planung ihrer Handlungen zu helfen (vgl. Benford/Snow 2000: 612). In Diskursen legen Frames fest, was innerhalb eines Diskurses als wichtig und welche Perspektiven auf den diskursiven Gegenstand als angemessen erscheinen. Unter Rückgriff auf Schwab-Trapp (2002) kann man also Diskurse verstehen als Wettbewerb um die Fokussierung eigener Frames und die Marginalisierung der Frames anderer (gegnerischer) Akteure. Wer für die Einführung einer Rentenreform argumentiert, wird also versuchen, Argumente, die sich gegen eine solche Reform richten, zu entkräften.

Frank Nullmeier und Friedbert W. Rüb (1993) reden zwar nicht von Frames, ihre Theorie der »Wissenspolitologie« fügt sich aber in das Framing-Konzept gut ein und kann so als Erweiterung verstanden werden. Ihrer Theorie zufolge bilden sich in jeder Organisation, bei jedem kollektiven Akteur und jeder Institution eigene Öffentlichkeiten heraus, die als Wissens- und Deutungsmärkte verstanden werden können. Sie zeichnen sich dadurch aus, dass bestimmte Wissensformen und Deutungsmuster, also Frames, auf spezifische Weise verteilt sind. Auf einer zweiten Stufe der wissenspolitologischen Analyse muss herausgefunden werden, wieso sich bestimmtes Wissen und bestimmte Deutungsmuster durchsetzen, andere jedoch an Bedeutung verlieren (vgl. Nullmeier/Rüb1993: 28–30). Von besonderer Bedeutung sind Umweltdeutungen oder Frames, die einen Wandel, das heißt nicht-zufällige und nicht-einmalige Abweichungen von einem gegebenen Zustand diagnostizieren. Ein Beispiel hierfür wäre der demographische Wandel in der Debatte um die Rentenversicherung. Derartige Deutungen bieten ein erhebliches Potential zur tiefgreifenden Umgestaltung von Institutionen, sie können als Prozesse der Deutungsinnovation verstanden werden. Deutungsinnovationen sind somit neue Frames, die als »wahre« oder »richtige« Deutungen verstanden einen Institutionenwandel hervorrufen können. Nullmeier und Rüb (1993: 353) gehen davon aus, dass sich der Frame des demographischen Wandels als Deutungsinnovation deshalb so gut etabliert hat, weil auf der einen Seite wirtschaftsliberalen Gegnern der Rentenversicherung Argumentationsstoff für eine Umstellung vom Umlage- auf das Kapitaldeckungsverfahren bzw. einen Ausbau privater Rentensysteme gegeben wurde. Gleichzeitig konnten hiermit Argumente unterstützt werden, die dafür plädierten, den Zwei-Generationen- zu einem Drei-Generationen-Vertrag auszubauen, also eine Förderung der Geburtenrate zu fordern. Insofern konnten sich liberale und konservativ-familienpolitische Argumente im Demographieframe verbünden. Andere Deutungsinnovationen, bspw. feministische Frames, misslangen, da sie solche Bündnisse nicht erreichen konnten.

Jürgen Gerhards und Friedhelm Neidhardt (1990: 39–41) gehen davon aus, dass Akteure, die die öffentliche Meinung beeinflussen wollen, ein Thema nicht nur definieren, sondern es als ein Problem etikettieren müssen, dessen sich die politischen Akteure annehmen sollen. Dabei erhöht die Nähe eines Problems zur lebensweltlichen Erfahrung des Publikums die individuelle Betroffenheit. Dies wird noch verstärkt, wenn sich das Problem in ein gewisses Werteraster einordnen lässt. Je höher die Diskrepanz zwischen Thema und Wert ist, desto höher ist die Skandalisierungschance. Dies ist bei der Beschwörung eines Generationenkonfliktes im Kontext von wohlfahrtsstaatlichen Reformen der Fall. Erstens widerspricht der Konflikt zwischen Generationen den Werten gesellschaftlicher Solidarität und familiärer Unterstützung. Zweitens wird die individuelle finanzielle Betroffenheit der jetzigen und zukünftigen Rentenempfänger angesprochen. Es geht um individuelle Gewinne und vor allen Dingen um Verluste, die die Einzelnen mit dem Wohlfahrtsstaat machen. Hierbei wird suggeriert, dass familiär und gesamtgesellschaftlich wichtige Werte wie Unterstützung, Solidarität oder Reziprozität in hohem Grade verletzt werden. Der Generationenkonflikt in der Rentenversicherung birgt also auf verschieden Ebenen der Werte- und Normenvorstellungen ein hohes Skandalisierungspotential.

Ob allerdings Metaphern wie der Generationenkonflikt von den Akteuren bewusst gewählt werden, um ein Thema öffentlich zu platzieren, oder ob dies aus anderen Dynamiken heraus geschieht, kann hier nicht geklärt werden. Über die Motive und Hintergründe der am Diskurs beteiligten Akteure können lediglich Vermutungen angestellt werden. Denn Diskursanalyse kann nicht dazu beitragen, Entscheidungsfindungen nachzuvollziehen, sondern kann nur helfen zu verstehen, wie diese Entscheidungen im Endeffekt dargestellt und »verkauft« werden (vgl. Schwab-Trapp 2002: 45). Es kann lediglich deskriptiv abgebildet werden, wer sich wann mit welchen Inhalten Gehör verschaffen kann – nicht warum oder wie er dies tut. Allerdings sind schon solche deskriptiven Darstellungen mit einigen methodischen Schwierigkeiten behaftet, weshalb im Folgenden auf die Methode der Inhalts- bzw. Diskursanalyse näher eingegangen wird.

5.2 Vorstellung der Methoden der Inhaltsanalyse

Werner Früh definiert Inhaltsanalyse als »empirische Methode zur systematischen, intersubjektiv nachvollziehbaren Beschreibung inhaltlicher und formaler Merkmale von Mitteilungen« (Früh 1991: 24). Die Inhaltsanalyse verfügt über kein einheitliches und von allen Vertretern dieser Forschungsrichtung geteiltes Methodenset zur Analyse diskursiver Prozesse (vgl. Schwab-Trapp 2002: 73). Grundsätzlich lassen sich zwei Verfahren unterscheiden, die unterschiedliche Stärken und Schwächen aufweisen (vgl. Gerhards/Schäfer 2006: 68):

- quantitative, standardisierte Inhaltsanalysen, die generalisierbare und statistisch abgesicherte Erkenntnisse bringen, dafür aber für semantische Details und Sinnzusammenhänge unsensibel sind;
- qualitative Inhaltsanalysen, die zwar detailreicher sind und Zusammenhänge besser erfassen können, dafür aber nicht generalisierbar sind, was schon auf die Begrenztheit des analysierbaren Materials zurückzuführen ist.

In Anlehnung an Gerhards und Schäfer (2006: 71) wird hier ein Verfahren angestrebt, das qualitative und quantitative Aspekte verbindet. Theoriebasiert werden Frames identifiziert und als Argumente formuliert. Sie sind nicht formal-syntaktisch definiert (bspw. als Wort oder Wortkombination), sondern als inhaltlich-semantisch voneinander unterscheidbare, trennscharfe oder disjunkte Einheiten. Diese Argumente oder Frames werden in den jeweiligen Texten aufgespürt und dann vercodet, dies wiederum lässt sich am Ende quantitativ auszählen. Es geht vor allem darum, eine große Textmasse auf ein analysierbares Maß zu reduzieren. Diese Reduktion wird diffiziler, je weniger sie sich an formalen Gesichtspunkten (etwa Textlänge, Worthäufigkeit) orientiert und stattdessen inhaltlich-semantischen Überlegungen (Argumente, Einstelllungen) folgt. Eine solche Reduktion folgt qualitativen Gesichtspunkten, die im Ermessen der jeweiligen Person liegen, die die Reduktion durchführt. Dies kann nicht zu einer »objektiven« Beschreibung des analysierten Materials führen. Trotzdem kann man sich bemühen, den Prozess der Reduktion transparent und anschaulich darzustellen, damit wenigstens die von Früh geforderte intersubjektive Nachvollziehbarkeit gewährleistet ist. Zur Methode wird im Teil, der das Codebuch beschreibt, noch einmal ausführlicher Stellung genommen.

Im vorliegenden Fall wird die Arena der massenmedialen Presse untersucht. Sie bietet sich aus zwei Gründen an: Erstens liegen die Diskurse hier bereits in Textform vor, was die Inhaltsanalyse extrem erleichtert. Zweitens erreichen die auflagenstarken überregionalen Zeitungen eine relativ große Anzahl von Menschen. Sie werden zudem als Leitmedien (vgl. Wilke 1999: 302–303) von gesellschaftlichen Eliten wie Politikern sowie Journalisten anderer Zeitungen rezipiert. Somit bilden sie eine wirkungsmächtige Arena, und es ist deshalb zu vermuten, dass Akteure versuchen, ihre Deutungen und Argumente hier zentral zu platzieren. Wirkungsaussagen lassen sich dabei allerdings nicht formulieren, dafür müssten Rezipientenbefragungen durchgeführt werden.

Es ist zu vermuten, dass Diskurse über die Rentenversicherung und die damit zusammenhängende Erfahrung sozialer Sicherheit vor allem dann virulent werden, wenn sich das Rentensystem im Umbruch befindet. Die hier untersuchten Diskurse bewegen sich deshalb alle im Kontext von Reformen des Rentenversicherungssystems. In jedem Land wurden vier Reformzeitpunkte für die Analyse ausgewählt.[72] Diese sollen charakteristisch für die vier von Lessenich und Ostner (1998: 9) identifizierten Phasen der Wohlfahrtsstaatsentwicklung sein, also Formation, Expansion, Krise und Transformation des jeweiligen Rentensystems abbilden. In Deutschland wurde für die formative Phase die Große Rentenreform von 1957 ausgewählt, in der das Umlageverfahren im gesetzlichen Rentenversicherungssystem implementiert wurde und die Rente für die Mehrzahl der Versicherten eine Lohnersatzfunktion annahm. Die Expansion erreichte in Deutschland mit der Rentenreform von 1972 ihren Höhepunkt, hier wurde der Versichertenkreis auf Selbständige und Hausfrauen ausgeweitet und Regelungen zur Frühverrentung eingeführt. Die Krisenphase, die wenig später im Zuge des Ölpreisschocks begann, lässt sich in verschiedenen Kürzungen der Rentenleistungen in den 1980er Jahren nachweisen, manifestierte sich aber vor allem im Rentenreformgesetz 1989, das 1992 in Kraft trat (RRG 92). Hier wurde die Rentenanpassung endgültig an den Nettolohn gekoppelt, die Möglichkeiten zur Frühverrentung wurden begrenzt. Eine Transformation des deutschen Rentensystems ist schließlich mit der Reform des Jahres 2001 zu konstatieren, hier wurde das bisher

72 Zur ausführlichen Darstellung der Entwicklungen der gesetzlichen Rentensysteme in den drei Vergleichsländern vgl. Kapitel 3.2 (Deutschland), 3.3 (Niederlande) und 3.4 (Großbritannien) dieser Arbeit.

verfolgte Ziel der Lebensstandardsicherung aufgegeben, die private Vorsorge dagegen gestärkt (Riester-Rente).

Tabelle 5.1: Für die Inhaltsanalyse ausgewählte Reformzeitpunkte

	Deutschland	Niederlande	Großbritannien
Formation	Große Rentenreform 1957	Einführung AOW 1956	National Insurance Act 1946
Expansion	Reform 1972	WAM 1979	SERPS 1975
Krise	RRG 92 1989	Wahl 1994	Social Security Act 1986
Transformation	Riester-Reform 2001	Reform VUT 2005	Welfare Reform and Pensions Act 1998

In den Niederlanden formierte sich das Rentensystem mit der Einführung des AOW 1956, hier wurde die universelle Basisrente für die gesamte niederländische Bevölkerung eingeführt. Die langfristige, massive Expansion des niederländischen Wohlfahrtsstaates kulminierte 1979 im *Wet Aanpassingsmechanismen minimumloon en sociale uitkeringen* (WAM), in dem die Kopplung sämtlicher Sozialleistungen – und der damit auch der AOW-Rente – an den Mindestlohn festgelegt wurden. Die wirtschaftlichen Krisen der 1980er Jahre führten zur mehrmaligen Aussetzungen des WAM, schlugen sich aber nicht in Veränderungen des AOW nieder, was auch bedingt war durch die relativ zügige Erholung der niederländischen Wirtschaft nach dem *Akkord van Wassenaar*. Trotzdem nahm der CDA offensichtlich eine Krise wahr, als er in seinem Wahlprogramm 1994 Leistungskürzungen des AOW ankündigte. Die Entwicklungen in diesem Zusammenhang sind für den Krisendiskurs in den Niederlanden also von Interesse. Da die massiven Wahlverluste des CDA 1994 allen politischen Parteien eine Warnung war, das AOW nicht zu ändern, lassen sich in den Niederlanden nach wie vor keine Transformationsprozesse der gesetzlichen Rentenversicherung beobachten. 2005 wurde allerdings die Frühverrentungsmöglichkeit (*vervroegde uittreding*, VUT) im Bereich der betrieblichen Rente gesetzlich neu geregelt; dies wird in der vorliegenden Studie als Transformationsereignis des niederländischen Alterssicherungssystems gewertet.

Die Formation des britischen Rentensystems geschah im Zuge des National Insurance Act von 1946, hier wurden die Überlegungen Beveridges zur Alterssicherung gesetzlich implementiert. Es entstand eine Mindestsicherung für alle Erwerbstätigen, die allerdings nie zur Existenzsicherung, geschweige denn zur Erhaltung des Lebensstandards ausreichte. 1975 wurde ein staatlich organisiertes einkommensabhängiges Zusatzrentensystem (*State Earnings Related Pension Scheme*, SERPS) eingeführt, dass diesen Missstand ausgleichen sollte. Diese Entwicklung stellt den Höhepunkt der generell sehr geringen Expansion des britischen Rentensystems dar. Die wirtschaftlichen Krisen der 1970er und 1980er Jahre kulminierten für das Alterssicherungssystem im *Social Security Act* von 1986, in der Leistungskürzungen vorgenommen und eine staatliche Unterstützung der privaten Rentenversicherung eingeführt wurde. Die Transformation wird im britischen Fall an der medialen Analyse der Beratungen zum *Welfare Reform and Pensions Act* 1998 festgemacht, im Zuge dessen 2002 die *State Second Pension* (S2P) eingeführt wurde.

Für die Inhaltsanalyse wurden die jeweils wichtigsten und auflagenstärksten Qualitätszeitungen aus den Ländern ausgewählt. Sie sollen Unterschiede im politischen Meinungsspektrum abbilden. In Deutschland wurden die *Süddeutsche Zeitung* und die *Frankfurter Allgemeine Zeitung* ausgewählt, in Großbritannien *The Times* und *The Guardian* und in den Niederlanden *De Volkskrant* und das *NRC Handelsblad*. Es ist zu vermuten, dass Akteure versuchen, in solchen Zeitungen Gehör zu finden, da ihnen als Leitmedien Einfluss auf die Gesellschaft und andere Medien beigemessen wird. Das bedeutet, dass sie besonders häufig von der gesellschaftlichen Führungsschicht und von politischen Entscheidungsträgern rezipiert werden (vgl. Wilke 1999: 302). Auch Journalisten anderer Medien orientieren sich an der Berichterstattung der Leitmedien und greifen die hier behandelten Themen auf; dies wird als *agenda-setting* bezeichnet (vgl. Wilke 1999: 303). Es ist also für die Framing- und Legitimationsstrategien einzelner Akteure von besonderem Interesse, ihre Argumente in solchen Medien zu platzieren, da sie davon ausgehen können, dass sie dann am Wahrscheinlichsten von politischen Eliten, bzw. aufgrund des *agenda-settings* auch von einer breiten Öffentlichkeit, wahrgenommen werden.

In jeder Zeitung wurde die Berichterstattung drei Monate vor und einen Monat nach der ausgewählten Reform bzw. der abschließenden Beratung im Parlament[73] untersucht. Verschiedene Stichproben haben ergeben, dass sich in allen betrachteten Ländern die öffentliche Aufmerksamkeit vor allen Dingen in den vier bis acht Wochen vor dem Stichdatum dem jeweiligen Thema zuwandte. Nach abgeschlossener Beratung flaute das Interesse innerhalb weniger Tage ganz ab. Um etwaige Ausreißer durch die Analyse abzudecken, wurde der Untersuchungszeitraum um jeweils einen Monat vor und nach der Hochzeit der öffentlichen Debatte ausgeweitet, so dass für jede Reform ein Berichterstattungszeitraum von vier Monaten ausgewählt wurde. Soweit eine Stichwortsuche möglich war, wurde nach den Worten »Rente« und »Reform« (bzw. ihren niederländischen und englischen Äquivalenten) gesucht. Waren die Artikel nicht elektronisch erfasst, wurden alle Zeitungen im betreffenden Zeitraum durchsucht und aufgrund der Lektüre der Überschrift und gegebenenfalls des ersten Absatzes aller Zeitungsartikel die interessierenden Artikel ausgewählt. Zusammen bilden die Artikel das Textkorpus, das insgesamt knapp 1000 Artikel umfaßt. Im Zuge der Analyse stellten sich allerdings nicht alle dieser Artikel als relevant heraus; entweder wurden keine im Codebuch vorhandenen Argumente entdeckt, oder es handelte sich um Beschreibungen des Rentensystems anderer Länder, oder es ging um für die vorliegende Untersuchung nicht relevante Formen der Rentenversicherung wie etwa die Witwenrente oder die Knappschaftsversicherung. So wurden letztendlich 869 Artikel codiert.

Codebuch

Im Folgenden soll die praktische Umsetzung der Analyse erläutert werden. Wie bereits angemerkt wurde, ist es das Ziel der Inhaltsanalyse, die vorhandene Komplexität des Untersuchungsmaterials (der Texte) zu reduzieren. Dazu wurde zunächst theoriebasiert ein Kategoriensystem entwickelt. Das Kategoriensystem muss dabei so umfassend sein, dass es zur Überprüfung der forschungsleitenden Hypothesen bzw. zur Beantwortung der Forschungsfragen ausreicht. Die Kategorien sollen – wie bereits erwähnt – trennscharf und eindeutig sein; die Textelemente sollen jeweils nur einer Kategorie eindeutig zugeordnet werden können. Die Erstellung des Kate-

73 Im Falle des CDA-Wahlprogramms in den Niederlanden 1994 wurde die Veröffentlichung des Programms als Stichtag ausgewählt.

goriensystems erfolgte weitgehend theoriegeleitet. Es wurden also im Vorfeld Akteure identifiziert, die möglicherweise ein Interesse daran haben, sich in der Öffentlichkeit mit der Rentenversicherung auseinandersetzen. Aus den Theorien zu Wohlfahrtsgenerationen, Rentensystemen und sozialer Sicherheit wurden dann verschiedene Argumente extrahiert, die im Zusammenhang mit der Berichterstattung über die Rentenversicherung relevant waren.

Die Codierung des Textmaterials erfolgt auf drei verschiedenen Ebenen:[74]

1. Die Artikelebene: Alle Artikel erhalten eine laufende Nummer, weiter wird das Datum codiert, die Seite, auf der der Artikel erschienen ist sowie die Überschrift. Dann wird codiert, welcher Akteur den Artikel veranlasst hat und ob der Artikel Rente als Haupt- oder Nebenthema behandelt. Die letzte Variable der Artikelebene soll erfassen, ob im Gesamtartikel ein Generationenbezug erwähnt bzw. sogar stark herausstellt wird, oder ob ein solcher Bezug nicht vorkommt.
2. Die Akteursebene (Standing): Alle Akteure, die ein im Codebuch vorhandenes Argument platzieren können, werden erfasst, einmal mit dem ihnen zuweisbaren vierstelligen Code und dann mit ihrem Vor- und Nachnahmen. Insgesamt gibt es 191 Akteurscodes, die sich auf die drei Länder und die sechs Oberkategorien Parteien, staatliche Einrichtungen, Verbände, Medien, Wissenschaft und nicht institutionalisierte, private Akteure verteilen.
3. Die Argumentebene (Positionierung und Framing): Jedes Argumentenframe, das ein Akteur im Artikel zur Sprache bringt und das im Kategoriensystem des Codebuchs erfasst ist, wird vercodet. Im Codebuch sind insgesamt 75 Frames erfasst, die den generellen Kategorien staatliche Rente, betriebliche Rente, private Vorsorge, Intragenerationelle Differenzierungen, Generationenbeziehungen, Altersgruppen und Sicherheitsempfinden zuzuordnen sind. In einem weiteren Schritt wird dann codiert, ob der Akteur dem Argument zustimmend oder ablehnend gegenüber steht. Beispiel: Akteur XY sagt im Artikel wörtlich: »Alle diejenigen, die nach 1960 geboren wurden, haben deutliche Nachteile in Bezug auf ihre Rentenversicherung. Sie zahlen mehr ein und bekommen weniger heraus als beispielsweise ihre Eltern.« Dies wird codiert mit dem Argumentenframe 401 »Es gibt bei der Rente eine Gewinner-

74 Vgl. hierzu auch das Codebuch (Tabellen 12-14 im Anhang).

und eine Verlierergeneration; jüngere Kohorten werden gegenüber älteren benachteiligt«. Als Zusatz wird eine 2 codiert, die anzeigt, dass der Akteur dem Argument zustimmt.

Die Ausprägungen der einzelnen erhobenen Variablen sind größtenteils nominalskaliert, das heißt, durch die Zuweisung spezieller Zahlen werden lediglich Unterschiede, aber keine Rangfolgen oder Hierarchien verdeutlicht.[75] Ausnahmen bilden lediglich die Variablen zum Renten- bzw. Generationenbezug auf der Artikelebene, die ordinalskaliert (stark erwähnt, erwähnt, nicht erwähnt) sind. Dies schränkt zwar die Auswertungsmöglichkeiten tendenziell ein, ist aber für das hier verfolgte Ziel einer Darstellung des Diskursverlaufes vollkommen ausreichend. Das Kategoriensystem wurde in Pretests an zufällig ausgewählten Artikeln überprüft und verfeinert, dabei wurden auch neue Argumente aufgenommen, die sich so nicht aus der Theorie hatten ableiten lassen. Allerdings erhielten hier solche Kategorien Vorrang, die sich mit der hier verfolgten Fragestellung der Erwähnung von Wohlfahrtsgenerationen in Bezug auf die Rentenversicherung beschäftigen. Gerade zu den Funktionsweisen betrieblicher und privater Rentensysteme hätten sicherlich detailliertere Kategorien verwendet werden können; dies wäre aber für die Untersuchungsfrage nicht relevant gewesen. Aufgenommen wurden allerdings verstärkt auch solche Argumente, die sich generell mit der Beschreibung von Rentensystemen (auch ohne Generationenbezug) beschäftigen; hier kann in etwa der Anteil der Generationenthematik an der Gesamtdarstellung nachvollzogen werden.

An der Codierung waren zwei Codiererinnen beteiligt,[76] die Verfasserin dieser Arbeit und eine studentische Hilfskraft. Die Hilfskraft wurde in einer intensiven Schulung mit dem Ziel der Inhaltsanalyse und dem Kategoriensystem des Codebuchs vertraut gemacht. Spezielle Codieranweisungen gaben Hinweise auf den Umgang mit speziellen Anforderungen, wie etwa dem Vorhandensein von zwei Verfassern eines Artikels oder der

75 Vorsicht ist bei der Richtungsangabe auf der Argumentenebene geboten. Abgesehen von der neutralen Nutzung (nur erwähnt) scheint eine ordinalskalierte Rangordnung von positiv zu negativ zu erfolgen. Allerdings ist hier aufgrund des Unterschieds zwischen dem normativen Wunsch nach etwas und der deskriptiven Zustandsbeschreibung nicht mehr von einer Rangordnung auszugehen, auch diese Ausprägungsspanne ist also nominalskaliert.

76 Dies ist aus Methodengesichtspunkten gesehen eigentlich unzureichend. Allerdings stellt es für eine Dissertation schon einen Luxus dar, überhaupt noch Codierer außer den die Dissertation verfassenden Forschern an der Analyse beteiligen zu können.

Mehrfachzuordnung eines Akteurs. Diese Codieranweisungen ergaben sich aus den Erfahrungen der Pretests und wurden im Laufe der Analyse stetig überprüft und erweitert. Schließlich wurde sichergestellt, dass die beteiligten Codiererinnen gleich codieren, also das Kategorienystem in etwa gleich auf die zu analysierenden Texte angewandt wird (Intercodierer-Reliabilität).[77] Einige dieser Artikel wurden zu einem späteren Zeitpunkt nochmals analysiert, um sicherzustellen, dass die einzelnen Codiererinnen zu unterschiedlichen Zeitpunkten gleich codieren (Intracodierer-Reliabilität).[78] Um sicherzustellen, dass keine Analyseeinheit durch den speziellen Stil einer Codiererin verfälscht wird, haben beide in allen ausgewählten Zeitungen zu jeder relevanten Reform mehrere Artikel codiert.[79] Hierdurch konnte sichergestellt werden, dass die Anwendung des Kategoriensystems auf das Textkorpus – wenn schon nicht objektiv – so doch wenigstens intersubjektiv nachvollziehbar ist.

5.3 Zur medialen Bewertung von drei europäischen Rentenversicherungssystemen

Im nun folgenden Teilkapitel werden die Ergebnisse der Inhaltsanalyse vorgestellt. Dabei wird zunächst auf die generelle Struktur der Berichterstattung in den drei Ländern verwiesen. Es wird dargestellt, wie viele Artikel zu welchem Reformzeitpunkt erschienen sind, welche Genres die Artikel aufweisen und welche Auslöser eine Aufnahme der Berichterstattung veranlasst haben. Gleichzeitig wird aber auch bereits untersucht, welche Stellung die Generationenthematik in der medialen Berichterstattung des jeweiligen Landes einnimmt und wie sich dies möglicherweise über den betrachteten historischen Zeitraum hinweg verändert. Im nächsten Schritt werden die Akteure in den Blick genommen. Dabei ist von Interesse, welche Akteure sich im Diskurs über die Rentenreform überhaupt positionie-

77 Hier ergaben sich Übereinstimmungen von zirka 75–90 Prozent je Artikel, da es aber in der Forschung anerkannt ist, dass sich je eigene Codierstile entwickeln, wurde die Fehlermarge als akzeptabel angesehen.

78 Hier waren die Übereinstimmungen deutlich höher als bei der Intercodierer-Reliabilität (siehe vorherige Fußnote), es ergaben sich lediglich minimale Abweichungen.

79 Eine Ausnahme bildeten die niederländischen Artikel, die aufgrund von Sprachschwierigkeiten nur von der Verfasserin codiert wurden. Dieses Manko wurde durch eingehende Intracodierer-Reliabilitäts-Tests kontrolliert.

ren können. Weiter wird untersucht, ob verschiedene Akteursgruppen in den unterschiedlichen Ländern oder sogar bei den unterschiedlichen Zeitungen verschieden starke Standings aufweisen. Der letzte Teil des Kapitels beschäftigt sich mit Positionierung und Framing. Es wird analysiert, mit welchen Bedeutungsinhalten sich Akteure im medialen Diskurs positionieren können und welche Stellung sie selbst zu diesen Argumenten einnehmen. Dabei ist die Nachzeichnung der Generationenthematik im Rentendiskurs, gerade auch im Vergleich zu anderen Themenfeldern, von besonderer Bedeutung. Ziel des letzten Teils ist herauszufinden, welche Argumente von welchen Akteuren in welchen Ländern benutzt werden und schließlich, wie sich dies möglicherweise über den hier betrachteten historischen Zeitraum hinweg gewandelt hat.

Die Struktur der Berichterstattung

Die ausgewählten Rentenreformen sind in den jeweiligen Medien unterschiedlich stark thematisiert worden. So entfallen von den 325 deutschen Artikeln mit 111 mehr als ein Drittel der erfassten Texte auf die Riester-Reform im Jahre 2001, fast genauso viele, nämlich 109, sind für die große Rentenreform von 1957 aufgenommen worden. Die Reform von 1972 ist mit 71 Artikeln vertreten, das RRG 92 von 1989 lediglich mit 34, was nur 10,5 Prozent der deutschen Texteinheiten ausmacht. Von den niederländischen Artikeln sind 299 in das Textkorpus eingeflossen, davon entfallen 130 auf die Proteste um das CDA-Wahlprogramm im Jahr 1994. Die Einführung im Jahr 1956 wurde in den ausgewählten Zeitungen mit 45 Texten beschrieben, das *Wet Aanpassingsmechanismen* (WAM) im Jahr 1979 mit 36, was 15,1 bzw. 12 Prozent an der Gesamtzahl ausmacht. Knapp ein Drittel der Artikel, 88 an der Zahl, sind im Zusammenhang mit der VUT-Reform im Jahr 2005 entstanden. In Großbritannien scheint das Interesse der Zeitungen an den Rentenreformen über die Jahre zugenommen zu haben. Sind von den 245 Artikeln des Textkorpus lediglich 23 im Jahr 1946 zu verorten, steigt die Zahl bei der Einführung von SERPS im Jahr 1975 auf 57, was 23,3 Prozent aller britischen Artikel ausmacht. Im Zusammenhang mit den ersten Kürzungen im Jahr 1986 sind in dem beobachteten Zeitraum bereits 69 Artikel erfasst worden, zu den New Labour-Reformen 1997 dann 96, was einen Anteil von 39,2 Prozent an allen Artikeln bedeutet.

Die unterschiedliche Verteilung sollte allerdings nicht zu Rückschlüssen auf die Wichtigkeit der jeweiligen Reformen führen. Mitunter ergeben sich hier themenkonjunkturelle Einflüsse, die durch Ereignisse außerhalb der einzelnen Reformen bedingt werden. So sind beispielsweise zur Zeit der Umsetzung des Beveridge-Plans in der Alterssicherung in Großbritannien 1946 die Kriegsfolgen das beherrschende Thema der Berichterstattung. Nahrungsmittelknappheit und Brotpreise sind hier für die jeweiligen Zeitungen ein dringenderes Thema als die Einführung der Rentenversicherung. In den Niederlanden und Deutschland hat sich die Nachkriegssituation bis 1956 bzw. 1957 schon so weit gebessert, dass Hunger und Armut kein gesamtgesellschaftliches Problem mehr darstellen, sondern auf spezielle Bevölkerungsgruppen – wie etwa die Alten – beschränkt sind. Deshalb weckt die Rentenreform, die eine Verbesserung der Lebensqualität der Alten anstrebt, in diesen beiden Fällen vermutlich ein größeres massenmediales Interesse. Verdrängungseffekte finden sich auch beim Rentenreformgesetz 92 in Deutschland. Die Diskussion des RRG 92 fiel in den Herbst 1989, als immer wahrscheinlicher wurde, dass sich die Grenze zwischen Ost- und Westdeutschland in absehbarer Zukunft öffnen würde. Diese Entwicklung stellte nahezu alle anderen Themen in den Hintergrund, und dies erklärt auch, warum in Deutschland in den vier Monaten um das RRG 92 nur 34 relevante Artikel zur Rentenreform erfasst werden konnten. Die öffentliche Aufmerksamkeit lag eindeutig beim Mauerfall. Solche Themenkonjunkturen prägen den Alltag der medialen Öffentlichkeit und müssen deshalb auch im vorliegenden Fall bedacht werden.

Bei der Betrachtung der Genres (vgl. Tabelle 5.2) fällt zunächst auf, dass in allen Ländern vornehmlich die als neutral geltende Form der Nachricht bzw. des Berichts gewählt wird. In dieser Textform wird ein besonderes Augenmerk auf die faktische Darstellung des Ereignisses gelegt, eine persönliche Meinung des Verfassers soll nicht erkenntlich sein. In Deutschland sind über drei Viertel der ausgewählten Artikel solch deskriptiver Natur, aber auch in den beiden anderen Ländern ist diese Textform dominant. Auf dem zweiten Platz ist in allen betrachteten Ländern die meinungszentrierte Textform von Kommentar, Glosse oder Leserbrief zu finden. Hier vertritt der Verfasser eindeutige Standpunkte und wird so selbst zum einflussreichen Akteur. Ein solches Genre ist bei den analysierten Artikeln bei etwa einem Fünftel zu konstatieren. Andere Genres werden in Deutschland so gut wie gar nicht gebraucht. In den Niederlanden und in Großbritannien wird die Artikelgattung »Reportage« in 5 Prozent bzw. 10,2 Prozent der Fälle relevant. Als Leitartikelthema scheinen sich Rentenreformen, wenn überhaupt, nur in Großbritannien zu eignen, hier ist allerdings anzumerken, dass dieses Phänomen erst mit dem Rückbau des Rentensystems 1986 und der Reform 1997 auftritt. Insgesamt lässt sich festhalten, dass die Berichterstattung über die Rentenversicherung tendenziell eher deskriptiv als meinungsgeleitet erfolgt. Detailliertere Analysen haben gezeigt, dass dies über die verschiedenen Zeitpunkte und die betrachteten Medien hinweg konstant bleibt.

Tabelle 5.2: Genres der untersuchten Artikel

Genre	Deutschland	Niederlande	Großbritannien
Nachricht/Bericht	251 77,2 %	205 68,6 %	146 59,6 %
Editorial/Leitartikel	1 0,3 %	3 1,0 %	13 5,3 %
Kommentar/Glosse/Leserbrief/Meinung	63 19,4 %	58 19,4 %	55 22,4 %
Interview	6 1,8 %	7 2,3 %	1 0,4 %
Reportage/Feature	1 0,3 %	15 5,0 %	25 10,2 %
Sonstiges	3 0,9 %	11 3,7 %	5 2,0 %

Weiter ist für jeden Artikel erfasst worden, welche Akteure das Verfassen des Artikels veranlasst haben – etwa durch Stellungnahmen oder sonstige Initiativen. Hier geht es also noch nicht um die Positionierung oder das Standing der Akteure, sondern eher um die Frage, welche Akteure Anreize setzen konnten, die die Medien zur Aufnahme der Berichterstattung veranlasst haben. In den Abbildungen 5.1–5.3 ist für die einzelnen Länder abgetragen, welche Akteursgruppen die Aufnahme von Berichterstattung beeinflusst haben. Dabei zeigt sich über die jeweiligen Länder und die jeweiligen Reformzeitpunkte hinweg eine klare Dominanz der Akteure staatlicher Einrichtungen, also der Parlamente, der Ministerien und des Premiers bzw. Kanzlers. In allen Ländern werden zirka 40–50 Prozent aller Artikel aufgrund von Aktionen staatlicher Einrichtungen verfasst. Ebenfalls wichtig ist der Einfluss der Parteien, die 20–30 Prozent der Berichte veranlassen. Dies zeigt sich in Deutschland besonders bei der Reform

1972, wo die qualitative und quantitative Ausweitung des Rentensystems klar als Wahlkampfthema genutzt wurde.

Abbildung 5.1: Veranlasser der Artikel in Deutschland

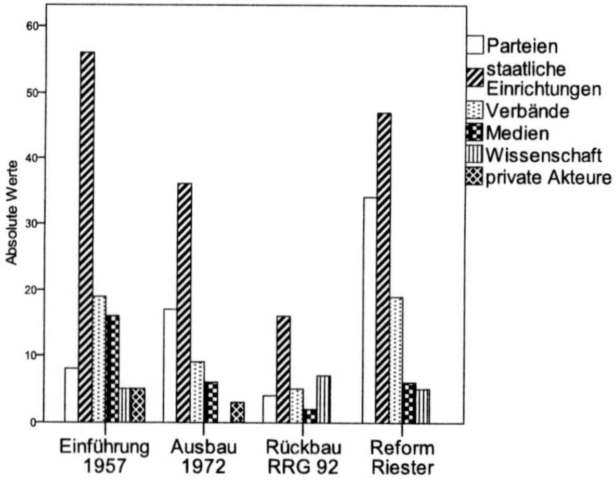

Abbildung 5.2: Veranlasser der Artikel in den Niederlanden

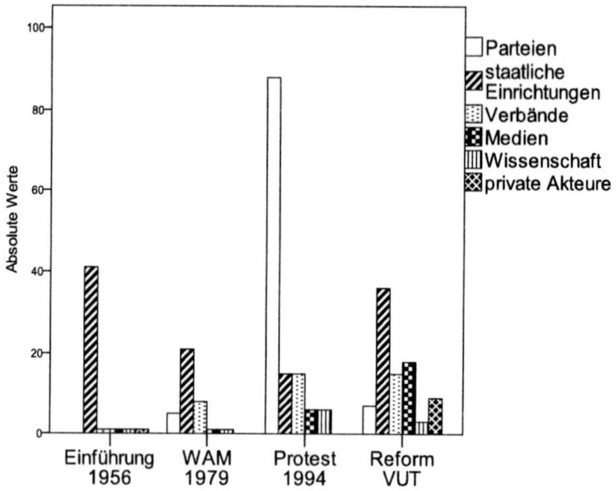

Abbildung 5.3: Veranlasser der Artikel in Großbritannien

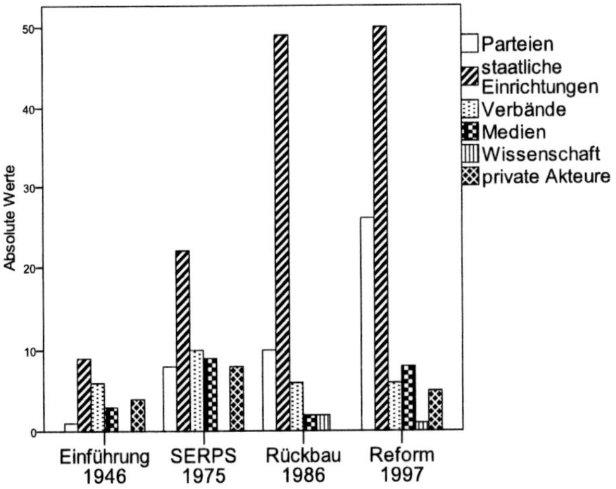

Aber auch im Zuge der Riester-Reform 2001 zeigt sich eine dominante Stellung von Sprechern, die als Vertreter einzelner Parteien auftreten. Vermutlich wird hier die Diskussion um die Aufgabe der alleinigen Lebensstandardsicherung der umlagefinanzierten gesetzlichen Altersvorsorge zugunsten kapitalgedeckter privater Systeme auch parteipolitisch aufgeladen. In den Niederlanden zeigt sich eine Dominanz von Parteiakteuren besonders im Zuge der Proteste gegen das CDA-Wahlprogramm 1994. Der CDA bietet sich deshalb vermutlich in diesem Zeitraum besonders als Auslöser der Berichterstattung an. Bei allen anderen Reformzeitpunkten bleibt der Einfluss der Parteien auf die Veranlassung der Berichterstattung aber deutlich hinter dem der staatlichen Einrichtungen zurück.

Akteure, die nicht in irgendeiner Form in Politikimplementation oder -verhandlung involviert sind, sind generell als Veranlasser der Berichterstattung unterrepräsentiert. Verbände wie Arbeitgeberorganisation, Gewerkschaften, Versicherungen oder Älterenverbände haben in allen drei Ländern einen konstanten, aber mäßigen Einfluss auf die Aufnahme von Berichterstattung. Medien berichten manchmal aus einem eigenen Impuls ohne erkennbare äußere Reize heraus, allerdings ist dieser Effekt zu keiner Zeit und in keinem Land als übermäßig zu bezeichnen. Auch der Einfluss wissenschaftlicher Experten als Auslöser von Berichterstattung – wie er etwa durch Gutachten oder sonstige Stellungnahmen erfolgen könnte – ist gering. Wissenschaftler scheinen so etwas in allen Ländern eher im Zuge von Reformen von Leistungsrückbau und Systemtransformation leisten zu können. Vermutlich werden sie hier nach wissenschaftlicher Legitimation bzw. Delegitimation von Leistungskürzungen gefragt. Weiter könnte die stärkere Sichtbarkeit wissenschaftlicher Akteure zu den späteren Reformzeitpunkten in einer Verwissenschaftlichung der gesamten Sozialpolitik begründet sein; Wissenschaftler werden in diesem Zusammenhang über die Zeit hinweg gesehen immer wichtiger (vgl. Raphael 1998). Andererseits zeigt die große Rentenreform 1957, dass in Deutschland bereits zu diesem Zeitpunkt wissenschaftliche Experten einen Anreiz zur Aufnahme von Berichterstattung darstellten. Private Akteure haben es generell schwer, Medien zur Aufnahme der Berichterstattung zu veranlassen. Generell geschieht ein Einfluss auf die Berichterstattung hauptsächlich durch Leserbriefe, diese scheinen besonders im britischen Fall stark präsent zu sein. Die hier vorgestellten Ergebnisse lassen aber noch keine Rückschlüsse auf das Standing der Akteure zu. Schließlich ist es möglich, dass Handlungen spezieller Akteure zwar Anreize zur Berichterstattung setzen, diese Akteure selbst aber keinen Einfluss auf die öffentliche Meinung ausüben oder ausüben wollen. Insgesamt muss also überprüft werden, ob sich die hier vorgestellte Akteursstruktur im Standing und in der Positionierung der Akteure auf der Akteurs- und Artikelebene wiederfinden lässt.

Bezüge der Artikel zur Renten- und Generationenthematik

Auf der Artikelebene wurde ebenfalls untersucht, wie stark die erfassten Artikel auf die Renten- bzw. die Generationenthematik Bezug nehmen. Zunächst wurde erfasst, ob die Rentenversicherung Haupt- oder Nebenthema war oder im Artikel lediglich erwähnt wurde. Bei der überwiegenden Anzahl der Artikel war die Rente das Hauptthema, das ohne Bezüge auf andere Kontexte diskutiert wurde. Mitunter geriet die Rente auch zum Nebenthema, etwa, wenn eine über die Rentenversicherung hinausreichende Sozialreform debattiert wurde (etwa in den Niederlanden 1979 oder in Großbritannien 1986 und 1997), oder wenn in den Niederlanden 1994 die Proteste von Älterenorganisationen und -parteien die eigentliche Auseinandersetzung mit der Rentenversicherung überdeckten. Dass die Rentenversicherung in einem Artikel lediglich erwähnt wurde, kommt nicht häufig vor. Dies liegt aber auch daran, dass bei einer nur kurzen Erwähnung häufig kein zu codierendes Argument auffindbar war, weshalb die betreffenden Artikel in diesem Fall meist komplett aus dem Textkorpus gefallen sind.

Ein weiteres inhaltliches Item, das auf der Artikelebene erfasst wurde, war die Frage, ob im gesamten Artikel ein Generationenbezug erkennbar ist und wie stark dieser ausfällt. Es sollte also analysiert werden, ob explizit oder indirekt die Rentenversicherung und das mit ihr verbundene Umlageverfahren als einflussreich auf die Stellung verschiedener Kohorten oder Altersgruppen und ihrer Beziehungen zueinander gesehen wird. Dabei ist die Kategorie »Generationenbezug« recht breit gehalten, da der Begriff häufig uneindeutig gebraucht wird. Sobald unterschiedlich alte Menschen und ihre durch die Rentenversicherung strukturierten Beziehungen thematisiert wurden, wurde von einem Generationenbezug ausgegangen, detailliertere Analysen erfolgen auf der Argumentenebene.

Abbildung 5.4: Generationenbezug in deutschen Artikeln

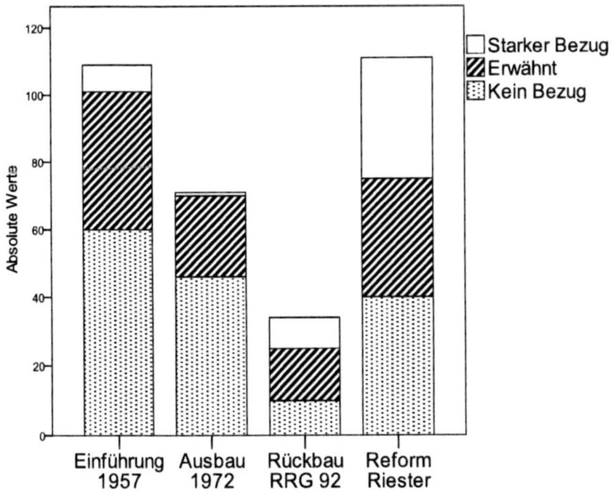

Die Ergebnisse sind in den Abbildungen 5.4 bis 5.6 abgetragen. Zunächst ist zu konstatieren, dass die Bedeutung der Generationenthematik in allen drei Ländern über den betrachteten Zeitraum ansteigt, dies geschieht aber auf unterschiedliche Weise. In Deutschland besteht offensichtlich eine besonders starke Tradition, die Rente im Zusammenhang mit Generationenkontexten zu diskutieren. So haben bereits bei der Einführung 1957 nur etwas mehr als die Hälfte der Artikel gar keinen Bezug zu dieser Thematik. Im Zuge der Reform 1972 wird diese Bedeutung etwas gemindert.

Zum RRG 92 finden sich nur 34 Artikel im Textkorpus, davon haben aber über zwei Drittel einen klar erkennbaren Generationenbezug, dieser Trend setzt sich für die Artikel um die Riester-Reform fort.

Abbildung 5.5: Generationenbezug in niederländischen Artikeln

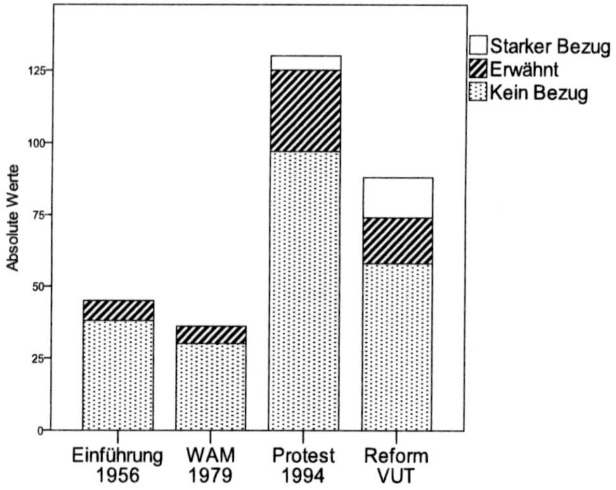

Abbildung 5.6: Generationenbezug in britischen Artikeln

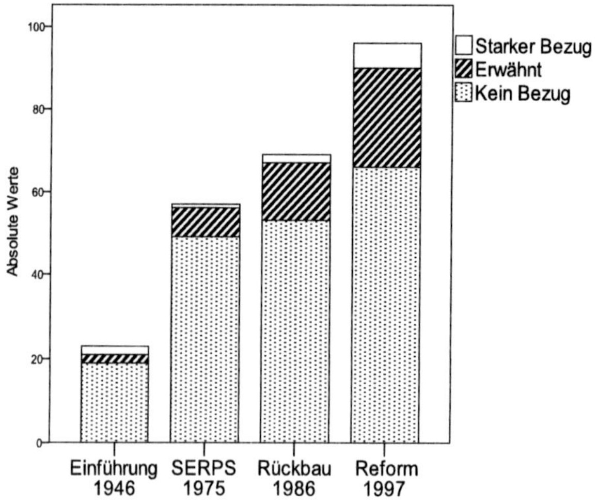

In den Niederlanden und Großbritannien wird die Generationenthematik im Laufe der Zeit auch wichtiger, bleibt aber insgesamt deutlich hinter der Bedeutung zurück, die sie in Deutschland erlangt. Selbst bei den Systemreformen 1997 in Großbritannien und 2005 in den Niederlanden weisen die Artikel in etwa zwei Dritteln der Fälle keinen Generationenbezug auf. Auch wird selten ein starker Bezug hergestellt, häufig wird die Generationenthematik lediglich erwähnt. Insgesamt lässt diese Beobachtung jedoch keine Rückschlüsse auf die genaue Verwendung des Generationenbegriffs in den öffentlichen Debatten zu, dies wird in einer genaueren Aufschlüsselung der Argumente zu prüfen sein. Vorher sollen aber die Akteure des hier betrachteten Diskurses näher untersucht werden, was im nun folgenden Teilkapitel geschieht.

Positionierung und Standing der Akteure

In den analysierten Texten wurden insgesamt 1.435 Akteure erfasst, 598 in Deutschland, 518 in den Niederlanden und 319 in Großbritannien. Diese sind allerdings nicht gleichzusetzen mit der Anzahl von Individuen, die sich zu Wort melden. Es werden vielmehr immer die Akteure gezählt, die sich pro Artikel äußern, wenn ein Akteur in mehreren Artikeln zu Wort kommt, wird er für jeden Artikel als neuer Akteur gezählt. Dies geschieht aus dem Grund, dass für die Beschreibung der Debatte weniger relevant ist, wie viele Akteure an ihr teilnehmen als vielmehr, welche Akteursgruppen besonders gute und häufige Chancen auf Äußerungen haben. Im Codebuch sind insgesamt 191 Akteurskategorien erfasst,[80] die sich auf die sechs Bereiche Parteien, staatliche Einrichtungen, Verbände, Medien, Wissenschaft und private Akteure verteilen.

Abbildung 5.7 zeigt die Verteilung der Akteure aus diesen sechs Bereichen auf die Reformzeitpunkte in Deutschland. Im Vergleich zur Betrachtung der Akteure, die die Berichterstattung ausgelöst haben, ergeben sich einige wichtige Veränderungen. Es wurde gezeigt, dass mediale Akteure selten selbst die Veranlassung für eine Berichterstattung darstellen. Wie aber aus Abbildung 5.7 zu lesen ist, fungieren sie innerhalb des Textes als wichtige Sprecher. Detailliertere Analysen haben ergeben, dass es sich bei diesen medialen Akteuren fast ausschließlich um die Verfasser der jeweiligen Artikel handelt, andere mediale Akteure spielen hier keine Rolle.

80 Vgl. Tabelle 13 im Anhang.

Der Einfluss, der durch Journalisten selbst auf den Diskurs ausgeübt wird, kann hier allerdings nicht genau bewertet werden. Es ist vermutlich je nach Genre des Artikels und Selbstverständnis des Verfassers unterschiedlich, ob er sich lediglich auf die Bereitstellung von Fakten beschränkt, oder ob er gezielt eine eigene Meinung vertritt.

Abbildung 5.7: Akteurscluster nach Reformzeitpunkten in Deutschland

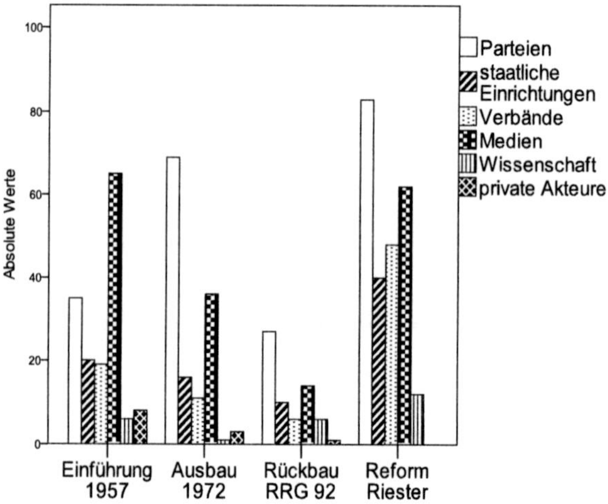

Bei den politischen Akteuren ist im Vergleich zur Bedeutung beim Veranlassen eines Artikels eine Verschiebung der Dominanz eingetreten: Die Aufnahme der Berichterstattung wird häufig durch Akteure staatlicher Einrichtungen veranlasst, während die Äußerungen in den Artikeln eher von Parteivertretern erfolgen. Bei einer detaillierteren Analyse[81] der Parteiakteure ergaben sich unterschiedlich starke Einflüsse einzelner Parteien. Die Parteien, die in Deutschland am häufigsten zu Wort kommen, sind die großen Volksparteien CDU und SPD. Dabei ist zu konstatieren, dass diejenige Partei, welche sich gerade in der Opposition befindet, häufiger Akteure platzieren kann als die Regierungspartei. Dies liegt einerseits daran, dass die jeweilige Regierungspartei im öffentlichen Diskurs auch durch andere Funktionsbezeichnungen vertreten wird (etwa »Bundeskanzler« oder »Arbeits- und Sozialminister«). Andererseits wird der jeweiligen Op-

81 Die detaillierteren Analysen der einzelnen Akteurscluster, die nicht hier abgetragen sind, finden sich jeweils im Anhang.

positionspartei daran gelegen sein, die Pläne der Regierung zu delegitimieren, weshalb sie versucht, sich durch Gegenargumente Gehör zu verschaffen.

Die FDP und Bündnis 90/Die Grünen können ebenfalls Akteure im Diskurs platzieren. Der FDP gelingt dies besonders gut in Zeiten, in denen sie der Regierung angehört, so sind Akteure der FDP vor allem in der Diskussion um die Rentenerhöhung und -erweiterung im Jahre 1972, in geringerem Umfang auch im Kontext des Rentenreformgesetzes 1992 zu finden. Bündnis 90/Die Grünen bestehen erst seit 1980, können dann aber sowohl zum RRG 92 als auch zur Riester-Reform Argumente platzieren. Andere Parteien spielen in der deutschen Rentendiskussion im hier betrachteten Zeitraum keine Rolle. Dies ist vor allen Dingen im Zusammenhang mit der Partei der Grauen Panther relevant, die sich explizit als Vertreterin der Älteren in der Gesellschaft sieht. Sie existierte von 1989 bis 2008 und hätte damit für den Rückbau der Rente 1992 und die Reform 2001 als Ansprechpartner für Journalisten zur Verfügung gestanden. Offensichtlich gelang es ihr aber nicht, ihre Argumente im öffentlichen Diskurs zu platzieren, oder zumindest nicht in der Debatte, die durch die *Süddeutsche Zeitung* und die *Frankfurter Allgemeine Zeitung* abgebildet wurde. Dies ist ein deutlicher Hinweis darauf, dass Altersgruppen und Generationen in Deutschland nicht genügend institutionalisiert sind, um von den *gatekeepern* der Qualitätsmedien als zu berücksichtigende Akteure betrachtet zu werden.

Bei allen anderen Akteursclustern wird die detailliertere Betrachtung aufgrund geringer Fallzahlen statistisch schwierig. Zumindest für staatliche Einrichtungen und Verbände soll sie dennoch vorgenommen werden, da hier mitunter sehr disparate Einrichtungen zusammengefasst werden. Bei der näheren Betrachtung der Akteure staatlicher Einrichtungen fällt auf, dass sich das Bundesministerium für Arbeit und Sozialordnung[82] als Akteur noch am Konstantesten verorten kann. Insgesamt verwundert aber doch, dass das Ministerium, das am deutlichsten in die Reform involviert ist, nicht häufiger Aussagen platzieren kann. Eine Bedeutungszunahme scheint vor allem die Deutsche Rentenversicherung bzw. der Verband deutscher Rentenversicherungsträger zu erfahren. Dies geschieht allerdings nur auf der Ebene des Bundesverbandes, die Landesversicherungsanstalten spielen – zumindest in den hier betrachteten überregionalen Medien –

82 So die Bezeichnung 1957 bis 2002, vor 1957 hieß das Ministerium Bundesministerium für Arbeit.

keine Rolle. Die Rentenversicherung als Institution kann vor allem im Kontext von Rückbau und Reform relevante Argumente platzieren. Vielleicht hängt dies damit zusammen, dass die Rentenversicherung im Laufe der Zeit immer deutlicher versucht, ein klareres eigenes Profil zu gewinnen und nicht nur als Instrument des Umlageverfahrens dargestellt zu werden. Sollten hier tatsächlich strategische Gesichtspunkte eine Rolle spielen, haben sie offensichtlich Erfolg.

Bei den Verbänden sind es am deutlichsten die Gewerkschaften, die sich zu Rentenreformen äußern und damit bei den deutschen Qualitätszeitungen Gehör finden. Die Verbände der Arbeitgeber haben demgegenüber ein geringeres Standing. Auch Banken und Versicherungen können nicht häufig Positionen im Diskurs vertreten, dies ist besonders im Zusammenhang mit der Riester-Reform 2001 von Interesse. Schließlich hätte man hier durchaus vermuten können, dass die Versicherungswirtschaft, die von einem Ausbau privater und kapitalgedeckter Alterssicherungssysteme profitiert, sich als eigenständiger Akteur im Diskurs gut verorten kann. Dies ist aber offensichtlich nicht der Fall; die dargestellte Diskussion verbleibt eher auf der politischen Ebene. Bei den Verbänden ist zudem von Interesse, welche im Codebuch verzeichneten Akteurskategorien nicht vertreten sind. Im deutschen Fall sind das die betrieblichen Pensionsfonds, die gerade im Zuge von Rück- und Umbau der Rentenversicherung als diskursrelevante Akteure in Frage gekommen wären. Dies ist ein neuerliches Indiz dafür, dass die zweite Säule der Alterssicherung in Deutschland in der öffentlichen Wahrnehmung nach wie vor keine tragende Rolle spielt. Ebenfalls wichtig für die vorliegende Fragestellung ist die Abwesenheit von Jüngeren- bzw. Älterenverbänden. Genauso wie die Partei der Grauen Panther hätten solche Organisationen ein starkes Interesse an einer Positionierung im öffentlichen Diskurs haben müssen. Entweder haben sie dies aber nicht versucht, oder sie sind an den journalistischen *Gatekeepern* gescheitert. Dies verstärkt den Eindruck, dass Altersgruppen und Generationen im Kontext der Rentenversicherung und -reform in Deutschland nicht oder nicht stark genug institutionalisiert sind. Diese Feststellung ist besonders im Zusammenhang mit der wahrgenommenen Bedrohung durch einen Generationenkonflikt in den Sozialleistungssystemen und besonders der Rentenversicherung beachtenswert. Offensichtlich fehlen einem solchen Konflikt bislang die Akteure.

Akteure aus der Wissenschaft und private Bürger stellen auch innerhalb der Artikel keine dominanten Akteursgruppen dar. Zwar scheint sich – wie auch schon beim Punkt Artikelanlass vermutet – ein Bedeutungsgewinn wissenschaftlicher Akteure abzuzeichnen, dieser ist aber minimal, die Sichtbarkeit insgesamt ist gering. Nichtinstitutionalisierte Individuen tun sich in Deutschland offensichtlich am Schwersten, Eingang in den öffentlichen Diskurs zu finden. Vermutlich geschieht dies – wenn überhaupt – durch Leserbriefe. Entweder sah sich die Leserschaft von *Süddeutscher Zeitung* und *Frankfurter Allgemeiner Zeitung* zum Verfassen solcher Briefe nicht veranlasst, oder sie wurden nicht abgedruckt. In jedem Fall ist ein Einfluss des »einfachen Bürgers« auf die mediale Debatte nicht abbildbar.

Abbildung 5.8: Akteurscluster nach Reformzeitpunkten in den Niederlanden

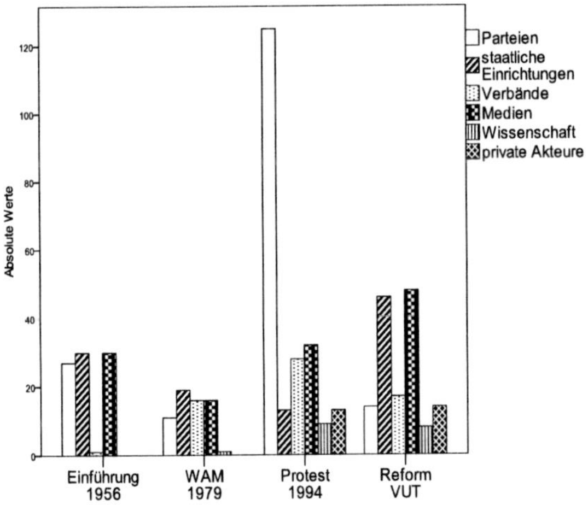

In den Niederlanden sind insgesamt 518 Akteure erfasst worden, von denen sich die Mehrzahl, nämlich 220, im Zuge der Diskussion um das CDA-Wahlprogramm 1994 äußern (Abbildung 5.8). Offensichtlich hat der Protest gegen die geplanten Leistungskürzungen in diesem Programm das Interesse der überregionalen Medien besonders geweckt. Es überwiegen deutlich Parteiakteure, vor allen Dingen solche, die als CDA-Mitglieder in Erklärungs- und Rechtfertigungszwang gerieten. Wenn man sich die nach Einzelparteien aufgeteilte detaillierte Ansicht der Parteiakteure ansieht wird deutlich, dass der CDA insgesamt von allen Parteien die sichtbarste ist. Zusammen mit den Vorläufern KVP, CHU und ARP kommt der CDA im gesamten betrachteten Zeitraum auf 54,2 Prozent der parteipolitischen Akteure und lässt damit die beiden anderen wichtigen niederländischen

Parteien, die PvdA mit einem Anteil von 14,7 Prozent und die VVD mit 12,4 Prozent, weit hinter sich zurück. Dies mag auch daran liegen, dass der CDA (bzw. 1956 KVP, CHU und ARP) zu allen betrachteten Reformzeitpunkten an der niederländischen Regierung beteiligt war.

Andere Parteien des sehr komplexen niederländischen Parteiensystems können keinen nennenswerten Einfluss erlangen. Dies gilt interessanterweise auch für die sich im Zuge der Diskussion um das CDA-Wahlprogramm neu formierten Älterenparteien *Unie55+* und AOV. Sie können sich auch während ihrer Hochphase 1994 nicht als dominante Akteure im Diskurs verorten. Es ist deshalb zu vermuten, dass diese Parteien ihre Bedeutung lediglich aus dem Protest gegen die Politik des CDA speiste, detaillierte eigene Standpunkte waren in der öffentlichen Debatte offensichtlich nicht von großem Interesse. Auch in den Niederlanden spielen die Verfasser der Artikel als Sprecher eine große Rolle, andere mediale Akteure kommen nicht zu Wort.

Bei der detaillierteren Betrachtung der Akteure staatlicher Einrichtungen ist es besonders die Regierung, die relevante Argumente im Diskurs verorten kann. Lediglich im Zuge des Protestes 1994 ist sie nicht sichtbar, vermutlich weil die Diskussion sehr stark als Auseinandersetzung um den CDA geführt wurde. Auch das *Ministerie van Sociale Zaken en Werkgelegenheid*[83] kann konstant Argumente platzieren, ist aber genau wie in Deutschland als betroffenes Ministerium unterrepräsentiert. Von ebenso konstantem wenn auch geringem Einfluss ist der *Sociaal-Economische Raad*, der die Regierung in strittigen sozialen und ökonomischen Fragen beraten soll. Auch die Organisationen, die für den Diskurs relevante Daten zur Verfügung stellen können, also das *Centraal Planbureau* (CPB), dass wirtschaftswissenschaftliche Analysen für die Regierung durchführt, sowie das *Centraal Bureau voor de Statistiek* (CBS), das sich mit der Erhebung aller für die niederländische Bevölkerung relevanten Daten beschäftigt, sind im Diskurs kaum sichtbar. Insgesamt verweist dies auf die relativ geringe Stellung von Experten im Diskurs, die sich auch am vergleichsweise geringen Standing der Wissenschaftler abzeichnet. Insgesamt können über den gesamten Zeitraum betrachtet nur 3,5 Prozent aller sich äußernden Akteure der Kategorie »Wissenschaft« zugerechnet werden.

Bei der näheren Betrachtung von Verbänden fällt wie im deutschen Fall auf, dass sich Gewerkschaftsakteure besser platzieren können als Akteure

83 Bis 1971 Ministerie van Sociale Zaken en Volksgezondheit, bis 1981 Ministerie von Sociale Zaken, seither Ministerie van Sociale Zaken en Werkgelegenheid.

der Arbeitgeberseite. Insgesamt ist die Stellung der Verbände in den Niederlanden aber nicht sehr stark. Interessant ist die relativ deutliche Positionierung von Älterenverbänden im Zuge der Diskussion um das CDA-Wahlprogramm. Offensichtlich konnte sich der Protest eher in den »freien« Älterenverbänden als in den politischen Parteien *Unie 55+* und AOV kanalisieren. Zur Reform des *Vervroegde Uittreding* (VUT), bei dem es um die Neuregelung von Frühverrentungsbestimmungen ging, äußern sich sogar Akteure von Jüngerenverbänden. Komplett abwesend sind im niederländischen Diskurs Banken und Versicherungen; betriebliche Pensionsfonds können lediglich minimale Positionierungen erreichen.

Akteure, die nicht in den hier relevanten Gruppen institutionalisiert sind, haben einen etwas größeren Einfluss als in der deutschen Debatte, können aber auch keine dominante Stellung einnehmen. Sie äußern sich in den öffentlichen Debatten vor allen Dingen im Zuge von Rückbauplänen 1994 und der VUT-Reform 2005, wobei sie besonders im letzten Fall einen mäßigen Einfluss erzielen können. Trotzdem lässt sich auch für den niederländischen Fall festhalten, dass die Diskussion um die Rentenversicherung vor allem von politischen Akteuren geprägt wird. Sie haben besonders gute Möglichkeiten, durch die Medien wahrgenommen zu werden und ihre Argumente zu platzieren. Zusätzlich stellen die Verfasser der Artikel selbst eine dominante Sprechergruppe dar. Wie genau sich dieser Einfluss auswirkt, muss wiederum später bei der Darstellung des Framing untersucht werden.

In Großbritannien dominieren die Medien selbst als Akteure den Diskurs (Abbildung 5.9). Nahezu die Hälfte aller gefundenen Argumente kann den Verfassern der Artikel zugeschrieben werden. Parteien und staatliche Einrichtungen stellen über den gesamten Zeitraum hinweg betrachtet 15,4 bzw. 14,7 Prozent der britischen Akteure. Auch die Verbände sind in Großbritannien wichtig, ihr Einfluss auf den Diskurs nimmt aber über die Zeit hinweg ab. Sind 1946 noch knapp ein Fünftel aller sich äußernden Akteure den Verbänden zuzurechnen, sinkt dieser Anteil stetig und liegt 1997 nur noch bei 6,5 Prozent. Nahezu keinen Einfluss auf die Reformdebatten haben in Großbritannien die Akteure der Wissenschaft. Sie werden erst bei der Reform 1997 – wenn auch nur marginal – wichtig; sie stellen hier 4,1 Prozent aller Akteure. Deutlich besser gestellt sind Akteure, die nicht in irgendeiner hier relevanten Form institutionalisiert sind, die sich – abgesehen von der Debatte 1986 – sichtbarer verorten kann als in den anderen. Ländern.

Abbildung 5.9: Akteurscluster nach Reformzeitpunkten in Großbritannien

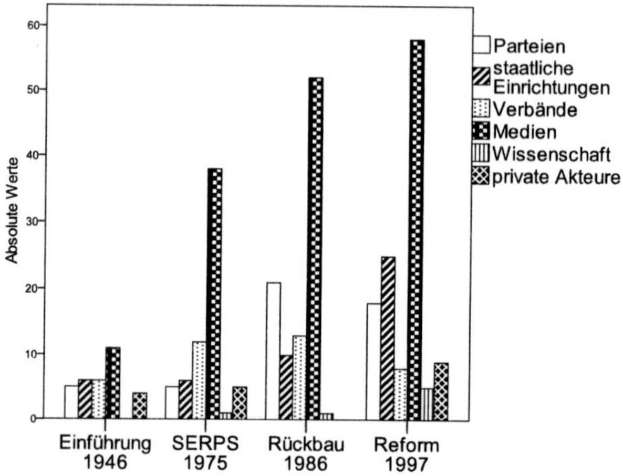

Bei der näheren Betrachtung der Parteiakteure fällt auf, dass die konservative und die *Labour*-Partei diejenigen parteipolitischen Akteure sind, die sich im Diskurs am häufigsten verorten können. Alle anderen Parteien kommen im Diskurs nicht vor, lediglich die *Liberal Democrats* können punktuell Akzente setzen. Dies verwundert selbstverständlich im Zwei-Parteien-System Großbritanniens nicht. Obwohl die detaillierte Betrachtung wiederum nur sehr geringe Feldbesetzungen aufweist, lässt sich doch festhalten, dass es jeweils die regierende Partei ist, die sich am stärksten im öffentlichen Diskurs verorten kann. Dies trifft besonders auf die letzten beiden Reformen zu, also den Rückbau 1986 unter konservativer Regierung und die Reform 1997, die als eine der wichtigsten Reformen des »Dritten Weges« von Tony Blairs *New Labour-Partei* diskutiert wurde. Dieser Eindruck wird verstärkt, wenn man zusätzlich die nach Funktionen aufgeschlüsselte Betrachtung der staatlichen Einrichtungen hinzufügt. Hier kommen die Impulse von der Regierung, vom *Department of Work and Pensions* (DWP) und vom Premierminister, die in Großbritannien jeweils durch die regierende Partei besetzt werden. Bei der Betrachtung von Verbandsakteuren fällt auf, dass kein Verband wirklich Akzente setzen kann. Punktuell können nahezu alle im Codebuch erfassten britischen Verbände irgendwann einmal Akteure im Diskurs platzieren, sie entwickeln aber nie einen dominanten Einfluss. Eine Ausnahme bilden hier die Altenverbände, die ein Viertel aller Verbandsakteure ausmachen. Es ist sicherlich von Bedeutung, dass sie in der britischen Debatte mehr Akteure platzieren können als Gewerkschaften, Arbeitgeber oder Versicherungen, andererseits stellen auch sie in absoluten Werten lediglich 10 von insgesamt 319 Akteuren im hier untersuchten Ausschnitt der britischen Debatte.

Es gibt bezüglich des Standings diskursiver Akteure gewisse Trends, die sich in allen Ländern für alle betrachteten Reformen feststellen lassen. Generell wird die Debatte um Rentenversicherung und Rentenreform vom politischen System und seinen Akteuren dominiert. Staatliche Einrichtungen und Parteien sind im Diskurs überdurchschnittlich häufig vertreten. Dies lässt darauf schließen, dass die Rentenversicherung und die Debatten um ihre Reformierung für politische Akteure einen wichtigen Kontext darstellen, zu dem in der Arena der Massenmedien Stellung genommen werden muss. Fast ebenso wichtig oder sogar noch wichtiger sind aber die Verfasser der Artikel. Sie haben es leichter als andere Akteure in den Medien Erwähnung zu finden, da sie schließlich selbst die schwierigste Hürde darstellen. Wie die Betrachtung der Auslöser von Berichterstattung gezeigt hat, fungieren sie aber nicht selbst als aktive Diskursinitiatoren, vermutlich reagieren sie auf Anreize von politischen Akteuren. Ob dies lediglich in Form von Fakten oder tatsächlich auch durch meinungsgefärbte Argumente geschieht, muss im folgenden Teilkapitel zur Argumentationsstruktur näher untersucht werden.

Verbände spielen in Deutschland und den Niederlanden eine starke Rolle; hier sind es vor allen Dingen die Gewerkschaften, die Einfluss auf den Diskurs nehmen können. Einen vergleichsweise geringen Einfluss haben Wissenschaftler und andere nichtpolitische Experten, die etwa Einrichtungen zur Sammlung statistischer Daten oder Think Tanks vertreten. Dies kann mehrere Gründe haben. Zunächst könnte es für wissenschaftliche Akteure schwierig sein, Zugang in die Medien zu finden. Andererseits ist zu fragen, ob sie dies überhaupt anstreben. Es kann der Reputation von Wissenschaftlern abträglich sein, sich mit der Öffentlichkeit auseinanderzusetzen und die eigenen Ergebnisse allgemeinverständlich darzustellen. Wissenschaftliches Ansehen wird eher durch wissenschaftsinterne Strategien – etwa Konferenzpräsentationen oder Publikationen – erreicht. Keinesfalls darf die geringe Präsenz von Wissenschaftlern Anlass zur Vermutung geben, sie seien bei der Diskussion um die Rente bedeutungslos. Vermutlich werden wissenschaftliche Experten schon viel eher im Reformprozess zu Rate gezogen, wenn es um die Planung und Implementation der entsprechenden Reformen geht; dies wird dann allerdings im öffentlichen Diskurs nicht abgebildet.

Akteure, die Wohlfahrtsgenerationen oder auch nur Altersgruppen vertreten, sind in der öffentlichen Debatte in allen drei Ländern unterrepräsentiert. Dies gilt besonders für Deutschland, wo weder die Grauen Panther, noch Älteren- oder Jüngerenverbände und schon gar keine Advokaten spezifischer Generationen vorkommen. In Großbritannien und vor allen Dingen im Zuge um die Diskussion des CDA-Wahlprogramms in den Niederlanden finden sich zumindest hier einige Akteure, die Älterenverbänden zugerechnet werden können. Hinweise auf die Existenz von institutionalisierten Wohlfahrtsgenerationen, die Akteure im Diskurs um Rentenreformen platzieren könnten, sucht man aber in allen drei Ländern vergeblich. Dies heißt natürlich nicht, dass die Diskussion um Gewinner- oder Verlierergenerationen nicht Teil der hier beobachteten Debatte sein kann. Dies wird im nun folgenden Teilkapitel überprüft, in dem näher auf die Argumentation eingegangen wird, die im Zusammenhang mit der Rentenversicherung von verschiedenen Akteuren geäußert werden. Wie ja bereits die Charakterisierung der Artikel auf der Ebene der Texteinheiten nahelegt, finden sich durchaus Generationenbezüge in der hier betrachteten Debatte, die über die Zeit hinweg tendenziell stärker werden. Vorläufig lässt sich allerdings festhalten, dass es kaum die spezifischen Vertreter einzelner Generationen sind, die einen solchen Generationenbezug aufbauen können, da sie im Diskurs nicht vorkommen. Dies lässt darauf schließen, dass die Rede von generationell geprägten Gewinnern und Verlierern sowie einem drohenden Konflikt zwischen ihnen tatsächlich als »Stellvertreterdebatte« charakterisiert werden muss.

Die argumentative Verhandlung der Debatte

75 Argumentenframes wurden ins Codebuch aufgenommen, diese Frames haben auch alle mindestens einmal im Textkorpus Erwähnung gefunden. Im Zuge der Inhaltsanalyse wurden insgesamt 2.902 Argumentnennungen erfasst; davon 1.290 in Deutschland, 843 in den Niederlanden und 769 in Großbritannien. Um die Nutzung der jeweiligen Frames anschaulich darstellen zu können, werden hier in einem ersten Schritt Argumentencluster gebildet, die acht Oberkategorien beinhalten.[84] Diese sind:

84 Zur Übersicht über die verschiedenen Argumentenframes und über die daraus gebildeten Cluster siehe Tabelle 15 im Anhang.

1. Der Zustand des Rentenversicherungssystems (beinhaltet Argumente zur allgemeinen Rentenversicherung, zur Finanzierung und zum Deckungsgrad);
2. Die Reform des Rentenversicherungssystems (Argumente zur Performanz und zu Reformgründen);
3. Die betriebliche Rente (Argumentenframes zu betrieblichen Rentenfonds, ihrer Organisation und ihrer Absicherungsmöglichkeit);
4. Die private Rente (private Rentensysteme und Sicherungsmöglichkeiten durch kapitalgedeckte individuelle Vorsorge);
5. Intragenerationelle Differenzierungen (alle Frames, die Hinweise auf soziale Kategorien beinhalten, die nicht durch das Alter bzw. Geburtsjahr geprägt sind, etwa Frauen und Männer, Gering- und Besserverdiener, etc.);
6. Generationen (Argumentenframes zu Generationen sowie Generationenverhältnissen und -beziehungen);
7. Altersgruppen (Frames zum Verhältnis von Jungen und Alten in der Gesellschaft, unter besonderer Berücksichtigung der demographischen Entwicklung);
8. Sicherheit (alle Argumentenframes, die ein Sicherheitsempfinden bezüglich der Rentenbezugsphase beinhalten).

Dabei ist zu beachten, dass die Argumentencluster teilweise Überschneidungen aufweisen. So kann beispielsweise Argument 624 »Für eine Sicherheit des Lebensstandards im Alter bedarf es betrieblicher/privater Zusatzrenten« sowohl dem Cluster zur betrieblichen oder privaten Rente als auch dem Cluster »Sicherheit« zugeordnet werden, wie es hier auch geschehen ist. Da sich solche Überschneidungen jedoch in Grenzen halten, wurde jedes Argument nur einer Kategorie zugeordnet. Für die Betrachtung der Argumentenframes sind im vorliegenden Falle drei Fragen von besonderem Interesse. Erstens geht es darum, welche Argumente zu welchen Reformzeitpunkten Erwähnung finden. Zweitens ist aber auch von Interesse, welche Akteure sich mit welchen Argumenten im öffentlichen Diskurs präsentieren können. Schließlich muss geprüft werden, ob in unterschiedlichen Rentensystemen auf unterschiedliche Argumentenframes Bezug genommen wird – dies wird in der Darstellung zu den drei Vergleichsländern vorgenommen.

Im deutschen Fall lässt sich zu allen Zeitpunkten eine klare Dominanz der Argumentenframes erkennen, die sich mit der Rentenreform als solcher beschäftigen. Über den gesamten betrachteten Zeitraum hinweg machen solche Frames 46,4 Prozent aller Argumente aus (Abbildung 5.10). Argumentenframes, die den Zustand des Rentensystems beschreiben, stellen in Deutschland insgesamt 15,1 Prozent aller Argumente. Die betriebliche und die private Rentenversicherung haben in Deutschland keinen großen Anteil an der Diskussion, sie werden auch erst im Zuge der Riester-Reform relevant. Erst mit dieser Reform wird die Lebensstandardsicherung durch die gesetzliche Rentenversicherung in Deutschland aufgegeben; private und betriebliche Vorsorge erhalten zwangsläufig ein stärkeres Gewicht. Der Verweis auf soziale Unterschiede, die nicht generationell bedingt sind, nimmt anteilsmäßig über die Zeit hinweg ab. Beträgt der Anteil an diesen Argumentenframes 1957 noch 14,1 Prozent aller Argumente, schrumpft er bis 2001 auf acht Prozent. Gleichzeitig nimmt der Verweis auf Generationen über die Zeit hinweg zu: der Anteil beträgt 1957 fünf Prozent, verliert bei der Rentenreform 1972 kurzfristig an Bedeutung, wird dann aber wieder wichtiger; 2001 beträgt der Anteil der Argumentenframes, die sich mit Generationen und ihren Beziehungen und Verhältnissen beschäftigen immerhin elf Prozent aller Argumente.

Abbildung 5.10: Argumentencluster nach Reformzeitpunkten in Deutschland

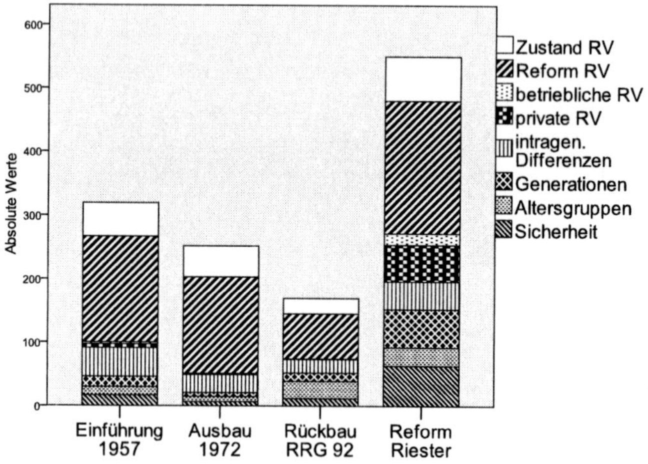

Im Gegensatz dazu scheint die Diskussion um die Altersgruppen und demographisch bedingte Veränderungen in ihren Verhältnissen ihren Höhepunkt in der Diskussion zum RRG 92 zu haben. Hier beschäftigen sich

16 Prozent aller gewählten Argumente mit Altersgruppen und der demographischen Entwicklung. Bei der Riester-Reform sind nur noch 5,3 Prozent aller Frames diesem Cluster zuzurechnen, vermutlich wird es durch die Generationenkategorie abgelöst. Ein starker Trend lässt sich schließlich bei der Verhandlung von Argumenten erkennen, die sich mit der Sicherheit der Altersbezugsphase beschäftigen. Dafür, dass 1957 Alter noch eine *risk category* darstellt, finden Argumente mit Sicherheitsbezug mit einem Anteil von 5,3 Prozent an allen Argumenten nur relativ geringe Aufmerksamkeit. Beim Ausbau des deutschen Rentensystems 1972 schrumpft dieser Anteil gar auf 2,8 Prozent. Im Zuge von Rück- und Umbau des Rentenversicherungssystems finden Sicherheitsargumente dann allerdings eine stärkere Beachtung; Bei der Diskussion um das RRG 1992 machen sie 7,1 Prozentpunkte, im Kontext der Riesterreform gar 11,5 Prozent aller Argumente aus. Vermutlich geschieht eine Legitimation der unangenehmen Kürzungen in der Rentenversicherung durch Verweise auf die Sicherungsleistung des Rentensystems.

Abbildung 5.11: Argumentencluster nach Akteursclustern in Deutschland

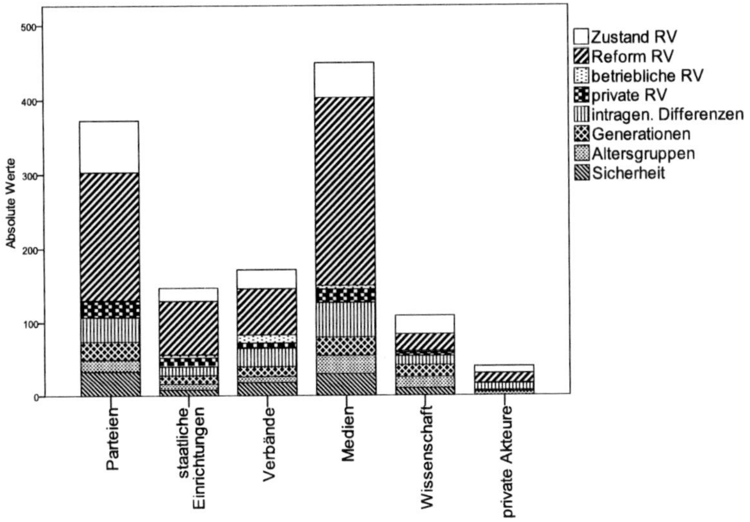

Bei der Betrachtung der von den Akteuren gewählten Argumentenframes in Abbildung 5.11 fällt erneut die starke Stellung der politischen Akteure und der Journalisten auf; sie dominieren den Diskurs. Innerhalb der Akteursgruppen lassen sich allerdings keine gravierenden Unterschiede in der Wahl der jeweiligen Argumentencluster erkennen, man kann also nicht speziellen Argumentenkategorien eindeutig spezielle Akteurscluster zuordnen. In allen Gruppen dominieren Argumente zum Zustand und zur Reform des Rentenversicherungssystems, während Argumente zu betrieblicher und privater Rentenversicherung von keiner Akteursgruppe besonders offensichtlich gebraucht werden. Hinweise auf intragenerationelle Differenzen, also soziale Unterschiede, die nicht durch Kohortenzugehörigkeit hervorgerufen werden, finden sich besonders von Akteuren von Verbänden und auch von nicht institutionalisierten Akteuren. Argumente, die sich mit Generationen und Altersgruppen beschäftigen, werden interessanterweise nicht übermäßig häufig von politischen Akteuren und Parteien benutzt. Es finden sich zwar Bezüge, die allerdings nicht stärker als bei den anderen Akteursgruppen zum Tragen kommen. Eine eindeutige Instrumentalisierung des Generationenbegriffs durch politische Parteien zum Zwecke der Legitimation von Rentenkürzungen kann nicht nachgewiesen werden.

Im Gegenteil werden solche Argumente anteilig stärker von Wissenschaftlern gebraucht. Sie verwenden Argumente, die Generationen und Altersgruppen betreffen, im Schnitt doppelt so häufig wie andere Akteursgruppen. Vermutlich sind sie diejenigen Akteure, die sich besonders intensiv mit Fragen zu Generationen und Generationengerechtigkeit auseinandersetzen. Andererseits kann es aber auch sein, dass Wissenschaftsakteure besonders durch den Gebrauch solcher Argumente Eingang in die öffentliche Debatte finden und sich und ihre Standpunkte platzieren können. Vermutlich haben es Wissenschaftler insgesamt schwerer, sich in der öffentlichen Debatte zu platzieren als die naheliegenderen Akteure aus der Politik oder den Verbänden. Vielleicht gelingt es ihnen dann gerade durch die Wahl von Aufsehen erregenden Krisenargumenten wie Unsicherheit, Generationenkonflikt oder Überalterung, von Journalisten wahrgenommen zu werden und ihre Positionen in der öffentlichen Debatte zu vertreten. Ob die hier genannten Argumente aber tatsächlich als Krisenargumente benutzt werden, wird in genaueren Analysen zur Richtung der Argumentation später untersucht.

In den Niederlanden dominieren zu allen ausgewählten Reformzeitpunkten Argumentencluster zur Rentenreform den öffentlichen Diskurs, Zustandsbeschreibungen sind insgesamt von geringerer Bedeutung als in der deutschen Debatte (Abbildung 5.12). Interessanterweise finden sich aber auch in den Niederlanden wenige spezifische Argumente zu betrieblicher und privater Rentenversicherung, obwohl diese im Gesamtmix des niederländischen Alterssicherungssystems eine große Rolle spielen. Lediglich bei der Einführung 1956 wird die betriebliche Rente diskutiert, hier geht es darum, das Verhältnis zwischen der neuen staatlich organisierten Altersvorsorge und den bereits bestehenden betrieblichen Absicherungen zu klären. Bei der Einführung 1956 spielen auch intragenerationelle Differenzen, wie sie etwa zwischen Frauen und Männern oder Gering- und Besserverdienern bestehen, eine Rolle, bei den weiteren Reformzeitpunkten sind solche Argumente allerdings nur von geringer Bedeutung. Die Kategorie »Sicherheit« ist ebenfalls von lediglich mäßigem Interesse. Sie macht über die Zeit hinweg betrachtet insgesamt nur fünf Prozent aller Argumentenframes aus und scheint wenn überhaupt eher im Kontext von Formation und Transformation; also der Einführung der Alterssicherung 1956 und der Reform 2005 diskutiert zu werden.

Abbildung 5.12: Argumentencluster nach Reformzeitpunkten in den Niederlanden

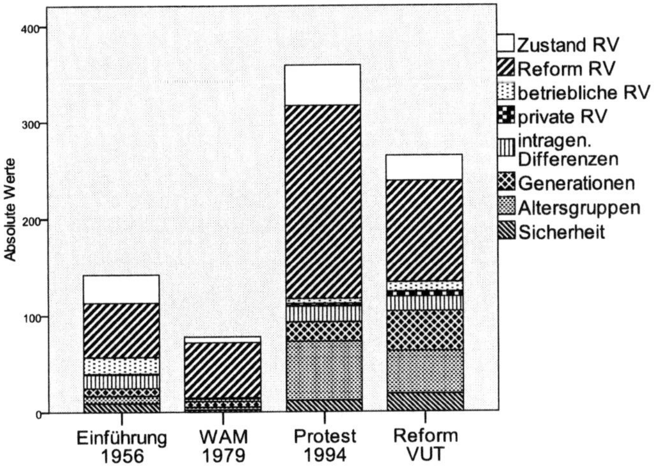

Dafür werden in den Niederlanden offensichtlich Argumente diskutiert, die Bezug auf die Generationen- und Altersgruppenthematik nehmen – dies genauso häufig oder noch häufiger als in Deutschland. Die Altersgruppenthematik ist dabei natürlich besonders im Zuge des Protestes gegen das CDA-Wahlprogramm von Interesse. 1994 beziehen sich auch 17

Prozent aller Argumente auf Frames, die mit Alten und Jungen und ihrer jeweiligen Stellung in der Gesellschaft zu tun haben. Interessanterweise nimmt dieser Anteil aber bis zur Frühverrentungsdiskussion des VUT 2005 nicht ab; hier sind immer noch 16,7 Prozent aller Argumentenframes der Kategorie »Altersgruppen« zuzurechnen. Bei dieser letzten Reform findet sich auch eine relativ große Anzahl von Argumentenframes, die dem Generationencluster zuzuordnen sind. Dies ist insofern überraschend, als sowohl bei der Darstellung des historischen Hintergrundes in Kapitel 3 als auch bei der Betrachtung von demographischer Entwicklung und Rentenversicherungsleistung in Kapitel 4 weder Hinweise auf schwerwiegende demographische Veränderungen noch auf durch die verschiedenen Alterssicherungssysteme hervorgerufene generationelle Unterschiede finden ließen.

Abbildung 5.13: Argumentencluster nach Akteursclustern in den Niederlanden

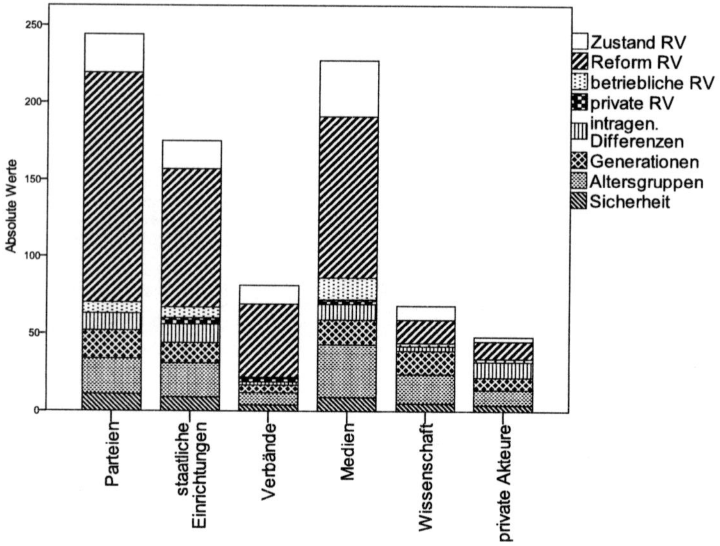

Im Gegenteil fallen in den Niederlanden das Sinken der Fertilität und die demographische Alterung im Vergleich zu den europäischen Nachbarn eher gering aus. Daten zur Entwicklung der Rentenleistungen ließen ebenso wenig auf generationell geprägte Gewinner und Verlierer schließen. Vielleicht finden sich hier also Übertragungseffekte. Da andere Länder demographische Alterung und Generationenbeziehungen diskutieren, findet dies auch Eingang in die niederländische Debatte.

Bei der Betrachtung der Positionierung der einzelnen Akteure durch die jeweiligen Argumentencluster (Abbildung 5.13) fällt zunächst auf, dass die Debatte auch in den Niederlanden eindeutig von politischen und journalistischen Akteuren dominiert wird. Ebenso wenig wie in Deutschland lassen sich klare Zuordnungen einzelner Akteursgruppen zu bestimmten Kategorien von Frames vornehmen. Argumentenframes, die die Reform des Rentensystems zum Thema haben, dominieren bei Akteuren von Parteien und staatlichen Einrichtungen sowie bei den Medienakteuren und den Verbänden. In Wissenschaft und bei privaten Bürgern spielen sie eine geringere Rolle, stellen aber auch dort eine wichtige Kategorie dar. Auch in diesem Fall wird die Altersgruppen- und Generationenthematik nicht übermäßig häufig von politischen Akteuren vertreten, eher sind es Wissenschaftler und Bürger, die in diesem Kontext argumentieren. Sie sind auch diejenigen, die anteilsmäßig am häufigsten auf Argumente der Kategorien »Altersgruppen« und »Sicherheit« Bezug nehmen. Hier stellt sich – wie im deutschen Fall – wiederum die Frage, ob diese Akteure generell ein stärkeres Interesse an der Wahl solcher Argumente besitzen oder ob dieses Phänomen durch mediale *gatekeeper*-Effekte bedingt ist.

Abbildung 5.14: Argumentencluster nach Reformzeitpunkten in Großbritannien

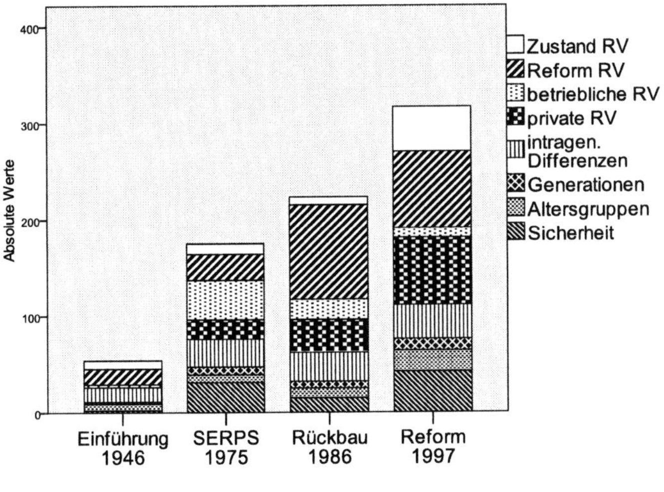

Die britische Diskussion wird weniger prägnant von einer bestimmten Kategorie geprägt, wenn sich auch über den Zeitraum hinweg betrachtet die Reformargumente mit einem Anteil von 28,6 Prozent an allen Frames als stärkstes Cluster herausbilden (Abbildung 5.14). Aber auch Argumente zur privaten Rentenversicherung und zu intragenerationellen Differenzen sind mit 16,1 bzw. 14,2 Prozent stark vertreten. Dabei hat die private Rentenversicherung einen rasanten Zuwachs erfahren; wurde sie 1946 gar nicht erwähnt, machen Argumente zur individuellen kapitalgedeckten Vorsorge 1997 knapp ein Viertel aller Frames aus. Der Verweis auf intragenerationelle Differenzen nimmt hingegen kontinuierlich ab; 1997 beinhalten nur elf Prozent der Argumente einen Hinweis auf soziale Unterschiede innerhalb von Kohorten. Fragen zum Verhältnis von Altersgruppen werden vor allem 1946 relevant, bei den folgenden Reformen sind sie eher unwichtig. Ebenso wenig relevant sind Argumentenframes, die sich mit der Generationenthematik beschäftigen. Über den gesamten Zeitraum hinweg betrachtet machen sie nur vier Prozent aller Argumente aus, dieser Anteil betrug in Deutschland und den Niederlanden in etwa das Doppelte.

Die Kategorie »Sicherheit« ist in Großbritannien stärker vertreten als in Deutschland und den Niederlanden. Fragen zur Sicherheit werden besonders im Kontext der Einführung von SERPS und der Reform von 1997 diskutiert. Im ersten Falle ist es vermutlich der Verweis auf die Unsicherheit der Rentenbezugsphase, die die Einführung eines lebensstandardsichernden Elements in das britische Rentensystem legitimieren soll. Bei der Reform von New Labour 1997 geht es besonders um die Rentensicherheit für Geringverdiener. Trotzdem ist überraschend, dass Sicherheit weder bei der Einführung der Rentenversicherung 1946 noch bei der Rentenkürzung von 1986 ähnlich relevant wird, weil auch hier Fragen der Sicherheit in der Altersbezugsphase im Vordergrund hätten stehen sollen. Wahrscheinlich waren 1946 noch ganz andere Unsicherheiten relevant, die durch die Not der Nachkriegssituation bedingt wurden. 1986 hat die Regierung unter Margaret Thatcher es vermutlich erfolgreich versucht, Argumente zur Unsicherheit aus der Debatte auszuschließen, indem sie wiederholt darauf verwiesen, dass die finanzielle Situation Älterer in Großbritannien sehr gut sei (vgl. Kapitel 3.4 dieser Arbeit, Walker 1991: 28).

Abbildung 5.15 zeigt die Verwendung der Argumentencluster durch die jeweiligen Akteursgruppen in Großbritannien. Dabei zeigt sich, dass die medialen Akteure durch die größte Anzahl an Argumentenframes repräsentiert sind, sie lassen sogar Parteien und staatliche Einrichtungen, die in

Deutschland und den Niederlanden einen ähnlich starken Einfluss auf die Debatte haben, weit hinter sich. Die britische Debatte zeichnet sich weiter durch ein sehr geringes Standing der Wissenschaft sowie einer demgegenüber relativ präsenten Stellung nicht institutionalisierter Bürger aus. Dies könnte am relativ hohen Anteil von Leserbriefen im britischen Textkorpus liegen.

Abbildung 5.15: Argumentencluster nach Akteursclustern in Großbritannien

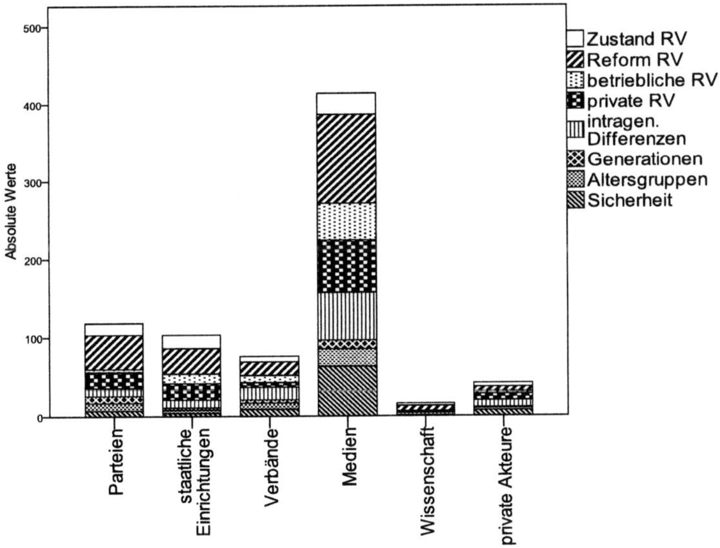

In Großbritannien nehmen Parteien und die Wissenschaft am häufigsten Bezug auf die Generationenthematik, allerdings werden – vor allem im Bereich der Wissenschaft – nicht annähernd die Anteilswerte erreicht, die die Äußerungen deutscher oder niederländischer Wissenschaftler auszeichnen. Insgesamt ist erneut zu konstatieren, dass die Generationenthematik in Großbritannien keine große Rolle spielt, sie eignet sich deshalb auch ganz offensichtlich nicht dazu, weniger stark vertretenen Akteuren (wie etwa Wissenschaftlern) eine stärkere Präsenz im Diskurs zu ermöglichen. Wissenschaftler beschäftigen sich in der öffentlichen Diskussion besonders mit Argumenten zur Reform der Rentenversicherung, obwohl diese Aussage aufgrund der geringen Fallzahl (es wurden insgesamt nur 16 von Wissenschaftlern geäußerte Argumente erfasst) wenig verlässlich ist. Viel häufiger als auf Generationen wird auf andere soziale Unterschiede eingegangen. Interessanterweise ist es aber gerade nicht die Politik, die solche Unterschiede thematisiert, sondern Verbände, Wissenschaftler und private Bürger. Sicherheitsaspekte werden von Parteien und staatlichen Einrichtungen ebenfalls eher in geringem Umfang thematisiert, hier sind es besonders Medien und nicht institutionalisierte Akteure, die auf diese Kategorien Bezug nehmen.

Insgesamt lässt sich festhalten, dass die analysierten Artikel vorwiegend sachlich an Argumenten zur staatlich organisierten Rente und zur Rentenreform orientiert sind. Der Diskurs wird von den Journalisten selbst sowie von politischen Akteuren dominiert. Diese Struktur ist aber auch durch das Selbstverständnis der hier untersuchten Qualitätsmedien bestimmt; ihnen geht es vor allen Dingen darum, eine sachliche Debatte abzubilden. Es lassen sich aber weitere interessante Rückschlüsse ziehen. Der Verweis auf soziale Ungleichheiten, die nicht generationell bedingt sind, nimmt in allen drei Ländern über den betrachteten Zeitraum hinweg ab. Das heißt, dass etwa die Unterschiede zwischen Gering- und Besserverdienern bzw. zwischen Frauen und Männern in der öffentlichen Meinung zu Thema Rentenreform sukzessive weniger relevant sind. Dafür nehmen zumindest in Deutschland und den Niederlanden die Verweise auf Generationen über die Zeit betrachtet zu. Dies ist besonders in den Niederlanden erstaunlich, da weder die demographische Situation noch die Entwicklung des AOW und der betrieblichen und privaten Renten viel Anlass für eine generationelle Strukturierung der britischen Rentner bieten. Argumente zur Sicherheit werden vor allen Dingen im Kontext von Unsicherheit thematisiert. In den Niederlanden, wo durch die an den Mindestlohn geknüpfte Grundrente nach dem AOW wenig Grund zum Empfinden sozialer Unsicherheit besteht, wird Sicherheit kaum thematisiert. In Großbritannien, wo die Mindestrente nicht zur Existenzsicherung ausreicht, spielen Argumente zur Sicherheit immer eine vergleichsweise große Rolle. In Deutschland werden Sicherheitsargumente erst relevant, als mit dem Rentenreformgesetz 1992 und erst recht mit der Rentenreform von 2001 teilweise gravierende Einschnitte in das Leistungsniveau der gesetzlichen Rentenversicherung unternommen werden.

Staatlich, betrieblich, privat – die Verhandlung der Säulen der Alterssicherung

Im Folgenden werden neue Argumentencluster gebildet, in denen es um das Verhältnis zwischen staatlicher, betrieblicher und privater Rentenversicherung in den einzelnen Ländern geht. Dazu wurden alle Argumente des Codebuchs dahingehend neu sortiert, dass jeweils Kategorien mit Argumenten zu den drei Säulen des Alterssicherungssystems, also staatliche, betriebliche und private Vorsorge, gebildet werden konnten. Alle anderen Argumente, die nicht eindeutig zuzuordnen waren, wurden unter die Kategorie »Gesamtsystem« zusammengefasst.

Abbildung 5.16: Systemrelevante Argumente in Deutschland

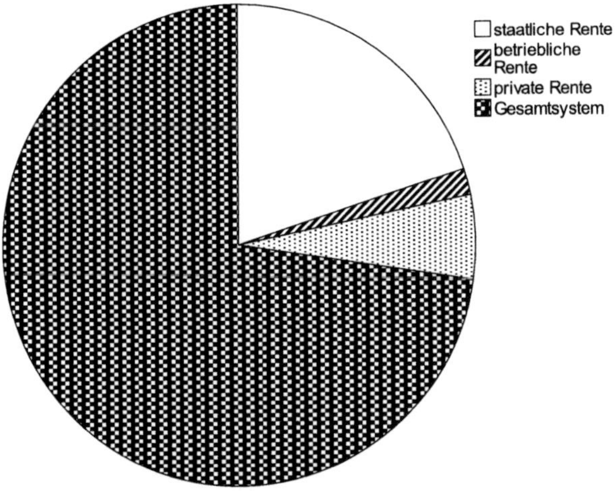

In Deutschland wird der Diskurs um die Rentenreformen über die Zeit hinweg betrachtet vor allem von solchen Argumenten dominiert, die sich keinem speziellen System widmen (vgl. Abbildung 5.16). Knapp drei Viertel aller Argumente sind keiner Kategorie eindeutig zuzuordnen. Frames, die nur die staatlich organisierte Rente betreffen, machen während der ersten drei Reformen ungefähr ein Viertel der Argumente aus. Im Kontext der Riester-Reform sinkt dieser Anteil auf 13,5 Prozent. Hier werden auf einmal Argumente zur betrieblichen Rente (3,3 Prozent) und vor allen Dingen zur privaten Rente (11,6 Prozent aller Argumente) relevant. Dies ist durch die Aufgabe der Lebensstandardsicherung durch die gesetzliche Rente im Zuge der Riester-Reform erklärbar; die alternativen Vorsorgemöglichkeiten, besonders die nun durch den Staat geförderte private Vorsorge, erhalten eine größere Aufmerksamkeit.

Das Kreisdiagramm in Abbildung 5.17, das die niederländische Struktur der systemrelevanten Argumentnennungen darstellt, sieht dem deutschen Diagramm sehr ähnlich. Drei Viertel der Argumente beschäftigen sich mit dem Gesamtsystem, 20 Prozent mit der staatlich organisierten Rente. Lediglich die Bedeutung der betrieblichen und der privaten Rente verhalten sich zum deutschen Fall genau umgekehrt; in den Niederlanden hat die betriebliche Vorsorge traditionell ein größeres Gewicht. Sie ist das zentrale Instrument zu Lebensstandardsicherung und deckt inzwischen nahezu die gesamte Bevölkerung ab. Bei der genaueren Betrachtung über die Zeit hinweg fällt auf, dass die betriebliche Rente besonders im Zuge der Einführung des AOW im Jahre 1956 diskutiert wird, vermutlich weil hier zu überlegen war, inwiefern das staatliche und das betriebliche System zu integrieren waren.

Abbildung 5.17: Systemrelevante Argumente in den Niederlanden

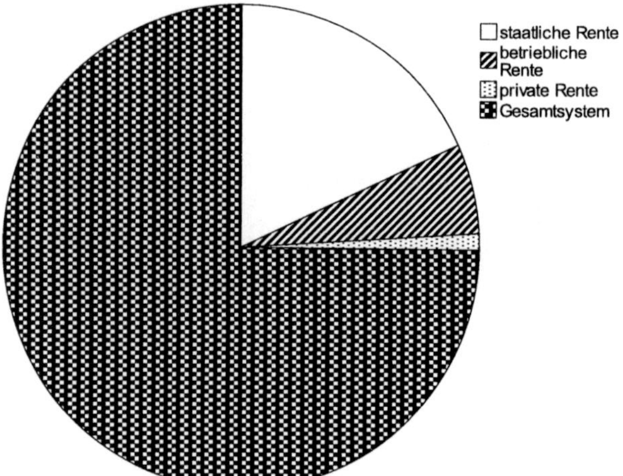

Demgegenüber erscheint der Anteil der explizit der betrieblichen Rentenversicherung zuzuordnenden Argumente im Jahre 2005 etwas gering. Schließlich ging es hier um eine Reform der Regelungen zur Frühverrentung, also des *vervroegde uittreding* (VUT), das vor allem die betriebliche Rentenversicherung betraf. Dennoch können zu diesem Termin nur 6,4 Prozent aller erwähnten Argumente eindeutig der betrieblichen Rentenversicherung zugeordnet werden. Wie schon die relativ hohen Anteile von Argumenten zu Generationen, Altersgruppen und Sicherheit vermuten ließen, wurden im Jahr 2005 in den Niederlanden wohl weiter reichende Probleme der Alterssicherung diskutiert, weniger solche, die sich speziell auf die betriebliche Rente bezogen.

Abbildung 5.18: Systemrelevante Argumente in Großbritannien

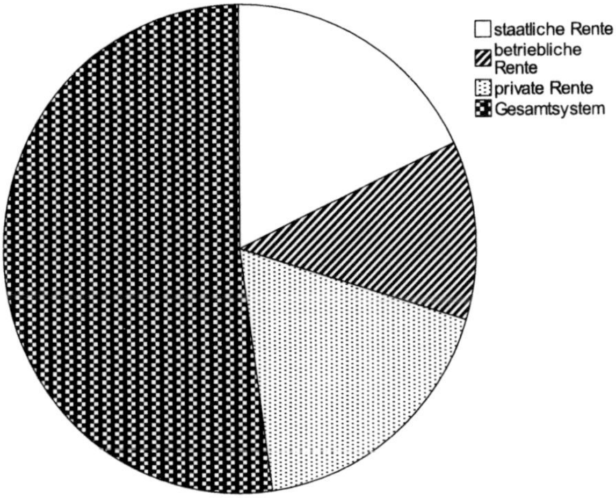

Die Debatte in Großbritannien weist bezüglich der Erwähnung der einzelnen Vorsorgesysteme eine andere Struktur auf als die in Deutschland und den Niederlanden (vgl. Abbildung 5.18). Hier lässt sich nur die Hälfte aller Argumente nicht eindeutig einem einzelnen Sicherungssystem zuordnen. Die staatliche und die private Rente sind gleichbedeutend, beide machen einen Anteil von 18,1 Prozent an allen Argumentnennungen aus. Dabei ist zu beachten, dass die private Rentenversicherung besonders im Zuge der New Labour Reform von 1998 wichtig wird, hier macht sie knapp ein Viertel aller Argumentnennungen aus und ist damit für den Diskurs wichtiger als die staatlich organisierte Vorsorge. Die betriebliche Rente ist vor allen Dingen bei der Diskussion um das *State Earnings Related Pension Scheme* (SERPS) im Jahre 1975 von Bedeutung. Da das staatlich organisierte Aufbausystem teilweise die Funktion der betrieblichen Zusatzrente ausübte, waren hier Diskussionen um den Deckungsgrad und das Verhältnis der beiden Instrumente relevant.

Argumentative Stellungnahme – Wahrnehmungen von Problemen und Krisen

Schließlich sollen die für die vorliegende Arbeit relevantesten Frames gemeinsam mit ihrer Richtung untersucht werden. Bisher wurden lediglich diskursive Oberkategorien angesprochen, die von Akteuren gewählt wurden. Es wurde aber noch nicht untersucht, wie diese Oberkategorien argumentativ ausgestaltet wurden und ob die jeweiligen Akteure dem Argument zustimmen oder nicht. Nur weil ein Akteur ein Argument anspricht, das einen Generationenbezug beinhaltet, heißt dies nicht notwendig, dass er die Beziehungen zwischen Generationen als problematisch wahrnimmt oder gar einen Generationenkonflikt befürchtet. Für die vorliegende Untersuchung ist die Problemwahrnehmung in der Rentenversicherung aber sehr relevant. Es muss untersucht werden, ob in Bezug auf Generationenverhältnisse im Sozialstaat Konflikte erwartet werden, ob demographische Verhältnisse als problematisch wahrgenommen werden und ob dies in einem unsicheren, krisenhaften Verständnis der Rente resultiert. Vor allen Dingen interessiert dabei wieder, ob sich diese Wahrnehmung im Verlauf ändert und welche Akteure solche Meinungen vertreten.

Für die folgende Darstellung werden Argumente und ihre Richtung ausgewählt, die erkennen lassen, dass der jeweilige Akteur explizit ein Problem als solches wahrnimmt oder einen Sachverhalt als nicht problematisch darstellt. Es werden fünf Problemfelder identifiziert:

1. Die Notwendigkeit einer Rentenreform
2. Die Unsicherheit bezüglich des Erhalts einer angemessenen Rente
3. Die Wahrnehmung einer problematischen demographischen Entwicklung
4. Ein drohender Generationenkonflikt
5. Die Wahrnehmung einer generellen Krise der Rentenversicherung

In die fünfte Kategorie werden alle vorherigen Kategorien integriert, sie stellt also die Gesamtheit der als problematisch verstandenen Sachverhalte dar.[85] Vorwegzunehmen ist der Darstellung, dass der Anteil der krisenhaften Argumente am Diskurs auf den ersten Blick relativ gering erscheint. In Deutschland wurden insgesamt 1290 Argumente identifiziert, es gibt aber nur 289, die sich explizit mit der Zustimmung oder Ablehnung von Problemen oder Krisen auseinandersetzen. Hierzu sind allerdings einige Sach-

85 Da die einzelnen Kategorien teilweise Überschneidungen aufweisen, ist die fünfte Kategorie nicht die Summe der vier anderen Kategorien.

verhalte erklärend anzumerken. Erstens werden in die vorliegende Kategorisierung nur solche Argumente aufgenommen, in denen der Akteur nicht nur auf eine Krise anspielt, sondern sich selbst explizit zustimmend oder ablehnend zu einer Krisenwahrnehmung äußert. Zweitens werden im vorliegenden Fall sogenannte Qualitätszeitungen betrachtet, die versuchen, eine Berichterstattung möglichst neutral erscheinen zu lassen. Eine Untersuchung der Boulevardpresse (etwa *Bild*, *The Sun* und *De Telegraaf*) hätte unter Umständen einen größeren Anteil an krisenhaften Argumenten zu Tage gebracht.

Schließlich – und dies ist wahrscheinlich der wichtigste Einwand – stößt eine quantitative Darstellung hier eindeutig an ihre Grenzen. Es ist zu vermuten, dass Krisenargumente ein viel stärkeres Gewicht entwickeln als ihre neutral formulierten Nachbarframes. Die rein deskriptive Feststellung, dass die Rentenformel im Parlament diskutiert wird, wird beim Leser vermutlich einen weniger starken Eindruck hinterlassen als das Ansprechen einer sich negativ entwickelnden *old age dependency ratio* oder gar eines Generationenkonfliktes. Es werden deshalb in der folgenden Darstellung auch keine anteiligen Prozentzahlen genannt. Im britischen Fall sind die Nennungen teilweise so gering, dass sie statistisch nicht mehr sinnvoll auszuwerten sind. Es soll deshalb vielmehr dargestellt werden, wie häufig in einem Zeitraum oder von einem bestimmten Akteurscluster auf Probleme aufmerksam gemacht worden ist oder Problemwahrnehmungen widersprochen wurde.

Im deutschen Fall finden sich insgesamt 289 Argumente, die sich explizit mit Ablehnung oder Zustimmung zu einer Krise im Rentenversicherungssystem beschäftigen. Dabei finden sich Argumente zur Frage, ob eine Rentenreform generell notwendig sei, besonders im Zusammenhang mit den Ereignissen, die tatsächlich als Systemwechsel bezeichnet werden können; also die große Rentenreform 1957 und die Riester-Reform 2001. Auch ein Unsicherheitsempfinden bezüglich der Rente kommt in diesen Kontexten besonders stark zum Ausdruck. Beachtenswert ist, dass der Rückbau der Rentenversicherung 1992 offensichtlich wenig Anlass zum Ausdruck eines Unsicherheitsgefühls bot, ihm wurde zudem auch genauso häufig widersprochen. Am Deutlichsten zeigt sich ein Unsicherheitsempfinden jedoch im Bezug auf die Riester-Reform. Die Wahrnehmung der Gefahr eines Generationenkonfliktes und eines demographischen Problems steigt über die Zeit hinweg betrachtet deutlich an. Beide Aspekte spielen bei der Einführung der Rentenversicherung sowie bei ihrem Ausbau 1972 keine oder eine nur sehr geringe Rolle. Bei der Diskussion um den Rückbau im RRG 92 sind dann besonders demographische Probleme relevant, ein Generationenkonflikt wird hauptsächlich im Kontext der Riester-Reform befürchtet. Dies folgt einem allgemeinen Trend: Insgesamt wird eine Krise der Rentenversicherung besonders im Zusammenhang mit der Riester-Rente wahrgenommen. Es ist zu vermuten, dass durch Krisenargumente eine Aufgabe der gesetzlichen Lebensstandardsicherung im Alter legitimiert wird.

Tabelle 5.3: Deutschland: Problemwahrnehmungen nach Reformzeitpunkten

	Einführung 1957	Ausbau 1972	Rückbau RRG 92	Reform Riester	Gesamt
Rentenreform notwendig	36	14	14	54	118
nicht notwendig	7	5	3	4	19
Rente ist unsicher	14	10	6	30	60
Rente ist sicher	3	4	6	9	22
Demographisches Problem besteht	2	0	16	15	33
Besteht nicht	0	0	0	3	3
Generationenkonflikt droht	3	1	8	26	38
Konflikt droht nicht	1	0	2	5	8
Krise der Rente besteht	53	23	43	118	237
Krise besteht nicht	11	9	11	21	52

Tatsächlich ergibt eine genaue Analyse der Verwendung von Krisenargumenten durch die einzelnen Akteure, dass es besonders politische Akteure sind, die von einer Notwendigkeit einer Rentenreform ausgehen und eine Krise der Rentenversicherung wahrnehmen.[86] Allerdings wirken auch die medialen Akteure – also die Verfasser der jeweiligen Artikel – an einer Darstellung der Rentenversicherung als krisenhaft mit; insgesamt sind sie diejenigen Akteure, die am häufigsten auf eine allgemeine Krise aufmerk-

86 Die Ergebnisse der detaillierteren Analysen, die nicht hier abgetragen sind, finden sich jeweils im Anhang.

sam machen. Besonders im Zusammenhang mit demographischen Problemen und einem Generationenkonflikt werden die Wissenschaftsakteure aktiv, es sind dies besonders Wirtschaftswissenschaftler. Es hatte sich bereits bei der Verteilung der Argumentenkategorien auf die Akteurscluster gezeigt, dass die Wissenschaftler Argumente um Generationenkonflikt und Alterungsproblem sehr häufig ansprechen. Hier zeigt sich nun, dass dies auch mit einem Verweis auf eine tatsächliche Krise geschieht. Wiederum muss aber einschränkend angemerkt werden, dass Wissenschaftler keine naheliegenden Informationsquellen für die Medien darstellen und sich deshalb vermutlich besonders stark über krisenhafte Argumente positionieren können, weil sie hierdurch mediale Aufmerksamkeit erhalten. Das heißt, dass die journalistischen *gatekeeper* Akteure mit aufsehenerregenden Krisenargumenten eher zum Diskurs zulassen als solche, die Krisenargumenten widersprechen. Gleiches gilt für private Akteure, die in Deutschland offensichtlich ausschließlich mit Bezug auf Krisenargumente, nicht aber mit Positionen gegen solche Wahrnehmungen bei den Medien Gehör finden. Auch Akteure von Verbänden verweisen mitunter auf einen Generationenkonflikt, hier können aber keine detaillierten Akteursgruppen identifiziert werden, die besonders eindeutig auf einen Generationenkonflikt verweisen. Politische Akteure spielen demgegenüber deutlich häufiger auf eine krisenhafte Entwicklung in der Struktur und Funktionsweise der staatlich organisierten Rentenversicherung an.

Generell ist festzuhalten, dass die Argumente für eine Krise in ihrer Anzahl den Gegenargumenten immer deutlich überlegen sind. Dies ist bei Frames, die sich nur auf das Rentensystem als solches beziehen, durchaus verständlich. Schließlich werden hier die Debatten im Kontext von Reformen untersucht, und Reformen – besonders wenn sie Kürzungen beinhalten – werden nur dann durchführbar, wenn sich genügend Argumente finden lassen, die die Reform legitimieren. Aber auch im Zusammenhang mit dem Generationenkonflikt und dem demographischen Wandel überwiegen krisenhafte Darstellungen, besonders im Kontext von Rückbau und Reform. Dabei konnte in vorangegangenen Kapiteln deutlich nachgewiesen werden, dass die Entwicklungen in diesem Bereich keineswegs krisenhaft verlaufen müssen. Es gibt Akteure, die darauf hinweisen, dass die befürchteten Szenarien so weit in der Zukunft liegen, dass ihr Eintreffen unmöglich bereits jetzt vorausgesehen werden kann. Solche Akteure scheinen aber im Mediendiskurs nur wenig Einfluss zu besitzen. Da die journalistischen Akteure selbst eine Krisenwahrnehmung eindeutig unterstützen, wählen sie in ihrer Funktion als *gatekeeper* deshalb vermutlich hauptsächlich solche Akteure aus, die ebenfalls von einer krisenhaften Entwicklung ausgehen.

In den Niederlanden konnten 178 explizite Stellungnahmen für oder gegen eine krisenhafte Entwicklung der Rentenversicherung erfasst werden. Dies ist besonders im Vergleich mit dem deutschen Rentenversicherungssystem erstaunlich: Dafür, dass das niederländische AOW im internationalen Vergleich sehr stabil und krisensicher erscheint, scheint die Perzeption einer Krise im niederländischen Diskurs vergleichsweise hoch. In den Niederlanden ist die Wahrnehmung einer unbedingten Notwendigkeit der Rentenreform nicht so stark wie in Deutschland an die Systemwechsel geknüpft. Zwar scheint eine Reform 1956 bei der Einführung sehr drängend, der Wechsel im Zuge der Reform des VUT 2005 ist aber aus Sicht der am Diskurs beteiligten Akteure vergleichsweise von geringerer Dringlichkeit. Während des Protestes um das CDA-Wahlprogramm im Jahr 1994 ist die Krisenwahrnehmung am stärksten umstritten, hier finden sich auch vergleichsweise viele Argumente, die einer solchen Perzeption widersprechen.

Tabelle 5.4: Niederlande: Problemwahrnehmungen nach Reformzeitpunkten

	Einführung 1956	WAM 79	Protest 1994	Reform VUT	Gesamt
Rentenreform notwendig	16	8	14	10	48
nicht notwendig	0	1	11	6	18
Rente ist unsicher	1	3	21	13	38
Rente ist sicher	4	2	5	8	19
Demographisches Problem besteht	2	0	14	19	35
Besteht nicht	0	0	3	1	4
Generationenkonflikt droht	0	1	3	12	16
Konflikt droht nicht	1	1	1	6	9
Krise der Rente besteht	19	11	48	50	128
Krise besteht nicht	5	4	20	21	50

Ein Unsicherheitsempfinden lässt sich vor allen Dingen im Zusammenhang mit Leistungsrückbau und Systemtransformation ausmachen, ebenso werden demographische Probleme hier sehr deutlich diskutiert. Dies erstaunt wieder vor dem Hintergrund, dass die demographische Entwicklung der Niederlande im internationalen Vergleich recht positiv ist, eine Überalterung der Gesellschaft vollzieht sich langsamer und bei weitem nicht so massiv wie in den europäischen Nachbarstaaten. Trotzdem wird ein demographisches Problem wahrgenommen, das sich in der Krisendiskussion relativ deutlich niederschlägt. Besonders im Zuge der Diskussion des VUT im Jahre 2005 wird die Gefahr eines Generationenkonfliktes angesprochen. Dies kann daran liegen, dass die betrieblichen Rentensysteme, um die es in der VUT-Reform geht, teilweise auf einem Umlageverfahren basieren. Trotzdem ist die plötzliche Massivität der Wahrnehmung demographischer Probleme und eines Generationenkonfliktes verwunderlich. Die demographische Entwicklung und die Entwicklung der Rentenfinanzen sind im niederländischen Fall vergleichsweise wenig besorgniserregend, zudem sind – wie gezeigt werden konnte – Generationenargumente in der niederländischen Tradition von Rentenreformdiskursen eigentlich nicht stark vertreten.

Gleichzeitig ist fraglich, warum ein Generationenkonflikt nicht schon im Zuge des Protests gegen den CDA häufiger angesprochen wurde, da eine Leistungskürzung, wie im CDA-Wahlprogramm vorgesehen, eindeutig zu einer Schlechterstellung künftiger Kohorten geführt hätte. Diese Entwicklung unterstützt die Annahme, dass die niederländische Debatte um die VUT-Reform Elemente aus den Diskursen der Nachbarländer, vor allem aus Deutschland, aufgenommen hat. Dass die Debatte um die Rentenversicherung in anderen europäischen Ländern seit den Krisen der 1980er Jahre verstärkt Argumente um die demographische Entwicklung, Generationengerechtigkeit und -konflikt hervorbringt führt vermutlich dazu, dass die Niederlande ihr eigenes System nun auch unter solchen Vorzeichen beobachten – wenn dies auch verspätet geschieht. Hier müsste für zukünftige Reformen (besonders für eine etwaige Transformation des AOW) analysiert werden, ob sich solche Argumente in späteren Reformdiskussionen noch deutlicher verankern können.

Bei der Betrachtung der Argumentnennungen durch die einzelnen Akteure fällt erneut auf, dass die im niederländischen Diskurs vergleichsweise gering vertretenen Wissenschaftler am beständigsten auf einen drohenden Generationenkonflikt aufmerksam machen, und ebenfalls relativ häufig auf demographische Probleme hinweisen. Der wissenschaftliche Diskurs in den Niederlanden findet – stärker als in anderen Ländern – weniger auf der nationalen als vielmehr auf der internationalen Ebene statt. Das heißt, dass niederländische Wissenschaftler stärker an englisch- und deutschsprachigen wissenschaftlichen Arenen interessiert sind, da eigene, national beschränkte Wissenschaftsdiskurse weniger Reputation versprechen. Hier hat vermutlich eine nachahmende Thematisierung stattgefunden, in deren Zuge eine Diffusion von Argumenten aus anderen nationalen Kontexten in den niederländischen Diskurs erfolgt ist. Politische Akteure verweisen am häufigsten auf Probleme in der Rentenversicherung, allerdings tun sie dies nicht so massiv wie im deutschen Fall. Auch im niederländischen Diskurs stellen sich die Medien bei der Krisenwahrnehmung in der Rentenversicherung als einflussreiche Akteure heraus. Sie verweisen am nachdrücklichsten auf Probleme, während sie Gegenargumente in vergleichsweise geringem Umfang aufnehmen. Insgesamt ist auch für die Niederlanden zu konstatieren, dass die Wahrnehmung von krisenhaften Argumenten im Vergleich zu solchen dominieren, die nicht von problematischen Entwicklungen ausgehen. Die Diskrepanz zwischen den beiden gegensätzlichen Annahmen ist jedoch geringer, es werden also im Verhältnis mehr Gegenpositionen geäußert als in der deutschen Debatte.

In Großbritannien spielen Krisenargumente weder bei der Einführung der Rentenversicherung 1946 noch bei der Einführung von SERPS eine große Rolle. Lediglich die Wahrnehmung einer Unsicherheit der Rentenleistungen kann zu diesen Zeitpunkten konstatiert werden Die *Basic State Pension* hat in Großbritannien nie zum Lebensunterhalt ausgereicht, deshalb ist der Verweis auf die Rente als unsicher als historisch konstantes Krisenargument durchaus nachvollziehbar. Allerdings scheint diese Wahrnehmung nicht grundsätzlich dazu zu führen, dass die Akteure explizit Rentenreformen fordern. Dies geschieht erst im Zuge des Rückbaus 1986 und der Reform 1998. Ein demographisches Problem oder gar ein Generationenkonflikt wird in Großbritannien kaum wahrgenommen. Falls es – selten genug – dennoch geschieht, finden sich fast genauso viele Gegenargumente zu einer entsprechenden Krisenwahrnehmung. Insgesamt ist zu konstatieren, dass Krisen vor allen Dingen auf das Rentensystem selbst bezogen diskutiert werden und sich weniger mit demographischen Einflüssen oder Generationenverhältnissen auseinandersetzen. Dabei ist auch für den britischen Fall festzuhalten, dass diejenigen Argumente, die die Wahrnehmung einer Krise ausdrücken, denjenigen, die einer solchen Wahrnehmung widersprechen, zahlenmäßig eindeutig überlegen sind. Auch hier ist die Diskrepanz bei den Reformen der Jahre 1986 und 1998 besonders deutlich.

Tabelle 5.5: Großbritannien: Problemwahrnehmungen nach Reformzeitpunkten

	Einführung 1946	SERPS 1975	Rückbau 1986	Reform 1997	Gesamt
Rentenreform notwendig	1	3	35	27	66
nicht notwendig	1	2	4	6	13
Rente ist unsicher	6	12	16	26	60
Rente ist sicher	1	6	7	5	19
Demographisches Problem besteht	0	0	2	2	4
Besteht nicht	2	0	0	2	4
Generationen-konflikt droht	1	0	0	3	4
Konflikt droht nicht	1	0	1	0	2
Krise der Rente besteht	8	15	48	54	125
Krise besteht nicht	3	10	12	13	38

Bei der Betrachtung der Krisennennungen durch die Akteure fallen die Journalisten als Vertreter solcher Argumente wieder deutlich auf. Es ist bereits festgestellt worden, dass die Verfasser der jeweiligen Artikel die Berichterstattung in Großbritannien deutlich stärker dominieren als in anderen Ländern, vermutlich lässt sich darüber auch ein stärkerer Anteil an Problemwahrnehmungen erklären. Allerdings ist deutlich zu erkennen, dass in Großbritannien – wie in Deutschland und den Niederlanden auch – die Journalisten keineswegs als neutrale Berichterstatter fungieren, die lediglich Informationen aufbereiten, sondern sich als selbständige Akteure mit eigener Meinung im Artikel positionieren. Deutlich unterrepräsentiert sind demgegenüber die Akteure aus der Wissenschaft und private Bürger. Wissenschaftsakteure hatten sich in Deutschland und den Niederlanden besonders stark über eine Deutung von krisenhafter demographischer Entwicklung und Generationenkonflikt verorten können. Da solche Argumente im britischen Fall kaum Gewicht besitzen, können sie auch nicht über diese Strategie am öffentlichen Diskurs teilnehmen. Auch politische Akteure beziehen sich kaum auf die Bevölkerungsentwicklung und Generationenverhältnisse, sie betonen eher generell die Notwendigkeit einer Rentenreform sowie Unsicherheitsaspekte.

Die Verweise auf Sicherheit sowie Argumente, die sich mit Krisen und Problemen in der Rentenversicherung beschäftigen, nehmen über die Zeit hinweg zu, das heißt, dass solche Argumente besonders stark im Kontext von Krisen und der Transformation des Rentenversicherungssystems verwendet werden. Krisenargumente werden also offensichtlich dazu benutzt, Reformen zu legitimieren. Dies ist vor allem dann der Fall, wenn sie von politischen Akteuren benutzt werden. Die Vermutung, dass in diesem Kontext Argumente eines Generationenkonfliktes von Politikern, Banken und Versicherungen benutzt werden, um durch eine Deutungsinnovation eine Reform des gesetzlichen Umlageverfahrens und eine Förderung individueller kapitalgedeckter Vorsorge zu gewährleisten, konnte an dieser Stelle jedoch nicht bestätigt werden. Vielmehr sind es Medienakteure und wissenschaftliche Experten, die solche Argumente besonders häufig verwenden. Dies lässt sich mit medialen Eigenlogiken erklären. Die komplexe Logik der Rentenversicherung ist am einfachsten durch simplifizierende Bilder – wie etwa einem Generationenkonflikt, den jeder aus der eigenen Erfahrung kennt – darzustellen (vgl. Conrad 2003, Gößling 2002). Nach dem Prinzip des *Only bad news is good news* haben es darüber hinaus schlechte Nachrichten wie Krisen und Konflikte leichter in den Mediendiskurs zu gelangen als gute Nachrichten über stabile Beitragssätze oder Rentner mit adäquatem Einkommen. Dies führt zu einer tendenziell negativen Berichterstattung über die Rente (vgl. Gößling 2002). Journalistische Akteure verweisen also häufiger auf negative Entwicklungen und nehmen in ihrer Rolle als *gatekeeper* zudem besonders solche Akteure auf, die ebenfalls von negativen Tendenzen im Rentensystem berichten können. Dies gilt dann besonders für solche Akteure, die nicht im politischen Milieu verankert und demzufolge nicht notwendig in den Reformprozess involviert sind.

Welche Schlüsse lassen sich aus der hier dargestellten Entwicklung der öffentlichen Meinung zur Rentenversicherung und -reform ziehen? Insgesamt betrachtet lassen sich einige Tendenzen festhalten, die in allen drei Ländern den Diskurs prägen. Zunächst überwiegen überall, besonders aber in Deutschland und den Niederlanden, die Argumente, die sich mit dem

Rentensystem als solchem und Gründen für seine Reform auseinandersetzen. Dies liegt einerseits darin begründet, dass die Rentenreform das Hauptereignis ist, über welches berichtet wird. Andererseits muss ebenfalls bedacht werden, dass im vorliegenden Fall die öffentliche Debatte in der Arena der Qualitätsmedien untersucht wird. Solche Medien berichten ihrem Selbstverständnis nach hauptsächlich faktenorientiert und neutral. In Deutschland und den Niederlanden bezieht sich die Berichterstattung dabei hauptsächlich auf das Gesamtsystem der Alterssicherung oder die staatlich organisierten Rente. Die betriebliche und private Rente, die in Großbritannien oft erwähnt wird, findet in den beiden anderen Ländern sehr wenig Beachtung.

In allen drei Ländern nehmen Verweise auf intragenerationelle Differenzen, also soziale Unterschiede, die nicht durch Kohorten bedingt sind, über die Zeit hinweg ab. In Deutschland und den Niederlanden verstärken sich im gleichen Zeitraum Bezüge auf Generationen und Altersgruppen. Dabei darf nicht voreilig auf eine Kausalbeziehung geschlossen werden, es kann also nicht behauptet werden, dass soziale Unterschiede eine geringere Bedeutung erhalten, weil sie durch Generationen- oder Altersgruppenargumente verdrängt würden. In Großbritannien nehmen Verweise auf soziale Ungleichheiten ab, ohne dass eine starke Zunahme von Generationenargumenten zu verzeichnen wäre. Die Gefahr, dass soziale Ungleichheiten und speziell die Interessen von Geringverdiener bei den Rentenreformen seit den 1980er Jahren eine geringere Rolle spielen, lässt sich allerdings nicht von der Hand weisen. Wenn man also auch keine Verdrängungsstrategie durch Generationenargumente nachweisen kann, ist dennoch zu konstatieren, dass soziale Unterschiede, wie sie etwa durch Einkommen und Geschlecht gegeben sind, ausgeblendet werden.

Der Generationenkonflikt fungiert zumindest in Deutschland und den Niederlanden dabei als Krisenargument. Krisenargumente werden in der öffentlichen Meinung vor allem dann geäußert, wenn die diskutierten Rentenreformen einen Rückbau der Leistungen beinhalten. Man kann also davon ausgehen, dass sie als Legitimation der Reform herangezogen werden. Dabei ist es im Kontext der Erwähnung von Krisenargumenten tatsächlich wenig relevant, inwiefern die wahrgenommene Krise tatsächlich empirisch nachweisbar ist. So diskutieren die Niederlande demographische Bedrohungen und Generationenkonflikte genau wie Deutschland obwohl das Unsicherheitspotential bei weitem geringer ist. Hier hätte die öffentliche Meinung in Großbritannien eine deutlich stärkere Basis, Argumente zu

Demographie und Generationenkonflikt kommen hier aber seltener vor. Krisenargumente stellen also Strategien einzelner Akteure dar, die ihnen helfen, ihre Meinung zu fokussieren. Wenn die Akteure damit erfolgreich sind, können sich diese Argumente als Deutungsinnovation durchsetzen und damit den jeweiligen Diskurs neu strukturieren.

Sicherlich wäre es interessant, den hier vorgestellten Diskurs in den Qualitätsmedien mit anderen Arenen, in denen Rentenreformen diskutiert werden, zu vergleichen. Die jeweiligen Parlamente der Länder böten hier eine gute Möglichkeit, sich näher mit dem Diskurs der politischen Akteure auseinanderzusetzen. Sozialpolitische Fachzeitschriften könnten näheren Aufschluss über die Argumentation wissenschaftlicher Akteure bieten. Wird die Rentenreform in der Wissenschaft tatsächlich häufiger im Zusammenhang mit Generationenkontexten diskutiert oder folgt der interne Wissenschaftsdiskurs der durch die *peer review* strukturiert wird ganz anderen Kriterien? Dies wäre vor allen Dingen im Zusammenhang mit solchen Wissenschaftlern zu untersuchen, die eine Positionierung in öffentlichen Debatten als wenig reputationsförderlich ablehnen. Schließlich böten sich Fernsehen, Radio oder die Boulevardpresse als Arenen an, die mitunter anderen Logiken folgen als die Qualitätsmedien, aber eine größere Leserschaft erreichen als die überregionalen Zeitungen. Solche Analysen müssen allerdings an anderer Stelle stattfinden, für die vorliegende Untersuchung müssen die Hinweise aus der Arena der massenmedialen Qualitätszeitungen ausreichen.

5.4 Zwischenfazit: Rente, Generation, Sicherheit im öffentlichen Diskurs

Zum Abschluss des fünften Kapitels wird nun wiederum auf die in Kapitel 2.5 gebildeten Hypothesen Bezug genommen. Dort wurden fünf Hypothesen gebildet, die sich auf die Ebene der Mediendiskurse bezogen. Diese können nun mit den Ergebnissen des fünften Kapitels beantwortet werden. Zunächst geht es um die Verhandlung von Sicherheit im öffentlichen Diskurs und wie sich diese abhängig von verschiedenen Reformarten wandelt:

Hypothese 6: Der Leerbegriff »Sicherheit« wird dann verwendet, wenn Unsicherheiten oder Risiken offensichtlich werden. Im Bezug auf die Rentenversicherung ist dies der Fall, wenn externe Einflüsse wie wirtschaftlichen Krisen und gesellschaftlicher Alterung sowie interne Veränderungen im Beitrags-/Leistungsniveau als Bedrohung der sozialen Sicherheit von Individuen oder Kollektiven thematisiert werden.

Diese Hypothese kann als bestätigt gelten. Sicherheitsbezüge und Argumente, die die Rentenversicherung als unsicher darstellen, sind am wenigsten in der Formations- und Expansionsphase der jeweiligen Rentenversicherungssysteme relevant. Sie bestimmen mitunter die Diskussion um die Einführung des Rentensystems, besonders wenn bestehende Alterssicherungsleistungen als unzureichend angesehen werden. Die stärkste Fokussierung von Sicherheitsargumenten erfolgt aber seit den 1980er Jahren, im Zuge von Umbau und Reform des Rentenversicherungssystems. Dies ist auf mehrere Faktoren zurückzuführen, einerseits auf externe Entwicklungen, andererseits aber auch auf dem Rentensystem inhärente Logiken. Seit Mitte der 1970er Jahre steigt die Wahrnehmung von wirtschaftlichen Krisen und daraus resultierender Arbeitslosigkeit, solche Gefahren hatten in den drei betrachteten Ländern in den drei Nachkriegsjahrzehnten, besonders in den 1960er Jahren, keine Rolle gespielt. Dies führt dazu, dass die umlagefinanzierten Sozialsysteme weniger Ressourcen erhalten. Gleichzeitig wird ein demographischer Wandel wahrgenommen, der – wie gezeigt wurde – in allen drei betrachteten Ländern vor allen Dingen seit den 1980er Jahren diskutiert wird. Grundsätzlich wird angenommen, dass sich das Verhältnis von Beitragszahlern und -empfängern so ungünstig verschiebt, dass die ohnehin geringen Ressourcen nun von immer kleineren Kohorten von Produktiven an immer größer werdende Rentnergruppen verteilt werden müssen. Diese Diskussion wirkt sich ganz offensichtlich auf die Thematisierung von Sicherheit und Unsicherheit im öffentlichen Diskurs aus, sie wird in allen betrachteten Ländern über die Jahre hinweg stärker.

In einer weiteren Hypothese wurde die Stellung des Generationenkonzeptes in den jeweiligen nationalen Diskursen thematisiert:

Hypothese 7: Je stärker Renten auf Zahlungen aus umlagefinanzierten staatlichen Systemen beruhen, desto stärker ist die Symbolkraft eines »Generationenvertrages« und die Annahme einer Reziprozität zwischen fiktiven generationellen Entitäten im staatlichen Kontext.

Diese Annahme trifft auf Deutschland zu. Hier dominieren traditionell Zahlungen aus der gesetzlichen Rentenkasse, im Falle einer lückenlosen Erwerbsbiographie sind sie zum Erhalt des Lebensstandards ausreichend.

Diese Situation wird sich zwar im Zuge der Förderung der kapitalgedeckten Vorsorge durch die Riester-Rente ändern, ist aber im beobachteten Zeitraum für das deutsche Rentenversicherungssystem noch hochrelevant. Tatsächlich sind Bezüge auf Generationen im deutschen Diskurs stark verankert. Da das Umlageverfahren des gesetzlichen Rentensystems den wichtigsten Teil der Altersvorsorge ausmacht, ist die Rede von Generationen und Generationenvertrag im deutschen Rentendiskurs von immenser Bedeutung. Diese Effekte lassen sich über den gesamten historischen Zeitverlauf nachweisen und werden besonders stark im Zusammenhang mit Systemwechseln und Rückbau der Sozialleistungen diskutiert. Die Frage ist, ob diese Hypothese auch umgekehrt gilt, also eine geringe Stellung des als »Generationenvertrag« bezeichneten Umlageverfahrens zur geringeren Thematisierung von Generationenbezügen führt:

Hypothese 8: Je größer der Anteil von kapitalgedeckten Systemen (individuelle private oder betriebliche Vorsorge) an Rentenzahlungen ist, desto weniger wird im öffentlichen Diskurs von Generationenvertrag, Generationenbeziehungen oder Reziprozitätsbeziehungen auf gesellschaftlicher Ebene die Rede sein.

In Großbritannien findet sich der zu Deutschland gegensätzliche Fall. Die *Basic State Pension* (BSP) ist und war noch nicht einmal zur Mindestsicherung geeignet, eine Situation, die auch die Einführung des *State Earnings Related Pension Scheme* (SERPS) im Jahre 1975 nicht gravierend gebessert hat. Kapitalgedeckte betriebliche und private Sicherungssysteme, die eben nicht umlagefinanziert sind und mit dem Synonym »Generationenvertrag« bezeichnet werden können, sind von umso stärkerer Bedeutung. Dies zeigt sich auch am relativ starken Anteil, den betriebliche und private Systeme am öffentlichen Diskurs einnehmen. Generationenargumente spielen deshalb in Großbritannien auch nur eine verschwindend geringe Rolle. Man kann zwar auf der Artikelebene diffuse Generationenbezüge erkennen, diese sind jedoch im Ländervergleich auch unterrepräsentiert. Bei der detaillierteren Betrachtung von Generationenargumenten verstärkte sich dieser Eindruck noch. Argumente, die einen Generationenkonflikt unterstützen, finden sich kaum.

Mit der Betrachtung des niederländischen Falls wird die Bestätigung von Hypothese 8 jedoch erschwert. Das niederländische staatliche Umlageverfahren im AOW bietet lediglich eine Grundsicherung, die Lebensstandardsicherung im Alter wird vorwiegend über betriebliche Systeme erreicht, die in den Niederlanden inzwischen nahezu 100 Prozent der Bevölkerung abdecken. Da das Umlageverfahren also keine dominierende

Position im niederländischen Alterssicherungssystem einnimmt, dürften Argumente, die einen Generationenbezug aufweisen, keine große Rolle spielen. Dies trifft auf die ersten drei Analysezeiträume auch bedingt zu. Besonders im Zuge der VUT-Reformen 2005 findet dann aber eine recht starke Thematisierung von Generationenargumenten statt. Dass die betrieblichen Systeme, die eine Frühverrentung zulassen, teilweise durch eine Umlage finanziert werden, kann einen Teil der plötzlichen Thematisierung erklären. Andererseits ist fraglich, wieso der Generationendiskurs, der traditionell kaum in der niederländischen Rentenlogik verankert ist, auf einmal ein so starkes Gewicht erhält. Diese Entwicklung wird von einer zweiten, ähnlich überraschenden, begleitet. Im niederländischen Diskurs werden relativ deutlich demographische Aspekte angesprochen sowie die Gefahr, die von einer demographischen Überalterung ausgeht. Da die Niederlande aber in dieser Beziehung – besonders im Vergleich zu europäischen Nachbarstaaten – gut gestellt sind, ist eine Thematisierung solcher Krisen eigentlich nicht so dringend erforderlich wie im britisch oder vor allen Dingen im deutschen Fall. Hier ist also ein zweiter Hinweis darauf, dass in Bezug auf das niederländische System Argumente diskutiert werden, die sich für einen externen Beobachter nicht als primär relevant erschließen.[87] Vermutlich spielen sich hier Fokussierungsstrategien bzw. Deutungsinnovationen ab, diese sind aber nicht ganz so leicht zu erklären wie im deutschen Fall.

Es wurde bereits vermutet, dass dieses Phänomen auf eine nachahmende Thematisierung zurückzuführen ist, dass sich die niederländische Debatte also an anderen europäischen Rentendiskursen – wie etwa dem deutschen – orientiert und Problemstellungen aus diesen Debatten in den niederländischen Diskurs diffundieren. Diese Annahme wird durch die Tatsache unterstützt, dass Generationenaspekte sowohl in Deutschland als auch in den Niederlanden hauptsächlich durch Wissenschaftler vertreten werden. Interne wissenschaftliche Debatten sind in einem stärkeren Maße transnational vernetzt als öffentliche Diskurse, ein Austausch an Bedeutungsinhalten fällt hier also leichter. Allerdings können die Gründe für die

---

87 So geht man beispielsweise davon aus, dass die Niederlande mit den Morden am Filmemacher Theo van Gogh und am Rechtspopulisten Pim Fortuyn in eine Identitätskrise geraten ist, die das bisherige tolerante, multikulturelle Selbstbild des Landes ins Wanken brachte. Es kann sein, dass nach neuen Identitätskonzepten wie eben der Generationenzugehörigkeit gesucht wird, die eine stärkere Identifikation versprechen als bisherige Kategorien. Diese Vermutung kann aber hier nicht annähernd beantwortet werden,

Karriere des Generationenkonzepts in den Niederlanden auch in weiteren kulturellen Entwicklungen zu suchen sein.

Die Frage, die sich an die Diagnose einer Verwendung von Generationenargumenten anschließt, ist die nach ihrer Richtung. Es muss untersucht werden, ob im Zusammenhang mit dem Generationendiskurs eher von reziproken oder von konflikthaften Verhältnissen zwischen Kohorten die Rede ist.

Hypothese 9: Je stärker die Idee eines »Generationenvertrages« einen öffentlichen Diskurs über die Rente dominiert, desto eher werden Akteure in der Lage sein, Krisenargumente mittels der Idee eines »Generationenkonflikts« zu positionieren.

Diese Hypothese trifft in Deutschland besonders für die Reformen zu, die einen Rückbau sozialstaatlicher Leistungen bzw. eine Systemreform bedeuten. Im Zuge der großen Rentenreform 1957 werden bereits deutliche Bezüge auf das Generationenkonzept sichtbar, Hinweise auf einen Generationenkonflikt findet man allerdings nicht. Beide Bedeutungszusammenhänge spielen aber im Zuge des RRG 92 und der Riester-Reform 2001 eine große Rolle. In Großbritannien findet sich der umgekehrte Fall. Hier haben Generationenaspekte traditionell keine große Rolle gespielt, deshalb finden auch Argumente zum Generationenkonflikte kaum Beachtung. Die Niederlande wiederum bieten hier einen interessanten Ausnahmenfall. Der Bezug auf Generationen- und Altersgruppenaspekte hat in diesem Land keine Tradition, sondern kommt erst im Kontext der VUT-Reform 2005 zum Tragen. Dann sind es aber in diesem Kontext besonders Argumente, die auf ein konfligierendes Verhältnis zwischen Kohorten und Altersgruppen hinweisen. Dies lässt darauf schließen, dass ein drohender Generationenkonflikt besonders zur Legitimierung von Systemreformen instrumentalisiert wird. Die Vorstellung, diese Instrumentalisierung erfolge vor allem durch Politiker sowie Vertreter von Banken und Versicherungen kann hier aber nicht verifiziert werden. Im Gegenteil werden Vorstellungen von einem Generationenkonflikt besonders häufig von Wissenschaftlern und Medienakteuren vertreten. Nicht vertreten sind im Diskurs vor allem solche Akteure, die eigentlich als Vertreter der vermeintlich konfligierenden Lager in Frage kämen, also Mitglieder spezieller Kohorten- oder Altersgruppenvereinigungen. Das Phänomen »Generationenkonflikt« kann also tatsächlich relativ sicher als Diskurskonstrukt, nicht aber als empirisch nachvollziehbare gesellschaftliche Problemstellung charakterisiert werden.

An diese Feststellung schließt sich die letzte Hypothese an, die eine Instrumentalisierung des Generationenkonfliktes für bestimmte Ziele zum

Thema hat. Wenn der Konflikt zwischen Gewinner- und Verliererkohorten keine empirisch nachweisbare Grundlage hat, ist es fraglich, wieso er sich im öffentlichen Diskurs überhaupt verorten kann. Dies könnte zum Beispiel aus dem Grund geschehen, dass hierdurch Leistungskürzungen und eine Förderung der kapitalgedeckten Vorsorge legitimiert werden:

Hypothese 10: Je stärker die Idee eines zukünftigen Generationenkonfliktes den Diskurs dominiert, desto eher werden Akteure in der Lage sein, Argumente, die teilweise oder ausschließlich individuelle (also kapitalgedeckte) Rentenlösungen favorisieren, im öffentlichen Diskurs zu positionieren und sich mit ihnen Gehör zu verschaffen.

Es wurde bereits mehrfach festgestellt, dass sich Ideen eines Generationenkonfliktes besonders stark bei solchen Reformen fokussieren lassen, die einen Rückbau sozialstaatlicher Leistungen bedeuten. Dass sich das Bild eines drohenden Generationenkonfliktes und sein Antonym, die Generationengerechtigkeit, die nun wiederherzustellen sei, als Legitimation solcher Leistungskürzungen eignen, kann als relativ sicher angesehen werden. Eine kausale Verknüpfung mit Argumenten, die individuelle kapitalgedeckte Vorsorgemöglichkeiten herausstellen, kann aber hier nicht eindeutig nachgewiesen werden. In Deutschland wird ein drohender Generationenkonflikt besonders stark im Zuge der Riester-Reformen diskutiert, hier bestätigt sich die Vermutung also. In den Niederlanden werden allerdings Generationenargumente ohne eine wesentlich stärkere Thematisierung privater Vorsorgemöglichkeiten angewandt. In Großbritannien ist es generell wenig problematisch, Argumente, die individuelle Vorsorgemöglichkeiten thematisieren, im Diskurs zu verankern – dies geschieht ganz offensichtlich auch ohne die Instrumentalisierung eines Generationenkonfliktes.

Die Stellung der Generationenthematik im öffentlichen Diskurs über die Rentenversicherung kann nicht durch einfache Mechanismen erklärt werden. Zwar geben die deutsche und die britische Debatte Hinweise darauf, dass Generationenaspekte vor allen Dingen in Systemen mit einer starken Umlagefinanzierung diskutiert werden, jedoch werden diese Befunde durch denniederländischen Fall problematisiert. Warum die öffentliche Debatte in den Niederlanden besonders im Zuge der Reform 2005 auf einmal verstärkt Generationenaspekte in Bezug auf ihr Rentenversicherungssystem diskutiert, konnte an dieser Stelle nicht engültig geklärt werden. Es ist hochgradig wahrscheinlich, dass hierfür Prozesse nachahmender Thematisierung verantwortlich sind, dass sich also die Niederlande an Debatten der

Nachbarstaaten orientieren. Ob dies tatsächlich der Fall ist oder ob für die plötzliche Karriere des Generationenkonzepts in den Niederlanden subkutanere kulturelle Prozesse verantwortlich sind, muss an anderer Stelle untersucht werden. Die Vorstellung einer Instrumentalisierung des Generationenkonzepts durch Politiker, Banken- und Versicherungsakteure zum Zwecke einer stärkeren Stellung privater Vorsorgemöglichkeiten konnte nicht verifiziert werden. Weder äußern sich diese Akteure übermäßig stark zu Generationenkonflikten noch kann eine eindeutige Korrelation zwischen der Thematisierung von Kohortenkonflikt und von Argumentenframes zur privaten Rente nachgewiesen werden. Festzuhalten bleibt, dass mit der zunehmenden Bedeutung der Generationenthematik in der Rentenversicherung intragenerationelle Unterschiede an Bedeutung verlieren.

6. Fazit: Rentnerkohorten als generationelle Kollektive?

Die Rede von Wohlfahrtsgenerationen hat in wissenschaftlichen und öffentlichen Debatten einen starken Stellenwert eingenommen. In der vorliegenden Arbeit wurde untersucht, inwiefern die Vorstellung von durch Sozialleistungssysteme geprägten generationellen Kollektiven aufrechtzuerhalten ist. Dabei ist zunächst festzuhalten, dass »Generation« ein schwer einzugrenzendes und zu definierendes Konzept ist, das häufig synonym mit Begriffen wie »Kohorte« und »Altersgruppe« verwendet wird. In der vorliegenden Untersuchung wurde deshalb ein sozialhistorisch geprägter Generationenbegriff benutzt, der sich vor allen Dingen auf eine kollektive Erfahrungsgrundlage stützt: Generationen sind Gruppen, die über zum selben Zeitpunkt im Lebenslauf gemeinsam Erlebtes kommunizieren und damit geteilte Einstellungs- und Erfahrungsstrukturen aufweisen. Dieses Konzept ist eine Weiterentwicklung von Karl Mannheims klassischem Konzept von politischen Generationen (1964, ursprünglich 1928) und Norman Ryders Kohortentheorie (1997, ursprünglich 1964). Das hier verwendete Generationenkonzept hebt sich bewusst von der in wirtschaftswissenschaftlichen Studien zum *generational accounting* (vgl. etwa Fenge/Werding 2003) herangezogenen Betrachtungsweise ab. Solche Berechnungen werden für Gruppen unternommen, die alle zu einem bestimmten Zeitpunkt in einem nationalen Kontext geborenen Menschen umfassen. Es wird berechnet, was diese Menschen in die Kassen des Wohlfahrtsstaates einzahlen und was sie aus diesen zurück erhalten. Dabei wird jedoch nicht untersucht, wie die berechneten Wohlfahrtsbilanzen von den Betroffenen wahrgenommen werden oder inwiefern sich dies in ihrer Lebensrealität widerspiegelt. Die Beschränkung auf rein finanzielle Aspekte erscheint aus soziologischer und sozialhistorischer Perspektive aber als unzureichend, es muss ebenso untersucht werden, inwiefern die Erfahrungsstrukturen der versicherten Individuen beeinflusst werden.

Insgesamt ist und bleibt unbestritten, dass unterschiedliche Kohorten unterschiedliche Erlebnisse mit dem Wohlfahrtsstaat verbinden. Im dritten Kapitel wurde klar herausgestellt, dass die Rentensysteme in den drei Vergleichsländern historische Wandlungsprozesse durchlaufen haben, die die Lebens- und Rentenrealität von Menschen mit unterschiedlichen Geburtsjahren je unterschiedlich beeinflussen. Es ist allerdings fraglich, wie massiv sich diese historischen Wandlungsprozesse in den Erfahrungsstrukturen der einzelnen Generationen niederschlagen. Dabei wurde in der vorliegenden Untersuchung ein besonderes Augenmerk auf die mögliche Veränderung im kohortenspezifischen Erleben von sozialer Sicherheit gerichtet. In Kapitel 4 wurde zunächst gezeigt, dass sich generelle Entwicklungslinien ausmachen lassen. So haben vermutlich das gesteigerte Arbeitslosigkeitsrisiko und die demographische Entwicklung bei jüngeren Kohorten einen negativeren Einfluss auf das Empfinden der sozialen Sicherheit im Alter. Gleichzeitig konnten aber Entwicklungen wie die sinkende Wochenarbeitszeit oder die längere Lebenserwartung angeführt werden, die sich für jüngere Kohorten positiver auswirken.

Insgesamt wurde aber bezweifelt, ob sich wohlfahrtsstaatliche Lebensrealitäten überhaupt im generationellen Kollektiv erfahren lassen. Es gibt intragenerationelle Gruppierungen, die Erfahrungsstrukturen ähnlich stark, wenn nicht gar stärker, prägen als die generationelle Zugehörigkeit. Als Beispiele wurden das Geschlecht, das Einkommen und der Bildungsstand herangezogen. Diese sozialstrukturanalytischen Kategorien haben einen erheblichen Einfluss auf die Stellung des Individuums am Arbeitsmarkt und damit auf seine Möglichkeiten, in den verschiedenen Systemen der Alterssicherung Anwartschaften aufzubauen und für den eigenen Ruhestand vorzusorgen. Die Befunde wurden durch Sekundäranalysen des Eurobarometers bestätigt. In den Befragungen, die einen Zeitraum von etwa 25 Jahren abdeckten, wurde untersucht, wie stark die Kategorien Alter, Einkommen, Bildung und Geschlecht das Empfinden sozialer Sicherheit im Alter beeinflussen. Dabei wurde deutlich, dass die Einstellung zur eigenen Sicherheit im Alter genau wie die Einschätzung des gesamten Rentensystems stärker durch andere soziale Gruppenzugehörigkeiten geprägt wird als durch ein gemeinsames Geburtsjahr. Von besonderer Bedeutung ist hierbei das Einkommen; der eigene ökonomische Status beeinflusst die Meinung zur Absicherung in der Rentenbezugsphase signifikanter als das Alter und damit die Generationenzugehörigkeit.

Die intragenerationelle Differenzierung kann auch als Grund dafür angeführt werden, dass sich bislang kein Generationenkonflikt oder gar ein Generationenkampf manifestiert hat. Es fehlt nicht nur – wie bereits an verschiedenen Stellen dieser Arbeit festgestellt – an Akteuren für solch einen Kampf, man kann auf Basis der hier vorgestellten Untersuchung bislang noch nicht einmal ein latentes Konfliktpotential vermuten. Das Empfinden der individuellen sozialen Sicherheit im Alter, die Zustimmung zum Generationenvertrag und die Wahrnehmung eines demographischen Problems werden nicht signifikant durch das jeweilige Geburtsjahr bestimmt. Offensichtlich nehmen sich die von öffentlichen und wissenschaftlichen Debatten als Verlierer identifizierten Kohorten nicht als solche wahr, den Wohlfahrtsgenerationen fehlt also eine erfahrungsstrukturelle Grundlage. Dies nimmt auch jeglichem Generationenkonflikt die Basis – schließlich fehlt es den konfligierenden Parteien bislang an einer Selbstwahrnehmung. Insofern ist es unwahrscheinlich, dass ein kommunikatives Fundament besteht, auf dem sich die Mitglieder einzelner Generationen selbst als Konfliktparteien formieren können.

Dabei fallen auch länderspezifische Unterschiede kaum ins Gewicht. So lassen sich weder in Großbritannien noch in den Niederlanden starke Differenzen zwischen den Kohorten feststellen. Die Kohorten unterscheiden sich weder durch den Erhalt staatlich organisierter Rentenleistungen noch durch die demographische Entwicklung sonderlich deutlich. Dies ist ein Unterschied zum deutschen Fall, wo im gesetzlichen Rentensystem tatsächlich steigende Beiträge und sinkende Leistungen – vor allem für die Zukunft – auszumachen sind. Solche Unterschiede werden aber offensichtlich von den betroffenen Individuen selbst nicht sehr massiv wahrgenommen, in die Erfahrungsstruktur eingeschrieben und gegenüber Gleichaltrigen mit ähnlichen Erlebnissen kommuniziert. Aus Sicht der soziologischen und sozialhistorischen Generationenforschung ist es deshalb irreführend, von Wohlfahrtsgenerationen zu sprechen. Schließlich ist eine gemeinsame Erfahrungsstruktur, wie Ulrike Jureit konstatiert, für die Selbst- wie auch die Fremdbeschreibung von Generationen »in jedem Falle grundlegend« (2006: 78). Gesellschaftsübergreifende wohlfahrtsgenerationelle Kollektive sind in keinem untersuchten Land auszumachen. Um einen verwirrenden Diskurs nicht unnötig komplexer zu machen, sollte man deshalb vermutlich eher von Kohorten sprechen, die unterschiedliche Erlebnisse mit dem Sozialstaat verbinden. Aber auch hier ergibt sich eine gewisse Unschärfe: Die angesprochenen Kohorten werden nirgendwo eindeutig abgegrenzt und definiert, was einerseits mit der Fülle von sozialstaatlichen Gesetzgebungen, andererseits mit einer sehr mangelhaften Datenlage besonders für die Jahre vor 1980 zusammenhängt. Aufgrund der großen Differenzen innerhalb von Kohorten ist davon auszugehen, dass es am sinnvollsten wäre, Kohorten als Unterkategorien bestimmter sozialer Gruppen – etwa Geringverdiener in den neuen Bundesländern oder gering qualifizierte Alleinerziehende – zu untersuchen. In diesem begrenzten Bereich könnten wohlfahrtsstaatliche Unterschiede tatsächlich kohortenspezifisch sichtbar zu Tage treten.

Die mangelnde Wahrnehmung des eigenen Status im Wohlfahrtsstaat liegt vermutlich zuallererst in der Komplexität von Sozialleistungssystemen begründet: Ihre Funktionsweise ist so vielschichtig und kompliziert, dass sie sich den meisten Versicherten entzieht. Die Betroffenheit vom Rentenversicherungssystem wird dadurch zum abstrakten Faktum, das sich für die Wenigsten als real erlebbar darstellt. Anders als andere generationenprägende Ereignisse – Kriege, politische Umstürze oder ein kultureller Wertewandel – hat die Rentenversicherung nicht den unmittelbaren Einfluss auf die Erfahrungswelt der Betroffenen. Dies gilt vor allen Dingen für diejenigen, die sich noch in der Gruppe der Beitragszahler befinden. Die Empfänger erhalten zwar Leistungen von der Rentenversicherung, ein direkter Vergleich mit vorangegangenen Kohorten und durch gesetzliche Regelungen hervorgerufenen Änderungen prägen die Alltagsrealität der Betroffenen jedoch vergleichsweise gering. Der sozioökonomische Status hingegen wird unmittelbarer erfahren. Er bestimmt, was konsumiert und wie für die Zukunft vorgesorgt werden kann. Das Einkommen erschließt sich leichter dem direkten Vergleich mit anderen Individuen. Die Gegenüberstellung der eigenen Rentensituation mit der der Eltern oder dem eigenen Status ähnlichen älteren Individuen erfordert ein weitaus höheres Abstraktionsniveau.

Trotzdem erfreuen sich Wohlfahrtsgenerationen in öffentlichen und wissenschaftlichen Debatten nach wie vor einer großen Beliebtheit. In der Medienanalyse des fünften Kapitels konnte gezeigt werden, dass Generationen in Bezug auf die Rentenversicherung besonders stark im Kontext von Krisen und der Transformation des Alterssicherungssystems diskutiert werden. Die Intensität der Debatte über Generationen hängt dabei auch von der traditionellen Stellung des Generationenkonzeptes in den jeweiligen nationalen Diskursen ab. In Deutschland spielt das als »Generationenvertrag« bezeichnete gesetzliche Umlageverfahren eine zentrale Rolle im

Säulensystem der Alterssicherung, die kapitalgedeckten Vorsorgemöglichkeiten sind demgegenüber weniger stark diskutiert worden. Folglich ist die Rede von Generationen zu allen betrachteten Reformzeitpunkten sehr stark. In Großbritannien hingegen war die staatlich organisierte Rente zum Lebensunterhalt nie ausreichend, der Schwerpunkt lag immer auf der individuellen Vorsorge, also spielen Generationenargumente im Vergleich zu Deutschland eine weniger starke Rolle. In beiden Ländern nimmt die Verwendung der Generationenthematik aber im Zuge von Umbau und Reform des Rentenversicherungssystems zu.

Einen Sonderfall machen die Niederlande aus; eigentlich ebenfalls ein Land, das durch die starke Stellung der den Lebensstandard sichernden betrieblichen Vorsorge geprägt ist. Es wurden im Kontext des niederländischen Alterssicherungssystems traditionell kaum Generationenargumente verwendet, zumal auch die finanzielle Entwicklung der Rentenversicherung und die demographische Lage vergleichsweise wenig Anlass dazu boten. Trotzdem treten diese auf einmal massiv im Zusammenhang mit der Reform der Frühverrentung in den betrieblichen Alterssicherungssystemen (VUT) 2005 auf. Dabei ist hochgradig interessant, dass besonders solche Argumente verwendet werden, die sich explizit mit einem Konflikt zwischen Generationen beschäftigen. Offensichtlich kann also ein Generationenkonflikt in einem Rentenreformdiskurs thematisiert werden, ohne dass die sozialen Bedingungen und die nationale historische Diskursstruktur Anlass dafür böten. Dies ist ein deutlicher Hinweis darauf, dass »Generation« und »Generationenkonflikt« nach Frank Nullmeier und Friedbert W. Rüb (1993) als Deutungsinnovationen verstanden werden können, mit der unangenehme Reformen legitimiert werden. Die Niederlande sind ein Land, in dem die Bevölkerung Reformen des Alterssicherungssystems generell kritisch gegenüber steht, dies haben etwa die massiven Proteste gegen die CDA-Vorschläge zur AOW-Reform 1994 gezeigt. Vermutlich sind Deutungsinnovationen wie der Generationenkonflikt deshalb hier für Akteure, die eine Reform fordern, hilfreich. Ob sie sich weiter damit durchsetzen, bleibt abzuwarten – weder die finanziellen noch die demographischen Umstände im niederländischen AOW lassen eine Reform dringend notwendig erscheinen.

Die vorliegende Arbeit hat sich vor allem mit der Generationenprägung durch den bisherigen historischen Wandel des Sozialstaats beschäftigt. Viele Überlegungen zum demographischen Wandel und zur Ungleichbehandlung von Generationen durch Sozialleistungssysteme befürchten eine Verschlechterung der gegenwärtigen Situation für die Zukunft. Tatsächlich könnten sich einige Potentiale entfalten, die die bislang dargestellte Situation negativ verändern. Als erstes ist hier die Entwicklung der demographischen Situation zu nennen. Es wird vermutet, dass sich das Verhältnis zwischen Beitragszahlern und Beitragsempfängern aufgrund der Schrumpfung und gleichzeitigen Überalterung der Bevölkerung weiter zuungunsten jeweils jüngerer Kohorten verschiebt (vgl. etwa Europäische Kommission 2006). Ob sich hierdurch eine massive Erosion des Gefühls sozialer Sicherheit und eine folgende Mobilisierung jüngerer Kohorten ergeben werden, ist nicht abzusehen, scheint aber zum gegenwärtigen Zeitpunkt eher zweifelhaft. Erstens kann niemand genau abschätzen, ob die demographischen Prognosen wie behauptet eintreffen. Zweitens ist für ein funktionierendes Umlageverfahren weniger der Altersquotient als vielmehr der Abhängigenquotient einer Bevölkerung von Bedeutung. An dieser Stelle sind längst noch nicht alle Mittel ausgeschöpft, die Gruppe der Beitragszahler weiter zu stärken. Verschiedene Länder haben bereits Maßnahmen zur Erhöhung des Rentenalters eingeführt (vgl. Europäische Kommission 2004a). Ebenso kann eine verstärkte Integration von Frauen und Migranten in den Arbeitsmarkt hilfreich sein. Dies wird die demographische Alterung der Gesellschaft nicht aufhalten, aber die Verschiebung zwischen Beitragszahlern und -empfängern zumindest mildern.

Für die Gestaltung der europäischen Rentensysteme der Zukunft muss auch die Europäische Union (EU) als Akteur mitbedacht werden. Zwar ist es für die nächsten Jahrzehnte eher unwahrscheinlich, dass die EU selbst als Gesetzgeber im Bereich der Sozialpolitik der Einzelstaaten auftritt, sie versucht aber bereits jetzt, diese zu beeinflussen. Dies geschieht etwa durch die Offene Methode der Koordinierung (OMK), ein Instrument, dass es den einzelnen Mitgliedstaaten ermöglichen soll, sich gegenseitig auszutauschen und voneinander zu lernen, der EU aber auch die Möglichkeit gibt, von den Mitgliedern regelmäßige Berichte und gegebenenfalls neue Zielsetzungen zu verlangen (vgl. Schmidt 2005: 250).[88] Um die Renten zu

88 Auf einer Tagung des Europäischen Rates in Lissabon im Jahr 2000 wurde beschlossen, eine »Studie über die Entwicklung des Sozialschutzes in Langzeitperspektive unter besonderer Berücksichtigung der Tragfähigkeit der Alterssicherungssysteme«(Europäische Kommission 2000: 2) in Auftrag zu geben. Die Offene Methode der Koordinierung (OMK) wurde auf der Tagung des Europäischen Rates in Laeken 2001 auf den Weg gebracht und folgt drei übergeordneten Zielvorgaben: Die europäischen Rentensysteme müssen ihre sozialpolitischen Aufgaben erfüllen, finanziell nachhaltig sein und den sich

sichern, werden die Mitgliedsstaaten etwa aufgefordert, betriebliche und private Vorsorgesysteme zu stärken, die Beschäftigungsquoten zu erhöhen und das Rentenalter anzuheben (vgl. Europäische Kommission 2004a). Es ist vor diesem Hintergrund anzunehmen, dass sich die Rentensysteme innerhalb der EU im Zuge der OMK stärker vereinheitlichen werden. Die Stellung der sozialstaatlichen Vorsorgesysteme wird zurückgefahren, was sich auch im Niveau der Rentenleistungen auswirkt, dafür werden die betriebliche und die private Vorsorge gestärkt. Jüngere Kohorten werden aufgrund der Erhöhung des Rentenalters länger arbeiten müssen. Ob dies für die Zukunft allerdings die Betrachtung von europäischen Wohlfahrtskohorten nahelegt, bleibt fraglich. Schließlich handelt es sich bei den Maßnahmen eher um Anregungen, die die Grundstruktur der Rentensysteme in den einzelnen Mitgliedsstaaten unangetastet lassen.

Für den gegenwärtigen Zeitpunkt wurde konstatiert, dass ein Konflikt zwischen Generationen eher unwahrscheinlich ist. Es gibt aber Annahmen darüber, dass sich mit der Verschiebung der demographischen Situation der politische Einfluss verschiedener Altersgruppen in der Bevölkerung ändern könnte; dem Stimmenanteil der Älteren und der Rentner würde ein größeres Gewicht zukommen als jetzt (vgl. etwa Wolf/Kohli 1998). Aber auch für die Zukunft stellt sich die Frage, wo sich Generationen überhaupt konflikthaft begegnen können. Die engsten Berührungspunkte von Generationen liegen nach wie vor auf der Ebene der Familie. Die Beziehungen zwischen familialen Generationen sind aber durch große Solidarität und gegenseitige Unterstützung gekennzeichnet. Verschiedene Studien haben herausgefunden, dass innerfamiliäre Transfers vor allem an solche Familienmitglieder erfolgen, die ihrer besonders bedürfen (vgl. etwa Attias-Donfut/Arber 2000, Kohli 1999, 2002, 2007, Kohli/Künemund 2000, Motel-Klingebiel 2000). Eine Kürzung der Rentenleistungen könnte auf der Ebene der familiären Generationen eine verstärkte Solidarität mit älteren Familienmitgliedern im Ruhestand zur Folge haben. Für einen gesellschaftlichen Generationenkonflikt bedürfte es einer massiven Erosion generationeller Beziehungen im gesellschaftlichen Mikrokosmos Familie.

Zudem sollte man das gesellschaftliche Wandlungspotential nicht unterschätzen. Selbstverständlich bedarf es bereits jetzt struktureller Überlegungen zu der Frage, wie mit den Herausforderungen einer alternden Gesellschaft umgegangen werden kann – und dies nicht nur im Bereich der

---

veränderndеn gesellschaftlichen Bedingungen Rechnung tragen (vgl. Europäische Kommission 2004a: 6).

Rente. Hier sind auch Problemfelder wie die Kranken- und Pflegeversicherung sowie die generelle Stellung alter Menschen im gesellschaftlichen Gesamtzusammenhang mitzubedenken. Hysterisch anmutende Diskussionen über »Rentnerberge« und »Überalterung« bergen hier aber kaum Lösungspotentiale. Der Sozialhistoriker Thomas Sokoll (2008) hat darüber hinaus festgestellt, dass der Umstand, dass sich eine kleine Gruppe Erwerbstätiger um eine große Gruppe von ihr Abhängiger kümmern muss, historisch gar nicht so neu ist, wie gerne konstatiert wird. Schließlich mussten vorindustrielle Gesellschaften für eine hohe Zahl von Kindern aufkommen, die aufgrund der hohen Kindersterblichkeit nie ein Alter erreichten, das ihnen erlaubte, selbst produktiv zum Unterhalt der Familie und zur Gesellschaft als ganzer beizutragen. Man unterschätzt in Diskursen über den demographischen Wandel vermutlich häufig die Flexibilität von Gesellschaften und ihre Fähigkeit, sich auf Problemlagen einzustellen und angemessen mit ihnen umzugehen.

Insgesamt ist es jedoch überraschend, dass die konstante Nahelegung eines Generationenkonfliktes durch mediale Debatten sich in den hier betrachteten Untersuchungen nicht stärker in den Einstellungen der Individuen zur Rentenversicherung widerspiegelt. Die Ungleichbehandlung von Generationen ist in öffentlichen Diskursen so stark präsent, dass jüngere Kohorten, die diese Debatten rezipieren, sich eigentlich benachteiligt fühlen müssten – schließlich wird ihnen dies täglich suggeriert. Die kohortenübergreifende hohe Zustimmung zur Rentenversicherung ist vor diesem Hintergrund erstaunlich. Es lassen sich aber auch einige Hinweise darauf finden, dass sich diese Situation in Zukunft wandelt. Carsten G. Ullrich konnte in einer im Sommer 2004 durchgeführten Studie eine im Vergleich zum Eurobarometer von 2001 deutlich gesunkene Akzeptanz des Rentensystems in der deutschen Bevölkerung nachweisen. Dabei bestand für die Befragten aber kein Zweifel am Sinn der Wohlfahrtsstaatlichkeit an sich, Ullrich konnte deutliche Präferenzen für eine umfangreiche sozialen Sicherung feststellen, die Befragten sprachen sich insgesamt für höhere Leistungen im Bereich der Rente und für eine stärkere staatliche Zuständigkeit bei der Alterssicherung aus (vgl. Ullrich 2008: 124–125).[89] Interessant ist, dass diese Befragung nach den Riester-Reformen durchgeführt wurde, die ja eigentlich die Generationengerechtigkeit und das Vertrauen in die Renten-

89 Dabei lag der Anteil der Rentner, die eine Erhöhung forderten nur unwesentlich über dem der Befürworter unter allen Befragten (vgl. Ullrich 2008. 165).

versicherung (wieder) herstellen sollten. Offensichtlich haben diese Reformen mit dem Rückbau des staatlichen Leistungssystems und der Förderung der privaten Vorsorge eher zu einer kohortenübergreifenden Erosion des Sicherheitsempfindens, nicht aber der Zustimmung zur Rentenversicherung, geführt.

Hier zeigen sich also erste Auswirkungen einer Rezeption der medialen Debatte, denn ein Großteil der Befragten vermutet eine Benachteiligung Jüngerer durch das aktuelle Rentensystem und einen daraus resultierenden Generationenkonflikt. Diese Wahrnehmung ist zwar bei jüngeren Kohorten ausgeprägter, die Altersunterschiede werden aber auch von Ullrich als eher klein bewertet. Er kann eine Sensibilisierung für Verteilungsfragen feststellen, die aber nicht in einer Aufkündigung des »Generationenvertrags« resultiert, die Leistungsansprüche der Rentner werden von den jüngeren Kohorten in jedem Falle gewürdigt (vgl. Ullrich 2008: 179–189). Ullrich meint, dass von »einer soliden Verankerung der Generationenvertragslogik im ›normativen Haushalt‹ der jüngeren Generation« (Ullrich 2008: 189) in jedem Falle auszugehen ist. Laut Ullrich (2008: 190) gibt es im Kontext der wohlfahrtsstaatlichen Sicherung mehr Anhaltspunkte für die Wahrnehmung eines Generationenkonfliktes als für diesen selbst. Vermutlich würde auch diese Wahrnehmung durch ein Abflauen der medialen Debatte wieder zurückgehen.

In der Medienanalyse konnte gezeigt werden, dass das Konzept »Wohlfahrtsgeneration« anteilsmäßig sehr häufig von Wissenschaftlern in den Diskurs eingebracht wird. Einige Gründe hierfür wurden bereits genannt; hauptsächlich ist die starke Stellung der Wissenschaftler mit Medienlogiken zu erklären. So gehören sie eigentlich nicht zu den Gesprächspartnern, die von Journalisten traditionellerweise zu den Reformen befragt werden. Sie können sich besonders gut über aufsehenerregende, Krisen suggerierende Argumente im Diskurs platzieren und damit die journalistischen *gatekeeper* davon überzeugen, ihnen Einlass in die Debatte zu gewähren. Ein weiterer Grund ist der, dass Wissenschaftler eine Makroperspektive auf die Gesellschaft als Ganzes einnehmen können und durch Simulationen oder Berechnungen Vergleiche schaffen, die den beteiligten Individuen in ihrer Alltagswelt nicht als real erfahrbar zur Verfügung stehen. Mit diesem Wissen können sie Einfluss auf Debatten nehmen. Es gibt aber durchaus Anhaltspunkte, auch in der wissenschaftlichen Debatte strategische Motive für die Verwendung des Generationenkonzeptes zu identifizieren: Die hier betrachteten federführenden Theoretiker der Wohlfahrtsgenerationen

David Thomson, Lutz Leisering und Heinz Bude sind alle Mitte der 1950er Jahre geboren und damit Mitglieder der Kohorte, die von ihnen selbst als eine »Verlierergeneration« postuliert wird. Sie befürchten offensichtlich, dass sie nicht das bekommen, was ihnen zusteht, dass in ihrem Fall also die Reziprozität des »Generationenvertrags« verletzt wird. Sie weiten diese Befürchtung im Kontext des Wohlfahrtsgenerationenansatzes auf ihre gesamte Kohorte aus, ohne jedoch mitzubedenken, dass andere Mitglieder dieser Gruppe – etwa Geringverdiener – in diesem System mit anderen Problemlagen zu kämpfen haben. Egal, ob dies bewusst oder unbewusst geschieht – durch die Ausweitung der Problemlage einer Gruppe der Gesellschaft auf eine gesamte Kohorte bekommt diese Thematik ein ganz anderes Gewicht und hat so größere Chancen, öffentlich debattiert zu werden.

Unklar bleibt aber in diesem Zusammenhang nach wie vor, warum das Generationenkonzept in verschiedensten Diskursen eine solche Attraktivität ausübt. Warum ist die Strategie, einen sozialen Sachverhalt durch Generationenkonzepte zu erklären so erfolgreich? Im Kontext der Rentenversicherung ist zunächst darauf hinzuweisen, dass die Metaphern vom Generationenvertrag und von der Solidarität zwischen Generationen in der Rentenversicherung der Komplexitätsreduktion dienen (vgl. Conrad 2003: 68). Soziale Unterschiede, die Ungleichheit zwischen Gering- und Besserverdienern, Frauen und Männern, Ost- und Westdeutschen werden ausgeblendet, das Problem stellt sich nur noch als Verteilungsproblem zwischen Geburtskohorten dar. Die komplizierten Strukturen der Rentenversicherung, das Umlageverfahren und die Leistungen werden semantisch auf eine Ebene gehoben, die jedem aus dem eigenen sozialen Umfeld bekannt ist, denn innerhalb von Familien funktioniert die Sorge der verschiedenen Generationen füreinander auf ähnliche Art und Weise wie es die Metapher vom »Generationenvertrag« nahelegt: Die erwerbstätigen Familienmitglieder sorgen für die Nichterwerbstätigen, dies ist die Grundlage für die familiäre Solidarität. Aus einer solchen Alltagsrealität sind auch Konflikte um die Verteilung von Ressourcen bekannt. Jürgen Gerhards und Friedhelm Neidhardt (1990: 40) betonen, dass eine Nähe zur lebensweltlichen Erfahrung die ›Aufdringlichkeit‹ eines Problems erhöht, folglich steigt die Aufmerksamkeit für ein solches Thema. Über das Bild eines »Generationenkonfliktes«, der natürlich in der Gesellschaft wie in der Familie vermieden werden muss, kann eine Reform, die sonst nur schwer durchzusetzen wäre, öffentlich wahrgenommen und politisch legitimiert werden.

Die Verwendung des Generationenkonzeptes ist aber nicht nur im Zusammenhang mit dem Sozialstaat zu beobachten. Auch im politisch-kulturellen Bereich hat sich eine wahre Flut von Generationskonzepten entwickelt. Die Flakhelfer, die Kriegskinder, die 68er, die 89er, die Generation Golf, die Generation Praktikum – dies sind nur solche Konzepte, die sich im Diskurs halbwegs dauerhaft verorten konnten. Beinahe täglich werden neue Generationen ausgerufen, die meisten davon sind feuilletonistische Eintagsfliegen. Wenn man sich darauf beruft, »Generation« als Erfahrungskategorie zu definieren, kann nur ein minimaler Anteil dieser Etiketten überhaupt ernst genommen werden. Hier liegt aber vermutlich ein Grund für die Attraktivität des Konzeptes, es erlaubt eine schnelle und variable Zuordnung von Individuen zu bestimmten Gruppen, erzeugt ein kurzfristiges Zusammengehörigkeitsgefühl und kann danach genauso problemlos wieder gewechselt werden.[90] Situativ können Einschreibungen der eigenen Person oder anderer vorgenommen werden, dies schafft eine zeitweilige Strukturierung, die der alltäglichen Unübersichtlichkeit Sinn gibt. So folgert auch Ulrike Jureit: »Generationelles Denken bringt Ordnung in moderne Gesellschaften, und es verspricht, dass sich der einzelne in der Masse nicht verliert« (Jureit 2006: 125). Dies könnte ein Grund dafür sein, warum das Generationenkonzept etwa in Großbritannien nicht stärker verankert ist. Hier herrscht nach wie vor eine sehr zentrale Stellung des Klassenkonzeptes als Kategorie der gesellschaftlichen Ordnung vor. In den Niederlanden wiederum sind alte Identitätskonzepte ins Wanken geraten, hier kann ein rasanter Aufstieg des Generationenkonzeptes beobachtet werden. Im deutschen Diskurs herrschte eine Ordnungs- und Identitätskrise bereits nach dem Zweiten Weltkrieg, weshalb sich das Denken in generationellen Kategorien hier sehr früh verankern konnte.

Das Generationenkonzept im Allgemeinen und Wohlfahrtsgenerationen im Besonderen bieten sicherlich noch reichlich Material für Forschungen. Dabei stellt sich allerdings die Frage, ob es sich lohnt, eine bestimmte Generation als empirisch fassbares, erforschbares Kollektiv zu verstehen. Schließlich stellen sich eine ganze Reihe der in dieser Untersuchung identi-

---

90 Dabei verschiebt sich mitunter sogar das generationenstiftende Ereignis, das »Generationenobjekt«, wie die Verschiebung der Debatte um die« 68er« auf deren Zugehörigkeit zu den »Kriegskindern« zur Zeit anschaulich verdeutlicht. Dass hier auf einmal ganz neue soziale Gruppierungen betroffen sind (zum Beispiel Individuen, die keine Universitätsbildung genossen haben), wird in der Debatte häufig ausgeblendet.

fizierten Problemlagen – interne Differenzierungen der Generationen, Ausblendung von Faktoren wie zum Beispiel familiäre Beziehungen, Nutzung des Konzeptes zur Erreichung anderer Ziele – auch für andere Generationstypen. Ohad Parnes, Ulrike Vedder und Stefan Willer stellen in ihrer breit angelegten Studie zum Generationenkonzept deshalb fest:

»Angesichts [der] überaus unterschiedlichen Funktionalisierungen der ›Generation‹ in diversen gesellschaftspolitischen Diskursen und wissenschaftlichen Disziplinen drängt sich heute umso mehr die Analyse des Zusammenhangs zwischen mythischen Qualitäten des Generationskonzepts und den konjunkturellen Schwankungen seiner Anwendungen auf. Nicht die Frage, ob es so etwas wie Generation und Generationen *gibt*, gilt es also zu analysieren, sondern in welcher Weise und mit welchem Interesse ihr Vorhandensein jeweils deklariert und konstruiert wird« (Parnes/Vedder/Willer: 2008:20, Hervorhebung im Original).

Diese Forderung impliziert für die Sozialwissenschaften, Generationen nicht als Kategorie »neuer« sozialer Ungleichheit zu verstehen, sondern zuallererst als Argument und identitäre Strategie. Hierfür ist es erforderlich, andere Diskurse über Generationen zu untersuchen und zu analysieren, vor allen Dingen in Bezug darauf, wie hier Zugehörigkeiten verhandelt werden und wie die Generationenthematik taktisch zur Erreichung spezieller Ziele eingesetzt wird. Gleichzeitig darf aber auch nicht negiert werden, dass solche Kommunikationszusammenhänge sich tatsächlich prägend auf die Erfahrungsrealität der Individuen auswirken können. Wenn den vermeintlichen Mitgliedern der »Generation Praktikum« etwa konstant suggeriert wird, nach Abschluss ihres Studiums keineswegs auf gesicherte Arbeitsverhältnisse hoffen zu können und sie im Gegenteil damit rechnen müssen, unbezahlte Praktika zu machen, kann sich das in großem Maße auf die Lebensplanung der Betroffenen auswirken. Inzwischen haben Studien (vgl. Briedis/Minks 2007) festgestellt, dass die Situation für die »Generation Praktikum« nicht annähernd so düster aussieht. Hochschulabsolventen müssen zwar mit befristeten Arbeitsverhältnissen rechnen, verrichten aber keineswegs über Monate unbezahlte Arbeit und werden in Massen vom Arbeitsmarkt ausgeschlossen. Die Lebenszweifel, die bei der vermeintlichen »Generation Praktikum« in den letzten Jahren bestanden haben, können diese Studien aber nicht negieren.

Ähnliche Effekte lassen sich vielleicht bald auch im Bereich der Wohlfahrtsgenerationen ermitteln: Auch wenn empirisch kein Anlass besteht, einen Generationenkonflikt zu vermuten, kann sich allein die Befürchtung eines solchen Konfliktes in Zukunft unter Umständen negativ auf das

Empfinden sozialer Sicherheit auswirken. Es besteht unabhängig von einer empirischen Grundlage ein öffentlicher Generationendiskurs, der durchaus in der Lage ist, Individuen und ihre Wahrnehmung der Sozialversicherungsrealität zu beeinflussen. Inwiefern hier mediale Debatten eine Situation inszenieren, die von den Betroffenen als real erlebt wird, kann vielleicht mit Hilfe narrativer Interviews herausgefunden werden. Hier bieten sich breite Ansätze für die Medienwirkungsforschung, schließlich ist nach wie vor ungeklärt, ob und wie deutlich solche Befürchtungen tatsächlich die Alltagsrealität des Einzelnen prägen.

Im Kontext der Diskurse über Wohlfahrtsgenerationen bleibt es vor allen Dingen spannend, die weitere Karriere des Generationenkonzeptes als Deutungsinnovation zu beobachten. Gerade im niederländischen Fall, wo sich Debatten über das Rentensystem bislang eigentlich nicht mit Generationen beschäftigt haben, ist von Interesse, ob auch Reformen außer der VUT-Reform von 2005 unter Rückbezug auf Generationengerechtigkeit legitimiert werden. Gleichzeitig wäre zu untersuchen, ob Reformen in anderen Sozialleistungssystemen auch durch Verweis auf den Ausgleich zwischen generationellen Kollektiven gerechtfertigt werden. Gerade das System der Krankenkassen, aus dem ja auch vor allen Dingen ältere Menschen Geld erhalten, böte sich an. Mediendiskurse weisen aber immer bestimmte Konjunkturen auf, und der Wohlfahrtsstaat ist in seiner Geschichte mit den verschiedensten Semantiken und Gruppengegensätzen erklärt worden. Das Generationenkonzept ist davon lediglich das jüngste und damit dasjenige, das sich am wenigsten abgenutzt hat (vgl. Conrad 2003). Es kann also sein, dass demnächst wieder andere Zuordnungen wichtiger werden. Wenn durch die Privatisierung der Sozialsysteme künftig immer mehr gering Qualifizierte und Geringverdiener keine existenzsichernde Rente mehr aufbauen können, legt das nahe, dass Debatten über Reformen wieder verstärkt verschiedene ökonomisch zu definierende Gruppen in den Blick nehmen müssen.

Die Generation selbst stellt das Problem dar, für dessen Lösung sie sich ausgibt (vgl. Weisbrod 2005: 3) – diese These hat sich in den letzten Jahren auf den verschiedensten Feldern der Generationenforschung bestätigt. Das Wohlfahrtsgenerationenkonzept ist zur Erklärung sozialer Sicherungssysteme und der Betroffenheit der an ihnen beteiligten Individuen nicht sonderlich hilfreich. Erst recht bietet es keine Vorteile gegenüber bestehenden Konzepten und Analyseansätzen. Dies liegt einerseits in strukturellen Voraussetzungen begründet: Die mangelnde Datenlage und die schier unendliche Anzahl an möglicherweise relevanten Indikatoren erschwert die Operationalisierung des Konzeptes und lässt es häufig beliebig erscheinen. Gleichzeitig wird aber immer deutlicher, dass die Selbst- oder Fremdzuordnung zu bestimmten generationellen Kollektiven eine Strategie darstellen kann, mit der sich individuelle Ziele verfolgen lassen oder mit der politische Änderungen legitimiert werden können. Dies gilt es bei der Erforschung von Generationen immer mitzubedenken. Die noch zu leistende Forschung wird dadurch sicherlich nicht einfacher, aber zumindest kann durch die kritische Auseinandersetzung ein Konzept in seiner facettenreichen Dynamik ein Stück weit angemessener erfasst werden.

Abbildungs- und Tabellenverzeichnis

Abbildungen

Tabellen

Literatur

Abel-Smith, Brian (1994), »The Beveridge-Report: Its Origins and Outcomes«, in: Hills, John/Ditch, John/Glennerster, Howard (Hg.), *Beveridge and Social Security. An International Retrospective*. Oxford: Clarendon Press, S. 10–22.

Alber, Jens (1984), »Versorgungsklassen im Wohlfahrtsstaat. Überlegungen und Daten zur Situation in der Bundesrepublik«, in: *Kölner Zeitschrift für Soziologie und Sozialpsychologie* 36/2, S. 225–251.

— (1989), *Sozialstaat in der Bundesrepublik 1950–1983*. Frankfurt: Campus.

Anderson, Karen M./Meyer, Traute (2006), »New Social risks and pension reform in Germany and Sweden«, in: Armingeon, Klaus/Bonoli, Giuliano (Hg.), *The Politics of Post-Industrial Welfare States. Adapting post-war social policies to new social risks*. London/New York: Routledge, S. 171–191.

Andreß, Hans-Jürgen/Hagenaars, Jacques A./Kühnel, Steffen (1997), *Analyse von Tabellen und kategorialen Daten. Log-lineare Modelle, latente Klassenanalyse, logistische Regression und GSK-Ansatz*. Berlin/Heidelberg/New York: Springer.

Andreß, Hans-Jürgen/Heien, Thorsten/Hofäcker, Dirk (2001), *Wozu brauchen wir noch den Sozialstaat? Der deutsche Sozialstaat im Urteil seiner Bürger*. Wiesbaden: Westdeutscher Verlag.

Attias-Donfut, Claudine/Arber, Sara (2000), »Equity and Solidarity across the generations«, in: Arber, Sara/Attias-Donfut, Claudine (Hg.), *The Myth of Generational Conflict. The family and state in ageing societies*. London/New York: Routledge, S. 1–19.

Backes, Gertrud M. (1998), »Alternde Gesellschaft und Entwicklung des Sozialstaats«, in: Clemens, Wolfgang/Backes, Gertrud M. (Hg.), *Altern und Gesellschaft. Gesellschaftliche Modernisierung durch Altersstrukturwandel*. Opladen: Leske + Budrich, S. 257–286.

Baldwin, Peter (1990), *The Politics of Social Solidarity. Class Bases of the European Welfare State 1875–1975*. Cambridge: Cambridge University Press.

Beck, Ulrich (1986), *Risikogesellschaft. Auf dem Weg in eine andere Moderne*, Frankfurt/M.: Suhrkamp.

Becker, Henk (1992), *Generaties en hun kansen*. Amsterdam: Meulenhoff.

Becker, Jos (2005), *De steun voor de verzorgingsstaat in de publieke opinie, 1970–2002. Een analyse van trends in meningen*. Den Haag: Sociaal en Culturel Planbureau.

Behrendt, Christina (2003), »International Experiences in the Transition between Work and Retirement«, in: VDR (Hg.), *Labour Market and Pensions. Symposium 2002 of the Research Network on Pensions (FNA), December 5–6 in Dresden.* DRV-Schriften Bd. 43, Frankfurt/M.: VDR, S. 52–60.

Benford, Robert D./Snow, David A. (2000), »Framing Processes and Social Movements: An Overview and Assessment«, in: *Annual Review of Sociology* 26, S. 611–639.

Berger, Bennett M. (1960), »How long is a generation?«, in: *The British Journal of Sociology* 11/1, S. 10–23.

Birg, Herwig (1996), *Die Weltbevölkerung. Dynamik und Gefahren.* München: Beck.

Blackburn, Robin (2002), *Banking on Death. Or, Investing in Life: The history and future of pensions.* London/New York: Verso.

— (2006), *Age Shock. How Finance is Failing Us.* London: Verso.

Blake, David (2002), »The United Kingdom. Examining the Switch from Low Public Pensions to High-Cost Private Pensions«, in: Feldstein, Martin/Siebert, Horst (Hg.), *Social Security Pension Reform in Europe.* Chicago: UC Press, S. 317–347.

— (2003), *Pension schemes and pension funds in the United Kingdom. Second Edition.* Oxford: Oxford University Press.

Blekesaune, Morten/Quadagno, Jill (2003), »Public Attitudes toward Welfare State Policies: A Comparative Analysis of 24 Nations«, in: *European Sociological Review* 19/5, S. 415–427.

Blome, Agnes/Keck, Wolfgang/Alber, Jens (2008), *Generationenbeziehungen im Wohlfahrtsstaat. Lebensbedingungen und Einstellungen von Altersgruppen im internationalen Vergleich.* Wiesbaden: VS Verlag.

Bommier, Antoine/Lee, Ronald/Miller, Timothy/Zuber, Stephane (2004), *Who wins and who loses? Public Transfer accounts for US Generations born 1850 to 2090. NBER Working Paper 10969,* 08.02.2008, http://www.nber.org/papers/w10969

Bonin, Holger (2001), *Generational Accounting. Theory and Application.* Berlin: Springer.

Bonoli, Giuliano (2000), *The Politics of Pension Reform. Institutions and Policy Change in Western Europe.* Cambridge: Cambridge University Press.

Bonoli, Giuliano/Shinkawa, Toshimitsu (2005), »Population ageing and the logics of pension reform in Western Europe, East Asia and North America«, in: Dies. (Hg.), *Ageing and Pension Reform Around the World. Evidence from Eleven Countries.* Cheltenham: Edward Elgar, S. 1–23.

Booth, Charles (1894), *The Aged Poor in England and Wales.* London/New York: Macmillan & Co.

Bowles, Samuel/Gintis, Herbert (2000), »Reciprocity, Self-Interest and the Welfare State« in: *Nordic Journal of Political Economy* 4, S. 33–53.

Briedis, Kolja/Minks, Karl-Heinz (2007), *Generation Praktikum – Mythos oder Massenphänomen? HIS-Projektbericht,* 05.09.2008, http://www.his.de/pdf/22/ generationpraktikum.pdf.

Brown, John (1995), *The British Welfare State. A critical history*, Oxford UK/Cambridge USA: Blackwell.

Bude, Heinz (2003), »Generation: Elemente einer Erfahrungsgeschichte des Wohlfahrtsstaates«, in: Lessenich, Stephan (Hg.), *Wohlfahrtsstaatliche Grundbegriffe. Historische und aktuelle Diskurse*, Frankfurt/M.: Campus, S. 287–300.

— (2005), »›Generation‹ im Kontext. Von den Kriegs- zu den Wohlfahrtsstaatsgenerationen«, in: Jureit, Ulrike/Wildt, Michael (Hg.), *Generationen. Zur Relevanz eines wissenschaftlichen Grundbegriffs*, Hamburg: Hamburger Edition, S. 28–44.

Caminada, C. L. J/Goudswaard, K.P. (2003), *Verdeelde zekerheid. De verdeling van baten en lasten van sociale zekerheid en pensioenen*, Den Haag: Sdu Uitgevers.

Casey, Bernard/Yamada, Atsuhiro (2002*), Getting Older, Getting Poorer? A Study of the Earnings, Pensions, Assets and Living Arrangements of Older People in Nine Countries. Labour Market and Social Policy Occasional Paper No. 60*, Paris: OECD.

Castel, Robert (2005), *Die Stärkung des Sozialen. Leben im neuen Wohlfahrtsstaat*, Hamburg: Hamburger Edition.

Clark, Gordon L. (2006), »The UK Occupational Pension System in Crisis«, in: Pemberton, Hugh/Thane, Pat/Whiteside, Noel (Hg.), *Britain's Pension Crisis. History and Policy*, Oxford: Oxford University Press, S. 145–168.

Clasen, Jochen (2005), *Reforming European Welfare States. Germany and the United Kingdom Compared*, Oxford: Oxford University Press.

Cole, Thomas R./Edwards, Claudia (2005), »The 19th Century«, in: Thane, Pat (Hg.), *The Long History of Old Age*, London: Thames & Hudson, S. 211–261.

Conrad, Christoph (1994), *Vom Greis zum Rentner. Der Strukturwandel des Alters in Deutschland zwischen 1830 und 1930. Kritische Studien zur Geschichtswissenschaft Bd. 104*, Göttingen: Vandenhoeck & Ruprecht.

— (2003), »Die Sprachen des Wohlfahrtsstaates«, in: Lessenich, Stephan (Hg.), *Wohlfahrtsstaatliche Grundbegriffe. Historische und aktuelle Diskurse*, Frankfurt/M.: Campus, S. 55–69.

Conze, Werner (1984), »Sicherheit, Schutz«, in: Brunner, Otto/Conze, Werner/Koselleck, Reinhart (Hg.), *Geschichtliche Grundbegriffe. Historisches Lexikon zur politisch-sozialen Sprache in Deutschland. Bd.5 Pro-Soz*, Stuttgart: Klett-Cotta, S. 831–862.

Cox, Robert H. (1993), *The Development of the Dutch Welfare State. From Workers' Insurance to Universal Entitlement*, Pittsburgh: University of Pittsburgh Press.

Cutler, David M./Meara, Ellen (2001), *Changes in the Age Distribution of Mortality over the 20th Century. NBER Working Paper No. 8556*, 30.06.20008, http://www.nber.org/papers/w8556.

Dallinger, Ursula (2005), »Generationengerechtigkeit – Wahrnehmung in der Bevölkerung«, *APuZ* 8/2005, S. 29–37.

Dallinger, Ursula/Liebig, Stefan (2004), »Gerechtigkeit zwischen den Generationen in der wohlfahrtsstaatlichen Alterssicherung«, in: Liebig, Stefan/Lengfeld, Holger/Mau, Steffen (Hg.), *Verteilungsprobleme und Gerechtigkeit in modernen Gesellschaften*, Frankfurt/M.: Campus, S. 97–131.

Daniels, Norman (1989), »Justice and Transfers between Generations«, in: Johnson, Paul/Conrad, Christoph/Thomson, David (Hg.), *Workers Versus Pensioners: Intergenerational Justice in an Ageing World*, Manchester: Manchester University Press, S. 57–79.

Dahrendorf, Ralf (1972), *Konflikt und Freiheit*, München: Piper.

de Bruin, Renger/Heurneman, Mieke/van der Week, Frank (1996), *Van Almoes tot AOW. Zes eeuwen ouderenzorg in een Nederlandse stad*, Utrecht: Centraal Museum.

de Kam, C.A. (2003), »Leviathan of laissez faire?«, in: Kuné, Jan Boudewijn (Hg.), *Leven in een ouder wordende samenleving*, Den Haag: Sdu Uitgevers, S. 225–261.

de Kruik, Marjan (2006), *De relatie tussen ouderen en de AOW door de jaren heen: een onderzoek naar de ontwikkeling van de inkomenspositie van ouderen 1959–2004 als mogelijk argument voor fiscalisering van de AOW*, Utrecht: Univ.-Diss.

de Vries, Bert (2005), *Overmoed en Onbehagen. Het hervormingskabinet-Balkenende II*, Amsterdam: Uitgeverij Bert Bakker.

Dickmann, Nicola (2004), »Grundlagen der demographischen Entwicklung«, in: Institut der deutschen Wirtschaft (Hg.), *Perspektive 2050. Ökonomik des demographischen Wandels*, Köln: Deutscher Instituts-Verlag, S. 11–33.

Döring, Diether (2000), »Grundlinien der langfristigen Systementwicklung der gesetzlichen Rentenversicherung – Personenkreis, Rentenformel, Finanzierung«, in: Fisch, Stefan/Haerendel, Ulrike (Hg.), *Geschichte und Gegenwart der Rentenversicherung in Deutschland. Beiträge zur Entstehung, Entwicklung und vergleichenden Einordnung der Alterssicherung im Sozialstaat. Schriftenreihe der Hochschule Speyer Bd. 41*, Berlin: Duncker & Humblot, S. 169–187.

— (2002), *Die Zukunft der Alterssicherung. Europäische Strategien und der deutsche Weg*, Frankfurt/M.: Suhrkamp.

— (2004), *Sozialstaat*, Frankfurt/M.: Fischer.

DRV, Deutsche Rentenversicherung (2004), *Europa in Zeitreihen*, Berlin: DRV, 10.04.2008, http://www.deutsche-rentenversicherung.de/.

— (2006), *Rentenversicherung in Zeitreihen*, Berlin: DRV, 24.11.2006, http://www.deutsche-rentenversicherung.de/.

— (2007), *Rentenversicherung in Zeitreihen*, Berlin: DRV, 10.04.2008, http://www.deutsche-rentenversicherung.de/.

DWP, Department for Work and Pensions (2007), *The Pensioners' Incomes Series 2005/6 (Revised)*, 12.04.2008 http://www.dwp.gov.uk/asd/asd6/PI_series_0506.pdf.

Easterlin, Richard A. (1980), *Birth and Fortune. The Impact of Numbers on Personal Welfare*, New York: Basic Books.

Erbe, Birgit (2008), »Frauen in Europa – gleichberechtigt ja oder nein?« *Eurotopics-Magazin*, 20.04.2008, http://www.eurotopics.net/de/magazin/frauen-2008-3/artikel_erbe_frauen_gleichberechtigt/

Ermisch, John (1989), »Demographic Change and Intergenerational Transfers in Industrialised Countries«, in: Johnson, Paul/Conrad, Christoph/Thomson,

David (Hg.), *Workers Versus Pensioners: Intergenerational Justice in an Ageing World*, Manchester: Manchester University Press, S. 17–32.

Esping-Andersen, Gøsta (1990), *Three Worlds of Welfare Capitalism*, Princeton: Princeton University Press.

Europäische Kommission (2000), *Mitteilung der Kommission an den Rat, das Europäische Parlament und den Wirtschafts- und Sozialausschuss. Die Entwicklung des Sozialschutzes in Langzeitperspektive: Zukunftssichere Renten*, Brüssel: Europäische Kommission.

— (2002a), *Eurobarometer. Public Opinion in the European Union. Report Number 56.* 12.05.2008, http://ec.europa.eu/public_opinion/archives/eb/eb56/eb56_en.htm.

— (2002b), *Mitteilung der Kommission an den Rat, das Europäische Parlament, den Europäischen Wirtschafts- und Sozialausschuss und den Ausschuss der Regionen. Entwurf eines gemeinsamen Berichts der Kommission und des Rates über angemessene und nachhaltige Renten*, Brüssel: Europäische Kommission.

— (2004a), *Angemessene und nachhaltige Renten. Gemeinsamer Bericht der Kommission und des Rates*, Luxemburg: Amt für amtliche Veröffentlichungen der Europäischen Gemeinschaften.

— (2004b), *Special Eurobarometer: The Future of Pension Systems.* 08.02.2008, http://ec.europa.eu/public_opinion/archives/ebs/ebs_161_pensions.pdf.

— (2006), *Mitteilung der Kommission. Die demografische Zukunft Europas – Von der Herausforderung zur Chance*, Brüssel: Europäische Kommission.

Eurostat (2007), *Europa in Zahlen. Eurostat Jahrbuch 2006/07*, Luxemburg: Eurostat.

Fenge, Robert/Werding, Martin (2003), *Ageing and Fiscal Imbalances Across Generations: Concepts of Measurement. CESifo Working Paper No. 842*, München: CESifo.

Fraser, Derek (2003), *The Evolution of the British Welfare State. A History of Social Policy since the Industrial Revolution. Third Edition*, Basingstoke: Palgrave Macmillan.

Frericks, Patricia (2007), *Setting rights. Ressource flows, life-course norms and the dynamics of citizenship in European pension systems*, Univ-Diss.: Utrecht.

Früh, Werner (1991), *Inhaltsanalyse. Theorie und Praxis. 3. Auflage*, München: Ölschläger.

Gerhards, Jürgen/Neidhardt, Friedhelm (1990), *Strukturen und Funktionen moderner Öffentlichkeit. Fragestellungen und Ansätze*, Berlin: WZB

Gerhards, Jürgen/Schäfer, Mike Steffen (2006), *Die Herstellung einer öffentlichen Hegemonie. Humangenomforschung in der deutschen und der US-amerikanischen Presse*, Wiesbaden: VS Verlag für Sozialwissenschaften.

Göckenjan, Gerd (2000), *Das Alter würdigen. Altersbilder und Bedeutungswandel des Alters*, Frankfurt/M.: Suhrkamp.

Gößling, Werner (2002), »Akzeptanzprobleme der Rentenversicherung aus der Sicht der Medien« *Deutsche Rentenversicherung* 9–10/2002, S. 536–538.

Goffman, Erving (1977), *Rahmen-Analyse. Ein Versuch über die Organisation von Alltagserfahrungen*, Frankfurt/M.: Suhrkamp.

Gronemeyer, Reimer (2004), *Kampf der Generationen*, München: Deutsche Verlags-Anstalt.

Hardy, Melissa/Waite, Linda (1997), »Doing Time: Reconciling Biography With History in the Study of Social Change« in: Hardy, Melissa A. (Hg.), *Studying Aging and Social Change. Conceptual and Methodological Issues*, Thousand Oaks/London/New Delhi: SAGE Publications, S. 1-21.

Hareven, Tamara K. (1997), »Altern und Generationenbeziehungen in historischer und lebenslauftheoretischer Perspektive«, in: Mansel, Jürgen/Rosenthal, Gabriele/Tölke, Angelika (Hg.), *Generationen-Beziehungen, Austausch und Tradierung*, Opladen: Westdeutscher Verlag, S.43-56.

Harris, Jose (1997), *William Beveridge. A biography*, Oxford: Clarendon Press.

— (2006), »The Roots of Public Pensions Provision: Social Insurance and the Beveridge Plan«, in: Pemberton, Hugh/Thane, Pat/Whiteside, Noel (Hg.), *Britain's Pension Crisis. History and Policy*, Oxford: Oxford University Press, S. 27–38.

Hauschild, Christine (2002), »Die empirische Typisierung von Versichertenbiografien«, *Deutsche Rentenversicherung* 9-10/2002, S. 539–590.

Hauser, Richard (2001), »Alterssicherung und Vermögensverteilung«, *Zeitschrift für Sozialreform* 47. Jahrgang, S. 481–505.

Hedges, Alan (1998), *Pensions and Retirement Planning. Department of Social Security. Research Report No 83*, London: H.M. Stationary Office.

Hermann, Christopher (1990), »Die Zeit von 1957–1991«, in: Ruland, Franz/VDR (Hg.), *Handbuch der gesetzlichen Rentenversicherung. Festschrift aus Anlass des 100jährigen Bestehens der gesetzlichen Rentenversicherung*, Neuwied: Luchterhand, S. 105–139.

Hills, John (1996), »Does Britain have a welfare generation?«, in: Walker, Alan (Hg.), *The new generational contract. Intergenerational relations, old age and welfare*, London: UCL Press, S. 56–80.

— (2005), *Inequality and the State*, Oxford: Oxford University Press.

Hinrichs, Karl (2000), »Rentenreformpolitiken in OECD-Ländern. Die Bundesrepublik Deutschland im internationalen Vergleich«, *Deutsche Rentenversicherung* 3–4/2000, S. 188–209.

— (2003), *Between Continuity and Paradigm Shift: Pension Reforms in Germany ZeS-Arbeitspapier 14/03*, Bremen: Universität Bremen.

— (2004), *Active Citizens and Retirement Planning: Enlarging Freedom of Choice in the Course of Pension Reforms in Nordic Countries and Germany. ZeS-Arbeitspapier 11/04*, Bremen: Universität Bremen.

Hockerts, Hans Günter (1980), *Sozialpolitische Entscheidungen im Nachkriegsdeutschland. Alliierte und deutsche Sozialversicherungspolitik 1945–1957*, Stuttgart: Klett-Cotta.

— (1990), »Die Rentenreform 1957«, in: Ruland, Franz/VDR (Hg.), *Handbuch der gesetzlichen Rentenversicherung. Festschrift aus Anlass des 100jährigen Bestehens der gesetzlichen Rentenversicherung*, Neuwied: Luchterhand, S. 93–104.

Hradil, Stefan (2004), *Die Sozialstruktur Deutschlands im internationalen Vergleich*, Wiesbaden: VS Verlag.

Inglehart, Ronald (1971), »The Silent Revolution in Europe: Intergenerational Change in Post-Industrial Societies«, *American Political Science Review* 65, S. 991–1017.

— (1998), *Modernisierung und Postmodernisierung. Kultureller, wirtschaftlicher und politischer Wandel in 43 Gesellschaften*, Frankfurt/M.: Campus.

Inglehart, Ronald/Welzel, Christian (2005), *Modernization, Cultural Change, and Democracy. The Human Development Sequence*, Cambridge: Cambridge University Press.

Johnson, Paul/Conrad, Christoph/Thomson, David (1989), »Introduction«, in: Dies. (Hg.), *Workers Versus Pensioners: Intergenerational Justice in an Ageing World*, Manchester: MUP, S. 1–16.

Jureit, Ulrike (2006), *Generationenforschung*, Göttingen: Vandenhoeck & Ruprecht.

Kaufmann, Franz-Xaver (1973), *Sicherheit als soziologisches und sozialpolitisches Problem. Untersuchungen zu einer Wertidee hochdifferenzierter Gesellschaften. 2. Auflage*, Stuttgart: Ferdinand Enke Verlag.

— (1994), »Diskurse über Staatsaufgaben«, in: Grimm, Dieter (Hg.), *Staatsaufgaben*, Baden-Baden: Nomos, S. 15–41.

— (1997), »Generationsbeziehungen und Generationenverhältnisse im Wohlfahrtsstaat«, in: Mansel, Jürgen/Rosenthal, Gabriele/Tölke, Angelika (Hg.), *Generationen-Beziehungen, Austausch und Tradierung*, Opladen: Westdeutscher Verlag, S. 17–30.

— (2003a), »Sicherheit: Das Leitbild beherrschbarer Komplexität«, in: Lessenich, Stephan (Hg.), *Wohlfahrtsstaatliche Grundbegriffe. Historische und aktuelle Diskurse*, Frankfurt/M.: Campus, S. 73–104.

— (2003b), *Varianten des Wohlfahrtsstaats: Der deutsche Sozialstaat im internationalen Vergleich*, Frankfurt/M.: Suhrkamp.

— (2005), *Schrumpfende Gesellschaft: Vom Bevölkerungsrückgang und seinen Folgen*. Frankfurt/M.: Suhrkamp.

Klein, Markus (2003), »Gibt es die Generation Golf? Eine empirische Inspektion«, *Kölner Zeitschrift für Soziologie und Sozialpsychologie* 55/1, S. 99–115.

Kluegel, James R./Miyano, Masaru (1995), »Justice Beliefs and Support for the Welfare State in Advanced Capitalism«, in: Kluegel, James R./Mason, David S./Wegener, Bernd (Hg.), *Social Justice and Political Change. Public Opinion in Capitalist and Post-Communist States*, Berlin/New York: Walter de Gruyter, S. 81–105.

Klundt, Michael (2008), *Von der sozialen zur Generationengerechtigkeit? Polarisierte Lebenslagen und ihre Deutung in Wissenschaft, Politik und Medien*, Wiesbaden: VS Verlag für Sozialwissenschaften.

Kohli, Martin (1978), »Erwartungen an eine Soziologie des Lebenslaufs«, in: Kohli, Martin (Hg.), *Soziologie des Lebenslaufs*, Darmstadt/Neuwied: Luchterhand, S. 9–31.

— (1995), »La présence de l'histoire«, in: Attias-Donfut, Claudine (Hg.), *Les Solidarités entre Générations. Vieillesse, Familles, État*, Paris: Editions Nathan.
— (1999), »Private and Public Transfers between Generations: Linking the Family and the State« *European Societies* 1(1), S. 81–104.
— (2002), »Generationengerechtigkeit ist mehr als Rentenfinanzierung« *Zeitschrift für Gerontologie und Geriatrie* 35(2), S. 129–138.
— (2006), »Aging and Justice«, in: Binstock, Robert H./George, Linda K. (Hg.), *Handbook of Aging and the Social Sciences*, San Diego: Academic Press, S. 456–478.
— (2007), »Von der Gesellschaftsgeschichte zur Familie. Was leistet das Konzept der Generationen?«, in: Lettke, Frank/Lange, Andreas (Hg.), *Generationen und Familie. Analysen – Konzepte – gesellschaftliche Spannungsfelder*, Frankfurt/M.: Suhrkamp, S. 47–68.
Kohli, Martin/Kühnemund, Harald (Hg.) (2000), *Die zweite Lebenshälfte: gesellschaftliche Lage und Partizipation im Spiegel des Alters-Survey*, Opladen: Leske + Budrich.
Kohli, Martin/Künemund, Harald/Motel, Andreas/Szydlik, Marc (2000a), »Generationenbeziehungen«, in: Kohli, Martin/Kühnemund, Harald (Hg.), *Die zweite Lebenshälfte: gesellschaftliche Lage und Partizipation im Spiegel des Alters-Survey*, Opladen: Leske + Budrich, S. 176–211.
— (2000b), »Soziale Ungleichheit«, in: Kohli, Martin/Kühnemund, Harald (Hg.), *Die zweite Lebenshälfte : gesellschaftliche Lage und Partizipation im Spiegel des Alters-Survey*, Opladen: Leske + Budrich, S. 318–342.
Kotlikoff, Laurence J. (1993), *Generational Accounting. Knowing Who Pays, and When, for What We Spend*, New York: The Free Press.
Kumlin, Staffan/Svallfors, Stefan (2007), »Social Stratification and Political Articulation: Why Attitudinal Class Differences Vary Across Countries«, in: Mau, Steffen/Veghte, Benjamin (Hg.), *Social Justice, Legitimacy and the Welfare State*, Aldershot: Ashgate, S. 19–46.
Laslett, Peter (1992), »Is There a Generational Contract?«, in: Laslett, Peter/Fishkin, James S. (Hg.), *Justice between Age Groups and Generations*, New Haven & London: Yale University Press, S. 24–47.
Laslett, Peter/Fishkin, James S. (1992), »Introduction: Processional Justice«, in: Dies. (Hg.), *Justice between Age Groups and Generations*, New Haven & London: Yale University Press, S. 1–23.
Leisering, Lutz (2000a), »Wohlfahrtsstaatliche Generationen«, in: Kohli, Martin/Szydlik, Marc (Hg.), *Generationen in Familie und Gesellschaft*, Opladen: Leske + Budrich, S. 59–76.
— (2000b), »Regeneration‹ des Sozialstaats? Die Legitimationskrise der Gesetzlichen Rentenversicherung als Wechsel ›sozialstaatlicher Generationen‹«, *Deutsche Rentenversicherung* 3–4/2000, S. 608–621.
Lepsius, M. Rainer (1979), »Soziale Ungleichheit und Klassenstrukturen in der Bundesrepublik Deutschland. Lebenslagen Interessenvermittlung und Wertorientierungen«, in: Wehler, Hans-Ulrich (Hg.), *Klassen in der europäischen Sozialgeschichte*, Göttingen: Vandenhoeck & Ruprecht, S. 166–209.

Lessenich, Stephan/Ostner, Ilona (1998), »Welten des Wohlfahrtskapitalismus – Wandel der Wohlfahrtsforschung: Beiträge aus der ›dritten Welt‹«, in: Dies. (Hg.), *Welten des Wohlfahrtskapitalismus. Der Sozialstaat in vergleichender Perspektive*, Frankfurt/New York: Campus.

Lettke, Frank (2007), »Vererbungsabsichten in unterschiedlichen Familienformen. Ein Beitrag zur Institutionalisierung generationaler Kontinuität«, in: Ders./ Lange, Andreas (Hg.), *Generationen und Familie. Analysen – Konzepte – gesellschaftliche Spannungsfelder*, Frankfurt/M.: Suhrkamp, S. 96–129.

Lijphart, Arend (1968), *The Politics of Accomodation. Pluralism and Democracy in the Netherlands*, Berkeley/Los Angeles: University of California Press.

Linos, Katerina/West, Martin (2003), »Self-interest, Social Beliefs, and Attitudes to Redistribution. Re-addressing the Issue of Cross-national Variation«, European *Sociological Review* 19/4, S. 393–409.

Lohmann, Ulrich (1991), »Deutsche Demokratische Republik«, in: Zacher, Hans F. (Hg.), *Alterssicherung im Rechtsvergleich. Studien aus dem Max-Planck-Institut für ausländisches und internationales Sozialrecht Bd. II*, Baden-Baden: Nomos, S. 193–223.

Luhmann, Niklas (2005), »Risiko und Gefahr«, in: Ders. (Hg.), *Soziologische Aufklärung 5. Konstruktivistische Perspektiven. 3. Auflage*, Wiesbaden: VS Verlag, S. 126–162.

Lynch, Julia (2006), *Age in the Welfare State. The Origins of Social Spending on Pensioners, Workers and Children*, Cambridge: Cambridge University Press.

Mackenroth, Gerhard (1957[1952]), »Die Reform der Sozialpolitik durch einen deutschen Sozialplan«, in: Boettcher, Erik (Hg.), *Sozialpolitik und Sozialreform. Ein einführendes Lehr- und Handbuch der Sozialpolitik*, Tübingen: J.C.B. Mohr, 43–74.

Macnicol, John (1994), »Beveridge and Old Age«, in: Hills, John/Ditch, John/ Glennerster, Howard (Hg.), *Beveridge and Social Security. An International Retrospective*, Oxford: Clarendon Press, S. 73-96.

Mager, Cornelius (1991), »Grundmuster und Grundelemente der Alterssicherung im internationalen Vergleich«, in: Zacher , Hans F. (Hg.), *Alterssicherung im Rechtsvergleich. Studien aus dem Max-Planck-Institut für ausländisches und internationales Sozialrecht Bd II*, Baden-Baden: Nomos, S. 549–609.

Mannheim, Karl (1964[1928]), »Das Problem der Generationen«, in: Mannheim, Karl (Hg.), Wissenssoziologie – Auswahl aus dem Werk, Berlin: Luchterhand, 509–565.

Mau, Steffen/Veghte, Benjamin (Hg.) (2007), *Social Justice, Legitimacy and the Welfare State*, Aldershot: Ashgate.

Mauss, Marcel (1990[1925]), *Die Gabe. Form und Funktion des Austauschs in archaischen Gesellschaften*, Frankfurt/M.: Suhrkamp.

May, Christina (2007a), »Generation(en) 1957? Die Rentenversicherung als Ausgangspunkt einer Kohortenprägung im Nachkriegsdeutschland«, *Deutsche Rentenversicherung* 2–3/2007, S. 143–157.

— (2007b), »Reziprozität zwischen Generationen im Wohlfahrtsstaat«, in: Marten, Carina/Scheuregger, Daniel (Hg.), *Reziprozität und Wohlfahrtsstaat. Analysepotential und sozialpolitische Relevanz*, Opladen/Farmington Hills: Verlag Barbara Budrich, S. 147–171.

Meier Jæger, Mads (2006), »Welfare Regimes and Attitudes Towards Redistribution: The Regime Hypothesis Revisited« *European Sociological Review* 22/2, S. 157–170.

— (2007), »Are the ›Deserving Needy‹ Really Deserving Everywhere? Cross-cultural Heterogeneity and Popular Support for the Old and the Sick in Eight Western Countries«, in: Mau, Steffen/Veghte, Benjamin (Hg.), *Social Justice, Legitimacy and the Welfare State*, Aldershot: Ashgate, 73–94.

Merten, Detlef (2000), »Rentenversicherung und deutsche Wiedervereinigung«, in: Fisch, Stefan/Haerendel, Ulrike (Hg.), *Geschichte und Gegenwart der Rentenversicherung in Deutschland. Beiträge zur Entstehung, Entwicklung und vergleichenden Einordnung der Alterssicherung im Sozialstaat. Schriftenreihe der Hochschule Speyer Bd. 41*, Berlin: Duncker & Humblot, S. 317–332.

Metzler, Gabriele (2003), *Der deutsche Sozialstaat. Vom bismarckschen Erfolgsmodell zum Pflegefall*, Stuttgart/München: Deutsche Verlags-Anstalt.

Minns, Richard (2001), *The Cold War in Welfare. Stock markets vs. Pensions*, London: Verso.

Motel-Klingebiel, Andreas (2000), *Alter und Generationenvertrag im Wandel des Sozialstaats. Alterssicherung und private Generationenbeziehungen in der zweiten Lebenshälfte*, Berlin: Weißensee.

Munnell, Alicia H. (2006), »Employer-sponsored plans: The shift from defined benefit to defined contribution«, in: Clark, Gordon L./Munnell, Alicia H./Orszag, Michael (Hg.), *Oxford Handbook of Pensions and Retirement Income*, Oxford: Oxford University Press, S. 359–380.

Neidhardt, Friedhelm (1994), »Einleitung: Öffentlichkeit, Öffentliche Meinung, Soziale Bewegungen« in: Ders. (Hg.), *Öffentlichkeit, Öffentliche Meinung, Soziale Bewegungen. Kölner Zeitschrift für Soziologie und Sozialpsychologie, Sonderheft 34*, Opladen: Westdeutscher Verlag.

Nozick, Robert (1974), *Anarchy, State, and Utopia*, Oxford: Blackwell.

Nullmeier, Frank/Rüb, Friedbert W. (1993), *Die Transformation der Sozialpolitik. Vom Sozialstaat zum Sicherungsstaat*, Frankfurt/New York: Campus.

OECD (1999), *Historical Statistics 1960–1997*, Paris: OECD.

— (2001a), *Historical Statistics 1970–2000*, Paris: OECD.

— (2001b), *Ageing and Income. Financial Resources and Retirement in 9 OECD countries*, Paris: OECD

— (2003), *Labour Force Statistics 1982–2002*, Paris: OECD.

— (2005), *Society at a glance*. 20.04.2008, http://www.oecd.org/els/social/Indicators.

— (o.J.), *OECD.Stat*, 20.03.2008 http://stats.oecd.org/wbos/Default.aspx?usercontext=sourceoecd.

Opielka, Michael (2004), *Sozialpolitik. Grundlagen und vergleichende Perspektiven,* Reinbek: Rowohlt.

Parnes, Ohad/Vedder, Ulrike/Willer, Stefan (2008), *Das Konzept der Generation. Eine Wissenschafts- und Kulturgeschichte*, Frankfurt/M.: Suhrkamp.

Pemberton, Hugh/Thane, Pat/Whiteside, Noel (2006), »Introduction« in: Dies. (Hg.), *Britain's Pension Crisis. History and Policy*, Oxford: Oxford University Press, S. 1–23.

Penneck, Pauline/Lewis, Di (Hg.) (2005), *Pension Trends: 2005 Edition. A National Statistics Publication*, Basingstoke: Palgrave/Macmillan.

Peters, Bernhard (1994), »Der Sinn von Öffentlichkeit« in: Neidhardt, Friedhelm (Hg.), *Öffentlichkeit, Öffentliche Meinung, Soziale Bewegungen. Kölner Zeitschrift für Soziologie und Sozialpsychologie, Sonderheft 34*, Opladen: Westdeutscher Verlag. S. 42–76.

Pfau-Effinger, Birgit (2005), »Culture and Welfare State Policies: Reflections on a Complex Interrelation«, *Journal of Social Policy* 34/1, S. 3–20.

Phillips, Miranda/Hancock, Ruth (2006), »Planning for Retirement: Realism or Denial« in: Park, Alison, Curtice, John/Thomson, Katarina/Bromley, Catherine/Phillips, Miranda/Johnson, Mark (Hg.), *British Social Attitudes. The 22nd report. Two terms of New Labour: the public's reaction*, London: SAGE Publications, S. 161–195.

Phillipson, Chris (1996), »Intergenerational conflict and the welfare state: American and British perspectives«, in: Walker, Alan (Hg.), *The new generational contract. Intergenerational relations, old age and welfare*, London: UCL Press, S. 206–220.

Pilz, Frank (2004), *Der Sozialstaat. Ausbau – Kontroversen – Umbau*, Bonn: BPB.

Pöhler, Kay (1999), *Alterssicherung in den Niederlanden. Eine institutionelle und empirische Analyse. Alterssicherung in der Europäischen Union V. Sozialpolitische Schriften Heft 70*, Berlin: Duncker & Humblot (zugl. Frankfurt/M.: Univ. Diss., 1997).

Rawls, John (1973), *A Theory of Justice*, Oxford: Oxford University Press.

Raphael, Lutz (1998), »Experten im Sozialstaat«, in: Hockerts, Hans Günter (Hg.), *Drei Wege deutscher Sozialstaatlichkeit. NS-Diktatur, Bundesrepublik und DDR im Vergleich*, München: Oldenbourg, S. 231–258.

Rechmann, Susanne (2001), *Alterssicherung in Großbritannien und Irland. Eine institutionelle und empirische Analyse. Alterssicherung in der Europäischen Union VI. Sozialpolitische Schriften Heft 70/VI*, Berlin: Duncker & Humblot (Zugl. Frankfurt/M., Univ., Diss., 1999).

Rehm, Philipp (2007), »Who Supports the Welfare State? Determinants of Preferences Concerning Redistribution«, in: Mau, Steffen/Veghte, Benjamin (Hg.), *Social Justice, Legitimacy and the Welfare State*, Aldershot: Ashgate, S. 47–72.

Reinberg Alexander/Hummel, Markus (2007), *Qualifikationsspezifische Arbeitslosigkeit im Jahr 2005 und die Einführung der Hartz-IV-Reform. Empirische Befunde und methodische Probleme. IAB-Forschungsbericht 9-2007*, 28.03.2008, http://doku.iab.de/forschungsbericht/2007/fb0907.pdf.

Roebroek, Joop M./Hertogh, Mirjam (1998), ›*De beschavende invloed des tijds*‹. *Twee eeuwen sociale politiek, verzorgingsstaat en sociale zekerheid in Nederland*, 's Gravenhage: VUGA Uitgeverij.

Roller, Edeltraud (1992), *Einstellungen der Bürger zum Wohlfahrtsstaat in der Bundesrepublik Deutschland*, Opladen: Westdeutscher Verlag.

Rürup, Bert (2002), »The German Pension System. Status Quo and Reform Options«, in: Feldstein, Martin/Siebert, Horst (Hg.), *Social Security Pension Reform in Europe*, Chicago: UC Press, S. 137–169.

Rueschemeyer, Dietrich (2003), »Can one or a few cases yield theoretical gains?«, in: Mahoney, James/Rueschemeyer, Dietrich (Hg.), *Comparative Historical Analysis in the Social Sciences*, Cambridge: Cambridge University Press, S. 305–336.

Ryder, Norman B. (1997[1964]), »The Cohort as a Concept in the Study of Social Change« in: Hardy, Melissa A. (Hg.), *Studying Aging and Social Change. Conceptual and Methodological Issues*, Thousand Oaks/London/New Delhi: SAGE Publications, S. 66–92.

Sachweh, Patrick/Ullrich, Carsten G./Christoph, Bernhard (2006), »Die gesellschaftliche Akzeptanz der Sozialhilfe. Eine Untersuchung aus moralökonomischer Perspektive«, *Kölner Zeitschrift für Soziologie und Sozialpsychologie* 58/3, S. 489–509.

Sackmann, Reinhold (2004), »Institutionalistische Generationsanalyse sozialer Ungleichheit«, in: Szydlik, Marc (Hg.), *Generationen und Ungleichheit*, Wiesbaden: VS Verlag, S. 25–48.

Salthammer, Klaus (2003), »Zahlt man in Zukunft in die gesetzliche Rentenversicherung mehr Beiträge ein, als man an Rente zurückerhält?«, *Deutsche Rentenversicherung* 5/2003, S. 277–282.

Sass, Steven (2006), »The Development of Employer Retirement Income Plans: From the 19th Century to 1980«, in: Clark, Gordon L./Munnell, Alicia H./Orszag, Michael (Hg.), *Oxford Handbook of Pensions and Retirement Income*, Oxford: Oxford University Press, S. 76–97.

Schenk, Michael/Rössler, Patrick (1994), »Das unterschätzte Publikum. Wie Themenbewusstsein und politische Meinungsbildung im Alltag von Massenmedien und interpersonaler Kommunikation beeinflußt werden«, in: Neidhardt, Friedhelm (Hg.), *Öffentlichkeit, Öffentliche Meinung, Soziale Bewegungen. Kölner Zeitschrift für Soziologie und Sozialpsychologie, Sonderheft 34*, Opladen: Westdeutscher Verlag, S. 261–295.

Scherer, Peter (2002), *Age of Withdrawal from the Labour Force in OECD Countries. Labour Market and Social Policy Occasional Paper No. 49*, Paris: OECD.

Schirrmacher, Frank (2004), *Das Methusalem-Komplott*, München: Karl-Blessing-Verlag.

Schmähl, Winfried/Böhm, Stefan (1994), *Occupational pension schemes in the private and public sector in the Federal Republic of Germany – an overview. ZeS-Arbeitspapier Nr. 5/94*, Universität Bremen: Zentrum für Sozialpolitik.

Schmid, Josef/Heigl, Andreas/Mai, Ralf (2000), *Sozialprognose: Die Belastung der nachwachsenden Generation,* München: Olzog.

Schmidt, Manfred G. (2005), *Sozialpolitik in Deutschland: Historische Entwicklung und internationaler Vergleich. 3. Auflage*, Opladen: Leske + Budrich.

Schreiber, Wilfrid (1957[1955]), »Existenzsicherheit in der industriellen Gesellschaft«, in: Boettcher, Erik (Hg.), *Sozialpolitik und Sozialreform. Ein einführendes Lehr- und Handbuch der Sozialpolitik*, Tübingen: J.C.B. Mohr, S. 75–114.

Schwab-Trapp, Michael (2002), *Kriegsdiskurse. Die politische Kultur des Krieges im Wandel 1991–1999*, Opladen: Leske + Budrich.

Sinninghe Damsté, Willem A. (1998), *De AOW, veertig jaar en verder*, Deventer: Kluwer.

Skocpol, Theda/Somers, Margaret (1980), »The Uses of Comparative History in Macrosocial Inquiry«, *Comparative Studies in Society and History* 22 (2), S. 174–197.

Sokoll, Thomas (2008), *Soziale Sicherung und demographische Wechsellagen: England seit dem 16. Jh.*, Vortrag bei der DGD Jahrestagung in Stuttgart 2008.

Stegmann, Michael (2003), »Empirische Fakten und Trends zur soziodemographischen Situation und zur Alterssicherung von Frauen«, *Deutsche Rentenversicherung* 3–4/2003, S. 161–187.

Stolleis, Michael (2001), »Historische Grundlagen. Sozialpolitik in Deutschland bis 1945«, in: Bundesministerium für Arbeit und Sozialordnung und Bundesarchiv, (Hg.), *Geschichte der Sozialordnung in Deutschland seit 1945. Bd. I: Grundlagen der Sozialpolitik*, Baden-Baden: Nomos, S.199–332.

Struck, Olaf (2004), »Generation als zeitdynamische Strukturierung von Gesellschaften und Organisation«, in: Szydlik, Marc (Hg.), *Generationen und Ungleichheit*, Wiesbaden: VS Verlag, S. 49–76.

Svallfors, Stefan (1997), »Worlds of Welfare and Attitudes to Redistribution: A Comparison of Eight Western Nations«, *European Sociological Review* 13/3, 283–304.

Szydlik, Marc (2004), »Zum Zusammenhang von Generationen und Ungleichheit«, in: Szydlik, Marc (Hg.), *Generationen und Ungleichheit*, Wiesbaden: VS Verlag, S. 7–24.

Taylor-Gooby, Peter (2005), »UK pension reform: A test case for a liberal welfare state?«, in: Bonoli, Giuliano/Shinkawa, Toshimitsu (Hg.), *Ageing and Pension Reform Around the World. Evidence from Eleven Countries*, Cheltenham: Edward Elgar, S. 116–136.

Thane, Pat (1996), *Foundations of the Welfare State. 2nd edition*, London/New York: Longman.

— (2005a), »The Age of Old Age«, in: Dies. (Hg.), The *Long History of Old Age*, London: Thames & Hudson, S. 9–29.

— (2005b), »The 20th century«, in: Dies. (Hg.), The *Long History of Old Age*, London: Thames & Hudson, S. 263–300.

— (2006a), »The History of Retirement«, in: Clark, Gordon L./Munnell, Alicia H./Orszag, Michael (Hg.), *Oxford Handbook of Pensions and Retirement Income*, Oxford: Oxford University Press, S. 33–51.

— (2006b), »The ›Scandal‹ of Women's Pensions in Britain: How did it come about?«, in: Pemberton, Hugh/Thane, Pat/Whiteside, Noel (Hg.), *Britain's Pension Crisis. History and Policy*, Oxford: Oxford University Press, S. 77–90.

— (2006c), »The Welfare State in Mass Society: Twentieth-century Britain«, in: Moore, Bob/van Nierop, Henk (Hg.), *Twentieth-Century Mass Society in Britain and the Netherlands*, Oxford: Berg, S. 67–76.

Thomson, David (1989), »The Welfare State and Generation Conflict: Winners and Losers«, in: Johnson, Paul/Conrad, Christoph/Thomson, David (Hg.), *Workers Versus Pensioners: Intergenerational Justice in an Ageing World*, Manchester: MUP, 33–56.

— (1996), *Selfish generations? How welfare states grow old, 2nd edition*, Cambridge: White Horse Press.

Timmins, Nicholas (2001), *The Five Giants. A Biography of the Welfare State, 2nd edition*, London: HarperCollins Publishers.

Titmuss, Richard (1963), »Pension Systems and Population Change« in: Ders. (Hg.), *Essays on the Welfare State, 2nd edition*, London: Unwin University Books, S. 56–74.

Townsend, Peter (1979), *Poverty in the United Kingdom. A Survey of Household Resources and Standards of Living*, London: Penguin Books.

Turner, Adair/Hills, John/Drake, Jeannie (2006), *Appendix D to the Pensions Commission's final report: Implementing an Integrated Package of Pension Reforms*, 06.07.2007, http://www.pensionscommission.org.uk.

Ullrich, Carsten G. (2000a), *Die soziale Akzeptanz des Wohlfahrtsstaates. Anmerkungen zum Forschungsstand, Arbeitspapiere – Mannheimer Zentrum für Sozialforschung Nr. 22*, 02.01.2007, http://www.mzes.uni-mannheim.de/publications/wp/wp-22.pdf.

— (2000b), *Solidarität im Sozialversicherungsstaat. Die Akzeptanz des Solidarprinzips in der gesetzlichen Krankenkasse*, Frankfurt/New York: Campus.

— (2005), *Soziologie des Wohlfahrtsstaates. Eine Einführung*, Frankfurt/New York: Campus.

— (2006), »Generationenkonflikt oder Generationensolidarität im Wohlfahrtsstaat? – Ergebnisse einer empirischen Untersuchung«, in: Rehberg, Karl-Siegbert (Hg.), *Soziale Ungleichheit – Kulturelle Unterschiede. Verhandlungen des 32. Kongresses der Deutschen Gesellschaft für Soziologie in München 2004*, Frankfurt/New York: Campus, S. 489–506.

— (2008), *Die Akzeptanz des Wohlfahrtsstaates. Präferenzen, Konflikte, Deutungsmuster*, Wiesbaden: VS Verlag für Sozialwissenschaften.

UN (2006), *World Population Prospects: The 2006 Revision (Population Division of the Department of Economic and Social Affairs of the United Nations Secretariat)*, 24.03.2008, http://esa.un.org/unpp/.

van Riel, Bart/Hemerijck, Anton/Visser, Jelle (2003), »Is there a Dutch Way to Pension Reform?«, in: Clark, Gordon L./Whiteside, Noel (Hg.), *Pension Security in the 21st Century. Redrawing the Public-Private Debate*, Oxford: Oxford University Press, S. 64–92.

van den Broek, Andries (1996), *Politics and Generations. Cohort Replacement and Generation Formation in Political Culture in the Netherlands*, Tilburg: Tilburg University Press.

van Paridon, Kees (2004), »Wiederaufbau – Krise – Erholung. Die niederländische Wirtschaft seit 1945« in: Wielenga, Frieso/Taute, Ilona (Hg.), *Länderbericht Niederlande, Bonn: Bundeszentrale für politische Bildung*, S. 363–422.

Wahl, Anke (2003), *Die Veränderung von Lebensstilen. Generationenfolge, Lebenslauf und sozialer Wandel*, Frankfurt/New York: Campus.

Walker, Alan (1991), »Thatcherism and the New Politics of Old Age«, in: Myles, John, Quadagno, Jill (Hg.), *States, Labor Markets, and the Future of Old-Age Policy*, Philadelphia: Temple University Press, S. 19–35.

— (1996), »Intergenerational relations and the provision of welfare«, in: Ders. (Hg.), *The new generational contract. Intergenerational relations, old age and welfare*, London: UCL Press, S. 10–36.

Wegener, Bernd/Liebig, Stefan (1995), »Hierarchical and Social Closure Conceptions of Distributive Social Justice: A Comparison of East and West Germany«, in: Kluegel, James R./Mason, David S./Wegener, Bernd (Hg.), *Social Justice and Political Change. Public Opinion in Capitalist and Post-Communist States*, Berlin/New York: Walter de Gruyter, S. 263–284.

Weisbrod, Bernd (2005), »Generation und Generationalität in der Neueren Geschichte«, in: *APuZ* 8/2005, S. 3–8.

Wielenga, Friso (2004), »Konsens im Polder? Politik und politische Kultur in den Niederlanden nach 1945«, in: Ders./Taute, Ilona (Hg.), Länderbericht Niederlande, Bonn: Bundeszentrale für politische Bildung, S. 13–130.

Wilke, Jürgen (1999), »Leitmedien und Zielgruppenorgane«, in: Ders. (Hg.), *Mediengeschichte der Bundesrepublik Deutschland*, Bonn: BPB, S. 302–329.

Wolf, Jürgen/Kohli, Martin (1998), »Die politische Macht der Älteren und der Generationenkonflikt«, in: Clemens, Wolfgang/Backes, Gertrud M. (Hg.), *Altern und Gesellschaft. Gesellschaftliche Modernisierung durch Altersstrukturwandel*, Opladen: Leske + Budrich, S. 147–169.

Zacher, Hans F. (1991), »Ziele der Alterssicherung und Formen ihrer Verwirklichung« in: Ders. (Hg.), *Alterssicherung im Rechtsvergleich. Studien aus dem Max-Planck-Institut für ausländisches und internationales Sozialrecht Bd II*, Baden-Baden: Nomos, S. 25–113.

— (2001), »Grundlagen der Sozialpolitik in der Bundesrepublik Deutschland«, in: Bundesministerium für Arbeit und Sozialordnung und Bundesarchiv (Hg.), *Geschichte der Sozialordnung in Deutschland seit 1945. Bd. I: Grundlagen der Sozialpolitik*, Baden-Baden: Nomos, S. 333–684.

Zaidi, Asghar (2006), *Poverty of Elderly People in EU25. Policy Brief August 2006*, 28.08.2006, http://www.euro.centre.org/data/1156245035_36346.pdf.

Zinnecker, Jürgen (2003), »›Das Problem der Generationen‹. Überlegungen zu Karl Mannheims kanonischem Text«, in: Reulecke, Jürgen (Hg.), *Generationalität und Lebensgeschichte im 20. Jahrhundert*, München: R. Oldenbourg Verlag, S. 33–58.